清帝国とチベット問題

多民族統合の成立と瓦解

Satoshi Hirano
平野 聡 著

名古屋大学出版会

清帝国とチベット問題　目　次

凡例

一、本書において頻繁に引用した史料集は、注において以下のように省略表記する。

「清代喇嘛教碑刻録」：張羽新『清政府與喇嘛教』附編「清代喇嘛教碑刻録」西蔵人民出版社、一九八八年。

『雍正帝聖訓』：『大清十朝聖訓・世宗憲皇帝』台北・文海出版社、一九七六年。

『乾隆帝聖訓』：『大清十朝聖訓・高宗純皇帝』台北・文海出版社、一九七六年。

『嘉慶帝聖訓』：『大清十朝聖訓・仁宗睿皇帝』台北・文海出版社、一九七六年。

『同治帝聖訓』：『大清十朝聖訓・穆宗毅皇帝』台北・文海出版社、一九七六年。

『大義覚迷録』：清雍正帝撰『大義覚迷録』台北・文海出版社、一九六六年。

『皇朝経世文編』：賀長齢・魏源等編『清経世文編（皇朝経世文編）』初出道光七年（一八二七年）、北京・中華書局、一九九二年。

『皇朝経世文続編』：盛康輯『皇朝経世文続編』初出光緒二十三年（一八九七年）、台北・文海出版社、一九七六年。

『小方壺斎輿地叢鈔』：王錫祺輯『小方壺斎輿地叢鈔』初出光緒三年（一八七七年）、台北・広文書局、一九六四年。

『西蔵地方与中央政府関係檔案』：中国蔵学研究中心・中国第一歴史檔案館・中国第二歴史檔案館・西蔵自治区檔案館・四川省檔案館『元以来西蔵地方与中央政府関係檔案史料匯編』北京・中国蔵学出版社、一九九四年。

『清代蔵事奏牘』：呉豊培編『清代蔵事奏牘』北京・中国蔵学出版社、一九九四年。

『清代青海蒙古族檔案』：哲倉・才譲編『清代青海蒙古族檔案史料輯編』青海人民出版社、一九九四年。

『孟保西蔵奏疏』：孟保『西蔵奏疏』北京・全国図書館文献縮微複製中心、一九九一年。

『川濵辺務檔案』：四川省民族研究所・清末川濵辺務檔案史料編輯組編『清末川濵辺務檔案史料』北京・中華書局、一九八九年。

『清季外交史料』：王彦威・王亮編『清季外交史料』初出：中華民国二十三年（一九三三年）台北・文海出版社（近代中国史料叢刊）、一九八五年。

二、注における「FO」表記の英文は、英国国立公文書館（Public Record Office）所蔵の英国外務省（Foreign Office）文書である。
三、漢文の引用は日本語に訳し、特に原文を併記していない。
四、引用文中の……は、引用者による省略を意味する。
五、カバー及び本文中の写真は全て筆者撮影による。

《関連地図》

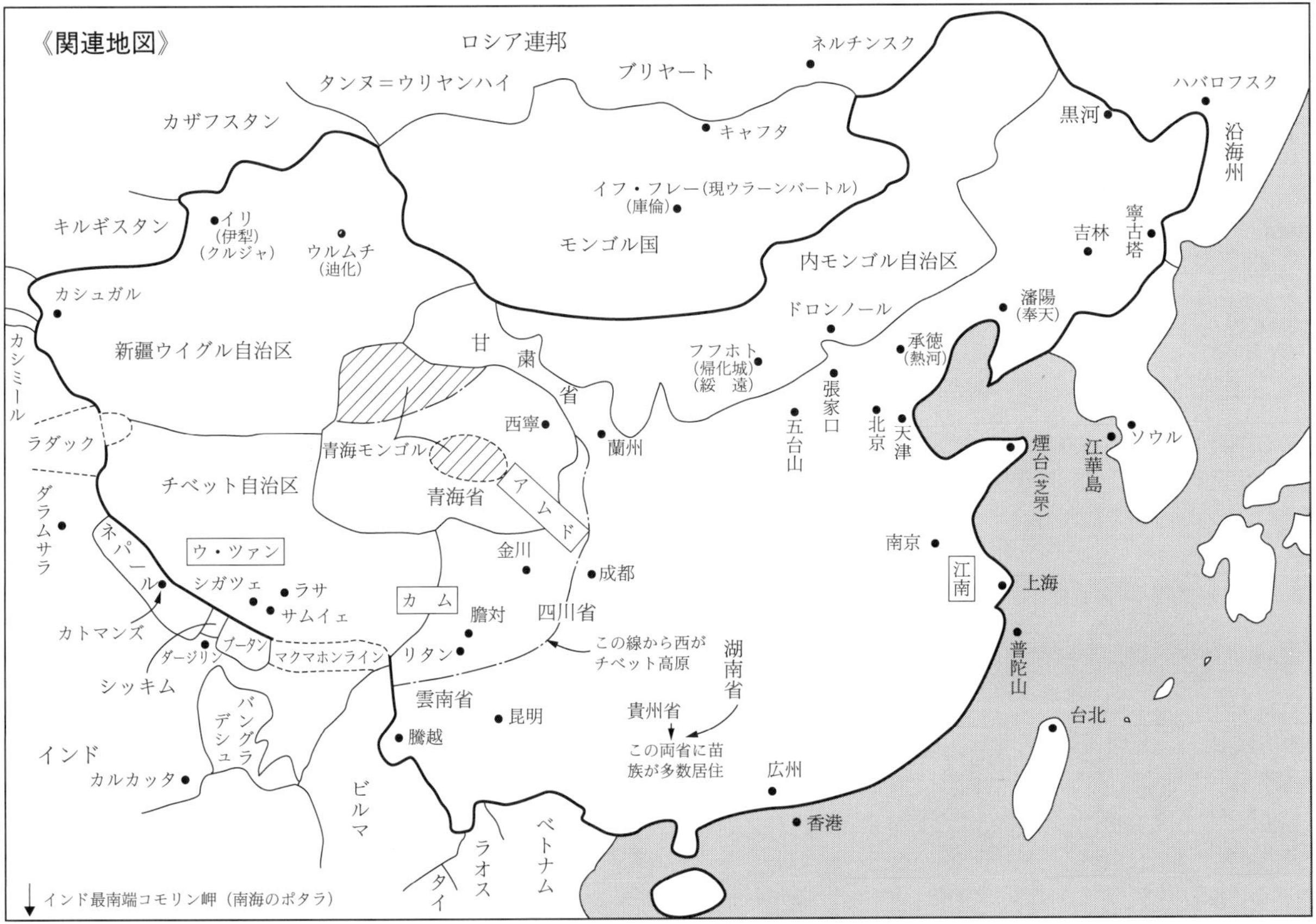

ロシア連邦
ネルチンスク
タンヌ＝ウリヤンハイ
ブリヤート
ハバロフスク
カザフスタン
キャフタ
黒河
沿海州
イフ・フレー（現ウラーンバートル）
（庫倫）
キルギスタン
イリ
（伊犁）
（クルジャ）
ウルムチ
（迪化）
寧古塔
吉林
モンゴル国
内モンゴル自治区
カシュガル
瀋陽
（奉天）
ドロンノール
カシミール
新疆ウイグル自治区
甘粛省
フフホト
（帰化城）
（綏遠）
承徳
（熱河）
張家口
五台山
北京
天津
西寧
蘭州
ラダック
青海モンゴル
ソウル
江華島
煙台（芝罘）
チベット自治区
青海省
アムド
ダラムサラ
ネパール
ウ・ツァン
金川
成都
南京
江南
シガツェ
ラサ
上海
サムイェ
カム
瞻対
四川省
カトマンズ
ダージリン
ブータン
マクマホンライン
リタン
この線から西がチベット高原
湖南省
普陀山
シッキム
雲南省
昆明
貴州省
この両省に苗族が多数居住
台北
バングラデシュ
騰越
インド
カルカッタ
広州
香港
ビルマ
ベトナム
ラオス
タイ
インド最南端コモリン岬（南海のポタラ）

序章　チベット仏教と清帝国
——歴史的連続と断絶から——

1　盛世の栄華、清末の奈落

（1）中国文化とチベット仏教文化

儒学思想を体制教義として森厳たる皇帝の支配が成立し、漢民族を中心に華麗で高度な文化が展開したとされる「中華世界」と、高山や草原によって外界とは隔絶されたかのような空間で独自の仏教文化を開花させたチベットとは、一見すると接点がない別世界のようである。

中国文化、あるいは「中華文明」は周知の通り、古代の伝説的王権である三皇五帝の道徳的支配を理想化して現世における倫理的な政治社会のありかたを説く儒学思想と、超越的な無為自然を説く道教、それに海陸二つのルートで招来された漢地仏教が組み合わさり、しばしば思想的対立を惹起しながら（例えば、脱世俗的な仏教への反発から、「理」の認識と実践を説く朱子学が生み出されたのは、その代表例であろう）、基層農業社会の高い生産力を背景として発展した。その過程においては、優越していると認識された「中華」を基準に周辺の異民族・異文化社会を差別すると同時に、政治経済的実力に基づく「懐柔」によって異文化社会が「中華」の政治と文化に恭順を示し同化して行くことによって「大同」が実現されることこそ人間社会の進むべき方向であるという観念を生み出した。

これに対し、チベット仏教文化の独自性と自意識は仏教の導入のあり方自体に基づいている。仏教滅亡直前のインドから直接仏教を導入し、かつ漢僧が伝える禅宗を宗教論争によって異端であると位置づけたチベットは、古代インドの栄光を担う第二の仏教の中心として自らを認識し、漢民族を含む様々な民族も仏教の正しい発展形態であるチベット仏教を信仰して平等の境地を享受するべきであるという観念を形成していったのである。

また、政治と社会の構造も異なる。中国文化においては、天命を受けた皇帝を中心に、儒学の知識を問う科挙によって採用された官僚と在地士大夫のネットワークが比較的均質な支配を実現した。これに対し、チベット仏教文化においては仏教教団と各地の世俗権力者が相互に庇護を求めて大小様々なレベルの「施主と教団の関係（檀越関係）」を形成し、さらには世俗権力者が土地と領民を教団に寄進した結果、教団自体が政治権力に転化することもあった。また、婚姻が許されない出家者からなる教団・寺院における権威継承のため、菩薩や高僧の生まれ変わりとされた児童を選んで英才教育を施す活仏制度が生まれ、その代表的存在であるゲルク派（黄帽派。十五世紀以後ツォンカパによって創始された改革派である）の最高活仏ダライラマや第二位の活仏パンチェンラマは、寄進を受けた土地と住民に対する支配者であったと同時に、チベット仏教文化圏全体における宗教的権威を発揮した。このように、一見過酷な自然環境や小規模な農牧業生産・商業活動と対応するかのように細分化された政治支配にもかかわらず、仏教文化の共有と活仏への崇拝を軸として緩やかに結合しているのがチベット社会であった。また、十六世紀以後勢力を拡大して既存宗派との間に摩擦を生じたゲルク派は、活路を求めて一五七七年にダライラマ三世とモンゴルの有力者アルタン汗との会談を実現させ、以後モンゴルにもゲルク派チベット仏教が本格的に流入し、モンゴル社会の末端までチベット仏教文化が浸透した(1)。

しかし、もし以上の政治・社会・文化的差異ゆえに相互の接点が少なければ、中国とチベット、あるいはモンゴルを含むチベット仏教文化圏との関係は、東アジアと内陸アジアの近現代史に大きな影を落とすほどにはならなかったかも知れない。逆に、このように対照的な世界であるにもかかわらず、実は政治的・社会的関係が極めて深かったからこそ、正負のさまざまな事柄が連綿として生じ、複雑な対立も生じたのだとも考えられる。

それでは、この一見隔絶された両者、すなわち「儒教文化圏」と「チベット仏教圏」の関係を規定した論理とはどのようなものだったのだろうか。そして、その論理は今日までの東アジア・内陸アジア社会にどのような影響をもたらしているのだろうか。

（2）朝鮮使節の嘆き——熱河の仏教祝祭をめぐって

このような問題を考えるにあたっては、中国文化を中心とした「儒教文化圏」の枠組みに浸りきりながらも、中国文化そのものから見れば他者の位置にあった朝鮮のエリートからの視点が興味深い示唆を与えてくれる。彼らの葛藤をたどってみると、既存の「儒教文化圏」「中華世界」「チベット仏教圏」という概念ではとらえきれない次元の政治社会像が浮かび上がってくるのである。

乾隆四十五年（一七八〇年）夏、清帝国を訪れた朝鮮の朝貢使節一行は、明帝国の亡きあと朱子学の精神を「正しく」引き継ぐ「小中華」の代表として耐え難い試練に直面した。乾隆帝が熱河離宮にてパンチェンラマ六世を迎えて開催する清帝国空前の仏教祝祭に、一朝貢国の代表として参加せよと指示されたのである。

康熙・雍正という稀にみる智略を有する皇帝の後を嗣いで清帝国の全盛を築いたとされる乾隆帝は、北京の北東約二百キロに位置する熱河離宮をとりまく山腹の一帯に、「外八廟」と呼ばれる壮大なチベット仏教寺院群を、あたかも何かの使命感に取り憑かれたかのように巨費を投じて建造していた。その最も代表的なものとしては、チベット史上最初の僧院であるサムイェ寺を模して乾隆二十年（一七五五年）に建造された普寧寺[2]や、ダライラマの権威を壮大な規模で体現するラサのポタラ宮殿を模して乾隆三十六年（一七七一年）に建造された「普陀宗乗之廟[3]」（ポタラ＝普陀とは、観音菩薩の居所を意味する仏教用語。また、ダライラマは観音菩薩の化身とされる）が存在し、

写真1　河北省承徳・熱河離宮を取り囲むチベット仏教寺院群「外八廟」の一つで，サムイェ寺を模した普寧寺大仏殿

写真2　チベット最初の僧院・サムイェ寺（チベット自治区ツェタン県）

写真3　河北省承徳「外八廟」の一つで，ポタラ宮殿を模した，「小ポタラ宮」こと普陀宗乗之廟

写真4　チベット自治区・ラサのポタラ宮殿（ダライラマの居城）

写真5　河北省承徳「外八廟」の一つで，タシルンポ寺を模した須弥福寿之廟（パンチェンラマ 6 世接待のために建造された）

写真6　チベット自治区・シガツェのタシルンポ寺（パンチェンラマの住錫寺）

これらの寺院は漢民族地帯とモンゴル高原の境に、天安門や紫禁城の太和殿に勝るとも劣らない壮麗な光景を展開していた。そして乾隆帝は、遠路北京と熱河を巡錫するパンチェンラマ六世の滞在に供するため、チベットのシガツェにあるパンチェンラマの本拠タシルンポ寺を模した「須弥福寿之廟」を建造し、その黄金の甍は熱河離宮の周囲にまた一つ新たな彩りを添えたのである。当時の清帝国にあっては、帝国直属の軍事集団である八旗の代表、高い地位にある科挙官僚、そして仏教高僧やモンゴル王公、朝貢使節などでない限り、北京紫禁城の内部に如何なる建造物が存在するのかを伺い知ることは出来なかったはずである。パンチェンラマを一目見たさに殺到した士大夫や庶民は、彼らにとって「可視」の状態にある巨大寺院を目にして一体如何なる感慨を持ったのだろうか。

しかし、当時の清帝国の財政状況は決して潤沢ではなかった。一般的に、康熙・雍正・乾隆の「盛世」においては、アメリカ大陸原産の高地・乾燥に強い作物の流入（ジャガイモ・トウモロコシ等）による未開発地の開墾が漢民族地域の津々浦々まで進み、人口はそれまでの二倍の四億人へと急増し、穀物流通の自由な発展を通じてかつてない経済成長が実現したとされる[4]。特に、物資の一大集散地にして各種手工業も集中した華中の江南地方は空前の繁栄を迎え、そこから得られる税収は帝国の財政を潤した。そして、一時は戸部銀庫に常時八千万両が蓄えられたほどの余裕は、特に乾隆帝時代における内陸アジア・東南アジア方面への度重なる出兵を可能にしたといわれる。とはいえ、そもそもこのように潤沢な財政状況をもたらしたもう一つの要因は、雍正帝の短い十三年間の治世における徹底した倹約であった。例えば雍正帝は父・康熙帝と違って、自らの寿を祝う式典や仏教修行道場の開催を「有用の財を浪費し、勤倹の意に反する」として厳禁し[5]、宮殿や離宮の新築すら全く行わなかったといわれる[6]。

乾隆帝は、このようにして築かれてきた豊富な国帑を蕩尽した。まず、彼の治世においては、晩年自ら「十全武功」を賛美して「十全老人」を自称するように、内陸アジアや東南アジアにおける合計十回の出兵[7]を行い、その都度「勝利」を重ねた。しかし、そのうち乾隆四十一年（一七七六年）に完結した金川地方（チベット高原の東端）への出兵は、四川省都・成都から僅か二五〇キロの山岳地帯に立てこもるチベット人部族の僅か三万名の軍勢を掃討するのに合計八万名の兵力を動員し、七千万両の費用を費やしていたのである[8]。これは、現在の中華人民共和国新疆ウイグル自治区に相当するジュンガル・回部への大遠征が合計三千万両の戦費で済んだことと比較すると異常な出費であり、乾隆帝治世の末期から清帝国を悩ませる白蓮教徒の乱を鎮圧するのに要した戦費が約一億両であることを考慮しても[9]、それだけで十分に帝国の財政を傾けたと思われる。のみならず、一七六〇年代に雲南辺境問題をめぐって行われたビルマ遠征でも、清帝国は表向き「対ビルマ勝利・平定」を称したものの、実際には戦費不足のままの出兵ゆえにしばしば補給が断たれ、さらに将軍の明瑞が戦死し、最終的にはビルマとの講和を選択するなど、散々な結果に終わっていた[10]。加えて、乾隆年間後半になると地域・階層間で分配上の格差が拡大し、人口増大の中で経済活動に吸収しきれなくなった人々は流民となり、社会不安が表面化した。そのため、以上の戦費を税収で補おうにも暗雲が立ちこめていたのである[11]。

それにもかかわらず乾隆帝は、豪華なチベット仏教寺院を一心不乱に建造しつづけた。そして、繰り返される法会には満洲帝室や八旗の官員・モンゴル王公のみならず、回部のムスリム代表や熱河を来訪した（させられた）英国・朝鮮を含む朝貢使節が一同に会していた。これらの人々は、軍機大臣はおろか乾隆帝自身が僧服に身を包み、パンチェンラマの前に跪き叩頭するという光景を目の当たりにしたのである。

パンチェンラマとの会見に備えて乾隆帝は、自らの幼少期からの師であるチャンキャ活仏（内モンゴルにおける最高位の活仏）にしたがってチベット語の学習に努めた。そしてパンチェンラマに対する待遇としては、皇帝が普段使用する輿が準備され、出入りの際に奏でられる音楽は皇帝の行幸時と同じものが使用され、さらにパンチェンは乾隆帝とのあらゆる会見（乾隆への謝恩を含む）においても叩頭は一回もせず、座席も同じ高さであり、着座も、茶を口にするのも同時であった。パンチェンラマが膝を屈めて跪拝しようとした時、乾隆帝は慌ててパンチェンラマの手を握り、チベット語で「ラマは跪拝されないよう」と述べたのである。[12]

このような仏教祝典に対し、朝鮮使節は勿論反撥した。例えば、朝鮮使節の随員であり、当時の朝鮮きっての知識人といわれる朴趾源は、乾隆帝の行動を元帝国のフビライになぞらえ、あからさまな拒絶反応を示していた。

元の帝師（チベット仏教サキャ派の教主パスパ）の号は「皇天の下、一人の上、宣文大聖、至徳真智」であった。一人とは天子であり、万邦の共主である。天下にどうして天子よりも尊い存在がいて良いだろうか。宣文大聖・至徳真智とは孔子のことであり、民を生じて以来どうして夫子よりも賢い者がいて良いだろうか。世祖（フビライ）は砂漠の出身なので、怪しむには足りない。……あるいは梁・陳の帝がその身を捨てて仏家の奴隷となり、僧が天子よりも高い地位にあったこともある。しかし、特に（パンチェンの住居が）黄金殿とは未だ聞いたことがない。[13]

朝鮮使節は当初、軍機大臣の「パンチェンラマに拝礼せよ」との命に対し、「中国の人とならば交流するが、他国の人と通じることはない。これは自ずと小邦のとるべき法である」として拒絶した。しかし、一旦引き上げた後に再び慌てて現れた軍機大臣は「これ（パンチェン）は中朝の人と一体であるので、対面しなければならない」と諭した。この緊張した折衝を横目で眺めていた朴趾源が「これは良い機会である。もし使臣が拒絶の一疏を復呈すれば、（胡＝野蛮人である清皇帝の、一応朱子学に基づいて「中華」の天子を標榜する者にあるまじき行為に憤る）義声が天下を動かすことになる」と期待したのも束の間、礼部での緊迫した動向を探った使節の一人が「皇上は〝この国（朝鮮）は礼を知っているが、陪臣は礼を知らない〟と言った」と報告した。そこで朝鮮使節一行はみな「礼を知らぬ」の一言に憤慨し「我らは死ぬ」と号泣したのである。[14] しかし、その拒絶の硬い意志も、礼部官僚の渾身の説得に直面してついに挫折してしまった。パンチェンラマに拝謁した朝鮮使節は「全ては星が飛び電が流れる如く、身体坐立はただ彼（パンチェン）が導くままで、すでに木偶の類に均しい」表情であり、朝鮮使節の一人は退席後、パンチェンラマを「万古の凶人なり。必ず善終の理なし」と辛辣に形容したのである（その直後、パンチェンラマは北京で天然痘ゆえに急逝し、その遺産相続問題で本拠のタシルンポ寺がグルカ朝ネパールの侵入を受け、チベットは大混乱に陥ったので、その予言は「的中」したと言えるかも知れない）。そして、下賜された仏像については「糞穢にしか思わないので、悉く売り払い、さらに売値の銀九十両は馬頭の輩に分け与えてしまい、その金で一杯の酒を飲むこともしなかった」という。(15)

このように、朝鮮使節が目の当たりにした清帝国の祝祭は、反仏教的な朱子学を原理主義的に貫く立場から言って到底容認しがたいものであった。それにもかかわらず、清帝国、特に乾隆帝にとっては、チベット仏教及びそれを代表して北京・熱河に至ったパンチェンラマを格段に厚遇し、場合によっては自らをパンチェンラマの下に置くことは、少なくともその場においては当然なすべき行為だったのである。

(3) 清末におけるチベット仏教の苦境

ところが、「小中華」の視線からみて、かくも嘆かわしくも密接であった清帝国とチベット仏教の関係は、僅か約百三十年後、清帝国自身によって根底から覆されてしまう。

一九一〇年（宣統二年）、北京皇城の北東端に近い「東四」界隈にあったチベット仏教寺院の隆福寺・隆善寺をめぐって、静かな、しかし同時にチベット仏教の側から清帝国の存在意義の根本を鋭く問う緊張が起こっていた。隆福寺・隆善寺は、『理藩院則例』に記載されただけでも三十座以上を数える北京のチベット仏教寺院群の代表格であり、歴代皇帝が道場を催すなど由緒ある寺院であった。ところが、いずれも光緒年間に火災に遭遇して著しく規模を縮めたばかりか、清帝国自体の内憂外患ゆえに老朽化した堂宇の修繕も十分にはなされず、荒廃の一途をたどっていた。こうした苦境に追い打ちをかけたのが、義和団事変に伴う一九〇〇年の八カ国連合軍出兵・北京占領である。そのような中、両寺院とも月に数回の廟会に際して境内を露天商に開放し、使用料を取って寺院経営を辛うじて成り立たせていた[16]。

ところが、北京においては連年の戦乱と帝国の不振で疲弊した市街地の再開発が叫ばれるようになり、老朽化した寺院はその障碍となった。そこで、北京の内城巡警総庁は、従来廟会に際し商業地として使用されていた隆福・隆善両寺院の敷地のほとんどを公設市場として正式に転用し、両寺院界隈における商業の秩序ある発展を推進しようとした。そして両寺院については、法会に用いられる必要最小限の土地と建物を「史蹟」として保存したうえで僅かな僧侶を居住させ、残りを一律に取り壊そうとしたのである。しかも、商業用地として転用することで得られる地代については、寺院の収入ではなく巡警総庁の収入とし、各種の公共事業に用いると規定した[17]。

これに対し、両寺院の僧侶たちは強い抗議の声を上げた。

殿宇は専ら列聖が経を念じるために備えられているものであり、単に遊覧に供するためのものではない。……もし一殿だけを残すようでは多くの典礼に障碍となる。それればかりか、寺院は以前から寄進してきた多くの（モンゴル）王公の人心がつながっているところである。もしひとたび市場に改めてしまえば、モンゴル人は必ずや衝撃を受けよう。それは列聖が遠人を懐柔してきた意向に背くものである。……我が朝は鼎を定めて以来、特に番僧（チベット仏教僧）を崇め、僧侶は恩を蒙ること数百年、もとより国のために福を祈り聖典を尊崇してきた。もし一旦取り壊してしまえば、単に僧侶がそれを見て惨然とするのみならず、聖朝の典礼にも大いに傷をつけることになろう[18]。

北京のチベット仏教僧らは、仏教寺院の保全こそが清帝国の繁栄を祈る最重要事であると信じ、それが清帝国自身の政府機関によって切り崩されつつある現実を前にして悲痛な声を上げたのである。しかし、引き続く辛亥革命・清帝国の崩壊によって、そもそも寺院が朝廷からの布施を受けるという前提自体がなくなった結果、両寺院は歴史の混沌の中に消え去り、僅かに地名として残るのみで現存しない（隆福寺の土地は現在の「東四人民市場」にあたる）[19]。だが、少なくとも既に清末という時代において、清帝国と、その首都である北京のチベット仏教寺院との関係が乾隆帝時代とは隔世の観となった事実をまず重視したい。

そして、このような叫びは北京だけで挙がったものではなかった。すでに、チベット仏教の中心であるラサでも、他ならぬ清帝国自身の手による仏教破壊の現実に恐怖感を募らせていたのである。光緒三十四年（一九〇八年）、ダライラマ政権の僧俗会議は光緒帝に対し、チベット社会の全面改造・近代化を標榜してラサへと進撃する川滇（四川・雲南）辺務大臣・趙爾豊の軍隊が引き起こした数々の行状を告発した。

趙大臣は（ダライラマ政権の管轄ではない金沙江以東のカム地方で）理由もなく寺院に放火し、寺の中の仏像や銅器を銅貨に改鋳し、経書を厠の中に放り投げ、仏像を覆う錦の彩衣は軍人に踏みにじられ、無辜の民を惨殺すること数知れない。……趙大臣は、四川軍のチベット進駐は地方を保護するためであり、決して人民が禍を受けることはないという。……しかし何故チベット人を尽く仇敵と見なすのか。これは趙大臣が自ら威福を専らにすることであり、チベットに禍をもたらす意を含むものに他ならない。……

宗教《ママ》（チベット仏教のこと）は国教である。それは歴代の大皇帝が重んじてきたところであり、数千年来天下に遍く行われてきた。それは決してチベットの地だけが所有するものではないし、ましてやチベット人の私教でもない。趙大臣が勝手に破壊し、程（鳳翔。趙爾豊の部下）が縦横に踏みにじるようでは、もしこのまま彼らがチベット（ダライラマ政権管轄範囲）へと進めば必ずラマを仇殺し寺院を破壊し去るであろう。それは教と相容れないのみならず、国とも相容れないものだ。ゆえに僧俗会議は敢えて隠さず、速やかに大官を派遣して趙大臣を撤退させ、以て生霊が塗炭に苦しむのを免れさせるよう、大皇帝に上陳するものである[20]。

しかし、ダライラマ政権の悲嘆も空しく、趙爾豊軍は一九一〇年にラサへと進撃した。そのため、ヒマラヤ諸国を併呑・保護国化してチベットに至った「仏敵」英国の侵略（武力でダライラマ政権に通商を迫るヤングハズバンド武装使節団のラサ遠征）から逃れるべく一九〇四年にモンゴルに脱出し、さらに北京を経て一九〇九年にラサに戻っていたダライラマ十三世は、今度は清帝国に失望してインドに逃亡した。そして一九一一年の辛亥革命によって中華民国が成立すると、彼は漢民族追放令を発して「独立」を目指す姿勢を明確にしたのである。

(4) モンゴル独立の論理

ところで、このように「仏教を破壊したので清帝国の正統性を疑う」という発想は、チベット人だけではなく、同じチベット仏教を信仰したモンゴル人にも共有されていた。一九一一年、ハルハ・モンゴルの有力者が清帝国からの離脱を計画し、ロシア皇帝へ支援を求めて送った密書は、次のようにいう。

モンゴル族は「満洲皇帝に従い」二〇〇年このかた「平安に暮らしておりました」が、「最近漢人官吏が［清朝の］権力を握り、国事を紊乱させました」。とりわけ「機会を求めて、モンゴルの地を使い、農耕をしようとこころみたり、旧慣を力で壊そうとする」新政策は「まことに耐えがたいものであります」。「満洲皇帝は仏教を奉じ、仏心が厚いので従ったのでありましたが、今やそれは有名無実で苦痛を増すのみです」。「大国に頼る小国の例にならい、おたがい助けあうならば、わがふるき習慣は失われることなく、仏教はますます栄え、安穏にくらすことができましょう[21]」。

モンゴル独立運動は、当初辛亥革命の混乱に乗じて成功するかに見えたものの、第一次大戦の危機に伴って日本及び中華民国との関係を重視する方針に転じたロシアの不熱心さゆえに迷走し、ロシア側はむしろ「中国の宗主権下におけるモンゴル自治」をモンゴル側が受容するよう説得する動きに出た。しかし、ロシア側とモンゴル側の協議の場は紛糾し、一人の高僧は激高して次のように発言した。

モンゴルの領土は古来モンゴル人民に属しているのであり、未だかつて中国に属したことなどない。モンゴル人はただ満洲の大清皇室とのみ連合していたのであり、未だかつて中華帝国と連合したことなどないのだ。現在、満洲皇室が倒れた以上、蒙古との臣族関係は当然これに随って消滅するのだ。[22]

以上が、熱河・北京・チベット・モンゴルにおいてみられた、チベット仏教との関係における清帝国の落差の例である。これらを概観すると、次のような論点を設定し得よう。

(a) 清帝国の皇帝は、少なくともチベット及びモンゴルの仏教徒からみた場合、チベット仏教を奉じて隆盛させる存在である。それゆえにチベット・モンゴルの仏教徒は、清皇帝を仏教徒としての立場から尊敬し、その権威を受容する。

(b) したがってチベット仏教は、清帝国が国家の安寧を祈念するための典礼として採用すると同時に、多くの人々に対して清帝国を帝国として、あるいは仏教を隆盛させる至高の権力の所在として認識させ、正統化する意味合いを持つという点で「国教」である。したがって、経典を唱えることは同時に、仏教を「国教」とする帝国の繁栄を祈願することにつながるとチベット仏教僧は考えることができる。

(c) チベット仏教は「国教」であるがゆえに、皇帝自身が率先して高僧に対して手厚い敬意を払わなければならず、そうすることが「礼」の規範に合致するという認識が、皇帝自身及び帝国の統治エリートに存在する。それは特に、朱子学的朝鮮使節に対しても「仏教の〝礼〟」を強要し、異論を一切許さなかったという点で、チベット仏教徒ではない者に対しても適用される帝国の基本原理ですらあったのではないか。

(d) こうした清帝国中枢の認識は、さらにチベット仏教徒であるチベット・モンゴル人にも共有され、権力と仏教双方の基盤が強化されるという循環構造が生まれていたのではないか。

(e) しかし清末になると、そうしたチベット仏教観が清帝国の権力中枢において稀薄になった。さらには、仏教を全く重視しない官僚の破壊的行為が一般化した。そして、辛亥革命によって成立した中華民国は、それまでチベット・モンゴルからみて自らがそれに含まれているとは考えていなかった「中華」「中国」という政治・文化概念によって規定された国家の中に自らをも包絡しようとする点で、にわかには理解しがたい存在であった。チベット・モンゴルは以上の激変を座視できず「自立」へ向かった。

こうした清末における仏教破壊や、中華民国の成立と「中華」「中国」アイデンティティの付与に対する「周辺」内陸アジア民族の反発の中から、約一世紀後に生きる我々は、近代ナショナリズムの一つの特徴である「国民」内部の等質化作用とその反作用の存在を看取することが出来る。ただ同時に、清帝国の異なる時期を比較した場合、その深刻な落差は余りにも痛ましい。清帝国におけるチベット・モンゴルとの関係の極端な変容を一体どのように捉えれば良いのであろうか。また、そもそも清帝国自身がこのようなかたちでチベット仏教に関与することを動機づけ、正当化する帝国の自意識、すなわち体制観の根本を、どのように理解すれば良いのであろうか。

2　本書の視角と構成──前近代帝国をどう捉えるか

現代世界においては、その基本的政治単位である「領域主権を持った国民国家」の内部をどのように構成するかという問題に端を発して国家統合問題・民族問題が後を絶たず、全世界化レベルの政治・経済・社会的連繫に対する不安定要因となっている。そして、中華人民共和国の実効支配下における「チベット問題」（そして、本書で具体的に述べるように、チベットを中心に発展したチベット仏教との関連上、清帝国以来チベット問題と類似の展開を見せるようになった「モンゴル問題」「ウイグル問題」）とは、こうした諸問題の中の代表的な一例である。中華人民共和国が前世紀末以来の急速な経済発展に伴って大国としての地位を不動のものにするであろうと喧伝され、自国を「強国」「強権」と称する傾向も増加している中、この「新しい大国」が国内の少数派集団に対してどのような待遇を与え統合して行くのかという問題は、この国が「大国」として世界の政治・社会・経済に対して多大な影響力を行使しうるからこそ注目されるべきであろう。

もっともそれは、かつてのソ連邦や、社会主義計画経済時代の中華人民共和国のように、同じ生産と労働をする者どうしの究極の理想社会である「共産主義段階」へと発展して行けば、あらゆる民族差別や、搾取・圧迫を生み出す社会構造、及びその反作用としての「分裂主義」を廃絶することが可能であるという、実際にはこれら共産圏諸国でさえ到底実現しえなかったようなモデルの再来などではないだろう。一方、植民地支配から独立した発展途上国の多くが急速な経済発展のために採用した「開発主義政治」、すなわち「〝開発〟というスローガンを梃子にして、個人や家族あるいは地域社会ではなく、国家や民族の利害を最優先させ、国の特定目標、具体的には工業化を通じた経済成長による国力の強化を実現するために、物的人的資源の集中的動員と管理を行う方法」[23]は、アジア経済危機に伴い、その代表的存在であるインドネシアの情勢が流動化したことに象徴されるように、一見勢いを弱めたかに見える。とはいえ、中華人民共和国はその国家建設の手法において計画経済時代からのレーニン主義的手法＝「党の指導」を継承・強化し、総じて「開発主義政治」に忠実である。そして、全国の経済発展によって成功した個人・セクターの大多数が共産党主導の経済発展と「中華の振興」を謳歌し、賛美している状況が存在する[24]。その先に見えてくるのは、計画経済と平等主義のユートピアに代えて、世界大で展開する市場経済競争を勝ち抜くためのあらゆる決定を効率的かつ合理的な性格のエリートに集約するという、いわば権威主義体制の洗練化であろう。そして、効率的な市場と、その安定を担う政治指導及び軍事力を損ないかねない一切の象徴・思想に統制や打撃を加え、ひいてはあらゆる民族的・文化的差違をひとつの優越的価値のもとに従属させ、徐々に解消しようという表現をとるものと考えられる。

しかしこのような方法では、地球規模における諸経済・社会相互の交流拡大の裏で常に起こりうる、異なる発想相互の衝突という事態を解決することは難しい。現状において「調和」していないあらゆる事象が経済発展という奔流の直撃を受け、少数派の異議申し立てがしばしば圧倒的な政治的・経済的ヘゲモニーの前に沈潜させられ、対話的譲歩と解決へ向けた動きが遠のくとすれば、それは問題の解決ではなく、単なる先送りに過ぎない。

現在、国家統合問題や民族問題を考える上で必要なのは、それが決して経済的予定調和に還元できない、一人一人の人間の記憶と感情の集積によっている以上、対話的理解の前提となるような歴史事象を、そもそも論争主体の主張する歴史認識の形成自体が歴史的なものであるという可能性まで含めて掘り下げることに他ならないであろう。

それでは、如何なる歴史事象を対象にするのか。

従来、かつての世界帝国に包含されていた諸地域における国家統合問題・民族問題を扱う場合、その根本的な原因は大まかに言って次のように説かれてきた。

(a)　「帝国」という機制自体に含まれる抑圧的な要因を重視する議論。

例えば山内昌之氏は、ロシア帝国・ソ連邦の下における中央アジア・ムスリム諸民族の問題をめぐって、ロシアとムスリムの多面的な関係と思想・文化的な相互影響という側面に配慮しながらも、ロシア帝国の遺産は総じて抑圧的なものであったと位置づけ、次のように述べる。

現在の複雑なソ連民族問題を歴史的に考える際に、いちばん大事なのは、ロシア人以外の大半の民族にとって、ロシア帝国と〈ソビエト帝国〉の違いをそう簡単に区別できないことである。これまでのソ連は、構成する各民族共和国が平等互恵の立場で、進んで自分たちの主権を放棄しながら結成した国家連合ではなかった。

……（ツァーリと赤軍の力で）モスクワの支配下に組み入れられたという事実の他には何の共通性もない多民族国家なのである。……征服という行為は、異民族の帝国によって支配された人々の歴史に大きな傷跡を残すだけではない。征服者にとっても事後に厄介な負の遺産を残すものなのである。その象徴が民族問題に他ならない。[25]

こうした認識の延長上において山内氏は、少数民族・抑圧された民族から見て、「憎き帝国」が消えたからといって、事態が必ずしもすぐには好転しなかったことが、帝国から国民国家への移行における共通点であると指摘し、そのうえで中華人民共和国におけるチベット・ウイグル問題について「世界最後の帝国が延命するか否かの試金石」と位置づけているのである。[26]

(b) 世界帝国が統治システムとして備えていた柔構造が失われたことに起因するとする議論。

例えば鈴木董氏は、オスマン帝国が基本的にはオスマン・トルコ語を話すエリート集団を中心とした、イスラームの優越を前提とした支配であったものの、同時にその内実においては特定の民族集団・文化の価値に重点を置くのではなく、あくまでムスリムとしての意識を共有することで統合がなされ、さらにイスラーム法に照らして異教徒との間にも特別の課税を課し、不平等な関係ながらも共存の枠組みを形成した結果、総体として「オスマンの平和」を達成していたと説明する。そして、こうした柔構造＝「柔らかい専制」が、「固い」領域・国民の枠組みによって規定された近代国民国家体系に置き換えられた結果失われ、本来柔構造の内部で存在を認められてきた多様な集団の余地が狭められたことで諸民族の分離独立と対峙という図式に変わってしまったと説く。[27]

また、毛里和子氏も、現代の中華人民共和国における民族問題の原因として、鈴木氏の議論や、前近代「中華帝国」に関して意識的な多元主義ではないにせよ必ずしも「文化的一元主義」ではなく、「さまざまな国家・民族がそれぞれの独自性を保持しながら互いの多様な存在を認めつつ調和・共存する、開かれた、ゆるやかな階層的秩序であった」とする茂木敏夫氏の議論を引用し、中心が周縁に対して寛容さと開放性をもっていたことが前近代の三大帝国であるロシア・大清・オスマン帝国の長期間にわたる持続の最大の要因であったと説明するのである。(28)

ところで、以上の二つの見方に関しては、それぞれに問題があると思われる。

まず、山内氏のように「帝国」的な機制を否定的に捉える見方の場合、その「帝国」内部における所与の条件の中から独自の「民族」アイデンティティが生み出される可能性を見落としてしまいかねない。塩川伸明氏によると、ソ連体制における連邦各共和国の枠組みは各民族官僚養成・民族意識形成の場としての意味を持ち、その後のソ連解体にあたって各共和国が速やかに独立する素地が形成された一方、こうして連邦各民族が優遇措置を受けた結果の反作用として、ロシア・ナショナリズムが形成されたという。(29) そして、本書の冒頭に挙げた事例から言って、清帝国においては、今日の中華人民共和国における少数派が確実に文化的優遇を受けていた。中華人民共和国における民族区域自治制度と、その前提となる少数民族認定・言語文字制定は、一面では事実上の「漢民族の優越」を前提とした、少数民族側に対する文化的規定行為であるという性格を持つ反面、そう規定され、優遇措置の対象となった結果、従来未形成ないし緩やかな枠組みであった「民族意識」が逆に強化されていないとは断言できない。

一方、鈴木氏が説く通り、かつての世界帝国は必ずしも「固い」支配ではなく、政治・社会的な目的・効果に応じて様々な集団が柔軟に配置され、それぞれの集団相互の利害を帝国が横断していた結果として、相対的な安定が実現していたという側面は、確かに清帝国においても否定できない。しかし、それをどの程度「寛容」「開放性」という概念で扱うことが可能か、幾らか留保が必要であると思われる。先にみた熱河離宮の祝祭のように、朝貢使節はたとえ自らの文化的規範に著しく反する行為であっても皇帝の指示には必ず服従しなければならなかったのであり、それは「意識的な多元主義ではないにせよ、寛容・開放的」という説明で十分処理できるものではない。むしろ圧倒的な力の下で慎重に規定された枠組みの上に寛容と不寛容の複雑な論理が成り立っていたのではないかと思われる。清末の清帝国自身は国民国家体系を導入し、突如としてチベット・モンゴルに対する社会改造・仏教破壊を試みたが、それは帝国自身の弱体化・崩壊寸前という状況にも拘わらず非常に積極的なものであって、オスマン帝国の諸民族に対する支配が緩やかな段階を経て弛緩し、ムスタファ・ケマルによって率いられたトルコ・ナショナリズムへと収縮して行ったことと比べて著しい対照をなしている。

こうした点を考慮すると、清帝国では、特にチベット・モンゴルとの関係からみた場合、むしろ近代国民国家へと転換する以前の特定の時期における帝国自身の体制・秩序意識が、一定程度「ナショナリズムの原型」として外部に対しても「強制力」を伴った枠組みをかたちづくっていたのではないかと考えられる。それは、乾隆帝や礼部が朝鮮使節に対して「パンチェンラマは『中朝』の人であるので会わなければならない」としたことから容易に想定され得よう。少なくとも朝鮮使節から見れば「本来縁もゆかりもない外国」（そして仏教という、「朱子学原理主義」が最も敵視する存在）に過ぎないものをも「内に含むもの」として定義し、儒学的価値観から見れば最も「近い」「文明に浴した」存在としての朝鮮使節に対してそのような価値観を受け容れるよう迫っているのである。

この「ナショナリズムの原型」の全体像が如何なるものであり、かつそれがどのような付随的効果を持つのかを明らかにすることによって、一見両極端な「盛世」と清末の間に横たわる触媒・背景を探ることができよう。「チベット・モンゴルと清帝国の間の結合」が、相当程度の強制力を伴った枠組みとして、恐らく清末（そして現在）に至るまで連続性を持つと思われる一方、緩やかな統合を成り立たせていた要因はどのようにして断絶したのかという、思想・体制観の蓄積と変遷を検討することではじめて、清帝国の原理とその変容が今日にもたらした影響と意味を明らかにできると思われる。それは同時に、清帝国のみならず、他の前近代世界帝国との比較を通じ、「帝国」という存在が持った意味を考える際の論点を豊富にすることにもつながるであろう。また、清帝国という、東北アジア・内陸アジア的要素の中から発生しながらも権力基盤を漢人地帯に移し、その経済力に依存し、文化的にも漢人文化と積極的に関わった王権が、チベット・モンゴルなど内陸アジア諸民族との関係においてどのような自己像を形成し、変化させていったのかを考察することにより、内陸アジアと東アジアの前近代と近代を総合的に結びつける試論を展開できるものと考える。

このような問題意識に沿って、本書は以下のような構成をとっている。

第一章「『中華世界』と清帝国――批判的再検討」では、東アジアと内陸アジアの関係が何故錯綜として未だに敏感な問題であり続けているのかという問いに対して、従来の「東アジア史」「中国史」の認識枠組みが有効な説明を十分になし得なかったという問題を検討する。そして、個々の歴史的事象や政治的象徴の中に含まれる複雑な意味内容を改めて吟味する中から、より地域・時代横断的な枠組み・視点を獲得することの必要性を示す。

第二章「清帝国の統合における反華夷思想と文化政策」では、清帝国が漢民族と内陸アジアの双方に対して支配を拡大する過程で直面した民族差別の問題を取り上げる。特に、雍正・乾隆帝がとった対応は、必ずしも「中華」文化の価値を中心に諸文化・民族を格付けするものではなく、満洲人にも天命が下るという事実から出発して既存の華夷思想を解体し、実力主義的な皇帝によって認められた東アジア・内陸アジア諸文化を対等に待遇するものであったこと、ならびにその結果として、「中華十八省」と藩部からなる「中外一体」の多民族的版図統合が、朝貢国との関係とは別に形成されてゆく過程を論じる。

第三章「堯舜に並び超える『皇清の大一統』――その光と陰」では、最盛期の皇帝たちによって形成された「中外一体」の版図が、同時代の儒学エリートにとって歴代の如何なる「中華」帝国よりも広大で偉大なものとして認識され、そのことが清帝国の正統性を強化していた一方、建国の原動力である満洲人やモンゴル人の戦闘能力の低下や政治的認識能力の低下が多民族統合の流動化を準備して行く過程を論じる。

第四章「『自治』論の時代――十九世紀前半のチベット論」では、十九世紀・嘉慶帝以後の清帝国の斜陽が、藩部との関係において深刻な意味を持つ二つの相反する傾向を生み出していたことを論じる。一つは、清帝国の国力低下を補うかたちで展開した事実上の藩部チベット高度自治と、それに対する統治エリートの側の高い評価である。もう一つは、魏源を代表格として新たに台頭した経世儒学知識人たちが清帝国の挽回を目指した際に手本としたのは、最盛期の皇帝たちの「武功」による未曾有の版図形成であり、そのことが儒学知識人の視点に基づく中国ナショナリズムの原型を準備したという問題である。

第五章「英国認識とチベット認識のあいだ」は、第四章で示した二つの傾向が、一八七〇年代以後英・露・日という帝国主義列強の角逐の中で決定的矛盾へと転化し、多民族統合が瓦解して行く過程を論じる。特に、既存の「中外一体」の藩部統合が、近代国際関係への適応のために主権国家「中国」の一元的支配へと読み替えられる過程は、同時に藩部チベットからみて高度自治と独自文化の否定として進行し、しかもそれは清帝国の統治エリート内部でも既存の統合の枠組みと照らして葛藤を引き起こしていたことを示す。

第一章　「中華世界」と清帝国

――批判的再検討――

1　ナショナリズム・国家統合と歴史観

(1)「国民」づくりをどう捉えるか

本章ではまず、東アジアと内陸アジア、「中華世界」と「チベット仏教圏」の関係を歴史的に考えるための予備的作業として、従来論じられてきた歴史観それ自体が逆に相互的な歴史的理解を困難にしてきた可能性を、この地域に照らして考えてみたい。

ある問題を、前近代からの歴史的連続・非連続という視角に基づいて考える場合、議論の前提として「連続」しているると見なされている一定の枠組みとしての空間的範囲すら、必ずしも完全・不変ではない。そして、もし既存の認識枠組みが極めて一般化している場合、その中に収まりきらない事象をどう扱うのかという問いを発すること自体がそもそも容易ではない。むしろ、そこで一つの対応としてあり得るのは、収まりきらない性格の事象を既存の認識枠組みの立場から淡化し、さらには敢えて意識しないことである。しかし、それは長期的にみて必ず無理を伴う。したがって、矛盾する事象と認識の落差を埋めるために別の認識枠組みを用意しなければならない。とはいえ、歴史過程の中で何が主要な規定要因であったかを汲み取る行為も、別の政治的意味を往々にして帯びざるを得ない。

このような、「歴史における取捨選択」の問題が最も鋭く問われているのが、ナショナリズムと歴史観を取り巻く問題であろう。

ある国家が存在し、同時にその国家が自らのナショナリズムに照らして如何に「歴史的必然」として誕生したかを正統化するため、その領域的範囲において展開した前近代の国家・政権・秩序を「通史」の枠組みにおいて定位し、その連続性の上に自らを位置づける行為が広く行われている。ただ、それは往々にして、後世のナショナリズムの視点を過去に投影したものに過ぎない。とりわけ、ある前近代国家が一旦否定されたのち、新たに成立した国家が「通史」を作るためにそのような定義づけを行う場合、自らの支配の強化に有利な部分だけを史実の中から援用する傾向がある。それは勿論、当時の文脈における様々な主体の認識を必ずしも総体として反映しようとするものではない。そこで、当時の歴史世界の中で関わり合いを持ちながらも個別の政治参加意識を持っていた人々の末裔からは、往々にして「そのようなはずではなかった」という反論がなされ得るし、それは結局少数派の、国家公定のナショナリズムへの一方的な従属に至ってしまう。自己の意見表明や異議申し立てを封じ込められた人々にとっては、自らを時間軸の中で意味づける歴史認識の否定を意味しかねないため、それまで帰属してきた国家・政治的枠組みへの拒否的反応へと結びつくこともあろう。

国家・国民形成という行為は、「われわれ」と他者を明瞭に分かつような国民と領域の範囲を一体どう描くのかという問題であり、それが依拠する歴史認識・「われわれ」意識は往々にして流動的であるため、本来的に不鮮明で曖昧な性格を持つ。人間は自らの経験や知識の蓄積の範囲内で思考せざるを得ず、他者の発想への想像力が働きにくいという「存在の被拘束性」から完全には逃れられない。それにもかかわらず、国家・国民という枠組みは神聖化・絶対化され、構造的欠陥と主観的真実の逆説的な結合体としての姿をとると言えよう。こうした矛盾の結果、ある「国家の歴史」構想主体の描いた図式における限界が、それを共有させられる側において一種の喪失として受けとめられる。そこで、もともと流動的な状況の中で曖昧な立場をとっていた主体が、明確に別の「国家」と「国民」の形成へ向けて運動を強めることになる。

現代世界を揺るがす国家統合問題における歴史認識・歴史観の問題は、このような同一化と異化の作用をはらんでいる。それだけに、それを「制定」し評価する行為には慎重さが求められる。しかもその歴史認識は、必ずしも最近の事件によってのみ規定されるものではなく、非常に長い時間軸を遡るものであるので、個別の事例に応じた多面的な歴史理解の比較考量が求められることになる。

もっとも、現代世界がこのようなかたちで歴史と関わり合う国民国家の集合体として成立している以上、そのような歴史認識のありかたを「無意味だ」と一様に論断するわけにも行かない。それにもかかわらず、たとえ「他者」との完全な相互理解があり得ないとしても、人間が紛争解決能力を高め、問題を緩和して行く必要がある。その第一歩となるのは結局のところ、「国民」づくりをめぐる諸言説、あるいは自らと他者を分け隔てる発想の如何なる部分において、事象を単純化して当事者相互の認識のずれを生じさせる要因があるのかを、歴史的な視点から逆照射し、改めて合意点を探り出すことに他ならない。

本書は、清帝国の政治社会的構造に関して従来一般的に言われてきた「中華世界・中華帝国」論と、その近現代ナショナリズム言説や「中国史」との関わりに対して以上のような問題意識を投げかけ、その中から多民族・文化の共存をめぐる問題一般を考える上での一素材を提示することを課題としている。

(2) 中国ナショナリズムにおける「国民」と「民族」

ところで、現在の中華人民共和国における国家統合問題、とりわけ本書で主に扱うチベット問題をめぐっては次のような論争点がある。

(a) チベットの文化・社会ならびに、チベットを中心に歴史的に発展したチベット仏教は、中華人民共和国の政治指導を通じて一層発展しているのか、それとも漢族中心の価値観やマルクス・レーニン主義の影響の下で抑圧されているのか。

(b) チベットは「元朝以来祖国の不可分の一部であり、中国の主権の下にあった」ものとして、中華人民共和国に永遠に統一されなければならないのか、それとも古来独立の主権国家であり、必ず中華人民共和国の植民地的支配を打破して独立すべきなのか、あるいは妥協策として中華人民共和国の主権を承認したうえで香港と同様の高度自治を行うべきなのか。

このうち、前近代の領域国家主権なき時代の政治的関係を近代的国家主権概念で解釈することは、特に中国ナショナリズムの立場によるチベット問題論が往々にして行うところであり（勿論、必ずしもそれのみではない論考も存在する）、それは現在の国家主権の立場から過去の一切を規定するものである。[1] 加えて、さらに問題を根深くしているのは、現在の中華人民共和国における国民集団を指すものとして用いられ、かつ圧倒的多数を占める漢族の国家運営における主導性を肯定する「中華民族」概念である。[2]

この「中華民族」が含意するものは、中華民国・中華人民共和国の領域的範囲において、数千年来にわたって漢民族を凝集の核とする歴史・文化世界が展開した結果、漢民族と少数民族からなる多元的で一体の歴史的実在が形成され、それが「西洋の衝撃」以来の反帝国主義闘争を通じて真に自覚されるに至った、という認識である。それは、もともと清末以来の中国ナショナリズムにおける漢民族中心の国家・歴史観として形成され、孫文が『三民主義』の中で「民族とは国族（＝国民体）である。何故なら中国は秦漢以来ひとつの民族が一つの国家を形成したからである」「中国の民族に関して言えば、総数四億人のうち雑に混じるものは数百万の蒙古人・百数十万の満洲人・数百万の西蔵人・百数十万の回教の突厥人のみであるので、大多数から言えば四億の中国人は完全に漢人と言って良い」[3]と述べたことでほぼ概念として定着した。共産党政権は、蔣介石『中国之命運』が少数民族を漢族の下位概念「宗族」として扱ったことへの批判から、少数民族独自の性格と「発展段階」を考慮した少数民族政策を策定して「民族識別工作」を行ったものの、漢族主体の「中華民族」論は継承した。さらに、共産主義イデオロギーの正統性が減退した一九八〇年代後半、民族学者・費孝通が「中華民族多元一体格局（構造）」を提示して「中華民族」言説を再強化した。一九九一年にソ連が崩壊して以来、中華人民共和国は速やかに新たな国家目標として「中華の振興」を掲げ、所謂「愛国主義教育」の強化を通じ、社会の末端に至るまで「中華民族」思想を浸透させる試みを続けているのである[5]。

この「中華民族」論は、「中華」の中心として歴史と文化を担ってきたと自負する漢族の歴史観を中心に、「歴史認識と究極の価値の所在を共有する民族共同体」と「国民」を一致させようとするものである。それゆえ、何故漢字と儒学思想に基づく「中華」概念が優越するのかを必ずしも認識していない人々にとって、「チベットは歴史的に見て、〝中国〟の一部分であり、〝中華民族〟の一員である」という中華人民共和国（及び台湾にある中華民国政府）の公式見解や、「中華民族を主導する漢族の政治指導と文化的成果を、チベット（及び少数民族）は恩恵として受け取るべきである」という発想は、一方的に自決・独立権を否定された国籍上の問題と、安易に肯定しがたい「民族」規定の問題が複雑にからんで、一層理解しがたいものとして映る。その結果、チベット問題（及び内モンゴル・新疆ウイグル問題）は一層歴史解釈・歴史観のねじれとして深化し、対話的理解が難しい状況が続いてきた。

それでは、ここ百年ほどの間、特に近年の経済発展に伴いヒト・モノ・情報の移動が活発になった時代に「中華民族」論が強化・喧伝されるに至った要因とは一体何なのか。筆者の見るところ、近代中国ナショナリズムの自己規定もさることながら、東アジア歴史研究の問題意識そのものが多大な影響を及ぼしていると思われる。そこで先ず、「前近代東アジアを中心とした歴史世界における、儒学と漢字を生んだ漢人文化の〝周辺〟に対する優越」を定式化した「中華世界」論の歴史的形成を概観してみたい。

2 反「ヨーロッパ一元」と「〝周辺〟の自他意識」としての「中華世界」

(1) 「帝国主義」的思考と「中国に即したアプローチ」

「中華世界」論が提示され、今日広く受け容れられるに至った第一の要因は、西洋由来の国民国家体系・近代思想・産業社会が十九世紀以後の全世界を包摂し、如何なる社会といえどもその直接・間接の影響なしでは説明され得なくなった状況への反作用であるといわれている。

コーエン氏によると、西洋近代の視点からみた非西洋社会、特に東アジア大陸部において大規模な支配を成り立たせていた「前近代中国」に関する説明は、「帝国主義モデル」と「近代化モデル」に集約されていたという。このうち「帝国主義モデル」は、「中国の歴史は『自然の』もしくは『正常な』発展の筋道を辿っており、西洋・日本帝国主義がそのあるべき発展の筋道を阻害した」とするか、あるいは「中国は停滞状態にあり、外からの揺さぶりが必要であった」と説くものであるという。一方「近代化モデル」とは、西洋近代の歴史から生まれる問いを中国に投影し、「中国は果たして西洋のように近代科学や産業革命を自生的に生み出すことができたであろうか。もしそれができなかったとしたら何が原因でできなかったのか」と問いかける歴史叙述であり、「西洋近代の歴史こそ当然あるべき歴史である」とする思考法があるという。コーエン氏は、こうした思考法に共通する最大の問題点として、西洋の役割の重要性を予め決めてかかるような研究態度がある、と指摘している[6]。

このような状況を打破しようとする問題意識の表れが、西嶋定生氏による「客観的に存在する世界歴史のひとつの構成要素としての〝東アジア世界〟」の提示（一九七〇年）であった。西嶋氏は、自国・西洋中心の日本史解釈が東アジアにおける内発的な文化交流を重視せず、「日本は他とは隔絶して完結した歴史を持つ」という立場をとることへの批判を前面に打ち出し、次のように「中国文明を中心とした東アジア世界」像を提示している。

「東アジア世界」という歴史的世界はどのような構造をもっているのであろうか。また、その歴史が完結した自律性をもつとはどのようなことなのであろうか。まず第一に挙げなければならないことは、この歴史的世界が中国文明の発生とその展開を基軸として形成されたものであるということである。黄河の中流域に発生した中国文明は、それ自体の質的発展の過程において、華北から華中・華南へと領域を拡大して中国全土に及んだ。この中国文明の展開にともなって、その影響はさらに周辺諸民族にも及び、そこに中国文明を中心とする自己完結的な文明圏を形成する。これがここにいう「東アジア世界」なのである。(7)

そこで西嶋氏は「東アジア世界」を構成する指標として、儒教・漢字・律令制・（漢地）仏教の四点を掲げ、それらの歴史的な出現・存続・消滅と、周辺との接触によって生み出される歴史的現象の中に、中国王朝のもつ政治的性格の歴史性と、「東アジア世界」の文明圏としての自己完結性を看取するのである。(8)

こうした西嶋氏の思考の背景をめぐって、溝口雄三氏は次のように説明する。

西嶋氏において、中国あるいは中国の秩序原理を基軸とする東アジア世界は、十九世紀初頭の《西洋の衝撃》によって、その世界を崩壊させられた、そういう国もしくは世界としてイメージされている。そしてその崩壊を前提にすればこそ、現在の中国がその世界をフェニックス的に回生させたところの第三世界として、それをなしとげえなかった日本の側の痛恨をもこめて、氏によって改めてとらえなおされている……氏の中国への研究意欲は、氏自身の言葉によれば、「モンテスキューにはじまり、ヘーゲルやマルクスを経て、ウェーバーからウィットフォーゲルにいたる中国観」すなわちアジアを停滞の持続とみる停滞性理論という呪文からの解放をめざすところに根づいている。[9]

西嶋氏による「東アジア世界」論の提示が、その動機において帝国主義への反発と、自らの帝国主義性への悔悟を含むならば、実はコーエン氏が批判する「帝国主義」アプローチとある種の同源性を孕んでいるのではないか。前近代「東アジア世界」自身がもつ内発的な力学を明らかにすることで自らの「内なる帝国主義」を克服しようとしたものとみることができる。

一方、ほぼ時期を同じくして、フェアバンク氏を中心とした研究者集団は「中華帝国を中心とした前近代秩序」を「Chinese World Order」として定式化した。[10] 西嶋氏及びフェアバンク・グループの議論でとりわけ重要な点は、「漢字で記述された儒学思想、そしてこの儒学思想を以て自己を正統化した王権が、周辺民族・地域に対する優越を自己主張し、周辺がその主張と文化の体系を受け容れ、共有することが、前近代中華帝国を中心とした東アジア及びその周辺世界における平和、すなわちパックス・シニカの基礎になった」という認識である[11]（但し、後で詳述するように、儒学思想の優越原理性を留保するマンコール氏のような議論もある）。

米国においてフェアバンク氏を中心とした見方が広範に受容された背景には、ベトナム戦争の衝撃が大きく関わっており、「米国は政治的にも道徳的にも文化的にも最も卓越しているという命題が、実は神話に過ぎない」ことが露呈した結果、西洋流の規範と重要性の物差しを捨て、西洋ではなく「中国」自身の歴史的体験に基礎を置く歴史研究に向けて動き出した[12]ことと関連していよう。

これら日本・米国人研究者の思考法には、西洋・日本の歴史発展や近代的達成を基準に「中国の前近代を一方的に論断する」行為は批判すべきで、あくまで「中国史」「中華世界・東アジア世界史」の文脈に沿って説明しなければならず、西洋・帝国主義との葛藤に満ちた関係もそういった「中国の主体的な歴史展開」の延長上においてなされた、という共通の見方が存在する。

筆者は、こうした見方に反対するものではない。何故なら、あらゆる歴史的現象は内発的な力学・論理にしたがって理解されるべきだからである。しかし「中国自身の歴史展開に即したアプローチ」に徹する場合、もし「周辺」との関わりに論点が及んだとき、半ば無自覚的に「中国自身のアプローチ」に自らの視点を限定することになりはしまいか。西洋・日本対「中華世界」の図式における、前者の後者に対する一方向的な評価づけを批判するのは当然のことである。しかし、「中華世界」における「中華」と、他者である「周辺」との関係を考察するとき、「中華」自身の「周辺」認識を理念型的に説明するだけであればともかく、もし「中華・周辺関係」の具体像をも「中華」自身の認識が律し、「中華」の思惑通りに関係が成立していたと論じるならば、それは「知の帝国主義」（コーエン氏）的思考法を批判するように見えて、実は改めて類似の思考を繰り返すことになるのではないか。(13)

（2）「周辺」における儒学思想の受容と「中華世界」論

ところで、「中華世界」像が「中華」観念を共有しない内陸アジアとの関係をみる上でも拠り所とされる問題をめぐっては、さらに特殊東アジア的要因として儒学思想・漢字文化の広がりを考慮に入れる必要があろう。東シナ海を取り巻く東アジア諸国において、大陸の国家が圧倒的な政治・社会・文化的力量として認識されたことは、前近代における自意識の形成と後世の歴史認識の両面で、あらゆる議論の出発点でありつづけてきた。

例えば、「中華帝国」と「周辺」諸国の葛藤を中心に、東アジアにおける前近代以来のナショナリズム形成要因を比較した三谷博氏は、日本・朝鮮・「中国」がそれぞれ対等な競争相手の存在を意識したかどうかがナショナリズムの形成にとって重要な意味を持っていたと論じる。

日本におけるナショナリズムは、一八世紀の後半、平和の持続の中で、中華帝国に対する文化的対抗心に基づいて造型された。では、中国はどうだったのであろうか。端的にいえば、中国は二〇世紀になるまで「忘れ得ぬ他者」を持たなかった。同じレヴェルで競争する相手を想像することができなかった。中国は文字通り世界の中心であり、これに比肩する他者は存在し得ない。辺境に住む他者は全く価値なき蕃族だが、天命を受けた皇帝は、儒教文明を受け入れる限り、誰であろうと受け入れ、それなりの地位を与える。統治者自身が元来は蕃族であるのも珍しくない。このような世界帝国の中心部では、国境を仕切り、出自をもって自他を差別するナショナリズムは生まれにくいのである。(14)

三谷氏はさらに別の論考において、朝鮮・日本の近世思想史を念頭に置きつつ、アンダーソン氏の『想像の共同体』において典型的に述べられているような近代ナショナリズムの形成要因、すなわち一定の領域的範囲において地理認識と「われわれ」意識を強めるような、いわゆる「官僚の巡礼圏」やメディアの役割(15)とは別の、東アジア的なナショナリズム形成要因を提示する。すなわち、「漢字文化圏では国家の役割がより大きかったと予想され」「ヨーロッパの経験に似たナショナリズムが出現する前に、その原型、プロト・ナショナリズムができていたのではないだろうか(16)」と述べて、ナショナリズムを必ずしも「近代」固有のものではなく、地理的・国際的環境及び内部の要因によって容易に萌芽・生成するものとして構想している。

ところで、徳川日本・李朝朝鮮の政治思想史における「中華帝国に対する文化的対抗心」の発端は、儒学思想、とりわけ文化的優位にある「華」と劣位にある「夷」を明確に区別する華夷思想の受容に他ならなかった。

徳川日本の場合それは、儒学思想に照らして自らの社会と文化が「中華帝国」よりも「劣る」ことを受け容れるべきなのか否かという葛藤を引き起こした。そして、「泰平」という名の繁栄や、武家どうしの争乱・角逐はあっても天皇家を放逐する「革命」には至らない「万世一系」、さらに対外的不敗の確認を通じて、「本朝」としての日本と「異朝」としての大陸部東アジア帝国の違いを際だたせた。その結果「儒学思想の理想が実は日本においてこそ実現しているのであり、故に日本の方が優越している。日本こそ『中国』『中華』なのだ」という自意識が生まれた。のち、儒学思想に照らした新たな「中華」として西洋社会・文化が見出されたことで、もとの「中華」である大陸部東アジア帝国に対する「中華」性の否定は決定的になった。[17]

一方朝鮮の場合、朱子学に依拠した知識人が「儒教（特に朱子学）と漢字の中華こそ、あらゆる文化の源泉である」と認識し、明帝国の恩を承けた最も近しい存在として自らを位置づけた（しかも、豊臣秀吉朝鮮出兵の際、明が朝鮮に援軍を派遣した経緯が、一層このような意識を強化した）ところに、ナショナリズムの重要な契機があったと言えよう。女真人＝満洲人は、当初は同盟、次第に清帝国を建国するに及んで服属的色彩が強い関係を朝鮮に対し求めたものの、朝鮮は彼らから見て北方の野蛮人「オランケ」に過ぎない清帝国への服従を拒絶した。その結果、一六三六年に清軍がソウルを占領する「丙子の胡乱」が発生し、屈辱的な服従を強いられた。しかも、明帝国は間もなく李自成によって滅ぼされ、清が山海関を越えて明帝国の版図をも継承したことが、朝鮮のアイデンティティに決定的な刻印をした。朝鮮は表向き清帝国に服従しながらも、内面では「女真＝胡＝オランケが支配する中国は真の中華ではあり得ず、今や中華の精髄は儒学を高度に発展させた我が国に継承されている。したがって我が国こそ中華である」という「小中華」思想を結実させたのである。乾隆帝の「仏教的な『礼』」を頑なに拒む朝鮮使節の態度は、まさにこのような歴史認識の吐露であった。もっとも、一部の知識人は清帝国における文物や制度の優秀さを認め、次第に「胡」から「中国」へと対清認識を改める動きは存在し、さらに日本植民地化の危機の中で朱子学を批判し実学・陽明学の「知行合一」を叫ぶ朝鮮国学思想が出現したものの、朝鮮における思想状況は「明を崇拝し、清に対する自主性・自律性を標榜する」かたちの「小中華」意識が主流であったとされる。[18]

このように、日本にせよ朝鮮にせよ、「中華帝国」と華夷思想の存在は、ナショナリズムの萌芽における最も重要な契機の一つであった。したがって、少なくとも「華夷」観念が儒学思想の一環として流布・浸透し、それを宋明帝国・朝鮮・日本（そしてヴェトナム・琉球）が共有していたという点から言えば、前近代の時点で既に「華夷思想によって歴史的変動が特徴づけられた東アジア世界」は確かに成立しており、日・朝・宋明関係の文脈において「中華帝国を中心とした中華世界」は「所与」のものであったとする説明は可能かも知れない。その結果、とりわけナショナリズム一般の特性として「対抗」意識の存在を重視する立場から、「周辺」によって「対抗」された「中華」の側では逆に自らの優越ゆえ相対的に（あるいは限りなく）自らの「地理的・権力的有限性」への認識は生まれにくい、と把握されたのではないか。

3 「中華世界」論の輸入と「中国」のイメージ

ところで、前近代「中華帝国」を「ナショナリズム欠如態」として把握することは、近代中国ナショナリズムの勃興に極めて大きな役割を果たした梁啓超が「我が国には国名がないことを最も慚愧するところである[19]」と述べたことと、表面的には一致する。その結果、「ナショナリズムを説明するための概念や言葉が欠如している」と感じた中国ナショナリストは、「漢字文化圏における周辺の、中華帝国を歴史的に連続したまとまりとして見る視線」を逆輸入した。梁啓超は、従来の「中華」が優越感の裏返しとして、個別王朝とその名称、そして「天下」のみ存在する状態であったため、各王朝を「一貫した存在」としての国家名称の下に収斂させる発想が欠如していると考えたのである。そこで梁は、一定の領域と国民によって構成されて語られる「中国」国家と「中国史」を定義するために、明治日本において組み立てられた「泰東史」すなわち「東洋史」を借用し、アジア前近代の多民族関係を「中国」一国の歴史に収斂させたのである。

泰東史とは、日本人が称するところの東洋史である。泰東の主動力は全て中国にある。故に泰東史における中国民族の地位は、世界史におけるアーリア民族の地位と同じようなものである。日本では近年、東洋史というものが日増しに盛んになりつつあるが、それは実は中国史の異名に過ぎないのだ。……二千年来、アジア各民族と中国との交渉は最も頻繁であるので、自ずとそれを中国史の範囲に帰すことができるのは言うまでもなかろう。

……ふつう、諸夏といい、漢人といい、唐人というのは、全て王朝の名称である。外人は震旦といい、あるいは支那という。これらは皆、我々が自ら命名したものではない。夏・漢・唐などの名称では、国民という存在を尊重する宗旨にもとるし、震旦・支那等の名称を我が歴史に適用すれば、名を失って主人に従属するようなものだ。かといって、中国・中華と言えば、未だ自尊自大を免れない。……それでも、一姓の王朝名や外人の呼び方を以て我が国民を貶めることは一層許されない。三者それぞれに問題がある中で、やむを得ず最も吾人にとって慣れた呼び方に従って中国史と称するのである。それはいささか驕った響きがあるものの、各民族がその国を自尊するのは今の世界の通義であるゆえに採用するのみである。我が同胞は、いやしくもその名実を深く察すれば、必ずや精神を喚起されるであろう。[20]

このような梁啓超の認識は、同時代の日本の東洋史学と対応していた。中見立夫氏によると、日本の東洋史学の成立時期は一八九四年から一九〇四年にかけての時期で、それがまさに大陸への帝国主義的侵略開始期にあたっていたことが後の東洋史学に大きな影響を与えたという。当時、内藤湖南をはじめとする東洋史学者は、戦乱に見舞われた清帝国の混乱を絶好の機会として、文化財や書籍を「東洋学術の本拠」日本に将来することが「東洋に於ける文明事業」であるという使命感に駆られていた。[21]「東洋史」の資料収集が清帝国所蔵の公文書を中心とし、清帝国を中心とした交流史叙述を強く志向したものであればなおさら、戊戌政変後日本に亡命して言論活動を展開した梁啓超は「泰東史・東洋史」を「中国中心の歴史＝中華世界論」と認識したとしても不思議ではないだろう。

したがって、梁の「中華世界」「中華帝国」認識は、近代中国ナショナリストが自らを取り巻く世界を迅速に認識しようとした際に、「周辺」東アジア国家が形成した歴史像へと同一化できた結果であり、それは「中国の文脈に即したアプローチ」というよりも、近代史の産物であろう。換言すれば、それは「東の周辺」からの思考による「中華世界」「中華帝国」及びその歴史である「中国史」を、いささか「自大自尊ではないか」とためらいつつも(!)逆輸入したものなのである。

もちろん本書は、長い東アジアの政治史を通じて「中国」という呼称が用いられてきたこと自体を否定するものではない。「中国」は、様々な王朝・思想が自らの「中華」性を主張するために用いた単語の代表的なものであるし、清帝国も自らの権力を表現する際に「中国」という単語を常用してきた。しかしそれは不断に意味内容の変動を伴い、定まった領域・国民的範囲と完全に一致するものとして表象されていたことを意味しない。

筆者は以前、清帝国最盛期において「中国」という単語が、とりわけ内陸アジアのチベット仏教圏との関係で如何なる文脈で用いられていたかという問題をめぐって、以下のように分類・整理した。[22]

(a) 皇帝の権威を朝廷内部で美化する場合。
(b) 未だ清帝国の権威が受容されていない地域・政権との関係を表現する場合。
(c) 儒教と漢字が行われている地域としての漢人地域を表現する場合。
(d) 漢人地域を基盤とした道徳的支配の拡大を表現する場合。そして、その延長において敵対者に対して清帝国の権威を承認するよう要求する場合。

このうち(b)については、モンゴル・シベリアにおける境界線をめぐって神経質な争いを展開したロシアとの関係が注目されるべきであろう。ロシアは貿易利益獲得を目指し、清帝国に盛んに使節を派遣して「恭順」を示した。

しかし清は黒龍江沿岸地帯におけるコサック兵の狼藉や（清側からの）逃亡者問題に苦慮し、ついに一六八九年には対等な条約としてネルチンスク条約を締結し、境界画定ならびに通行許可証による往来許可を取り決めた。その後、清帝国側はロシアからの隊商を朝貢使節に準じて待遇し、食糧や輸送手段の便宜を図ったものの、ロシア側による慢性的な商品供給過多や商取引上のトラブルに加え、外モンゴル西北部におけるロシア側の築城に業を煮やした結果、理藩院は一七一七年に一方的に通商停止を宣言した。ロシア側は、当初モスクワとシベリアの余りの距離ゆえに清帝国側の強硬姿勢を理解しなかったものの、通商停止を切り出す清の厳しい態度を認識するに至って自制へと転換した。そこで双方が交渉に臨んだ結果、一七二七年のキャフタ条約において、キャフタ経由の通商と辺界確定が取り決められた[23]。

ロシアとの関係をめぐる記録において、モンゴルをも版図として包含する清帝国のロシアに対する自称は「中国」であることが多い。ネルチンスク条約の正文でも主語が「中国」であり[24]、それは解釈によっては今日の「主権国家中国」と最も近似的であろうと思われる。しかしそれは、ロシアとの交渉が基本的に北京在住宣教師を仲介としてラテン語で行われ、ネルチンスク条約やキャフタ条約の正文もラテン語であったことの結果でもあり[25]、この時点で清帝国が果たしてどこまで領域主権国家「中国」とロシアの対等条約として認識していたか、疑問の余地は大きい。むしろ、当時の文脈における「中国」とは、満洲語でいう「dulimbai gurun」、すなわち皇帝が直接支配する満・漢＝「まんなかの領民」の訳語として用いられることが一般的であったとされ[26]——先述の(c)に相当——、ロシアと締結した条約における「中国」もあくまで条約正文のラテン語、副文の満洲・ロシア語を機械的に漢訳したものであったと思われる。そして十九世紀に到っても、漢文で記述された対ロシア関係の基本認識は「天朝による恩恵」が基調であった。

もっとも、以上の経緯から、清帝国にとってロシアは西洋諸国と異なる特殊待遇の対象であったことは興味深い。十九世紀中期のロシア問題専門家・何秋濤は、北京の「俄羅斯館」に長年来学生が派遣されてきた状況も踏まえて、次のように述べる。

我が朝は九宇に臨御し、天の戈が指し示すところ、蕩平しないことはなかった。ただオロス一国は、太宗・世祖・聖祖三朝の命によって征伐しながら、ついに和することを許し、撫するに恩信を以てしている。列聖の神武が海内に威を加えるに兵力を極めないのは、蓋し理由があるのだ。[27]

このような「征伐しながら、ついに和することを許した」ロシア認識の背後にあるのは、「基本的には天朝の優越を認めたい。しかしロシアの潜在的な力も侮り難く、単純な上下・優劣関係では決して割り切れない」という屈折した意識ではないか。それは一見「天朝の恩信によって撫する」ものであるが、同時に「威を加えるに極めない」点において、「九宇に臨御して蕩平しないことはない」包括性は挫折している。ゆえに清帝国は、自らの権力の有限性を自覚せざるを得ない状況の中で、「忘れ得ぬ他者」に近い存在としてロシアを見る視線を持っていたようにも思われる。

いっぽう(c)(d)の最もわかりやすい例として、雍正帝『大義覚迷録』の一文がある。本書は、明末の知識人呂留良の思想的影響から「清帝国の支配は所詮北方の夷狄の支配に過ぎない」と説く地方知識人・曾静の「謬論」を批判するものであり、政治・社会・文化的に「中華」の高みを所有できるのは漢人だけであるという、漢人の文化的伝統に根強く存在する発想の独善性を糾弾するものである。そして、満洲は所詮夷狄であっても、明帝国に比べても十分に高いその統治能力ゆえに、天下を統合する資格は十分に備わっていると主張し、「周辺」を一方的に差別する既存の華夷思想を解体しようとしたのであった。この中で雍正帝自身は、「中国」概念の多面的で「割り切れない」性格にも言及している。

本朝は満洲人の王朝であるので、中国の本籍（籍貫）を持つか分からない。しかし舜は東夷の人であり、文王は西夷の人であった。しかしそのことで彼らの聖徳が損なわれたであろうか。我が朝が中土に入って主となって以来、天下に君臨し、モンゴルの極辺を併せ、諸部落も版図に帰した。これは中国の疆土が広がったことであり、中国臣民の大いなる幸いではないか。[28]

我が朝は明の隣国であるに過ぎなかったが、明の天下は流賊の手に喪われ、辺患は肆起し、倭寇や流賊の騒動は枚挙にいとまがない。しかも各村邑の無頼の徒は機に乗じて殺戮を繰り返し、不法の将軍や兵丁らは征伐に名を借りて擾害をほしいままにし、良民を殺戮した。……康熙の四五十年間には、なおも当時の情形を目撃した父老が涙を流すことがあったが、同時に我が朝が万方を統一し、群寇を削平し、内外の人を湯火の中から救い出し安らかな寝台に登らせたことを慶ばないことはなかった。これこそ、我が朝が中国に貢献すること大の至りであることを意味する。[29]

韓愈は、夷狄の夷狄は中国であると言った。中国の歴代を考えると、元は区宇を混一すること百年、幅員は極めて広く、その政治の規模は頗る美徳が多かった。しかし……後の人は詞で貶め、記録すべき人物も功績もないと記録する。これは、私心を挟み識見が卑しい人物が、外来の君に美を帰することを欲せず、貶めて埋没させようとする行為に他ならない。……平心にして正を執る立場から言って、外国として大統を継承した君の善悪、とりわけ公であるかどうかを細大漏らさず記録しなければならない。中国の君がこれを見て、外国の君主がかくも明哲仁愛であるとすれば、必ずや自ら奮励する心を起こすであろう。[30]

雍正帝のこうした議論において、「中国」が指し示す意味内容は激しく伸縮している（図1-1）。「中国」「中土」は「華夷」で分かたれて儒学思想を生んだ中心、あるいは漢人の土地を指すかと思えば、すぐ直後には「極辺に到る土地・諸部落が版図になったことが、中国の疆土の広がりを意味」するのである。ここで言う「中国の疆土」が

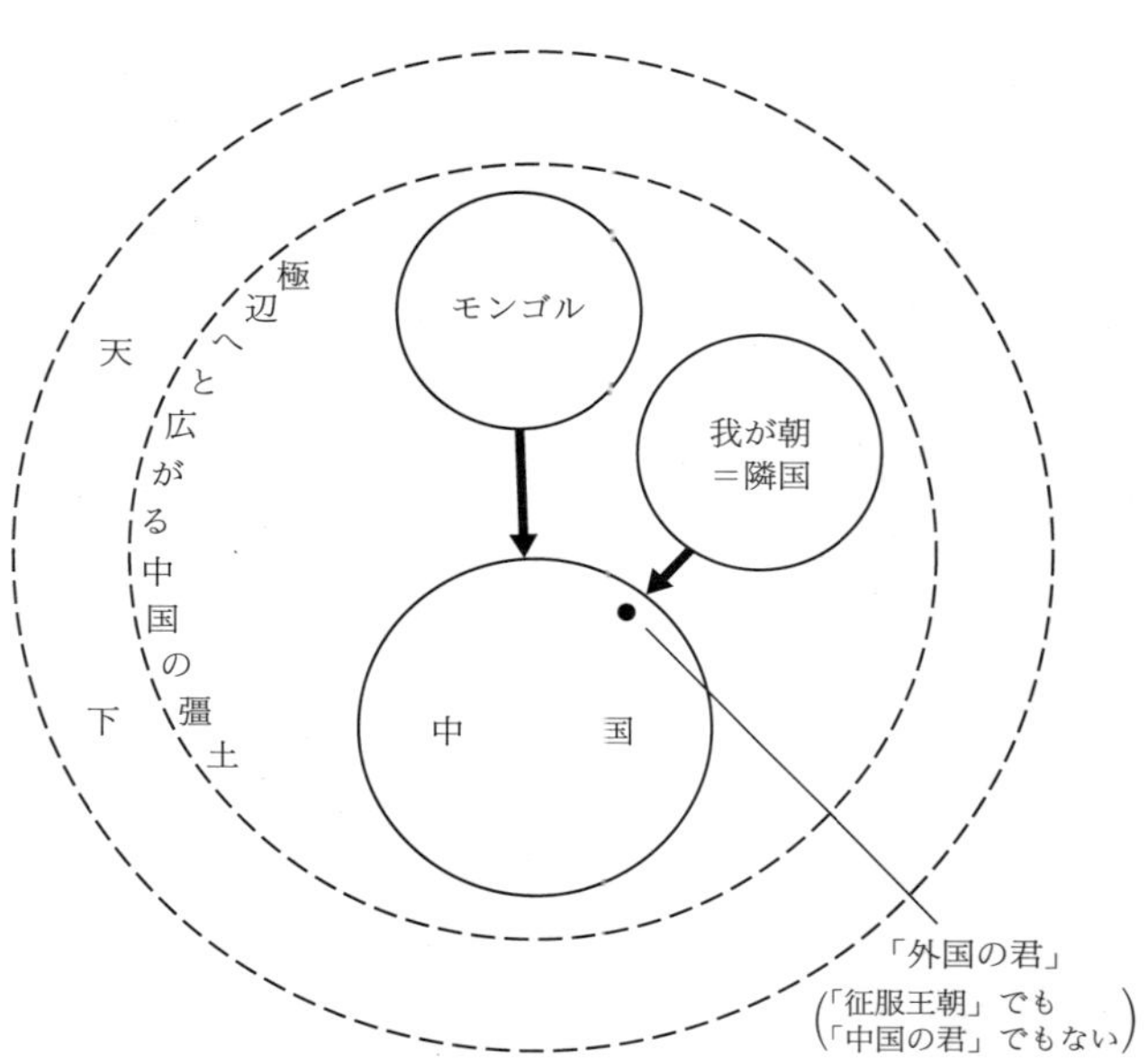

図1-1　雍正帝の「中国」

均質支配を志向する領域国家「中国」と全く同じ意味であるとは言えないとしても、少なくとも「中国」が版図所有の主体であるという構図は描き得る。しかしそれでも、必ずしも「中」に含まれない部分が残っている。またもともと「隣国」である「我が朝」は、混乱を救って「中国に貢献する」存在であり、元朝は「中国」に都を置いて万方に君臨した点で「中国の歴代」だが、同時に「外国の君として大統を継承した」のであり、「中国の君」ではない（いわゆる征服王朝論における、征服王朝でも中国に君臨すれば中国の皇帝であるという認識とは異なる）。したがって、モンゴルは無前提的に「中国」なのではなく、しかもそれは序章でみたモンゴル独立の論理と一致している。

このことから言えるのは、「中国」という単語・概念それ自体、果たして一定の領域的範囲に対して汎歴史的に適用される説明概念・固有名詞なのか、それとも文脈によって内容が変動するものなのかを区別する必要性である。既存の王朝交替史観に加えて「儒学的〝周辺〟の「中華」への視線を借用した結果、各王朝をつなぎ合わせて語られる「中国史」は、あらゆる前近代帝国がそれぞれに質的な差違を持つにもかかわらず、「中華」の地において統治経験を持っただけで全て「前近代中華帝国」

という名の下に単純化される傾向があるのではないか。それは、雍正帝の「中国史」認識ともずれを生じている。

4 「孤独な帝国」

同時に注意する必要があるのは、「天下」「天朝」という一見無限定的な広がりを持つかのような秩序認識のもとで、例えばロシアとの関係のように、同時に自らの権力的「広がり」の範囲を限定するかのような発想が存在し得ていることである。また恐らくそれ故に梁啓超は「従来は天下しか知らない」としながらも、さほどの葛藤もなく当時の清帝国の「領域」的範囲とその歴史を「中国」という枠組みで速やかに再構成することが可能であったのではないか。清帝国はそうした状況の下、モンゴル・チベットのような「中華を中華として認識しないまま密接な関係を結んだ存在」を巻き込み、「中華」「中国」という概念をも自ら用いることはありながらも「中華世界」に収斂し切らない独特の帝国を形成していたと考えることが出来るのではないか。

そこで今度は、「東からの視点」ではなく「西からの視点」「西との関係における視点」を設定すると、「中華帝国の歴代王朝」（とりあえず、宋帝国の太祖が殿試制度を創設し、ほとんどの文官を科挙制度から任用するようになって、皇帝権力とその直属の官僚によるトップダウン構造の統治組織が確立された宋帝国以後）の質的差違について、概略以下の通り極めて対照的な像を描くことが出来よう。

(a)　朱子学の出現・科挙の本格導入など、今日における「中華帝国」イメージの原型を形成しながらも、北方民族との関係では極めて脆弱で南方へと萎縮した宋帝国。

(b)　モンゴル帝国の東部領域がフビライ汗の下で一つの政治単位を構成することにより成立し、チベット仏教を

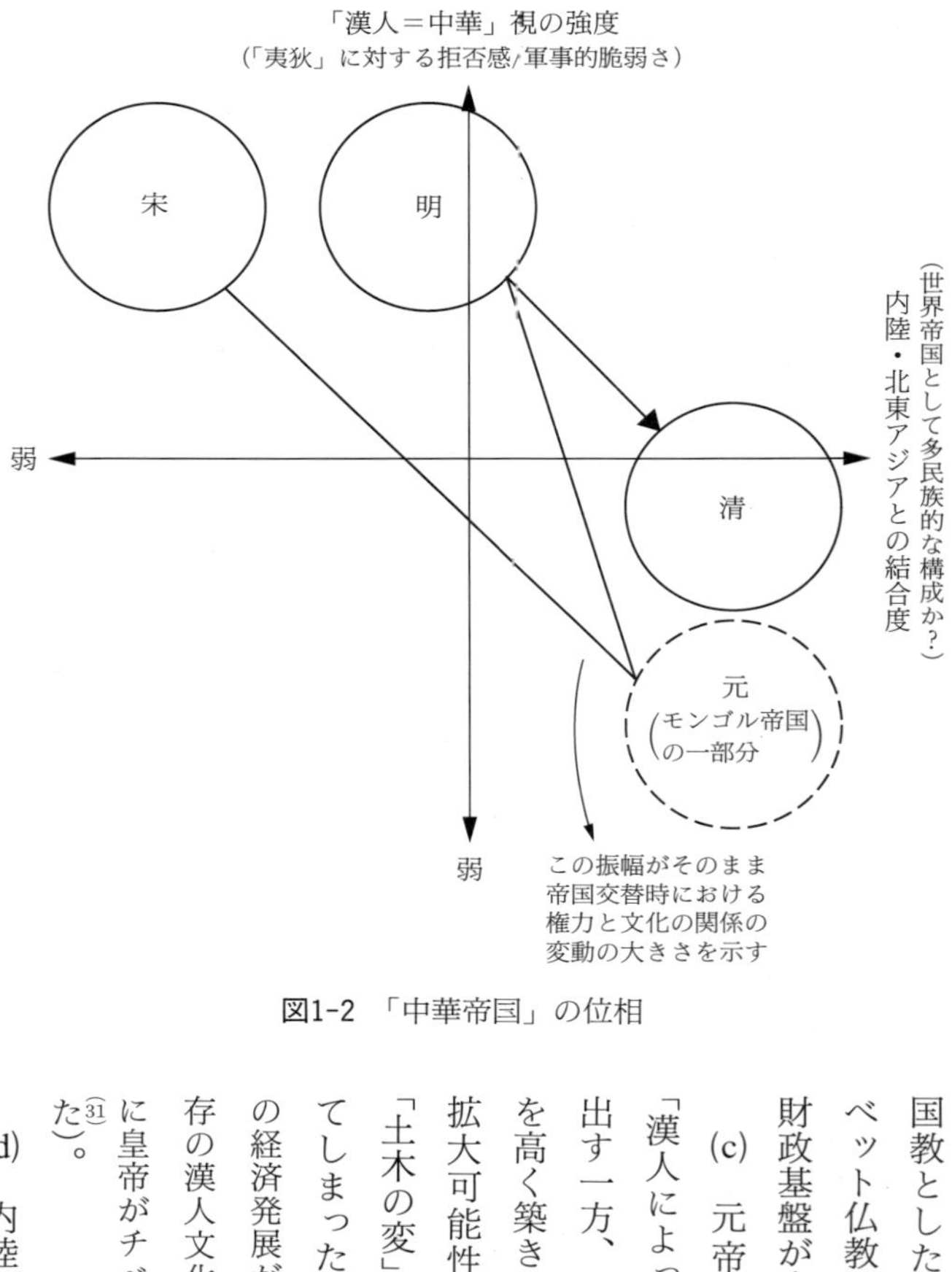

図1-2　「中華帝国」の位相

国教としたものの、「宣政院」を設けてチベット仏教を過度に優遇した結果、早々に財政基盤が崩れてしまった元帝国。

(c)　元帝国の漢人支配への反動から、「漢人によって担われる中華」を強く打ち出す一方、モンゴルを恐れる余り万里長城を高く築き上げて世界帝国としての普遍的拡大可能性を自ら制約し、それでもなお「土木の変」で皇帝がモンゴルに拉致されてしまった明帝国（但し文化的には、江南の経済発展が百家争鳴の状況を現出させ、既存の漢人文化は高度に熟成した。一方、個別に皇帝がチベット仏教に没入することもあった[31]）。

(d)　内陸アジア諸民族ばかりか、東・南からの朝貢国をも帝国の祝典の場に一同に集め、万里長城を軍事的には基本的に無意味にしてしまった一方、（本書でこれから見るように）万里長城を超えた人的・文化的な日常往来には警戒的で、厳しい思想統制を布いた清帝国。

以上の四大「中華帝国各王朝」の位相を図示すると（図1-2）、特に北方・内陸アジアとその文化への態度・対応をめぐって大きく異なる性格が見て取れる。基本的に「漢人を担い手とする、または漢人文化に源を持つ中華」文化の純粋性と優越性に固執した王朝ほど、その世界帝国としての立場は制約される傾向にあった。それはしばしば「地域王権」に過ぎないようにも見える（特に南宋）。

したがって、皇帝を頂点として成立した不平等な階層秩序であり、基本的に〝儒学的礼〟の有無を華夷の指標とした文化的支配が行われているという、佐藤慎一氏が整理しているような「文化一元主義的」な中華帝国図式[32]において以上の四者を扱うのみでは、そもそも各「中華帝国」間の差違、とりわけ内陸アジア・北東アジアとの力関係を踏まえた世界帝国としての実現度の不確定性（しかもそれは単純な「夷狄との関係」なのではなく、帝国それ自身の性格規定や命運と最も強く関わっている）が見えにくくなるのではないか。

ゆえに本来、「中華世界」「中華帝国」及びその文化・社会と、必ずしも主流ではない「周辺」との関係を説明するにあたっては、こうした力関係の問題や王朝の特質の問題を考慮に入れれば、自ずと通時的・包括的・理念型的な性格規定だけでなく、個別の歴史的経緯を踏まえた再検討が必要になってくるはずである。むしろ、「中華世界」そのものが、「中華」ではない多様な「周辺」社会・文化の影響や関わりにおいて大きく影響を受けながら異なる「中華」へと変転を続けていると思われ、あくまでそうした流動的な状況において「中華―非中華関係」を把握し得るような視座が求められていると言えよう。

それでは、清帝国の成立・拡大過程において「周辺」は果たしていかなる意味を持っていたのか。

清帝国の母体となった建州女真人は、周囲の女真人他部族や漢民族商人、そして明帝国辺境部隊との交流・対立を通じて次第に強大化した。その過程では、民族名称を彼らが信仰する文殊菩薩の梵語名マンジュシュリーにちなんだ「マンジュ（満洲）」に改称する一方、モンゴル騎馬戦力や漢人兵力を同盟者として糾合していった。さらに、南モンゴル諸部族への指導権を賭けた戦闘に勝利して元帝国の「伝国の印璽」を入手したのち国号を大清と改め、同盟者となることを拒んだ朝鮮には出兵して服属を強いた[33]。その後清帝国は一六四四年に北京入りして明帝国の版図を継承した結果、漢人地域に対しては科挙官僚による支配を明帝国に引き続いて採用し、皇帝自身も儒学思想に積極的に親しみ、「漢人文化の最大の支持者」となった。

しかしそれは勿論、漢人とその文化を「中華」と位置づけることで正統化された明帝国の既存の観念と秩序をそのまま継承したのではない。

明の版図の継承は、少なくとも清帝国側の基本認識において、李自成の乱で塗炭にあえいだ人々を救済した事実を以て正当化された。例えば、順治帝は漢人地域への支配を始めて間もない順治四年（一六四六年）、清帝国への不満を漏らす漢人官僚に対して次のように諭している。

朕は旧悪を問わぬようにしておるが、お前たちは我が太祖・太宗以来、もともと敵国だったのだ。天佑を荷って、朕は天位に即き、宇内すべからく我が臣庶たれば、昔のことは水に流してやり、皆に恩沢を与えてやらねばと思っておる。だが、考えてもみよ、お前たちが流賊に苦しめられ、塗炭の苦しみに呻吟しておったから、朕は来たりて救ってやったのではないか[34]。

また、のちに雍正帝も『大義覚迷録』の中で次のように説いている。

逆書（清の正統性を否定する地方儒学者曾静の著書『知新録』）では、明の君が徳を失い、中原は沈滞し、夷が隙に乗じて我が中国に入り、神器を掠め取ったとある。しかし我が朝の発祥の始めにおいて、天が聖人を生み、長白山において起ち、徳を積んで功を重ね、太祖高皇帝（ヌルハチ）に至って天は神武の謀略を錫し、益世の法令制度は規模弘遠であり、それゆえ諸国を統一し、各地が誠に帰し、帝業を開創した。太宗文皇帝（ホンタイジ）は位を次いで践祚し、徳望はますます隆んにして三韓の地を奄有し、蒙古を撫綏して諸国の共主となった。本朝が明に報復の義を論じたのは、敵国として交往の礼を論じたのである。……本朝は決して天下を明から取ろうとしたのではなかった。しかし、崇禎（帝）が国に殉じて明祚が終わり、李自成が僭して号令し、北京中原は塗炭に陥った。そこで、真の主が民のために残虐を取り除くことを望む声が強まったのである。太宗文皇帝は万性が水火の中に溺れることに忍びず、師を興すことを命じて禍乱干戈を鎮圧し……崇禎帝はようやく礼葬されるを得た。本朝は明のために怨みを報い、恥を雪いだのである。[35]

しかし、たとえ皇帝自身が支配の正統性を力説しても、必ずしもそれだけで十分に説得力を持ったわけではなかった。清帝国は漢人支配の当初、江南地方の揚州・嘉定をはじめ各地で、服従と辮髪を拒む漢人に対する残虐行為をも行っていたのである。[36] 勿論、明帝国末期の未曾有の混乱によって疲弊の極みにあった漢人社会からみて、剝き出しの強権ながらも秩序を強力に回復させる清帝国は多少なりとも歓迎に値する側面もあった。それだけに、清帝国の統治がある程度固まると組織的な反満抵抗運動も下火になって「盛世」を謳歌する方向へと転じた。[37] それでもやはり漢人にとって、原初体験としての「清帝国＝抑圧的政権」認識は消しようがなかったのであろう。明清過渡期以来、清軍の残虐を描写したり、漢人の民族意識を鼓舞する書物は絶えることがなく、乾隆に至る歴代の皇帝を愕然とさせていた。それゆえ、過去のあらゆる漢字文献は『四庫全書』編纂という大義名分のもとで検閲され、少しでも清帝国の支配に有害であると見なされた書籍は、しばしば禁書のリストそのものも含めて焼却され、禁書指定書籍がこの世に存在したという証拠すらも消し去られた。これが所謂「文字の獄」である（ちなみに、乾隆帝は『大義覚迷録』すら、清帝国に対する漢人の反発を記録するものとして禁書に指定した）。[38]

一連の思想弾圧の果てに、清の盛世における儒学思想の基調となったのは、文献の典故を問う考証学であった。岡本さえ氏は、島田虔次氏の「（清史は）文献学ばかりで哲学を持たない時代、実事求是が文献考証ばかりに発揮せられて政治的社会的な実学書の傑作を持たなかった時代」という指摘を引用し、さらに儒学知識人が家訓の中で政治を批判しないよう書き残したという事実を紹介したうえで、考証学は「清朝独自の時代精神と言うにしては、今までにない創造を目指すダイナミズムに乏しい」と位置づけている。[39]

しかし、そもそも儒学思想とは、現世重視の立場から政治・経済・社会・文化の諸問題を積極的に論じるところに本来の意義があるはずではないのか。清帝国の初期から最盛期における「中華」文化との関係がこのようなものであったとすれば、清帝国は果たしてどこまで、漢字で書かれた儒学思想の価値を他の「周辺」諸文化よりも一際優越したものとして認めて「中華」文化を隆盛させる「中華帝国」であったのか、留保が必要であろう。たとえ康熙帝が『康熙字典』を編纂・発行し、儒学思想にも没頭して「聖人の道」を堅実に実践しようとしたと言われるにしても、[40]少なくとも「口萓」の根幹をなす儒学者の言論空間を著しく狭めた行為と、「最大規模の繁栄を誇った中華帝国」という美称をどのように対応させたら良いのか。むしろ、たとえ明帝国は官僚機構の腐敗が著しく、軍事的に弱体で、特にモンゴルや日本（倭寇）など「周辺」民族の侵入に悩まされ、彼ら自身の至高性の自己主張が半ば空回りに終わっていたとしても、少なくとも儒学・漢字・漢人文化の優越という立場を統治エリートが共有しながら、その内実を朱子学と陽明学の論争や儒仏道三教の比較論・融合論を通じて一層豊富にしたという点で、内向きながらも「中華帝国」論の基本的前提に合致していると思われる。

これに対し清帝国は、その発端において「文殊菩薩にちなんだ民族」「元帝国の〝伝国の印璽〟（明ではない！）「モンゴル・漢人八旗勢力との同盟」（朝鮮は建州女真の勃興当時同盟者として想定されながら、朝鮮側の拒否によって「服従」の位置に格下げされてしまった）といった複合的要素を王権の基本要件としている。一方、漢人との葛藤を通じた「焚書」「禁書」という措置をとりながらも、漢民族が多数を占める「中華十八省」への統治では朱子学を科挙の知識として採用し、「中華」を自称したことも疑いようがない。だとすれば清帝国は、ヌルハチによる王権発足以来、明帝国のように単純な「中華帝国」として一方的に「高度な儒学・漢字文化」の次元から全てを規律し、その尺度によって「周辺」を定位する政権では決してなかった。むしろ、儒学思想はもとより、異なる文化的要素との接触の繰り返しの中で、包括的で独特の（儒学思想はあくまで最も重要な側面の一つと位置づけられる）、しかし焚書・禁書にも見たとおり、ある種「孤独」な自意識を形成していった政権だった——そう言えるのではないだろうか（図1-3）。

この「帝国の自意識」は、あくまで東北アジアから勃興し、「文殊菩薩」に象徴されるように仏教的要素を内包

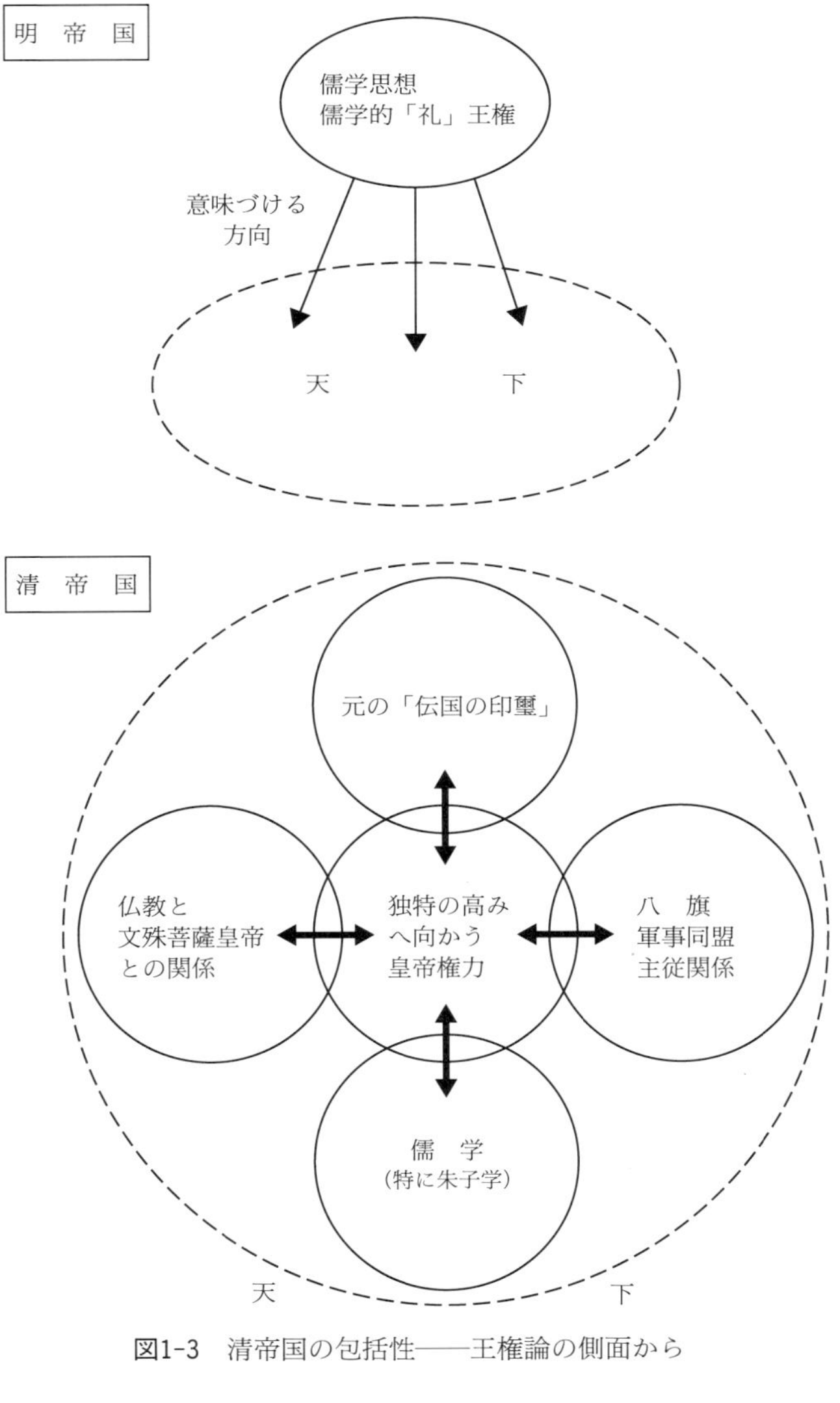

図1-3　清帝国の包括性——王権論の側面から

し、元帝国の後継であることにも拘りを見せたという点で内陸アジア志向を漂わせている反面、海から入る知識への関心は相対的に弱かったと考えられる。例えば西洋情報について、清帝国は明帝国時代の交流の蓄積を受け継ぐことを基本的にはせず、宣教師によってもたらされる情報も多くの場合いわば風聞として受け流され、その中に独自の価値を見出して研究するという態度は、十九世紀後半以降「条約港知識人」が輩出されるまで欠如していた。[41]また、日本に関する知識も、長い間『明史』を超える水準のものは現れず、基本的に明帝国時代の倭寇のイメージで日本を把握し、ゆえに海からの交流を著しく警戒する状況が長く続いた。[42]英国が打破しようと躍起になったカントン・システムのような管理貿易も、このような文脈で理解されるべきであろう。

5 「転輪聖王」としての清皇帝

(1) 仏教政治と仏教「利用」

一方、清帝国の内陸アジアとの関係は、「真の聖人らしさ」「中華の正統」をめぐる漢人との疑心暗鬼や弾圧とは全く異なり、柔軟さと共通の語彙の上に成り立っていた。[43]

まず清帝国は、同盟者であるモンゴル諸部（特に現在のモンゴル国の主要部分にあたるハルハ部）に対する支配権をめぐって、西モンゴルのジュンガルと熾烈な抗争を繰り広げた。特に一六九〇年には康熙帝が親征し、決定的な勝利を挙げている。しかし、モンゴル諸部族がその過程で清とジュンガルを評価した基準は、チベット仏教（特に、一五七七年のダライラマ三世とアルタン汗の会談を契機にモンゴルにも大いに弘通したゲルク派＝黄帽派）をどれだけ保護発展させるかという点にあり、清とジュンガルが自らの立場を正当化するための論理も「如何にゲルク派仏教を繁栄させる『仏教政治』を行っているか」というものであった。それゆえ清帝国にとって、一方的に絶対・至高の権力や文化的な優越を主張し、浸透させることは不可能であった。清帝国の主張が正当であると認められる場合、モンゴル・チベット人は「清皇帝は仏教政治を行う文殊菩薩皇帝である」と認識したが、逆にチベット仏教徒の支持を得られない政策は、清帝国の体面を犠牲にしてでも撤回せざるを得なかったのである。[44] したがって清帝国は、内陸アジア諸民族と利害を共にする際には軍事力で一方的に自らの立場を強要するのではなく、チベット仏教徒の立場を受容する柔軟性によって政治的な主導権を獲得してきた。その結果としてチベット仏教徒の内陸アジア諸民族と清帝国双方が共有したのは、「転輪聖王」として清皇帝を捉える見方であった。

ここで、仏教的王権論及び「転輪聖王」思想の特質について簡単に説明しておきたい。まず、仏教はその発端において脱世俗的な動機を重視しているため、僧侶は生産活動に直接従事しないことを標榜している。しかし実際には、何らかの世俗的な援助なしには教団運営は立ち行かない。そこで、仏教的真理を体現して修行を行い、仏教を一層輝かせようとする僧侶・教団に対し、仏教徒がその信仰心を現実の物質のかたちにおきかえて「布施」として表明するための論理として、「教団は信徒の信仰心を実りに変える田である」という「福田思想」が生み出された。[45] しかし、個別の仏教徒が布施を行うだけでは、脱世俗的な仏教教団が現実の政治社会の中で存続することは難しい。そこで、仏教教団は世俗権力者の強力な保護を求めることになる。同時に、仏教徒の中から成立した王権は、自らの統治を正当化するため、王としての基本的な心得として「仏法を繁栄させるための王法」の遵守が不可欠となった。ここにおいて、「仏教王」「正法王」としての王権[46]と仏教教団の間の「施主と教団の関係」が成立した。

仏教王の統治は「ダンマ（法）による統治」として位置づけられるが、その中でも一際仏教精神に則った統治を行う王に対して称賛を込めて用いられる呼称が、古代インド思想に起源を持つ理想の王者像「転輪聖王」（cha-kravartin）であり、武力を用いずして世界を治める、命あるものを仏教の良い道に導くことが期待されているとい

う。(47)

しかし、仏教的王権という存在は、その権力が世俗における至高の権力であること自体によって成立するものではなく、必ず「仏法と教団」という超世俗的な存在に対して「保護」「擁護」を行うことによってはじめて成立しうるという点で緊張を孕んでいる。この問題はとりわけ、以下の二つの文脈において立ち現れると思われる。

(a) 超世俗的理念による正統性審査。

仏教的王権は、教皇と並び立つキリスト教王権や、「天命」の有無が統治の安定と社会の繁栄の度合いによって判断され、一旦「天命」が尽きたと判断されれば易姓革命で放逐されえた儒学的王権の場合と同様、特定の宗教あるいは超世俗的理念を基準に理想化された社会像の実現可能性を常に被治者の側から問われている。また、預言者ムハンマドの後継者である正統カリフが直接統治を行うというイスラームの場合、十三世紀以降の諸軍事国家の抬頭によってイスラーム帝国本来の統治理念が形骸化してしまったものの、実質的に権力を握る軍事支配者(スルターン・シャー・王・太守など)を、宗教学者の側がイスラーム法の護持を条件に認証することで、「イスラーム法の護持を図る世俗国家」という像が形成されたという(小杉泰氏はこの新状況を「ウマラー(軍事指揮官)とウラマー(宗教学者)の同盟」と定義する)。ここで王朝はイスラーム法の施行とそのための領土防衛を二大義務とし、それが履行されさえすればイスラーム的に正統性が保障されたことになったという(逆に、列強に対し防衛できない王権や、近代化のためにイスラーム法を停止する支配者、自己の保身のため列強の傀儡になる首長の存在など、イスラーム的理念に照らした場合に正統性を確保できない事態の出現が、イスラーム圏における「近代」を不安定なものにしたとされる)(48)(図1-4)。仏教的な「正法王」「転輪聖王」もまさに仏教的価値の実現如何によって正統性が揺らぐ以上、自己完結的な至高の権力たりうるわけではない。

(b) 脱世俗的な仏教に最も深く帰依する世俗権力という矛盾。

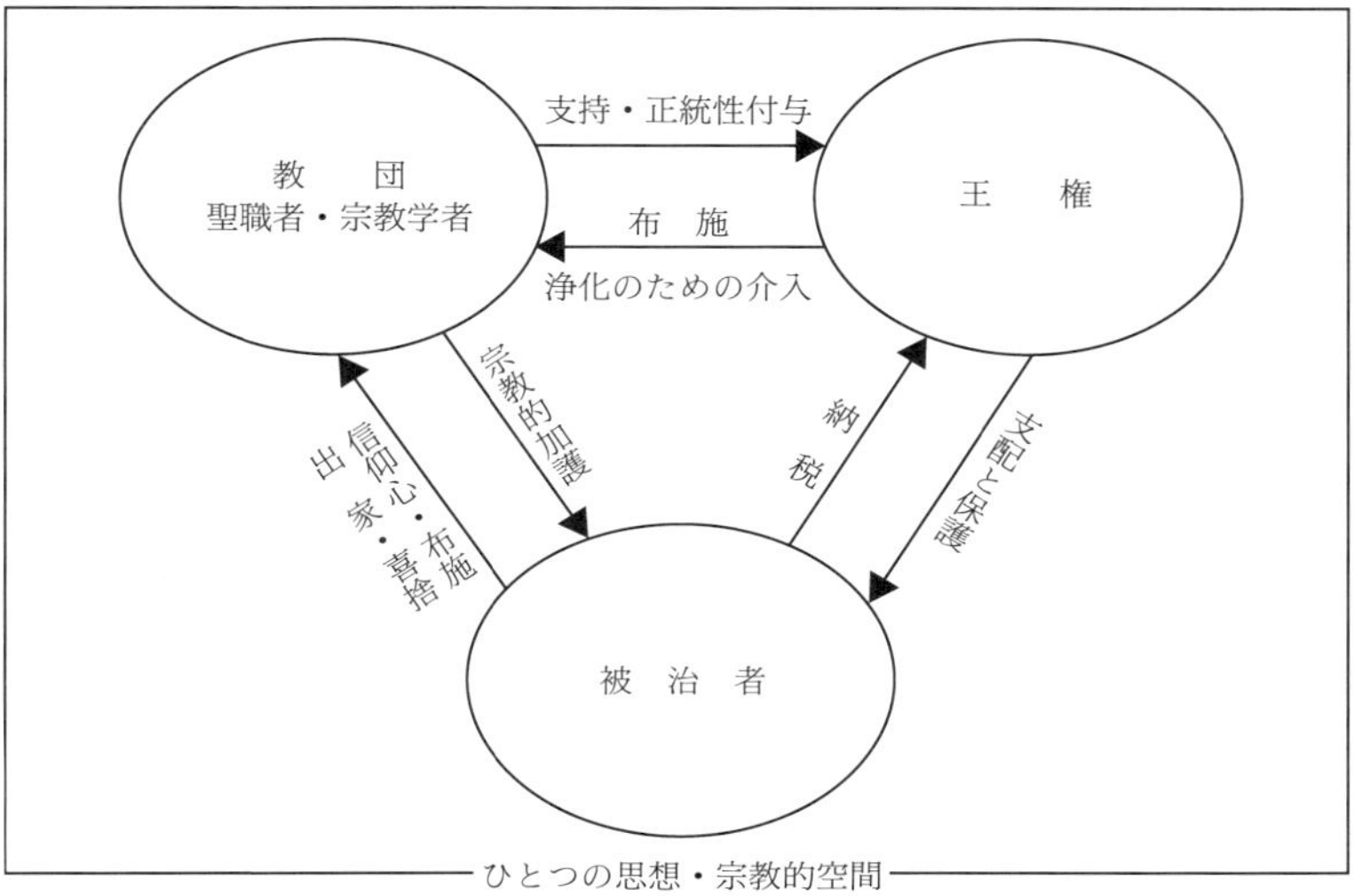

＊主にチベット仏教の場合。イスラームに関し，清帝国における王権と宗教学者の関係は，被治者を介した間接的なもの。

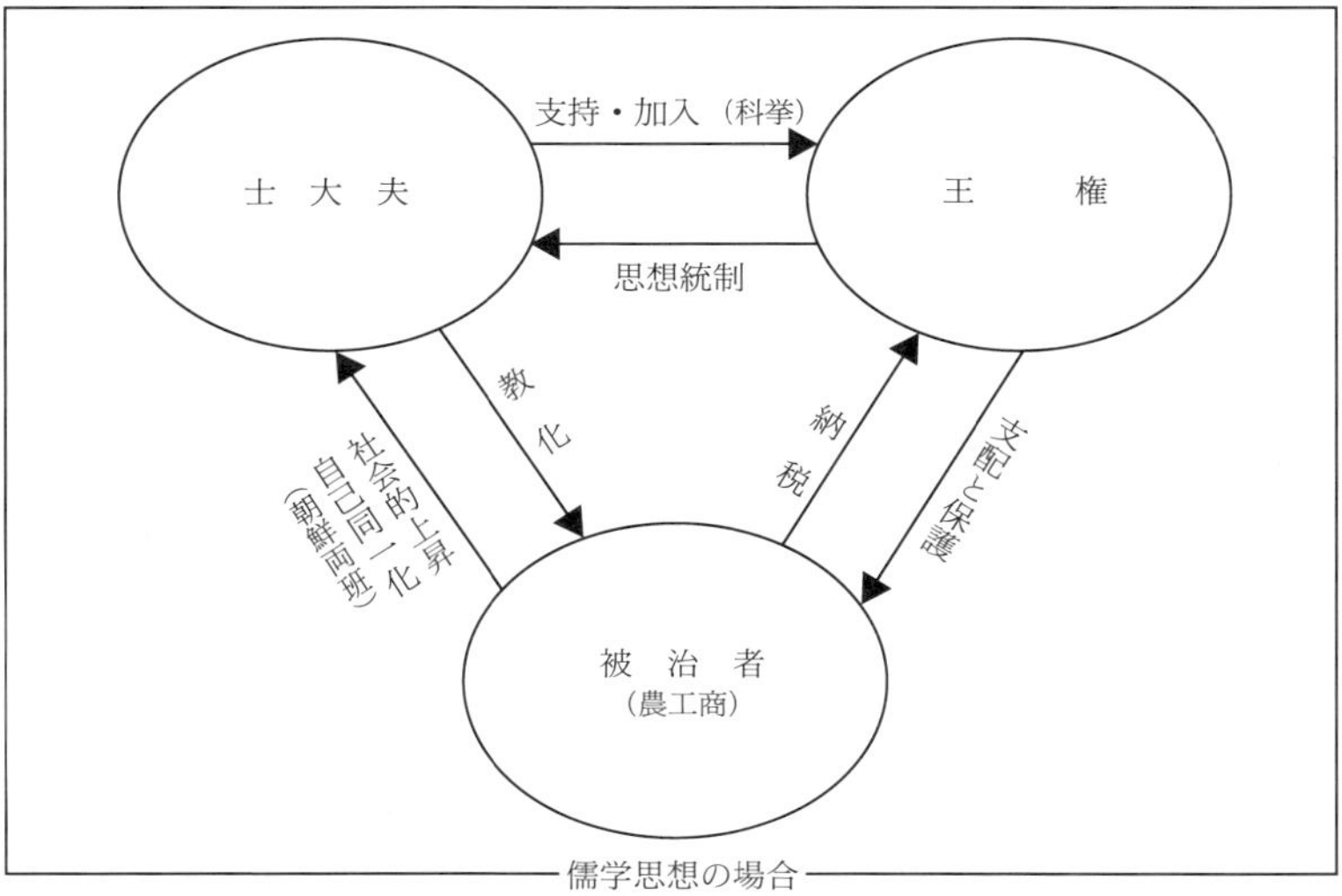

＊共産主義者は士太夫と類似。その場合の王権は「党と政府」。

図1-4　治者・被治者の関係と思想・宗教

伝統タイやビルマ、そしてスリランカといった上座部仏教国、あるいは古代インドにおいては、転輪聖王の栄誉を受けた王権・国王ほど、世俗・仏教双方に対する管理は積極的であった。例えば、王権は仏歯を安置して仏教徒の信仰心に沿う措置をとる反面、僧院組織の浄化や受戒の中央集権化をはじめとした介入を行った。一方、王の権威表示には三宝（仏・宝・僧）への絶対的帰依が織り込まれており、スリランカでは王が持つ全てを教団・僧侶に喜捨するという一時的な「王権の放棄」さえなされたという。[49]したがって、最も世俗から遠ざかろうとした仏教教団が「福田思想」を通じて王権や世俗との密接な関係を築くという点、さらには仏教的社会の実現が無上の権力を誇る転輪聖王に依存しているという点において、仏教教団は本質的矛盾を常に内包している。

同時に、世俗から遠ざかろうとする組織に最も深く帰依することによって独裁権力の正統性が実現されるという点においても、仏教教団と王権は本質的矛盾を抱えている。こうした二重の矛盾によって特徴づけられる仏教教団と王権は、王権も被治者もみな仏教に帰依し、仏教的な儀礼が支配する空間が存在することによってのみ親和的に共存できると言えよう。[50]そして、何らかの政治変動によってバランスを失えば容易にその脆弱な基礎が崩壊し、仏教的社会そのものが急速に流失しかねないという問題を孕んでいる。

その一例は、徳川日本と仏教の関係であろう。徳川政権はキリシタン対策の寺請制度を通じて形式上の「日本人全仏教徒化」を達成した反面、宗教・宗派競争のダイナミズムを失った仏教教団は「王法の仏法に対する優越」に完全に甘んじることになった。さらに、徳川時代における儒学思想の普及は、脱世俗的な仏教への社会的批判を強める方向に働いた。その結果、徳川政権による統制の側面だけが肥大化し、幕末〜明治初期の廃仏運動へと帰結したものと思われる（清帝国とチベット仏教の関係もこれに類似しており、第四章以降で詳論する）。

ともあれ、前近代における世俗王権・被治者・超世俗的教団の関係は、双方の思惑を複雑に孕みつつも、適度に相互を審査し牽制し合う状況の下で持続したとみるのが適当ではないだろうか。

これに対し、今日の中国ナショナリズムの立場による歴史研究の多くは一様に、康熙・雍正・乾隆各皇帝の度重なる「地に因りて宜を制する」という発言のみならず、乾隆帝が一七九二年に「御製喇嘛説」[51]の中で記した「黄教（チベット仏教ゲルク派）はモンゴルの衆を安じるために関連は小さくないから保護しなければならない。元朝が番僧にへつらうのとは訳が違う」という一節、さらには礼親王・昭槤が嘉慶年間に著した『嘯亭雑録』の以下の記述を強調する。

国家が黄僧を寵幸するのは、決してその教を崇奉して福祥を祈るためではない。ただ、蒙古諸部が黄教を敬信することすでに久しく、故に神道を以て教を設けたのであり（『易経』「観」）、その徒の力を借り、誠心から帰附させることによって藩籬を保障しようとしたのである。それはまさに（『礼記』の）王制にいう「その政を易えてその俗を易えず」の道なのである。[52]

要するに、中国ナショナリズムの立場からの歴史記述は、「清朝がチベット仏教を利用して統制しようとしたのであり、したがってそれは中国の主権の神聖なる行使であった」と位置づけるものが常であり、あたかも内陸アジアの諸民族は完全に「中国」の論理の下、知らず知らずのうちに独自の立場を放棄して「統制」「支配」「利用」され、服従するのみであったとするものである。しかしそれは、主権国家の領域主権を「統制」「利用」に重ね合わせるものであって、果たして当時の思考・文脈に沿って清帝国の多民族関係を説明しようとするのか、それとも中国ナショナリズムの問題意識に立脚して補強するための歴史利用なのか、明確な区別がない。こうした発想からは、何故乾隆帝がパンチェンラマの前で跪いて朝鮮使節の憤激を買うに到ったのか、論理的な説明をなし得ないように思われる。昭槤の引用にしても、彼が活躍した嘉慶年間は、総じて清帝国のチベット仏教圏事情に対する具体的な把握力が農民反乱などの内憂の中で低下していった時代にあたる（第三章で詳述する）。昭槤の視線を以て清帝国とチベット仏教の関係を代表させることは、いくらモンゴル問題あってのチベット仏教への関与という側面が濃厚であるにしても留保が必要であろう。

むしろ、一見「清朝によるチベット仏教利用の象徴」として位置づけられがちな「御製喇嘛説」の次の一文こそ、乾隆帝自身が転輪聖王としての立場を鮮明にし、皇帝とチベット仏教の相互補完的性格を説明したものであろう。乾隆帝は、北京で死去したパンチェンラマ六世の兄であるシャマルパ活仏が、遺産欲しさにグルカと結託して侵入させたことをめぐって、「神降ろしの〝予言〟の操作によって特定の一族に活仏の生まれ変わりが集中し、それが仏教を巻き込んだ骨肉の勢力争いの原因になる」と喝破していた。

生まれ代わりのフビルガン（モンゴル語で霊童の意味）が一つの族から出ることとは、すなわち私（欲）を為すことである。仏にどうして私があろうか。故に（神降ろしによる活仏選びを）禁じなければならない。予はここに金瓶をつくり、チベットに送る。およそ生まれ代わりのフビルガンは数人の候補を挙げ、名前を記入して瓶に入れ、くじ引きせよ。完全にその弊害を解消できるわけではないが、以前のように一人が決める選び方と比べて些かでも「公」であろう。

そもそも、ある事の是非を定めるならば、必ずその事を学ばなければならず、その理が明らかになれば初めて（是非の判断が）可能である。予がもしも番経を習わなければ、このように述べることは出来ない。初めて習ったとき、ある者は議して（乾隆帝の仏教学習は）黄教を興し過ぎると批判し、予をして徒に沙汰の虚誉に拘泥させようとした。しかし今や新旧の蒙古が威を畏れて徳を慕い、太平すること六〇年、それをどうして（仏教以外によって）得られようか。ただ後蔵（パンチェンラマの本拠タシルンポ寺を中心とした、今日のチベット自治区の中西部）には煽乱のラマがいるので、即ち正すに法を以てした。[53]

乾隆帝はあくまで、「沙汰の虚誉に拘泥」しない転輪聖王として仏教内部の不正を処理し、その是正のために「法」＝「王法」を発動したのであって、さらにモンゴルが畏れて慕うような「威」「徳」は仏教以外に得られない

「仏教的威徳」だったのである。この「威徳」は決して転輪聖王思想と矛盾するものではない。さらに乾隆帝は、グルカ戦争の善後処理に際し、チベットにおいて公正な政治・社会状況を実現させる必要性をダライラマに対して説くためには次のような表現をとるべきであると欽差大臣フカンガ（福康安）に対して諭している。

大皇帝は万方を統御し、様々な賞与・給与を支出するのみならず、災害支援や堤防運河建設などに莫大な費用を支出しているのであり、天下の貢賦を自分の懐に収めて天下の民を養わないことは断じてない。ダライラマの統轄する範囲ははるかに狭いが、この心を忘れてはならない。……（逆に）シャマルパが野心を起こし、賊を唆してタシルンポを空にしたという事実をもとに、「多く蓄えるほど失いやすい」ことを知るべきである。まして仏法から言って喜捨を心とすべきであろう。銭財貨幣はみな自分の外のもので、俗人はともかく出家の人は空寂を務めとする者ではないか。六波羅密において喜捨は第一の徳目であることを知るべきである。(54)

結局、こうした経緯や説明だけをとっても「（儒学思想に立脚した中華帝国としての）清朝による仏教利用・内陸アジアへの一方的支配」を単純に強調することは妥当ではない。そもそも、パンチェンラマ六世の熱河巡錫の折、朝鮮使節も出席している中、パンチェンラマ六世と乾隆帝は仏教的見地から清帝国の正統性を強く確認しているのである。

パンチェンラマの発言――十方に安居し、広大無辺の世界の中で無量の軍隊を擁する、仏法を崇信し十力を具有する尊勝王天子文殊大皇帝は、（パンチェンから）報身を円満して成仏した。各地の仏法と衆生を絶え間なく精進させる依他の国王は、釈迦王の子の聖教を大地に遍く伝え、それを円満に栄えさせ、仏光が普く照らすようにし、一切の無明を除き、供施双方の一切のしもべを幸福と安楽に導いた。仏法の聖地インド、文殊菩薩の教化の地摩訶支那（マハーチーナ。漢人の土地のこと）、雪域、蒙古の大地で、成就王は衆生のあいだに政教の事業を発展させ、安居楽業させる。このような殊勝の業績は述べきれない。とりわけ一切の勝者の中の代表で、至尊堅固にして転輪する尊勝王大皇帝は、実に天下地上の一切の衆生の頂点にある。第二仏祖ツォンカパの清浄な教理は四海大地に広く弘揚され、その偉大な事跡は叙述しようがない。このとき、漢・モンゴル・チベット人民全体は、慈悲の加護によって偉大な事業を頂点に向かわせ、それはとりわけ雪域の持金剛ダライラマと僧俗民衆の信仰希求と一致し、慈悲によって教を護り民を祐するものである。

乾隆帝の発言――パンチェンエルデニは実に仏であり、今日説くところは全て実情である。朕は法により政治を行い、宮殿や釈教の佳境には如来身語意の三所依を建立して倶奉し、僧寺を建立して供養し、仏教を弘揚し、慈悲を以て庶民を護佑し、威力を備えた軍隊で教を信じない粗暴な士夫を消滅し、仏教の門に赴かせ信奉させたのだ[55]。

したがって、チベット仏教に関して重大な問題が起これば、仏教的な転輪聖王が権力を発動して処理することは、乾隆帝自身にとっても、チベット仏教徒にとっても当然なすべきことだったのである。それを「利用」と位置づける見方が強まるのは、十九世紀に入ってからの傾向ではないのか。清帝国とチベット仏教の関係を位置づけるにあたっては、どの時代の見解・一側面かに注意しなければならない。

(2) 承徳は「ハーン体制の首都」か

ところで近年、清帝国のチベット仏教に対する関わり方は「利用」なのか、それとも仏教王としての権力行使だったのかという問題を考える上で、乾隆帝とパンチェンラマが会談を行った河北省承徳の熱河離宮とそれを取り巻くチベット仏教寺院群（外八廟）の意味に対する関心が高まっている。とりわけ、「多民族国家中国」ならびに中華民国時代の「五族共和」・中華人民共和国における民族区域自治の源流に清帝国の多民族的性格が関わっていると説く議論において、承徳という政治・祝祭空間の意義が注目されている。

例えば、「清朝によるモンゴル支配のためのチベット仏教利用」という視点を提示する片岡一忠氏は、清のチベット仏教政策の具体的な大方針は「モンゴルにおけるジェブツンダムバ・チャンキャ活仏の扶植による、モンゴル世界からのダライラマ勢力の排除」と「駐蔵大臣派遣・金瓶くじ引きを通じた、清朝権威によるチベット＝ラマ教勢力の組織化」であったと位置づけている(56)。そこで、清朝皇帝は政治的にも精神的にも常にモンゴル・チベットの上にあって彼らを利用していたとする立場から、片岡氏は承徳という空間の意味を次のように読み解く。

清朝皇帝は、北京（紫禁城）にある時は中華世界の天子（皇帝）として君臨したが、万里の長城を越えて承徳の避暑山荘に入るや、内陸アジア世界にモンゴル族の首長たるボグド＝セツェン＝ハンとして振る舞ったのである。承徳は、モンゴル族だけではなく、ウイグル族の王公、ベグ、それに朝鮮や東南アジアの朝貢国の使節、さらにはイギリスの使節が朝覲する、非漢民族世界の中心であったともいえよう(57)。

外八廟は、中国内地やチベットの伝統的寺院建築様式（人工美）と自然の地形を利用した配置によって、一大ページェントをくりひろげ、強烈な宗教的効果を発揮するとともに、巧妙な政治的装置の役割をも演じた。すなわち、避暑山荘の清朝皇帝のもとに朝覲にきたモンゴル族王公たちが大伽藍の偉容に感嘆して清朝の実力に恐れ入るとともに、皇帝のラマ教に対する理解に感謝して忠誠を誓うということが期待されたのである。さらに、とくに乾隆帝は自己をラマ教の単なる庇護者とすることで満足せずに、ポタラ宮、タシルンポ寺に倣った壮大なラマ寺廟を避暑山荘の傍らに配することによって、チベットのラマ教勢力をもその統制下に置くことを意図したのである(58)。

また石橋崇雄氏も、北京の中国皇帝を中心とする「中華王朝体制」の体系、承徳のハーンを中心とする「ハーン体制」の体系、そして皇帝直属の軍事組織である八旗を中心とする体系からなる三重の存在として清を捉える立場から、片岡氏の議論に基づいて「チベット仏教の宗教的求心力を分散させる策」として承徳の存在意義を論じている。[59]

しかし、こうした視点に基づく「政教一致空間・承徳」の位置づけは根本的に疑問である。何故なら、両氏の議論の前提には「モンゴルやチベットは、中華帝国の影響と権力行使を一方的に甘受し『懐柔』される存在である」という発想が無前提的に存在しているからである。しかしそれでは、承徳の政教一致祝祭空間の意味を理解することは不可能であろう。例えば、次のような問題がある。

(a)「ポタラ」の必要性をめぐる問題。

承徳のチベット仏教寺院群の中で最も壮大な規模を誇るのは、ダライラマが住むラサのポタラ宮を模した「普陀宗乗之廟」である。しかし、もし承徳という空間を通じてモンゴル王公が「感嘆して恐れ入る」ことを清帝国が期待し、さらには「ラマ教の単なる庇護者とすることで満足せずに、チベットのラマ教勢力をもその統制下に置くことを意図し」「ダライラマの宗教的権威を相対的に低下させ」「チベット仏教の宗教的求心力を分散させる策をとった」のであれば、何故乾隆帝はわざわざ巨費を投じてダライラマの権威を象徴する宮殿を模倣しなければならなかったのか。仮に清皇帝＝「中華帝国」の皇帝または文殊菩薩大皇帝が、ダライラマ＝観音菩薩の化身、及びパンチェンラマ＝阿弥陀如来の化身の権威を圧倒しようとするならば、ダライラマのポタラ宮殿とは全く異なった外観・建築様式を採用し、規模的にもポタラ宮殿を遙かに超越する、それこそ遮るものなき清帝国全盛の力を象徴した斬新・独自・壮大な建築物こそ相応しかったのではないか。しかし実際にはそうではなく、インド・ラサ・浙江に位置する三つのポタラ＝普陀洛＝観音菩薩の居所に連なる存在として、乾隆帝は普陀宗乗之廟を建造したのである。[60]

(b) 求心力のゆくえの問題。

また、承徳に集ったパンチェンラマ以下のチベット仏教の活仏・僧侶、及びモンゴルの王公や旗民たちが「外八廟」の大伽藍を目にしたところで、どこまで「チベットへと向かっていた宗教的求心力を清皇帝への崇拝と畏怖へと切り替える」効果を持ったのかも疑わしい。少なくない数のモンゴル・チベットの僧や王公・旗民は、巡礼・留学という行為を通じて、ラサのポタラ宮殿と三大寺（レブン・セラ・ガンデン寺）の壮大極まりなさを体得し、そのことを彼ら自身のチベット仏教中心的な世界観の根本に据えていたと思われる。したがって、承徳の光景を目にして改めて「チベットへの宗教的求心力を弱め、それを清皇帝に振り向けるような」特別の感情を催すとは考えられない。むしろ、まさに乾隆帝のチベット仏教保護・振興に向けた努力をモンゴル・チベット人が確認するうえで「外八廟」はそれなりの意味を持ち、それ以上でも以下でもなかったと考えられる。[61]

(c)　「外八廟」の「聖性」の問題。

また、かりにモンゴル・チベット人が「ダライラマへの求心力を分散させようとする」乾隆帝の政治的意図の通りに「外八廟」に対して「聖性」を見出したとしたならば、承徳はその後仏教聖地として発展しても良かったはずである。しかし実際のところ承徳は、内モンゴル仏教の中心であるドロンノール（多倫諾爾）や、山西省にある文殊菩薩の聖地・五台山のような地歩には到達しなかった。むしろ承徳の寺院群は、あくまで乾隆帝が多民族統合を記念して建造した記念碑の域を超えなかったと言えないだろうか。

一方、「皇帝は南面する」[62]という思想が「中華帝国」の宇宙観として内在しているとすれば、統制されるはずの仏教施設が熱河離宮北側の山沿いに立地して離宮に「気」を送り込む状況はどこまで許容されるものなのか（図1-5）。「五族からなる多民族的中華帝国の皇帝」の権威が至高であり、仏教は純粋に下位にあるものとして建造された寺院群であるならば、満・漢・モンゴル・チベット・トルコ語で表記された離宮の入口「麗正門」の南側に寺院群が位置する方が自然であると思われる。

(d)　承徳は「首都」か？

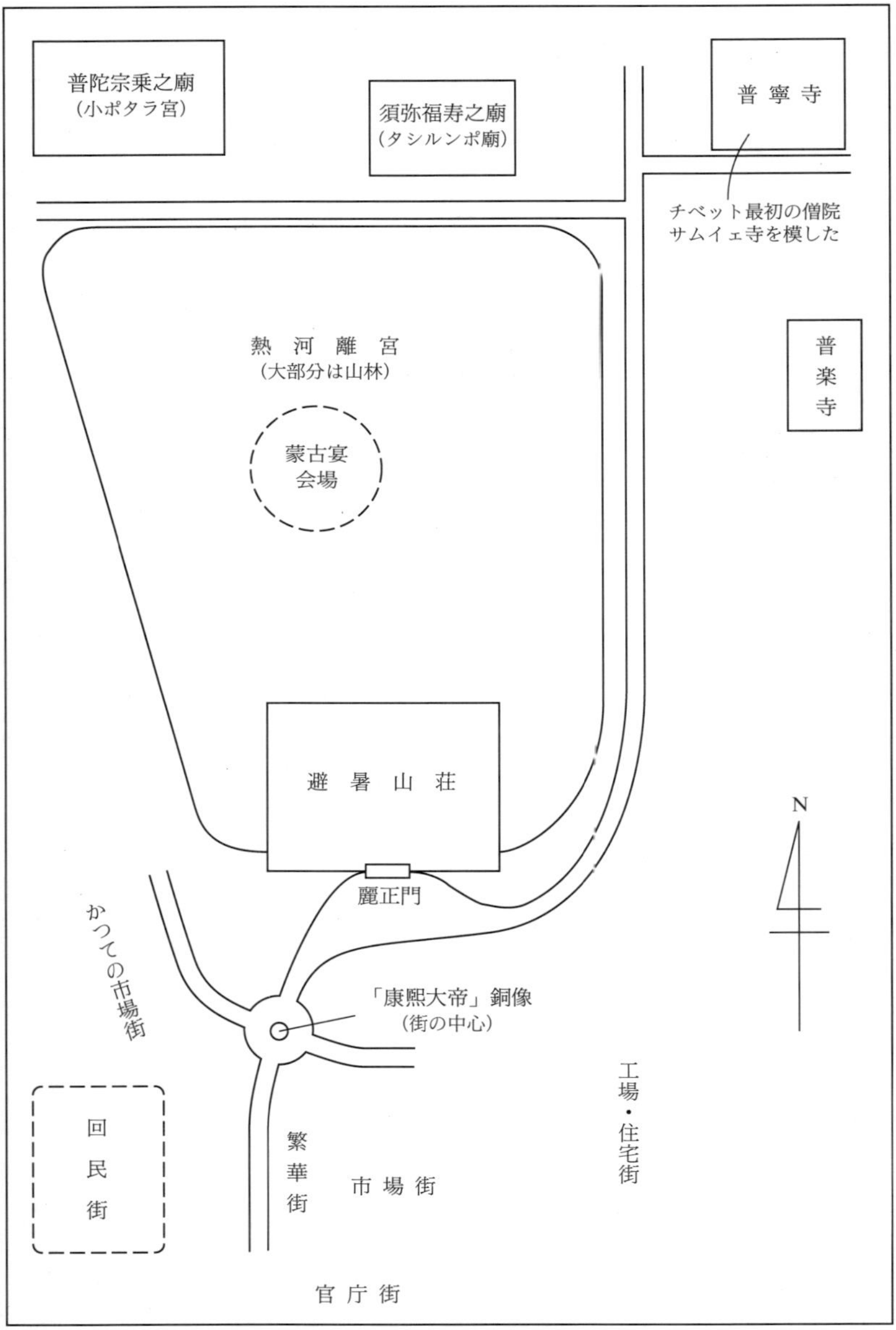

図1-5　現在の承徳市街略図

筆者が最も理解しがたいのは、承徳を「ここに入るや内陸アジアのボグド・セツェン・ハーン（漢訳すると〝神武英明皇帝〟）として振る舞った」「非漢民族世界の中心」「ハーン体制の首都」として位置づける発想である。

しかし、そもそも承徳という場所には、清帝国が満洲族としてのアイデンティティを維持し（次章で詳述する）、同時にモンゴル王公との連帯感を確認するべく毎年夏に狩猟訓練を催す「木蘭圍場」に近いからこそ離宮が置かれた。皇帝が承徳という場所を重視するとすれば、基本的に狩猟訓練の必要性の延長においてであったと思われる。もし木蘭圍場を控えた承徳が「非漢民族世界の中心」「ハーン体制の首都」であるならば、それこそ皇帝は毎年必ず訪問し、ここを拠点に内陸アジアに関連する政務を陣頭指揮し、各種の仏教「利用」的儀礼を催したであろう。ところが、他でもない「清帝国の正当化理論」として『大義覚迷録』を著した雍正帝は、在位中の多忙と、康熙帝と比べた自身の射撃能力不足を理由に一回も承徳を訪問しなかったため、熱河離宮は乾隆帝が即位するまで基本的に放置されたままであった。[63] むしろ雍正帝や、乾隆帝の後継者である嘉慶帝は、承徳をあくまで武力養成空間として認識していたし、[64] 雍正帝や嘉慶帝は熱河において「内陸アジアのラマ教徒を心から敬服させ統制する」仏教寺院を全く建造・整備していないのである。したがって、承

写真7　熱河離宮の正門・麗正門に掲げられた扁額。左からモンゴル・チャガタイ＝トルコ・漢・チベット・満洲語

徳を「内陸アジア・ハーン体制の首都」とする見方は、あくまで乾隆期の未曾有の征服と全盛の経済力の余勢を駆った祝祭空間の建設のみをとりあげて殊更に強調するものと言わざるを得ない。それは、歴代皇帝が曲がりなりにもチベット仏教を擁護する政治を内陸アジアで展開し、その結果としてモンゴル・チベットとの関係が維持強化されたことと比べれば一時的なものに過ぎない。勿論、乾隆帝とパンチェンラマの会見に代表される「承徳の輝き」は政治的祝祭として極めて重要であるが、その会場が「首都」として帝国秩序を大きく規定していると結論づける理由は必ずしも存在しない。

ところで、このような「北京と承徳・二つの首都」という発想は、マンコール氏の「東南の弦月（the southeastern crescent）・北西の弦月（the northwest crescent）」論[65]に拘束されたものなのではないか。この議論は、清帝国がその特殊な出自と帝国形成過程ゆえに自覚的に統治のありかたを変え、漢字・儒教・礼部管轄下の朝貢関係という「東南の弦月」と、満洲語・非儒教・理藩院管轄下のハーンと同盟者・藩部の関係という「北西の弦月」に分けたとするものであり、その後清帝国の統治体制を論じる様々な議論が共通に採用している。[66] しかし筆者の見るところ、北京と承徳それぞれにおいて、上述の二分法では割り切れない状況こそ常態であったと思われる。例えば、序章でみた熱河における朝鮮使節の接待は「北西担当」の理藩院ではなく礼部が担当していた。また、モンゴル王公やチベット僧、それに新疆のムスリム指導者は、天然痘の恐れさえなければ北京で皇帝に謁見することになっていた。[67] さらに、北京紫禁城内では、シャーマニズムと仏教と関帝崇拝が混淆した「満洲祭神祭天典礼」が執り行われていた（第三章で詳述する）。チベット仏教寺院についても、北京には序章で紹介したような隆福・隆善寺だけでなく、今も「北海」にその姿を映す白塔寺や、雍正帝の藩邸を寺院に改装して「仏を供えて荘厳にした」雍和宮、[68] それにダライラマ・パンチェンラマの北京巡錫時の常宿となる黄寺が存在するなど、内陸アジアを統合する多民族帝国の首都としての機能を北京自身が十分に備えていたのである。確かに、承徳は清帝国の独自性を示す重要な存在である。しかし、それはあくまで離宮と祝祭空間に過ぎない。承徳は「首都」ではありえなかった。むしろ、北京と承徳は、あくまで清帝国の首都と離宮として組み合わさっていることによって、内陸アジア諸民族との関係における機能を果たした。祝祭を通じて乾隆帝とパンチェンラマ双方が「仏教を擁護発展させる清帝国」という意義を確認し、チベット仏教徒における清帝国の正統性認識が強化され、それを朝鮮使節が不可解の眼で眺めたところで、そこが「首都」である必要も、「利用」のための装置である必要もなかったはずである。

6　「複合体」としての清帝国をどう認識するか

（1）米国における「清帝国の性格」論争

清帝国と内陸アジア諸民族との関係において、清帝国があたかも終始「二分法」的な手法を「利用」して各民族を牽制していたという見方は、以上に見た通り、当時の実相を十分反映するものとは思えない。一方、統治の必要上に応じて個別に分け隔てて対応する「地に因りて宜を制する」統治手法（繰り返すが、極めて例外的な場合を除き、如何なる統治も一方向的な「利用」「統制」で済むことはあり得ない。必ず双方向的な支配・関与と承認・正統化の総和として存在しているはずである）が採用され、その具体策として満洲及びモンゴル旗地への漢族流入阻止、同盟者や朝貢国に対する理藩院と礼部の管轄の違い、儒学思想と科挙の活用の有無が生じていることについては疑う余地がない（この「分け隔て」の問題は次章で詳論する）。とはいえ、北京と承徳の「使い分け」が実は曖昧であることや、『大義覚迷録』における「中国」の意味内容の伸縮を考慮に入れれば、究極の部分においては様々な要素を明確かつ永遠に分け隔てるという発想は弱く、むしろ様々な発想の複合体・融合体としての帝国像が、既存の「中華世界」「中華帝国」に関する議論の前提を超えて存在していたと考えられる。

　そこで、清帝国の総合像を改めてどのように把握するのかという論点が近年注目を集めている。例えば、米国の中国研究においては、清帝国は果たして「中国的性格が強い王権」なのか、それとも「内陸アジア的性格が強い王権」なのかをめぐって活発な論争が繰り広げられている。

　その嚆矢として挙げられるのが、ファーカー氏の一九七八年の論文である。(69) ファーカー氏は、「最も一般的」な「儒教的モラリスト」としての乾隆帝という従来の像に対して、「満洲の軍を指導する戦士の長」「モンゴル王公たちを率いる狩人の長」「最も一般的でないイメージとして、宮廷のコレクションにみる道教・仏教的な姿」といった複数の乾隆像を提示し、これらが清帝国の異なる部分（中国本土とモンゴル）でどのように使われたかを考察している。そのうえで、皇帝を菩提王・転輪聖王として捉える発想は中国史の伝統には存在せず、元帝国のもとでチベット的な王権論が流入して以来のものであると指摘し、さらに清の皇帝はチベット仏教保護を通じて皇帝自身の仏教的人格を創造することに強い関心を抱いていたのみならず、しばしば信仰そのものにも関心を持っていたために、皇帝たちは菩提王としての性格を強く打ち出すようになったと説明する。しかし、保守的な儒教中国人官僚の苦情ゆえに非宗教的な態度をも強いられる状況があったため、皇帝がチベット仏教に言及する際には、中国・満洲版では中立的な表現をとり、チベット・モンゴル語版では仏教的イメージで満たしていたと説明する。以上の結論として、ファーカー氏は皇帝の人格を次のように説明している。

　そもそも、反仏教と、教団の巨大な保護者を同時に兼ねることは、公衆のイメージが非常に重要である以上、一国の統治者にとって至難の業であった。しかしこの二つの人格は成功裏に二百年間表現され得た。それは結局、中国・モンゴル・満洲の統治階層の利害関心を調和させようとする努力の結果であった。

以上の認識は、鈴木中正氏が一九六二年に清皇帝とチベット仏教統制の関係をめぐって、「要するに清朝のラマ教優遇策は一方では対蒙古政策という政治上の必要に基づくものであって、清朝支配者たちは、元朝のそれの如くあらゆる欠陥弊害をふくめた現実のラマ教そのものに心酔して之を優遇したのではなかったが、他面に於いてはラマ教の現実の奥にある通仏教的なものには少なからぬ共感と憧憬をもったのであり、このことが蒙古人やチベット人の間に不知不識のうちに知れわたり、彼らを清朝につなぎとめる精神的な絆となったのである[70]」という認識を示したことと通じるものがある。

このように「中華帝国の征服王朝としてではなく、内陸アジアを向いた清皇帝の態度」が明らかになってくると、当然それは「清帝国を総体としてどのように把握すべきか」という問題設定へと結びつく。そこで、米国においてはロウスキ氏が「清帝国＝中華帝国」という見方を尖鋭に批判した。ロウスキ氏はとりわけ何炳棣氏が一九六七年に示した「清は疑いなく、中国史上で最も成功した征服王朝である」「清の成功の鍵は、満洲の早期の統治者がシステマティックな中国化 sinicization 政策を採用したことにある」という認識を批判し[71]、「清の拡張に影響を与えた最も重要な要因は長城の外側に由来するのであり、中国人（Han Chinese）の知識人が占める政治領域に由来するものではない」「満洲が彼ら自身、中国の統治者として自己像を描いたことは誰にも否定できない。しかし問題なのは、それが帝国イメージの完全な像なのかということだ」という問題提起を行った。そのうえで、草原世界のハーンの概念が「中国の皇帝」という概念と異なっていること、それにチンギス・フビライ両ハーン以後「チベット仏教的な転輪聖王の伝統」が存在していることを指摘し[72]、次のように結論づけた。

清の政策の中核は、文化的に隔てられたままの、異なる人々の服従に基礎を置いた、ユニバーサルな統治であった。乾隆帝は彼自身を、満洲・モンゴル・チベット・ウイグル・そして中国人 Chinese という五種類の人々の統治者として位置づけたのである。彼の統治の下、清はこれら五種の人々の文化的な境界を分割したままにとどめようとし、一方で中国南部・南西部に居住するマイノリティを中国化 sinicize しようと試みた[73]。

清はチベット仏教を統治の象徴的言語として採用することで、西夏・モンゴルの統治を継承した。内陸アジア人と中国人のイデオロギー的統合が新たな種類の統治に結びついたことは、彼らの巨大な達成の鍵となった。それは単に広大な領土を征服し、遊牧民と定住農耕民の間に橋を架けたのみならず、数世紀にわたる安定した帝国の創造を可能にした。満洲の達成の永続性は、現代中国がその上に生まれていることからも明らかである。今日の中国国家は、内陸アジアと東アジアの間の歴史的交渉の産物なのである。[74]

これに対して何炳棣氏は、清帝国が如何に「中華帝国」として空前の成功を収めたものであったかを強調するため「満洲統治者は、中国の長い歴史の中でも最も広大かつ強固で、統治面でも実効性ある多民族帝国を実現させた。満洲政権は程朱新儒学の導入を中核としてシステマティックな中国化 sinicization 政策を実施し、それは単に部族的な満洲国家の中央集権的統一帝国への変貌を可能にしただけでなく、『外来』王朝に対する儒学エリートの連帯・献身（例えば太平天国戦争）を勝ち取ることも可能にした。清時代は、伝統的な政治・経済・社会制度が大いなる成熟を迎えた時代であり、その中で経済と社会は地域を超えた高度な統合を実現した。物質文化・芸術・絵画・図書の分野でも、清時代は最も悠長に充実し豊かになった時代であった[75]」と述べる。そして、清帝国において最も重要な特質は何であったかを突き詰めて、次のように述べる。

中国を統治するということは、第一に、そして最も大きな部分において、一六五〇年から一八〇〇年の間に劇的に人口が増加した中国の数億人の人々を統治する能力を高めるということである。満洲がこの最も困難な課題に成功したのは、大まかに見れば、中国の伝統的な政治・制度を導入することによって達成されたのである。彼らの非漢民族との関係は、ポスト唐時代の紋切り型の中国統治思想には適合しないが、このことからでも決して、彼らの統治戦略の中核が中国の政治理論に基づいていなかったとは言えない。……中国文明は確かに繰り返し変遷している。その一因は内部の変容であり、別の一因は、まさに中国化 sinicized して「中国人

Chinese であること」の内実を膨張させることになった人々との接触によるものである。……満洲の中国的な行動・思考様式へのアイデンティフィケーションの拡大は、他の形態のアイデンティティの排除を意味しなかった。……ロウスキの議論は「満洲であること」と「中国人 Chinese になること」との間で誤った二分法を断定しているのである。[76]

このようなロウスキ氏と何氏の議論は、それぞれ説得的でありながら、同時に一定の限界をも抱えていると思われる。

まず何氏の議論は、「清帝国＝中華帝国」と位置づける最大の論拠を「中国の数億人を統治する能力を高めた」ことに求める点で、あくまで「『中国』に即したアプローチ」に過ぎない。あらゆる多民族的・多元的政治秩序が、単純に特定の民族集団ないし被治者の多寡や社会経済的規模を根拠として決定づけられるわけではないであろう。非漢民族との関係についても、単に中国統治に成功した異民族王朝であるという側面を採り上げるのみで、清帝国の形成と版図拡大において大きな意味を持った非漢民族思想との交錯において〝中国政治思想〟が持った意味を逆照射する発想が見られないのである。

一方ロウスキ氏の議論は、清帝国の内陸アジア的性格と「中華帝国」的性格を折衷しようとして、「隔てられたままの、異なる人々に基礎を置いた、ユニバーサルな統治」と定義づける。しかしこれのみでは、「隔てられている」側面と、その延長において「今日の中国国家は、内陸アジアと東アジアの間の歴史的交渉の産物なのである」と位置づけることとの関連性が曖昧である。もし複数の民族が一つの帝国として結びつけられ、現代へと連続しているのであれば、単に皇帝のユニバーサリズムの下に歴史的交渉が集約しているとするのみならず、「隔てられ」た存在のそれぞれが他者を「隔てられているものの結びついている」存在として把握していた可能性について一層の考慮が必要であろう。

（2）「複合体」を捉えるいくつかの見方

以上の論争の中から見えてくるのは、一つの総合体として清帝国と皇帝の像を見ようとした場合、その様々な要素のどの部分に重点を置くかによって結論が分岐してしまうという問題である。

特に、清帝国の達成を版図の側面から見ようとする場合、儒学思想に依らない部分が持つ意味の大きさは近年の日本の研究でも強調されるところである。とりわけ、承徳における乾隆帝とパンチェンラマの会見を支配した世界観や、座席の配置などの儀礼問題、さらに清・ジュンガル・チベット仏教間の相互関係を詳論した石濱裕美子氏は、「仏教政治」という共通認識の存在を考慮に入れなければ清帝国と内陸アジアとのかかわりは決して理解できないと説く。筆者も既に、清帝国はある側面から見れば儒学思想の方を向いた「中華帝国」的性格を持つものであり、別の側面から見れば転輪聖王たる文殊皇帝が統べる「仏教帝国」であった状況を指して「儒教と仏教の二重帝国」と表現したことがある。(77)

また、イスラームと清帝国の関係については、濱田正美氏の研究が興味深い。チベット仏教擁護とモンゴルにおける主導権を争点として展開した清・ジュンガル間の抗争は、一七五〇年代のジュンガル滅亡で終結し、モンゴル・チベットとならんでトルコ系ムスリムが清帝国の藩部「新疆」として編入された。その結果、タリム盆地のムスリムも、やはり「中華帝国」という枠組みでは把握できない清帝国像を形成したという。本来、ムスリムではない不信心者の支配は「戦争の家」に組み入れられることを意味するため、「イスラームの家」へのヒジュラ（聖遷）も選択肢としてあり得たものの、現地に派遣された官僚の不正を糾す「チーン」皇帝の姿は「あらゆる宗教に対して公平で、かつ完璧な正義の体現者であり、殊にムスリム支配層にとっても恵み深い恩人」として映り、それゆえに「たとえ不信心者の支配であっても、塩を与えてくれる主人に対する義務は守らなければならない」（「塩の義務」または「塩とパンの義務」とは、広くトルコ語圏に広がる、生存と公正を与える者に対する義務を意味する熟語）という認識が十九世紀後期のムスリム反乱の頃まで存在していたという。[78]

このように、内陸アジアの諸民族と清帝国は、彼らなりの発想に立脚して清皇帝権力の意味を把握していた。そうした清帝国のありかたは、最も割り切って表現すれば、岡田英弘氏が述べる通り「十九世紀の末まで、清朝皇帝が、満洲人たちの部族長会議の議長と、モンゴル人たちのハーンと、漢人たちの皇帝と、チベット仏教の最高施主と、東トルキスタンのイスラム教徒たちの保護者という、五つの役割を一人で兼ねる、一種の同君連合（personal union）の帝国だった」ということになるかも知れない。[79] しかし、なおそれだけでは十分ではない。各民族における多様な権力の受容のありかたをも肯定し、儒学・仏教・イスラームいずれの発想に基づく王権の理念型にも収斂しなかった清帝国自体のありかたは、決して特定の発想に固執することなき、より高次元の自意識・世界観に支えられたものであったとみる必要があろう。その延長においてこそ、モンゴル・チベット・新疆のムスリムといった「藩部」が他のいわゆる朝貢国・互市国に比べても「版図」として深く結合されて前近代における「ナショナル」なまとまりの原型を形成し、ひいては領域主権国家という発想が流入してきたとき（梁啓超がそこに「中国史」という歴史空間軸を導入するだけで）「国民国家中国」の領域的範囲を速やかに「想像」することが可能となったのではないか。[80] もしそうではなく、清帝国が理念型的で「自他を分かつ動機がない」中華帝国であったのならば、領域主権国家という発想に直面したときの清帝国統治エリートの葛藤は、現在明らかになっている歴史過程よりも一層複雑だったはずであろう。

第二章　清帝国の統合における反華夷思想と文化政策

1　「究極の専制君主」雍正帝

清帝国は多面的でありながら統一的であり、限定的でありながら絶対的な帝国であった。しかし、単に「多面的帝国」として形容するのみでなく、その「多面」の中を一貫している論理は一体如何なるものかという問題が掘り下げられる必要があろう。何故なら清帝国は、「多面」に対応するかのように、朝貢国を対象にした礼部と、内陸アジア藩部・ロシアを対象にした理藩院を設けていたというにとどまらず、その上には皇帝とその直属の政策立案機関である軍機処があり、さらに康熙・雍正帝によって考案・整備された奏摺状交換制度[1]を通じて皇帝と出先総督・巡撫・大臣など高級旗人・科挙官僚との間に濃厚かつ直接の意志疎通を行うシステムが整備されているなど、皇帝の人格を中心として明確かつ一貫した専制政治システムが形成されており、その下で礼部・理藩院の管轄範囲を超えた包括的な統治が展開されていたからである（その片鱗が現れたのが、承徳の祝祭であった）。

このような問題意識に照らして本章では、絶対的な権力を行使した皇帝自身と、支配を受け容れた側、特に強固な文化一元主義的伝統を有する儒学者たちのそれぞれが、清帝国の最盛期を中心とした多民族的な支配のあり方に対してどのような認識を持っていたのかを詳細に見て行きたい。その中から、清帝国が「多面」である以上に、一体何が「多面」たらしめているか、あるいは清帝国において何が「正しく」、何が排斥されるべきものであったかという問題を改めて浮き彫りにしたい。

本章でまず考えてみたいのは、多民族的な帝国における皇帝自身の支配観そのものである。高度に一元化された皇帝のリーダーシップを確立した雍正帝の著書『大義覚迷録』と、彼の言行録である『雍正帝聖訓』は、彼の支配観ならびに個別の思想・文化への態度をめぐって極めて豊富かつ興味深い論点を含んでいる。

従来、雍正帝の思想と行動については、宮崎市定氏の『雍正帝』(2)において詳細に論じられている。この中で宮崎氏は、康熙帝と乾隆帝の長期かつ寛大な統治の間に挟まった雍正帝十三年間の治世について、トップダウンの政治手法がもっぱら雍正帝の気力のみに依存していたという点で比類がなく、かつ脆弱さをはらんでいたものの、同時に社会全体に蔓延する腐敗を厳しく抑制して民力を涵養し、乾隆帝時代の「盛世」を準備したと位置づけている。さらに宮崎氏は、キリスト教布教を許可した康熙帝について「漢文化も西洋文化も満洲人から見れば等しく異国の文化であり、康熙帝はどちらかといえば西洋文化により多くの魅惑を感じた」と述べ、逆にキリスト教を邪教扱いした雍正帝を全く対照的な中国流独裁君主として位置づける。

雍正帝は……漢文化の愛好者であった。雍正帝にとっては、中国を完全無欠に統治することが至上命令であった。彼の行動も信念もすべてはここから出発する。中国を統治するには中国流の独裁君主にならなければならぬ。そのうえ独裁君主制の理論的根拠を提供するものは漢文化に外ならない。……禅学の如きも彼にあっては漢文化の一種として教養の中に取り入れられたのであった。漢人国家の独裁君主として臨むには、自らも人後に落ちない中国風の文化人でなければならない。(3)

宮崎氏によると、雍正帝の中国式専制君主らしさへの拘泥は、内廷における骨肉の後継者争いの中で他人に欺かれない完全無欠さを欲した結果形成された「堅固無類のコンクリートの要塞のような性格」(4)によるものであるという。しかし同時に宮崎氏は、膨大な官僚組織の自己運動を前に雍正帝の統治は長続きするはずもなく、乾隆帝の治世になるとある程度官僚組織に迎合しつつ満洲人の既得権を維持し、さらには満洲人が官僚・知識階級の中に溶け込んで一体となり、清が異民族であることを漢人に忘れさせる代償として満洲人自身が漢人と異なる祖先を持つことを忘れるに至ってしまった、と述べている。

筆者は、康熙帝と乾隆帝のあいだにあって清帝国の専制支配を「洗練」させた点において、宮崎氏の雍正帝論に賛同する。一方、疑問を禁じ得ない点もある。それは、宮崎氏が雍正帝の政治手法を「法家のやり方に傾く」と形容する一方、最終的には「漢文化の愛好者にして、中国流・漢人国家の独裁君主」と規定していることである。[5] しかし、それはあくまでキリスト教・西洋文化への態度を基準に康熙帝と比較した場合においてではないのか。例えば、岸本美緒氏は康熙帝について、満洲人・モンゴル人のハーンとして射撃を磨く一方、それ以上に各部族長の第一人者であるに過ぎないハーンという存在を超克した絶対的権力を志向して中国式の統治思想に積極的に馴染み、儒学的伝統に照らして非の打ち所のない皇帝たらんとしたものの、康熙帝自身も結局は典礼問題を契機にキリスト教文化に対して冷淡な態度をとったのみであったとし、北方民族と漢民族の両面をにらんだ緊張感を常に漲らせた存在であったと規定している。[6] さらに岸本氏は、『大義覚迷録』を著した雍正帝が北方民族向きの顔と漢民族向きの顔を統合しようとした基本精神は、民族の区別と一切関係ない「天命にかなう徳」の存在と「一視同仁」の精神、その延長として誰にでも機会が与えられた開放的な実力主義と皇帝一元主義、ならびにその裏返しとして（あくまで法の下の平等によるものではない）甚だ専制的で差別的な社会観——ただ皇帝の意にかなう者だけが社会的に上昇できる——であったことを説明している。このような状況を指して岸本氏は雍正帝の思想について、「一種のスッキリした合理主義的思考」であり、「近代的」ながらも「自由にして専制的」「平等にして差別的」な視角が凝縮されていたと結論づけているのである。[7]

以上の分岐は、結局清帝国のどの側面を重視するかによって生じたものであろうと思われるが、最大の問題は果たして雍正帝の提示した精神・支配観がどの程度「中国・漢人国家の皇帝」としてのものだったかということである。前章で述べたように、承徳での狩猟に従事せずにひたすら自らの天命を信じながら日常の政務に没頭した姿は、確かに「儒学思想的な中華帝国の天子」のそれかも知れない。一方、奏摺制度は科挙官僚一般に対する著しい警戒感の発露であり、それを宋以降の儒学思想に基づく政治秩序の相対化と位置づけることも不可能ではあるまい。

それでは、雍正帝が斥け、糾そうとしたもの、そして清帝国皇帝として目指した理想の帝国像とは如何なるものだったのか。

2　質朴と華美、武勇と文弱——何が雍正帝の心を慰めるのか

雍正帝が即位に伴って直面したのは、康熙期に深刻化した著しい奢侈と腐敗、そして貧富の拡大という風潮であった。当時の状況を伝える一例として、徐旭齢「力行節倹疏」（『皇朝経世文編』）は次のように記録している。

そもそも八旗は国家の根本である。しかし甲を被った者が困窮し、衣食も供給されない。にもかかわらず、有力な家門は婚礼に際し金珠の錦を用い、死に際しては珍宝車馬まで燃やしている有様である。一人の娘を嫁がせれば、中人数十家の家産を食いつぶすほどの費用がかかり……天物の浪費は途方もなく巨額である。また、漢官の着離任にあたっては餞別や宴会の奢侈も凄まじい。……これらの財力は一体何処から来るのか。国法を弄び、多くの賄賂に浸り、小民を酷虐しなければ得られるはずもない。……実に奢侈の弊害は骨髄に及ぶほどに落ちぶれたので、僭越ぶりが逆に日常化してしまった。もし厳しく法を立てなければ、誰が改めようと

するだろうか[8]。

こうした状況を踏まえて雍正帝は、しばしば奢侈を厳しく戒める諭旨を発した。例えば、康熙帝時代に文殊菩薩の聖地五台山で頻繁に催された道場や祝典が、地方の有用の財を浪費し勤倹の意に反することから「中外に対し、朕の誕生日に祝寿道場を建立しないよう特に宣布する。ただ、内外の諸臣が職務を勤勉にして処理し、蒼生を利済し、以て朕の焦労を慰めるよう望む。もし従わなければ朕は必ず処分する[9]」と述べている。また雍正帝は、特に経済発展の中心・江南地方での、皇帝への感謝に名を借りた奢侈を無意味と断じた。

吾が心を安じるのは、斯民をして共に実の恵みに浴させることである。市恩の念を通じて（自らに冠せられる）虚名を崇尚するつもりは全くない。以前、江南の蘇州・松江両府の浮糧を免除したとき、彼の地の士民は朕の恩に感激する余り朕のために福を祈り、聞くところでは経を誦えて碑を立て、龍亭を建造して演劇を催したという。それは愛戴の誠から出たものとはいえ、君親に矢報する理にはあてはまらない。朕が天下に望むのは、ただ各々が職業を安じ、本務を端することであり……共に昇平を享受して我が皇考の付託に報いること、それだけである。……誦経・礼懺の諸事に至ってはみな虚文を粉飾したもので、祈禱によって敬虔を示したところで朕にとっては何の利益もない。かつ、衆を集めて演劇を開き、碑亭を建造すれば、単に金銭を浪費するのみならず、不肖の官吏や末端の小役人がそれに名を借りて小民から金を巻き上げて私腹を肥やしかねないではないか[10]。

このような奢侈批判の一方で雍正帝は、康熙帝の遺品に触れて「質素を重んじ、華がなく、尋常平等に属し、誰も見たことがない珍奇なものは所蔵せず、自らの藩邸に所蔵する器物よりも質素なさま」から「皇考の徳は前古を超越していること」を思い知り、先帝の「節用愛人・戒奢崇約」精神に学べと檄諭している[11]。

しかし、問題がこと内陸アジアにからむと、雍正帝の倹約・反「迷信」感覚は一変した。例えば雍正八年（一七三〇年）のある諭旨では、ジュンガルとの闘いにおいて清軍が完全に勝利し、従軍の将兵やモンゴル諸部の誰もが歓呼して「これは前代未聞の勝利」と讃えたことに対し、次のように感嘆している。

　上天や皇考の黙佑を蒙らずしてどうしてこのような勝利が可能だったかと考えると、朕は深く感激した。このとき、瑞芝が景陵に生えた。これは天人の協応であり、上天や皇考が国に福をもたらし民を庇うものであるので、特に嘉祥を賜い、以て天下の臣庶に昭示する。(12)

　さらに雍正帝は、ジュンガルのツェワンアラプタンが雍正五年（一七二七年）のチベットの内紛（ダライラマ政権の四人の大臣のうちの一人カンチネーが権勢余って逆に孤立して殺害された）に乗じてチベットを攻撃する危機が高まった際、日頃の倹約とはかけ離れた方針を示した。雍正帝は岳鍾琪の奏に対し「費用は気にしなくて良い。朕が常に言っているように、千万の銭糧を捨ててツェワンの一大患を除くことが出来るならば取り返しがつくというものだ(13)」と断言したのである。それは雍正帝、さらに歴代皇帝が、モンゴルにおける主導権とチベット仏教への保護権をめぐるジュンガルとの抗争に如何に腐心していたかを示すものであった。

　西蔵（ダライラマ政権のチベット）とジュンガルの事は、安南・ロシアなど海外諸国とは比較できない。（内モンゴル）四十八旗・西海（青海）・ハルハなどモンゴルの人心と係わる問題であり、数千里の外と雖も、実に肘掖の患である。ジュンガルの事が一日靖まらなければ、西蔵の事は一日として治まらない。西蔵の問題を妥当に処理できなければ、モンゴルの衆は懐疑を持つ。これは実に国家の隠れた憂いであり、社稷生民の憂いに係わる。ゆえに聖祖は事の始末利害を明見し、ジュンガルを滅ぼし西蔵を安定させようとした……。(14)

　また、ツェワンアラプタンの息子ガルダンツェリンが、父の死を伝える使者を清帝国側に送った際にも、雍正帝は改めてジュンガルへの警戒感を露わにしている。

　ガルダンツェリンは使者を派遣して父の死を奏聞するに、父はすでに成仏し、さらには衆生を楽業させ黄教を振興させたい云々と称した。ガルダンツェリンは辺縁の微々たる部落の末等タイジに過ぎない。「衆生を楽業させ黄教を振興する」など、どうして彼が発すべき言葉だろうか。況や、もし彼が和を求めるならば、彼の父に代わって謝罪して恩を懇願し……以てかつてのわだかまりを贖うべきであった。誠を輸して化に向かおうとせず、敢えてかくも妄誕の詞を並べて陳奏するとは、父の轍を踏もうとしているに過ぎない。……将来、ガルダンツェリンは決して分に安じ法を守る人とはならず、必ず事を起こして妄りを為すであろう。……国費の余裕を活かし、官員弁兵は心を一にして奮勇し、国家のために力を尽くせ。実に今がその機会であり、もし遅れれば後悔する。夫れ、用兵は国家の止むを得ざる事であり、窮兵黷武（軽率な出兵）は聖帝明王が深く戒めるところである。また、大を以て小に加え、強を以て弱を凌することは、仁人君子が恥じるところである。況やジュンガル弾丸の地は極北にあり、その土を得ても耕すには足らず、その民は駆使するに足らない。したがって、これを滅ぼして食しても武功を誇耀するに足りない。これはみな朕が詳細に熟思するところである。……しかしこの余分な芽をとどめて剪除しないのは、実に蒙古の衆にとって巨大な害悪であり、国家の隠憂となろう。今や天と人の機縁が輻輳している。時機は遅緩すべきではない[15]。

要するに雍正帝（及び康熙・乾隆帝）は、「中華」に倹約を徹底させて得られた財源を梃子に、内陸アジアにおけるジュンガルとの角逐を勝利に導くという構図を描いていたのである。それは経済的にみて、『中華』からの搾取によって成り立ち激動・繁栄する内陸アジア」という構図すら描き得るものであった。この基本構想は乾隆帝にも継承され、対ジュンガル抗争の最末期にあってチベットに重兵を配置する必要性を検討した乾隆帝は「現在の時勢から言って、国家の全盛の力を軍事に多く注ぎ込んで何を恐れる必要があろうか」と喝破した[16]。

「中華」の「華美」「虚文」に対する雍正帝の甚だしい嫌悪と、それとは一転した内陸アジア世界における剝き出しの武力や蕩尽を比較すると、宮崎市定氏の議論とは全く対照的に、果たして雍正帝はどこまで、あるいはどのレベルにおいて「中華」文化に対して自らを同一化させていたのかという問題が浮かんでくる。少なくとも、雍正帝は儒学思想の根本を否定する意図を全く持たなかった。むしろ、雍正帝の諭旨において最も一般的に現れるのは、儒学思想を通じて人の道を体得することの重要性そのものである。

もし孔子の教がなければ、人は天秩天叙の経に疎くなり、民彝物則の理をおろそかにするだろう。そうすれば勢い少を以て大に加え……賤を以て貴を妨げ、尊卑上下を倒置して名分を干犯し、礼儀を越悖することになる。……孔子が立教して訓を垂れなければ、上下はどうして礼制を辨じ、万世の天下を治める所以を達し得たであろうか。……君たるもの、孔子への尊崇を知らなければどうして極を建てて万邦に正を表し得たであろうか。孔子の教は倫紀を明らかにし、名分を辨じ、人心を正し、風俗を端する。そうすれば君主はますますその益を受けるのである。朕はゆえにこのことを示し、孔子の道の大にして孔子の功の隆なることを見るのである[17]。

孝を知ることは百行の始であり、その親に孝である人は惇実の士を称することができ、出て忠順の臣となることができる。下はこれを立身の要とし、上はこれを立教の原とすることができる。ゆえにこれを至徳の要道と謂う。昔から聖帝哲王は世を宰し物を経するにあたり、未だ孝を以て先務としなかったことはない[18]。

ただ、儒学思想の様々な側面のうち、雍正帝の場合によって強調されるのは、あらゆる人や生霊がその「倫紀を明らかにし、名分を辦じ、風俗を端する」という側面が中心のようである。それは儒学思想の中でも、皇帝が「奢侈に走る階層」を介在せずに、自らの意向に忠実な旗人・官僚を通じて人民と直接向き合う専制支配において都合の良い部分であったと思われる。

これに対し、雍正帝は科挙制度によって得られる人材を余り信用していなかったのではないか。例えば雍正帝は、科挙の丸暗記がもたらした弊害を次のように慨嘆しており、それは黄宗羲、陸世儀等だけでなく、乾隆後期の進士・程晋芳等の科挙論[19]とも類似している。

朕が直接答案を見てみると、文章の優劣には違いがあるにせよ、基本的には丸暗記した事柄を記した凡庸な内容に過ぎない。未だその理の蘊蓄を真に理解しているとは思えず、儀文末節にとどまっており、礼儀廉恥の大なるものを語ってはいない。……朕は大小の諸臣が互いに習い勉め、礼儀廉恥の大なるものを詳思することを願う。身体力行すれば人心風俗は蒸蒸として日に上るのであり、三代の治も再び現れるであろう[20]。

そこで雍正帝が最も信頼したのは、細事に拘泥して現実感覚を喪失し奢侈に流れた士大夫一般ではなく、満洲人が持つ「武」の気風だったのではないか。雍正帝は、士大夫の「文弱」への露骨な嫌悪と満洲人の質朴な気風への賛美、そして満洲人が決して漢人に流されずに美風を堅守すべきことを説いている。

文武の学業は一体であるべきだ。……しかし、文武を兼ねる人物は世間に少ない。我々満洲人は漢地に居住し、やむを得ず本の習いからは日々遠くなっている。ただウラー（烏拉）・ニングタ（寧古塔）などの（満洲人の故地で防備にあたる）兵丁だけが満洲の本習を改易しないでいることに頼るのみである。今もし文芸を崇尚すれば、子弟の中で穎悟する者も専ら意を読書に注ぎ、武備に心を留めなくなるだろう。それでも果たして江南の漢人に及ぶことが出来るだろうか。何故わざわざ己の長技を捨てて、無理なことを強引に習おうとするのか。我々満洲人は、一意に上に事え、誠を尽くして父母に孝行し、貨財を好まず、たとえ極貧困窮に追い込まれても無恥卑鄙の事を行わないことに篤い。これこそ満洲人の長所なのである。読書もまた、このことを知りたいがために行うのみである。読書して行うことが出来なければ、転じて読書しないで行うことが出来る方が良い。本朝の龍が興り、区宇を混一したのは、ただ実行と武略を恃みにしたのみ。未だ嘗て虚文を恃みにして粉飾したことはない。……我ら満洲人の純一の篤実・忠孝・廉節の行は、どうして漢人の文芸や蒙古の経典に勝てないということがあろうか。今もし文芸を崇尚し、一概にそれを学習させれば、十年後から二十年後にはじめて端緒があろうが、その間に武事が廃れ、文芸も未だ通じない状況となってしまい、徒に両方を欠いて用いるところがない人となってしまうことを恐れる。(21)

荒削りで虚飾を排除した「純一」な「実行」「武勇」「質朴」への賛美は、それ自身、あるいは「文芸」や「経典」に対する密かな葛藤に満ちているという点で、何と日本の武士の自意識と類似していることであろうか。儒学思想が浸透を開始するよりも前、たとえ徳川政権の成立によって「天下泰平」が出現しようとも、十七世紀末までの武士の根本的なアイデンティティは、ただちに「武辺」へと馳せ参じ「殿の御馬前で討ち死に」するような武勇と戦功を競う態度であったという。そして、儒学思想はもちろん書物に接すること自体が関心外であり、嘲笑的態度すらあらわにしていたという。したがって、ごく一部の将軍・大名・武家出身の儒学者のように、統治の必要上から儒学思想を重視していた人々を除けば、総じて武士たちは、儒学をはじめとする学問に一旦手を出そうものならたちまち武士本来の武勇を損ねて無用の人物と化すことを警戒していたようである。(22)

さらに、「文」の重要性を認識した支配者にあっても、その本来の「分」である「武」の維持と発揚は、「文武両道」が常に書物への沈潜や「華美」による奢侈を伴っただけに、注意深く処理しなければならない問題として認識されていたようである。(23)その中では「物読み物知り」が逆に「邪魔」になってしまうという、(24)雍正帝の「読書して行うことが出来なければ、転じて読書をしないで行うことが出来る方が良い」という喝破と酷似した認識が見られた。(25)

こうした日本近世の武家思想と雍正帝の思想は要するに、もとは民族固有の天・神・仏（前章で述べた通り、満洲＝マンジュは文殊菩薩を意味する。また第三章において満洲固有信仰の詳細に触れる）によって正統化された武力中心の政権が、平和と文物の繁華が訪れた時代に直面する過程で、秩序だった現世倫理を強調するために儒学思想を導入した際に生じた共通の葛藤ではなかったか。したがって、徳川政権や地方大名が武家としてのアイデンティティを出発点に京都の天皇家や公家、そして儒学思想・仏教諸宗派・キリシタン・民衆文化に直面しつつ独自の政治体制を形成していったのと同様、清帝国にはまず根底には「天と仏」を奉じながら「武勇と実行」を重んじた北東アジア王権としての姿があって、そのうえで明帝国の文化・社会状況が刻印された漢族知識人社会と民衆文化、さらにチベット仏教・イスラーム・キリスト教宣教師・ロシア……といった多様な存在に直面する過程で独自の帝国観・支配観を形成してゆく存在として把握することこそ重要であろう。とりわけ雍正帝にとって、儒学思想は重要とはいえ、あくまで治者・被治者における道徳観念の強化のために依拠すべきものであって、儒学思想なしでも道徳の向上を通じて秩序の安寧が実現するのであれば別にそれでも構わないと認識されていたのであった。「武略と実行」こそが雍正帝の最も重視したところであり、「虚文と粉飾」につながる漢族の華美な文化と、盲目的で表面的な儒学経典の崇拝は断じて排除すべきものであった。それだけに、雍正帝を単純に「中国・儒学的な専制君主」であったと位置づけるわけには行かないのではないか。

「倹朴・武芸・武略」という満洲の徳目に対する雍正帝の賛美はこれだけにとどまらない。例えば、「古」における聖人の徳目として射撃や、軍事における謹厳な態度を挙げ、さらに「本朝は開国以来騎射に精熟すること歴代(王朝)において稀であり、旗人は凡そ老若貴賤を問わず皆練習に専心し、未だ一人として弓馬に未熟な者はいない」として、清帝国の建国精神における騎射の重要性を強調した。そのうえで、文芸のみでは騎射がおろそかになるため、科挙の予備試験では必ず騎射の試験を先行させ、それに合格した者のみ科挙の試験会場入りを許可すべきであるとも述べている[26]。そして「上天の加護を得て超越的な大事業を為そうとするならば、ただ一誠一和あるのみであり、将軍から兵丁に至るまで全員が一片の誠敬の心・一団和合の気を持続させ、国家の命運を自身の命運と同一化させることができれば(ナショナリズム的!)、千万人の心を一つにまとめて天の心を蒙ることができる[27]」と力説しているのである。

要するに雍正帝において、儒学思想は儒学それ自体で光を放つわけではなく、満洲古来の「武勇」「忠義」「質朴」を正当化し、それが存在したからこそ満洲は天に選ばれ、天下支配の正統性を得るに至ったのだという理論武装を行うために活用されたとすら考えられる。『大義覚迷録』でも、そのような発想が強調されている。

書経に曰く、皇天に親なく、惟だ徳を輔とする、とある。本朝が天下を得たのは、徒に兵力を事としたためではない。太祖高皇帝（ヌルハチ）が開創した初めは、甲兵が僅かに十三人であり、後に九姓の師を合わせて明の四路の衆を敗走させた。世祖章皇帝が北京に入ったときに至っては、兵は十万に過ぎなかった。それ十万の衆を以て十五省の天下を服属させることは、どうして人力で強行できようか。これは実に道徳の力であって、皇天が民心を眷顧し、天人が帰した結果である。それゆえ、京師に至るや、明の臣民は我が朝のために頗る尽力した。[28]

以上の雍正帝の思想を整理すると「奢侈・華美批判→文弱・偏狭批判→武勇と実行の賛美」という思考を見て取ることができる。その結果、雍正帝にとっての儒学の重点は、それが本来意味したはずの「聖人が天命をうけて生霊に対して教化を敷き、理想の世と文化（または、漢族になることによって得られる中華文化の段階）へと進ませる」論理から、「質朴さに由来する道徳力と実行力をもとに天の意志を具現させる武力と、それによって成立した政権を賛美し、ただそれがいかなる政権よりも実行力において天意にかなうので正統なものとして承認させる」論理へと移行している。その結果はじめて、「舜は東夷の人であり、文王は西夷の人である」ことを根拠として、「漢人の列に附することを恥とする[29]」満洲人でも「天意にかなう」がゆえに、漢民族中心の華夷思想の無意味さを喝破することが可能となった（図2-1）。雍正帝にとっては、統治の本来の目的は秩序の安寧と人民の風俗を厚くすること以外の何物でもない。それが実現している限り、誰もが同じ存在になる（＝漢民族の色彩を濃厚に刻印された「中華」文化に同化する）必要は全くなく、したがって道徳心が土地の属性と結びつき、中国の外側で生まれた夷狄は本質的に禽獣であるという発想は愚論であると断言したのである。以下、「中土＝人、外の夷狄＝禽獣」扱いに対する雍正帝の批判のいくつかを引用してみたい。

億兆の帰心が徳を論じずただ土地を選ぶという理は未だ聞いたことがない。天に順じる者は栄え、天に逆らう者は滅びる。ただ徳あるもののみが天に順じ、天も受け入れるのであるから、どうして何処の人であるかによって区別することがあろうか㉚。

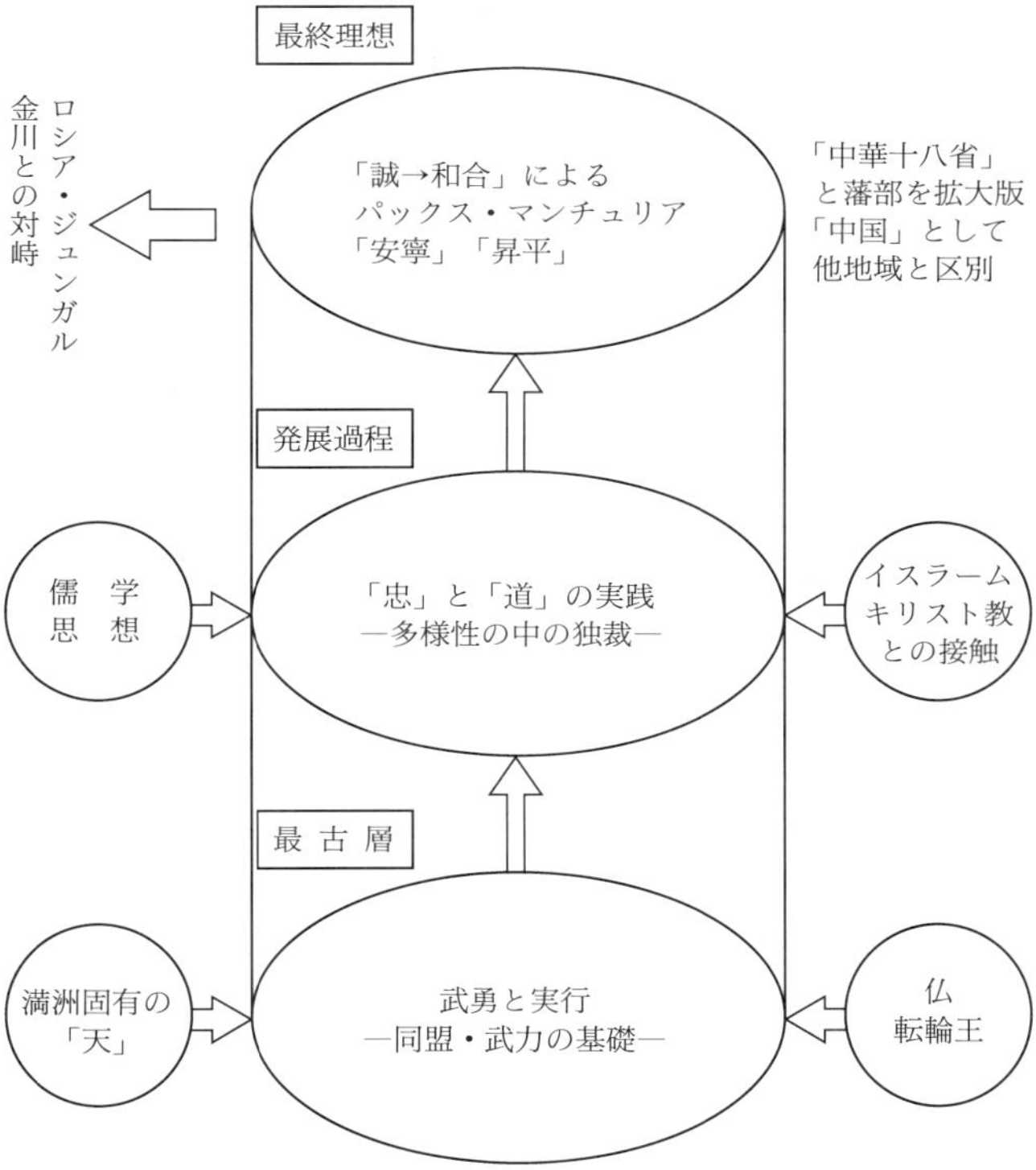

＊民族・文化の区別・差別による同心円的支配観及び道徳観の蓄積ではなく，あくまで諸思想の中から抽出した「正しい」王権像の合成によって成立。したがって，「文化一元」ではなく「(共通) 道徳一元」。

図2-1　清帝国，特に雍正帝における支配道徳観の積層図

人が禽獣と異なるのは、心があるからに他ならない。……今日、蒙古四十八旗・ハルハなどは君を尊び上に親しみ、法度を慎守し、盗賊は興らず殺人は稀となり、寧静の風となっているのは明らかゆえ、どうして禽獣扱い出来ようか。本朝が関外で創業して以

来、仁義の心を存し仁義の政を行っているので、古の賢君と我が朝と倫理的に比較することがどうして出来ようか。かつ、中国に入って以来すでに八十余年、礼楽を布教し、政事を昌明し、文学の隆盛も燦然と備わっている。何故なおも異類禽獣扱いされなければならないのか。[31]

（曾静の著書『知新録』には）中土は正を得て陰陽が徳を合わせているので人であり、四塞は傾き険しく邪僻なので夷狄であり、夷狄の下には禽獣がいる、とある。禽獣とは、住む場所が荒遠にして語言文字が中土と通じないからであるという。夷狄は中国に生まれたものではないとすれば、人で外地に生まれた者は人となることが出来ないではないか。（本来ならば）人と禽獣は同じ天地の中にあって同じ陰陽の気をうけ、その霊が秀でた者が人となり、偏異した者が禽獣となるはずである。ゆえに人心は仁義を知り、禽獣は倫理がない。どうして土地の中外を以て人と禽獣の別を分けることができるのか。もしその通りなら、中国は陰陽の和会する地である以上、ただ人の一種類を生むのみであるべきで、他に禽獣を並び育むべきではないのである。[32]

（『知新録』では）天下一家・万物一源と言っておきながら、一方で、中華の外の四方は全て夷狄であり、中土にやや近いところはなお人としての気があるが、遠くなると禽獣に他ならない、とある。天下一家・万物一源であるのにどうして中華夷狄の分があるのか。……中華と夷狄は異なる二つの天地にいるとでも言うのか。[33]

こうした雍正帝の詰問に対して、当の曾静には反論をする余地がなかった。むしろ、天下の中に夷狄が存在することも全て天の意志であるという認識を、前章で見た「不信心の支配者をムスリムの頭上に与えることすらアッラーの意志である」という発想と照らし合わせると、そこに「いかなる存在すらも人間の有限の発想を超越して現世に作り出す天の意志」を見出す点で酷似している。

要するに雍正帝の発想は、既存の如何なる「中華」皇帝とも異なり、儒学思想を生んだ「中土」であろうと、それを取り巻く夷狄であろうと一切関係なく、ただ天によって認証・祝福された徳と、それを現実に具現する能力の下の平等を徹底的に強調するものであったと考えられる。それは、まず先に儒学思想に対する「正統」観念があって、その下で儒学的な帝国を造るのではない。まず先に「天」（この観念の基層にあるのは、満洲・北東アジアのシャーマニズム信仰における超越的存在＝天空への信仰）が存在し、その「天の意志」を表現するために儒学思想を正統化の一環として採用し、理論武装するに至った。このように考えてはじめて、「武芸」と「質朴」を中心とした満洲の美風の賛美、人間の基本的あり方としての忠孝の精神の強調、奢侈に走る漢族文化や既存の儒学知識人の「文弱」への厳しい視線といった、必ずしも現実の儒学と「中華」文化の全体像に没入してしまわない儒学理解に立脚した、高度に皇帝に権力を集中させた発想を理解することができよう。儒学思想はあくまでその専制支配に適した「上下関係・忠孝関係の明確化」に寄与する限りにおいて最大限活用されたのである。

3　分かつことと一体であること――「中外一体」と民族観・宗教観

ところで、多様であることこそ天の意志という雍正帝の発想は、必ずしも「漢」に対して妥協・融合せず、「満」の美風を保とうとするものではない。むしろ雍正帝の発想は、人間が多様である以上、それぞれの民族集団内部においても多様性と優劣が存在するので、あくまで個々人の能力や人間性に判断基準を置くべきであり、そのことこそが民族・文化の違いを超越した清帝国の原動力とならなければならない、という確信へと向かう。「満漢の別」はあくまで相対的なもので、雍正帝はむしろ別の次元での一体性・融通性こそ醸成されるべきであると考えていたようである。

治を為す道は、誠を開き公を布き、遐邇（遠近）を一体にすることにある。もし満漢の違いによって分別

（差別）する考えがあれば、猜疑と相互の漢視へと至ってしまい、どうして治を為すことが出来ようか。天が満漢を生むことは一つの理であり、その才質が斉ならず善・不善があるのは人情の常である。人を用いるにあたっては、惟だ適当であるか否かを弁じるべきであって、満であるか漢であるかを論じてはならない。我が太祖高皇帝は、開国当初より満漢を兼用したので、規模は宏遠となり、中外は帰心した。けだし漢人の中にも、用いることが出来ない人物がいるものの、用いることが出来る人物も多い。三藩の変乱の際、漢人でも奮勇して尽力し殉節した者は少なくない。どうして漢人は用いるべきでないと言えるのか。満洲の中には用いるべき者がいるものの、用いるべきでない者も多い。例えば賄賂を貪り法を壊し上を顧慮せず私を営む輩のことである。どうして満洲であるからといってこのような者を用いることが出来ようか。……朕はしばしば在廷の諸臣に対し、当に一徳一心・和衷共済すべきで、各々私見を存してはならないと諭してきた。……けだし、天下の人は必ずしも強同する（強制的に同じになる）必要はないのである。五方の風気は斉ならざるため、習尚にも違いが生じるのである。例えば満洲は騎射に長じ、漢人は文章に長じているのであり、西北の人は果決に余りあり、東南の人は穎慧においてやや勝る。惟だ必ずしも強同しなければ、実に相助けることが出来るというのが理である。言語・嗜好・服食・起居のごときに至っては、各々その適当なところを得させるべきである。これは則ち、天下の大にして各省が異なり、一省の中でも各府州県が異なることのようなものであり、どうして満漢の違いだけに限定されようか。朕は臨御以来、四海を以て一家と為し、万物を以て一体と為してきたのであり、用人にあたっては必ず国計民生に裨益することを期してきたのだ。……総じて満漢の分別の見はなく、ただ天下を以て公と為すを知るのみである。中外の諸臣は皆宜しく深く朕の懐を体せよ。(34)

この中で雍正帝の念頭にあったのは、「中外」の境界線を如何に考えるかという問題であったと思われる。先述の如く、清帝国における「中国」概念は変動的であった。そのような中、清帝国にとって朝貢国よりも明確に自らの支配が及び、帝国の中枢と緊密な関係にあると認識されながらも、同時に儒学思想中心の社会文化的発展を見せているのではなく、帝国直属の旗人や官僚による直接統治が施行されているのでもない地域として、モンゴル・チベット（さらにジュンガル支配改め新疆のトルコ系民族地域）が確固として存在していた。清帝国はそのような地域を「外」「外藩」「藩部」と呼んで、理藩院の管轄としてきた。そこで、「隔てられた存在の上に立脚した清帝国」という像が強調されてきたように思われる。実際、清末に至るまで、「満漢の別」のほか、特にモンゴルを対象として「他と分け隔てて管理する」側面は濃厚に存続し続けた。例えば、清末における『欽定理藩部則例』でも、「モンゴルを隔て守る」条項は枚挙にいとまがない。勿論これらの条項には、十九世紀後半以降のモンゴル旗地への漢族流入や、清末新政に伴うモンゴル・チベットへの漢字・儒学の本格導入による増纂・続纂条項が付属しているものの、基本的な「モンゴルを隔て守る」立法精神は清帝国の崩壊まで、少なくとも建前上は維持され、そのためにモンゴル人地域への漢人流入の阻止と万里長城の活用、ならびに八旗に属さない一般モンゴル人の漢字名・漢文使用の禁止規定が設けられていた[35]。

それらを見る限り、民族ごとの「別」「分」を維持して「分割しながら統治する」ことこそ清帝国の巧妙な統治の要訣であったかのように考えられるのは、あながち不自然ではないかも知れない。また、序章でみたように、清末におけるモンゴル民族主義・独立運動の出現と急進化は、十九世紀後半以後における漢人のモンゴル高原開墾に伴い牧地が狭まることへの危機感が醸成されたこと、そして二〇世紀初頭の清末新政において漢字と儒教をモンゴル人に強要したことを背景としていたことから、この漢人文化・社会の浸透に対する制限（特に漢民族が万里長城外へ出ることを基本的に禁じた政策）は、モンゴル人にとっても自らのアイデンティティの維持に有利と認識される側面があったものと想像される。満洲についても、満洲人本来の美風である「武勇」「実行」が、漢民族の文化に触れて流失することへの雍正帝の問題意識については既述した通りである（モンゴル・漢の両者を支配下におき、軍事的には万里長城を無意味化したはずの清帝国が、なおも万里長城を存続させ、僅かな門に限って通行を許可していたことは、清帝国が圧倒的少数者としての満洲・モンゴルの騎馬兵力同盟に立脚し、それを注意深く維持することではじめて「漢ではない」アイデンティティを維持し得たという事実を如実に示すものである。東アジアと内陸アジアの関係の深層に渦巻く「他者への葛藤」「隔絶願望」を象徴するものとして万里長城を捉える必要があろう)。

それにもかかわらず雍正帝にとって、この種の「分け隔てる発想」は、必ずしも究極の関心事ではなかった。雍正帝は、人間が「中」と「外」に「分け隔てられ」ているものの、むしろ異なる人間を生むこと自体天の意志であるがゆえに、必ずしも宗教・文化・社会的に同じものを共有するわけではない他者のそれぞれにおいて、雍正帝が重視する質朴堅固な人間関係・秩序の安寧・統治の円滑さが実現しさえすれば、「他者が他者であること」それ自体を積極的に承認しようという態度を示したのであった。

結局、雍正帝の主要な見解は、

(a) 「惟だ必ずしも強同しなければ、実に相助けることができるというのが理である。言語嗜好服飾起居のごときに至っては、各々その適当なところを得させるべき」。

(b) 「凡そ人は異なる場所に生まれようとも、同じ天良や習尚を備え、教が異なっても同じ善に帰する」。

(c) 異なる人間・他者を生んだことが天の意志である以上、理由なく他者を貶め差別する行為は天の意志に反する。

という三点に凝縮されると思われる。人間はたとえ様々な要因ゆえに異なり隔てられているとしても、究極のところ「善」「天良」を目指す存在という点では同じであり、皇帝の支配の下で恩恵を受ける立場として平等であるというのである。

そのような雍正帝にとって、満洲・モンゴルが独自の民族アイデンティティと伝統を維持しつつ、漢人とともに帝国の繁栄と安寧のために努力することは、「天の意志」という基準のもと、何らの矛盾も存在しなかったであろう。

したがって、雍正帝が繰り返して強調する「中外一体」とは、清帝国の成立発展要因によって深く刻印された、独自の包括性と限定性をはらんだ概念であったと考えられる。その構造は次のように要約できよう。

(a)「中」「外」の間には、統治者たる満洲人及び儒教を生んだ漢族と、それ以外という明確な境界線が敷かれている。

(b)「中」「外」の双方において、固有の文化と社会に由来して、明確かつ容易に融合することなきアイデンティティが複雑な感情を伴って存在し、同時に政策的な理由によってアイデンティティの維持が目指される。

(c) 異なる人間相互におけるアイデンティティの区別や対立は、それ自体が実は天の意志である。したがって、特定の文化（＝中華文化）が優越し、その受容の濃淡によってあらゆる存在が「人間」から「禽獣」まで格付けされる伝統的華夷思想は、逆に天の意志によって排除される対象である（なお、ここでの「天」とは、それ自体膨大な論点であるし、皇帝自身が反民族差別論と関連づけて詳細に彼らにとっての「天」とは何かという問題を論じているわけではないので〔ただ、崇拝するべき存在は乾隆帝が詳細に列挙している。次章参照〕、本書で論考するだけの準備はないものの、それは北東アジア的な「天＝テングリ＝天空」信仰を母体に、自然・人間の活動や道徳的基準を根本で規定し、王権の正統性を担保するという儒学的な天の概念が組み合わされたものであり、総体として皇帝からみて如何なる文化にも普遍的に共有される尊い価値であったと考えられる）[36]。

(d) したがって、天の意志を承けた清帝国によって獲得された版図＝「中外」においては、異なる信仰・社会文化を持つ多様な集団相互の「平等」が実現されるべきである。

(e) 但し、その「平等」はあくまで、特定の宗教文化・社会に対して皇帝が「人類社会の存在と政治の本来の目的である『善』『人倫』の実現に寄与している」と認定するか否かに依存している。もしこの認定に洩れれば、如何なる社会・文化に対しても容赦なく、帝国と皇帝が「正しい」と認めた思想と文化の導入が目指される。ゆえに清帝国の「平等」は決して他者との対話と相互尊重によって実現したものではない。あくまで、皇帝権力が支持したことによって実現した「平等」であった。

(f) 清帝国の版図内においては、「華夷」の区別に伴う差別を以上の「平等」観念を通じて排除した結果「中外一体」が目指された一方、版図の外側や、清帝国の支配に抵抗した勢力に対しては、しばしば容赦のない「逆賊」「禽獣にも劣る存在」扱いがなされた。

以上のような「中外一体」構造は、結局のところ対内的な反華夷思想という意味合いを濃厚に持っている。雍正帝によって表現される「華」と「夷」の違いも、もはや文化的な上下関係ではなく、単に儒学思想を生んだ土地であるか否かの違いであるに過ぎないように思われる。そして雍正帝によると、華夷にとって代わられるべきものは、単純極まりない「臣民の道」であった。

それ我が朝が天命を仰ぎ承け、中外臣民の主となり、撫綏愛育するに際し、どうして華夷の違いによって区別することがあろうか。中外の臣民は既にともに我が朝を君と奉じ、それゆえに誠に帰し従っているのである。けだし、臣民の道は華夷によって異心あってはならないものだ。……舜は東夷の人であり、文王は西夷の人であるのに、一体何の聖徳を損じただろうか。[37]

ここで「華夷による異心なき」「臣民の道」は、清帝国の版図を「華夷を超越した中外一体のまとまり」と見立てている。そして、理念的に均質な空間において、全ての人々は皇帝の臣民として、現世における至高性を主張する権力者と一対一に向き合う存在という位置づけを与えられている。雍正帝のもと、民衆レベルでの受容はともかく、少なくとも統治エリートの最上部において共有される理念のレベルでは「ナショナリズムの萌芽」が準備され明らかに蔑視の対象であった。

ていたとみることもできよう。こうした「ナショナリズム的」な「中外一体」の視点からみて、既存の華夷思想は明らかに蔑視の対象であった。

従来の華夷の説は晋宋六朝の偏った時代に、お互いに相手を醜い土地で徳がないと罵り合い、北は南を島夷と誇り、南は北を索虜と謗ったことの名残である。当時の人は、徳を修めて仁を行うことをせず、徒に口舌の上で誇りあっていただけで、卑しさと見苦しさの極みである。……そもそも天地は仁愛を以て心とし、無私を以て量とする。それゆえ、徳が内近にある者が大統して内近に集め、徳が外遠にある者が大統して外遠に集める。……（反満論者は）上天が内地を有徳の者がいないとして厭棄し、我のような外夷を内地の主としたことを知らないのだ。[38]

雍正帝はこうした「反華夷思想」と「中外一体」を踏まえて、そもそも既存の「中華」自体が内陸アジアとの関係に尽く失敗しており、その「中華」的な言説の信憑性は根本的に疑わしいと指弾している。

古より中国の一統の世は、幅員が広遠となることができず、その中には化に向かわない者がいた。それを斥けて夷狄としたのである。三代の頃の湖南湖北山西の地はそうであったのを今日夷狄と見なすのは適当なのだろうか。漢唐宋の全盛の時に至っては、北狄西戎が辺患となり、未だ臣服させることが出来なかった。そこで、彼此の疆界の分があったのである。[39]

昔、漢唐宋の最盛期は二三十年に過ぎず、久安長治するを得なかった。今日、百姓は兵乱を見ず、父母妻子家族は完聚している。これはどうして清明なる朝廷の成果でないと言えようか。漢唐宋明の世は幅員が広くなく、西北の各地にいた強力な敵のために辺境の警備はやむことなく、中原の民は厳しい租税取り立てのために疲弊した。しかし本朝は幅員が弘広にして、中外が臣服しており、日月が照らす下、およそ血の通う者は誰もが額に手を当てて慶歌を称し、太平を詠じている。しかるに（反満の）逆賊は乾坤を転倒して暗黒にして光がない。それは瘦せ犬の遠吠えに過ぎず、禽獣の中の最悪の部類に属する。[40]

こうした「中華と自称しながら、実は全然狭い範囲に過ぎず、結局辺境警備と重税に苦しむだけの自惚れた存在に過ぎなかった『中華帝国』」に対してほとんど嘲笑的な雍正帝の態度は、特に明帝国とモンゴルの関係を論じる場面において極まるのである。

華夷の辨……とは、昔の歴代人君が中外を一統出来なかったために勝手に境界を引いた（自作此疆彼界之見）ものだ。朕は洪武宝訓を読むにつけ、明の太祖がしばしば防民防辺を念じていたことを見て取る。しかし、明太祖は元末の奸民から事を起こしており、人の襲撃を恐れたためであろうか、民の奸を防ぐことに汲々とすることを以て威徳とし、蒙古の衆を撫有するには足りなかった。ゆえに防辺に戦々恐々として、ついに明は一貫して蒙古の侵擾を蒙り、数万万の生民の膏血を費やしてしまった。中国はそれゆえに疲弊したのである。そして明を滅ぼしたのは李自成であった。古より聖人の感人の道はただ一誠のみである。もし籠絡しようという意図を存するならば、それは誠ではない。われが誠意を以て待遇しない人は、やはり誠を以て応じないであろう。これは絶対的な成りゆき（一定之情理）である。明代の君はまず百姓の心を猜疑したので、一体として見ることができなかった。どうして心からの忠誠・服従を得ることができようか。まず、蒙古を畏懼して一家とすることが出来なかったのに、どうして中外一体など実現できようか。当時の蒙古の人で中国に入る者は数えるほどしかいなかったが、もしそれで蒙古の人が中国に臣服したというのであれば、次のように言うことができよう。当時の中国の人が蒙古に入ったとしたら、「中国が蒙古に臣服した」と。我が朝が東海から興ったことに至っては……もし至誠の道統で統御し、万方を我が朝に傾心帰往させれば、我が朝が中国に入って代わったところで簒奪の名で呼ばれる筋合いはない。[41]

結局、雍正帝が構想した多民族帝国は、それまでの清帝国の形成・発展過程における民族・宗教的複合状況を踏まえた「異なる人間を生んだことこそ天の意志」「異なる人間にも同じ『道』は共有されうる」という確信のもと、満洲族の伝統としての「質朴・誠意・武勇・実行」の立場を儒学思想で脚色し、特定の文化に基づく優越感を中心とする華夷思想を「帝国に遵う多様な人間と、それに反抗する逆賊」の関係に置き換えることで成立した（図2-2）。この帝国では、あくまで雍正帝が規定する「道」に逸脱しておらず「順」であると認められる限りにおいて、対内的には「反華夷」の原則が適用され、その結果として文化的には多様でありえた。

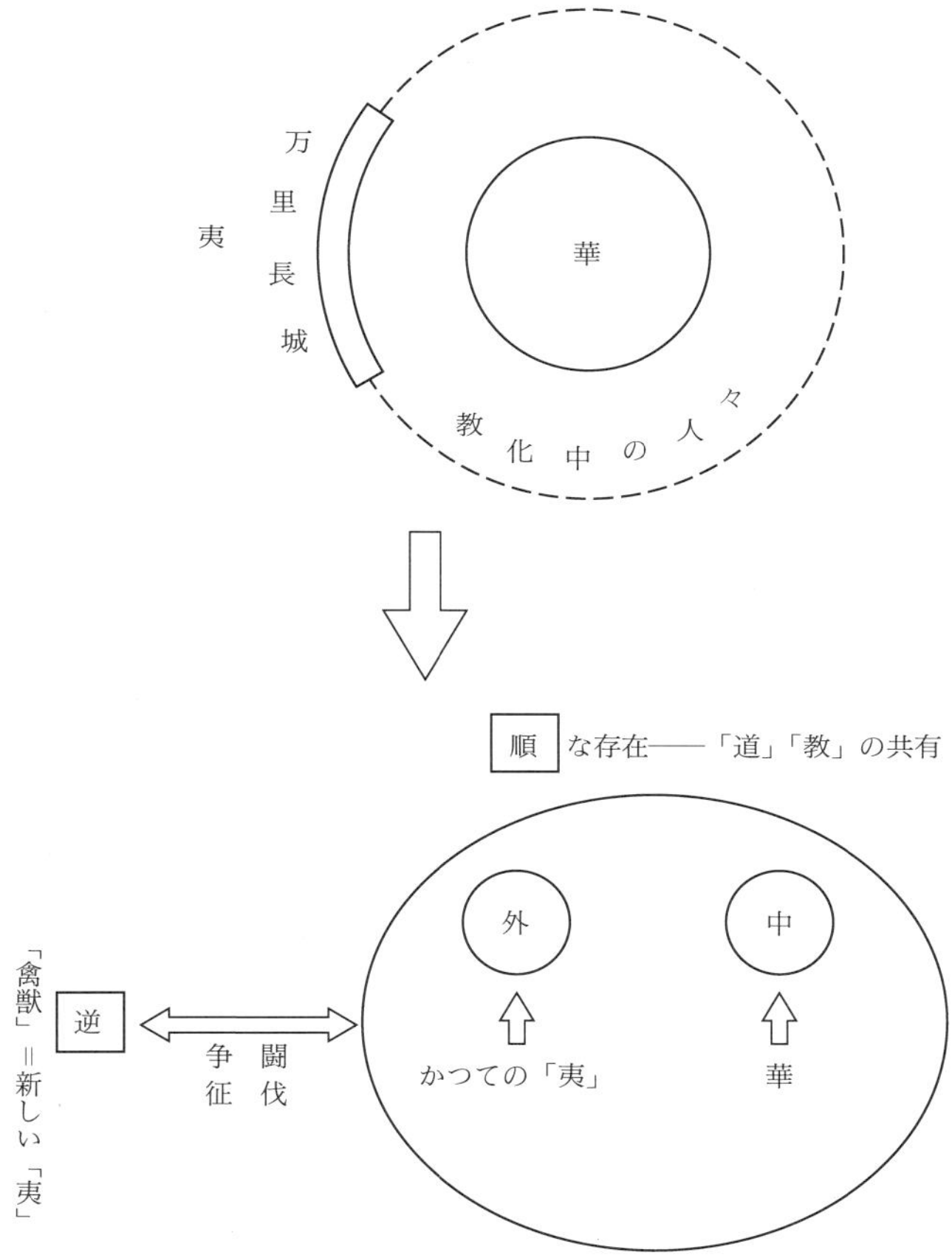

図2-2　「華夷」の「順逆」への転換

ただ、一度「道」の外側にあって「逆」であると認識された政治的・文化的主体に対しては、「禽獣＝夷」にも劣る存在としてあらゆる攻撃の可能性があった。清帝国は一面で華夷思想の限界を突破した、宗教・文化的な多様性を認める帝国であった。しかしそれは決してリベラルではなかった。むしろ同時に、息苦しい「一君万民」の帝国であった。この帝国はあくまで、雍正帝（及び後の歴代皇帝）によってその「人格」を認められた様々な集団にとってのみ居心地の良い帝国だったのである。

4　仏教・イスラーム・キリスト教と儒学者

（1）文化の平等主義的再配置

以上に見た雍正帝の統治思想は、「天」と皇帝の権威を正当化し、一君万民的な空間を前提として純粋に上下方向の忠誠と恩恵の関係を描いたという点で儒学思想的であったものの、特に明帝国と比較した場合、皇帝が漢民族の伝統文化全般を代表するという要因は、満洲人の非漢民族出自及び漢人中心主義思想への苛烈な弾圧ゆえに、第一義的なものではなくなった（勿論、雍正帝の説明によると、明末漢族の塗炭の苦しみを清帝国が救ったため、清皇帝こそ「中国」文化の救済者であるということになっているが）。

もっとも古代以来、歴代の儒学思想に立脚した王権の権威が及ぶ範囲としての「天下」においては、皇帝や士大夫が掲げる「普遍的価値」である儒学思想は決して社会全般を覆っていたわけではない。漢地仏教・道教及びそれらに連なる漢人の民間宗教や、チベット・上座部仏教、イスラーム、精霊信仰など周辺民族の信仰体系が存在し、特に仏教についてはしばしば皇帝自身の深い帰依を通じて政治的にも大きな影響を与えていた。そして、諸宗教相互の影響も漢族文化の形成において絶大な意味があったことは言うまでもない。それでも、特に宋・明帝国においては、世俗的な倫理規範としての儒学は「正統」としての地位を安定的に確保していたと言えよう。これに対して清帝国では、まず『易経』の「其の教に因りて其の俗を易えず」という表現を特に多用して、漢人以外の主要民族や回民の信仰を積極的に認める姿勢を示した。清帝国に対する忠誠がその「教」民の間で安定しているかぎり、それらの宗教も儒学思想と互換しうる存在であると明確に認められたのである。それは、満洲としての文化的出自や、モンゴル騎馬兵力・チベット仏教勢力・内陸アジアのムスリム地方指導者との連繋、ジュンガルへの対処を通じた安全保障といった要因に基づきつつ、清帝国の（それ自体合成的な）統治思想の立場から様々な宗教・文化に含まれる共通要素を抽出し、再配置する行為であったと言えよう（図2-3）。

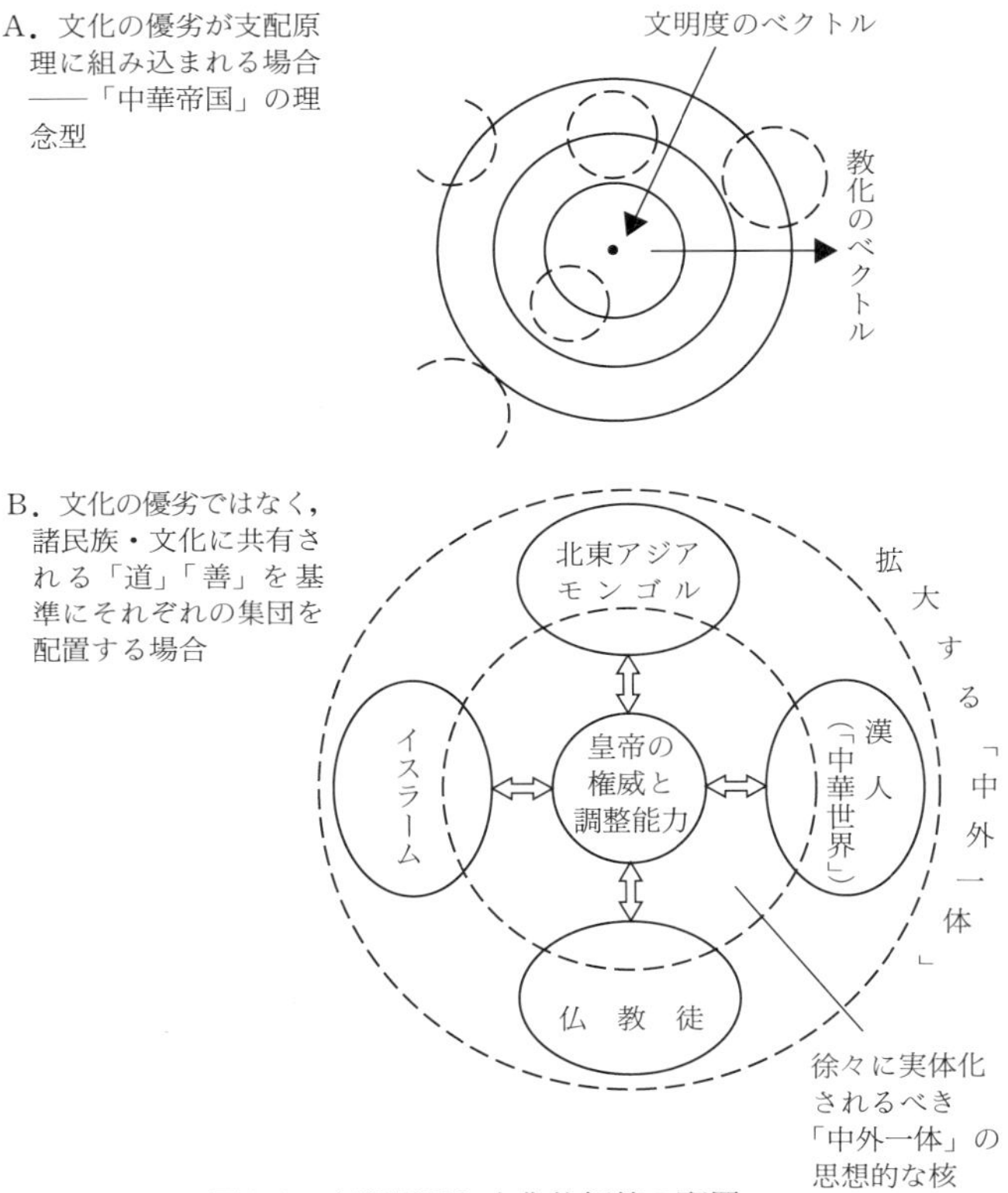

図2-3　支配原理と文化的価値の配置

　ところで、こうした文化の再配置を通じた帝国秩序の形成をどう意義づけるかをめぐって、キューン・安部健夫・クロッサリーの三氏が異なる見方を示している。

　まず、キューン氏は『中国近世の霊魂泥棒』の中で、雍正帝の治世における時代精神は「形式上の平等を求める精神」であったと述べている。それは基本的に、清帝国が盛世へと向かう過程での商業化に伴い、賃労働者を大量に生み出す必要性という経済的圧力によって推進され、同時に漢人地主エリートを満洲人が信用せず侮蔑的態度をとっていたことと関係しており、征服者として被抑圧者・庶民に対して「慈悲」の態度を見せることで、比較的均質な庶民の上に君臨したものであるという(42)。

そのうえでキューン氏は、雍正・乾隆帝がこのような平等主義的な方針を採用し、かつ既存の中華思想・反清復明的傾向における民族差別的言説を徹底的に弾圧して自らの支配の正統性を主張した根拠は「勇気と活力、正直と質朴」という満洲固有の徳目にあったことを指摘する。それにもかかわらず、この清帝国独自の方針に、漢人の制度や漢人の協力が必要だったために最初から挫折しており、とりわけ清帝国が天命を受けるに値する正統な後継者であることを示すため、中華帝国風儒教イデオロギーが称揚されなければならず、その結果として民族性ではなく徳が正統性支配の根拠となりえていたと説明する(43)。

筆者は、満洲固有の徳目に基づく支配の正統化と反民族差別を説くキューン氏の論旨に基本的には賛同しつつも、同時に、雍正帝と乾隆帝の境地は果たしてどこまで「漢人の協力を得るために中華帝国風儒教イデオロギーを称揚した」ものであったのかという点については留保したい。既にみたように、少なくとも雍正帝の漢人向け発言においては、儒学的な道徳倫理が力説されていることは疑いない。とはいえ、華美や「虚文」に流れた漢人社会全体、さらに儒学思想や歴代「中華帝国」の現実に向けられた雍正帝の侮蔑的態度を考慮すると、儒学道徳の採用は満洲人アイデンティティと共鳴した部分においてであったと考えられ、必ずしも明帝国以前と同じような「中華帝国的イデオロギー」に直結するわけではなかったのではないか。むしろ、雍正帝における「中国」とのかかわりは、儒学思想から伝統的華夷思想を差し引き、その代わりに満洲的徳目を加えて「中外一体」へと換骨奪胎することではじめて密となり、その結果として『大義覚迷録』にいう「中国の疆土が広がった」という表現につながると考えられる。

一方、安部健夫氏は『清代史の研究』において、清帝国がその長い治世において支配精神を変遷させたことの重要性を踏まえ、「近代」に直面する以前の清史全体について、漢民族に対する辮髪の強制の一貫性や康熙～乾隆期における中国伝統文化の隆盛ゆえに単一の精神史的世界としてみることは適切ではないと論じている。とりわけ、雍正期における内閣から軍機処への優位の転換は、文治主義に対する軍政主義の優越の確立であり、それは同時に満洲らしさの喪失への危機感に基づいた華夷思想への根本的な挑戦であり、漢民族的なものから満洲蒙古的なものへの転換であったと位置づけられている。(44) そこで安部氏は、雍正帝によって切り開かれた新展開を「忠治主義」時代の幕開けと定義し、彼による忠義観念の鼓吹は朱子学の内部変化によるものではなく、むしろ朱子学は満洲・蒙古の古くからの道徳観念によって克復されるべきものであったと述べ、キューン氏のような「中華帝国風儒教イデオロギーの称揚」とは対極的な主張を展開している。(45) さらに、雍正帝の思想には漢民族的な「天命」観へのこだわりがあったものの、乾隆帝はそれをも振り切るかたちで満洲・モンゴル的な「天」を基準にした支配へと純化を図って行き、漢唐宋明とは全く異なる統治観に基づく「皇清の中夏」を形成したとする。(46)

（雍正・乾隆時代を通じて）少なくとも世界の主要部分を構成するものは、それぞれに誇るべき自己の来処即ち歴史をもつ、政治的・文化的な完結体としての諸民族なり諸国家でなければならなくなっていた。世界秩序は叢書的に構成されねばならなかったのである。そして現実に、そのような完成体、言い換えると、叢書中の完結した一篇、乃至は一冊と認められたものは、満洲人の満洲・蒙古人の蒙古・チベット人の西蔵・中国人の中国などであった。これが乾隆帝の謂うかの「皇清の中夏」に外ならない。(47)

このように安部氏は、「文・華」を基準とする政治から「軍・忠・天」を基準とする政治への転換として雍正帝以後の時代をとらえ、その延長上に華夷の差別を撤廃した個別文化の集合体としての新秩序を描いている。しかし、それが満洲・モンゴル的なものへの純化の過程であるか否かは、「中華帝国的イデオロギー」という評価と同様に微妙な問題である。何故なら、雍正帝は満洲人としての開き直りを見せ、さらに乾隆帝は後にみるように満洲的な「国粋」の保存に極めて熱心になるものの、同時に「中外」を彼らが論ずる際には明らかに自らを「中」に入ってきて代替した（その限りでは漢族に接近し、「外」のモンゴルとも一線を画した）存在と位置づけている点で、漢族でもなければ純粋に北東アジア的でもない中間線上に自らを置いているからである。そのうえで、儒学思想の中でも自らの支配に好都合な部分を抽出しながら、「隔てる」思想への批判がなされている。彼らが自らの民族的出自に拘泥することと、自らの「民族精神」から抽出した内容を他の思想と比較した上で「普遍」として昇華させることとは、別の問題であろう。

キューン氏と安部氏がともに清帝国の「平等性」に着目しながら、同時に漢族的なものと満洲・モンゴル的なもののいずれかに重点を置いた説明となっているのは、恐らく清史全体を論じるにあたってどうしても「漢」対「満洲」の二項対立を避けて通ることが出来なかったことの帰結であるようにも思われる。

一方クロッサリー氏は、清帝国の論理をめぐって「エスニック」な存在を前提とする接近法ではなく、「ユニヴァーサル」な存在を前提とする接近法をとる。クロッサリー氏は、雍正帝から乾隆帝にかけての政治思想をあくまで超民族的な精神に基づく皇帝権（emperorship）または皇帝の個性（persona）の発露として把握し、「原初的に存在する民族の違い」を秩序論の出発点とするのではなく、むしろ帝国内の個別の分断された各集団に対して皇帝権が「合璧（simultaneous）」すなわち言語・文化的な並列という形態を通じて対応する過程においてはじめて成功し得たと論じる。そして、その過程を通じてむしろ帝国内部の「民族」性が掘り起こされてきたと説明する。(48)

クロッサリー氏の議論の中でも最も重要な点は、雍正帝、そして乾隆帝によって高度に洗練された皇帝としての個性が、実は「合璧」された諸文化の、歴史的制約を受けない結節点として完全無欠でなければならなかったことの帰結として、内容的に「無（culturally null）」な存在であり、その意味でユニヴァーサルであったという指摘である。[49]

これまでにみたとおり雍正帝の立場は、当時一般的な儒学思想の流れから一線を画し、「天・武・実行・忠誠・善」といったキーワードから、儒学思想を含むあらゆる思想・文化的要素を相対化して評価する立場であった。それゆえ、筆者も雍正帝以降の清帝国の皇帝権力を「結節点」として把握するクロッサリー氏の説明に賛同したい。そもそも、前近代において儒学思想を活用した政治秩序が、概念としての「中華帝国」に必ずしも一致している必要はない。逆に、既存の「中華帝国」概念が、独自で「柔軟」な雍正帝の思考を特定の枠組みに閉じこめていたのではなかったか。

むしろ、安部健夫氏は「叢書的な」清帝国のイデオロギーの所在を、多くの民族を個別に服属させた優越性において漢以後明までの諸王朝とは異なるという立場から「皇清の中夏」という表現に求め、クロッサリー氏は「合璧のユニヴァーサリズム」が清の皇帝権力の基本的特質であったと捉える。ならば、個々の文化を皇帝が意味づけ、帝国秩序の中に配置する過程において、必ず硬貨の裏側として被支配者の側からの積極・消極的な反応が存在し、それらの合成物として清帝国内部の異文化観や多民族関係が形成されていたという視点を設定し、ひいては政治社会の双方向的な全体像、あるいは支配する側と支配される側双方の思惑や正統性承認のありかたを吟味するという問題設定も求められよう。皇帝が提示したイデオロギーと、盛世期における現実の儒学思想・「中華」・「中国」・「天」・「善」・仏教やイスラーム……の複雑な絡み合いが具体的にどのような姿をとって展開され、その総和が理念型としての「中華帝国」とのあいだにどのような差違を生じていたのかを論じることこそ、のちの十九世紀や近代中国ナショナリズムへとつながる歴史的展開をみてゆく上でも有益であると思われる。

（2）儒学者の内省と強弁

そこで検討を要するのは、雍正帝による華夷思想と「中華帝国」の相対化が、他の儒学エリートの発想と一体どのような関係にあったのかという問題である。特に、雍正帝と儒学エリートの仏教との関わりを考えてみたい。何故なら、仏教に対する態度において、仏教へのアンチテーゼから生まれた朱子学の正統的な教義との距離を測ることが可能であり、ひいては多様な文化に対する柔軟性をも見て取ることが可能だからである。

少なくとも雍正帝は、多額の費用をかけて大々的に行う祭典や道場については「奢侈につながる」として排除したものの、一方で禅宗とチベット仏教双方の基本精神に深く共感する立場をとり、高僧に対しては最大級の敬意を払っていた。例えば、モンゴルのまだ年少の活仏チャンキャ（章嘉）が北京に至ると、雍正帝自身拝謁に訪れてチャンキャ活仏をオンドルの上座に座らせ、雍正帝自身は傍座するという態度をとり、活仏に対する敬意を欠かすことはなかった[50]。さらに雍正帝は、自身が国師に任命したチャンキャ活仏と禅宗の高僧を一同に集め、自らはその中心に座って法論を展開し、そこで得られた禅・チベット仏教の折衷的見解を経典としてまとめて漢人地域の寺院に頒布していた[51]。

この「自ら中に座して仏教を論じる」態度は、「転輪聖王」「文殊菩薩大皇帝」に相応しいものであったが、それは同時に、必ずしも儒学的「中華」の論理や天命論でなくとも自らの権力の正統性を維持することは十分に可能であり、儒・仏が競争的に共存する中で総体として自らの天下支配が成立しているという判断を伴っていたと思われる。そして雍正帝は、仏教が社会的安定と幸福に寄与している側面を積極的に評価し、自らの統治の目的はあらゆる人々に仏教的な善を扶植することであると述べている。

そもそも仏が道となるのは、寂して能く仁となり、善行を勧め導き、吉祥を降集するからである。ゆえに歴代は之を崇め奉ってきた。しかし、朕は自ら福利を求めるものではない。……王者の福とは、群生に被い及ぼすを以て大とするものである。惟だ我が皇考・聖祖仁皇帝は功徳が隆にして厚く、歴数すること綿長にして、四海の兆にものぼる人胥を仁寿の域に登らせた。古より、帝王には福の盛りが備わっているといえども、(康熙帝に)比倫する存在はない。朕は(康熙帝の)鴻基を嗣ぎ、先の志を継ぎ、遐邇の民をして教に向わしめ、義を慕わしめ、善果を倶植して各々福田を種えしめるのである。[52]

古の聖王が天下を治めたことを稽うるに、其の教に因りて其の俗を易えず、人をして易しく知らしめ、易しく従わしむ。これは朕が先の志を承け、黄教を護持する意である。……諸部蒙古のタイジ・属下が、永遠に歓喜を崇奉し、蒸薫の道化を信受し、以て我が国家億万年の太平の福を享受することを朕は深く望む。[53]

また雍正帝は、仏教のみならずイスラームについても同様の認識を示していた。

直隷省ではどこでも回民が居住し、その由来は久しい。その人は既に国家の編氓であり、国家の赤子であるので、異視してはならない。数年来しばしば「回民は自ら一教をなし、言と服を異にし、かつ強悍にして不法を恣にしているので、厳しく懲治約束を加えるよう請う」といった趣旨の密奏が届いている。しかし朕が思うに、回民に教があるのは先代が家風土俗を留遺したためで、中国の人でありながら籍貫が異なり、嗜好や方言も違いを生じたのであろう。そのために回民には礼拝寺(モスク)があり、衣服文字の別が存在する。俗に従い宜に従い、各々その習いを安ずることが必要である。姦犯や惑世と、回民の有教とは同列には論じられない。ただ、凡そ人は異なる場所に生まれようとも、同じ天良と習尚を具えているのであり、教が異なっても同じ善に帰するものである。回民は天地の中にあり、国家の養育の恩を受けているので、どうして孜孜として善を好み共に勉めて醇良とならないことがあろうか?　かつ朝廷は一視同仁であり、回民の中には官爵を受けて顕秩に登る者も少なくない。則ち、勉修して善を行い、法を守って奉公し、共に良民となることもまた回民の本心なのである。もし地方官が回民を異視せず、衆民を治めるを以て回民を回民として治めれば、回教を習うを以て善教を習い、賞罰善悪、そして上の令はどれも滞りなく行われるであろう。そして下の俗も自ずと厚くなるのである。[54]

雍正帝にとって仏教とイスラームは儒学思想と並んで、「其の俗」に由来して人々に善と幸福をもたらすものであった。さらに仏教に関して言えば、北京故宮の北西に今日も高く聳え立ち、王権が凝縮された空間に意味深長な印象を添えている北海の白塔も、雍正帝によれば決して単に「皇都の壮麗を増す」ための塔ではなく、あくまで創建者である順治帝の意志を継いで「兆民に対して無窮の福庇」を与えるためのものであった。見方によっては、もともと儒学的王権を代表する紫禁城も、北海白塔の存在によってはじめて完全態として清帝国の正統性を象徴する存在に転化したとも思われるのである。[55]

とはいえ、以上のように「教」の共存と競争を事実上容認し、さらには評価すらしている雍正帝の思想が、清帝国の中核にあった士大夫知識人層においてどの程度「共有」されていたのか。ここで知識人のとりうる態度は、次のようなものであっただろう。

(a) 雍正帝の問題意識と全く同じ論理ではないにせよ、儒学思想が本来目的とする「全世界の人間への儒学思想の浸透による『中華』『文明』の拡大」が全く実現せず、「中華」の地以外では圧倒的に仏教・イスラーム・キリスト教が広まっている状況を踏まえ、むしろ「中華」は何故これだけ狭い範囲の広がりにとどまり弱体なのかと自問する態度。

(b) 清帝国への批判につながる発言は慎重に回避しながらも、儒教的「中華」の優越に対する揺るぎない確信から、あくまで「華夷」という基準に従って異民族・異文化・他の「教」を批判する、あるいは低く見る態度。

(c) 特に儒・仏・道・イスラーム、その他「異教」「淫祠」への現状批判を行うことなく、様々な「教」の混淆状況に身を委ねる態度。

こうした思想傾向のそれぞれが雍正帝・乾隆帝の統治思想と組み合わさり、清帝国における多民族統合と、その中に含まれる潜在的な緊張を形成して行ったと考えられる。

まず、儒学知識人が「中華」＝「文弱」という実情を憂慮し、自問していたと思われる代表的な例が、顧炎武『日知録』の、周辺民族の風俗に関する記述である。顧炎武は周知のように「亡国」と「亡天下」を「易性が改号することを亡国という。仁義が塞がれ、獣が人を食い、人が互いに食い合う状況を亡天下という」と定義し、「天下を保ったのちその国を保つことを知るのであり、国を保つとはその君・臣がそれを謀るのに対し、天下を保つことは匹夫の賤にも責任がある」と述べて、何よりも人間の倫理的な関係が維持されている秩序としての天下を保つために全ての知識人が奮起するよう促している。とりわけ顧炎武は、宋が金に追われて滅亡の一途を辿ったという史実の重みを強調しながら「浮を抑え競を止めること」の意義を説いている。[56]それは勿論、明が自壊して金と同じ女真族の清帝国に取って代わられたことと重ね合わせているのである。そして顧炎武は、何故異民族が「中華」よりもしばしば優越するのかという問題を自問している。

遼史に曰く、契丹部族は生計を畜牧に依存しており、毛を織り乳を飲むことで衣食しているという。各々旧風を安じ、華美に流れず、ゆえに自足して守りも固く四方を虎視する。金史において世宗は「朕はこれまで女直の風俗を忘れなかった。今の飲食音楽はみな漢風に習い、朕の好むところではない。東宮も女直の風俗を知らない。ゆえに朕はなおもそれを存続させようと思う。異日、この風が一変するのを恐れるが、それは長久の計ではない」「女直の旧風は書を知らなかったとはいえ、天地を祭り、親戚を敬い老人を尊び、賓客に接し朋友を信じること、その礼儀はみな自然である。その善なること、古書に書いてあることと異ならない。なんじら（臣下）はこのことを忘れるな」と言った。そこで女直人に対し、漢姓に改称し南人の衣装を学ぶのを禁じた。さらに金の世宗は「女直の旧風は、酒食宴会ごとの騎馬射撃を楽しみとしてきた。しかし今やそれを禁じて、旧俗を忘れ、漢人の風俗を学ぼうとする動きがある。これは本を忘れていると言える。もし国家の旧風に依れば、四方の境は心配がなくなる。これは長久の大計である」と言ったという。

回紇の風俗は朴厚であり、君臣の等級は余り異ならなかった。故に衆志は専一であり、健康強力で無敵であった。ゆえに唐において功績があったのである。テングリ・ハーン（登里可汗）の時から自尊し、宮室を大いに築き、婦人を囲い込んで華美に流れ、中国（唐帝国）はために虚耗し、その俗は壊れた[57]。

こうした「旧風」＝「自足・自然」＝「古書を知らずして古書と同じ善」、「漢風」＝「華美」＝「虚耗」という認識は、何と雍正帝の問題意識と共通していることであろうか。顧炎武はさらに続けて「犬戎は古くからの徳を純粋なまま固守し、上は徳を以て下を待遇し、下は忠信を抱いて上に事えたという。……しかし、久しくして華風に染まり詩書に務めなくなり、ただ娯楽や服飾を競い、財は無用に流れ、驕淫が習いとして染み込んでしまった」「塩鉄論では、匈奴の俗は事に敏であるという。宋の鄧肅は高宗に対し『外国の功は文書の簡にある。ゆえに中国の患いは文書の繁ゆえの遅さにある』と言った。遼史では、朝廷において事は簡にして職は専であり、それが遼の興隆の所以であると記す。そうであるならば、外国が中国に勝つのはただそれが簡易であることによる[58]」と述べて、堕落してしまった「犬戎」の風俗が本来持っていた「徳」を惜しんですらいるのである。

また、時代は異なるものの、十九世紀中期の科挙官僚・経世知識人として内陸アジア事情にも深い関心を寄せ、実際に東チベット・カム地方における紛争解決のために調停者として派遣されてもいる姚瑩は、儒学思想が「三代の理想」という最初の輝かしい頂点を最後に衰微の一途をたどってしまった問題を提起している。

中国には孔子の著書講学があり、その教に服する者は幾千万億かを知らない。彼の国には釈迦の説法があって、その教に服する者は幾千万億にとどまらない。世が怪妄と見なすのは、それが理の是非を弁えず、ただ事の有無だけを問題とすることにある。……乱臣賊子・奸凶淫悪・暴虐貪残は儒者が悪むところであり、聖人の立法はそのような考えを化することを思うのみである。しかし、釈氏はまさにこのような輩を化そうとする。彼の西方には礼楽詩書の教・道徳仁義の意がなく、ただ殺戮略奪を以て事とし、強者が弱者を痛めつけ、凶淫残忍たること言うに堪えない。釈氏の徒がその地獄因果三生の説を出し、愚蒙を勧化して魔怪を滅ぼした結果、西方の人には悔い懼れる心が生まれ、その功績は彼（西方）においては甚だ大であった。それは孔子が中国を救ったことと同じである。中国では三代ののち、先聖の道は或いは存し、或いは亡んだ。その大経大法が伝わったのは、経常の名教が人に善悪を知らせ、勧め戒めるところがあったためである。仁義道徳の微・身心性命の奥は、聡明叡知でなければ知ることが出来ない。とはいえ、諸々の愚夫婦を責めることも出来ない。古を去ることいよいよ遠く、風俗人心が日に壊れ、傲慢・頑淫・争奪・闘殺が中国を蛮夷にどれだけ近づけてしまったことか。また、深文・博学・強弁を巧詐にて済ますことで、三綱五常の説はどれも嫌々聞くようになってしまった。そのようなところに、ある人が地獄因果の説を進言し、凶淫残酷な人はみな回心して命を聴くようになった。我々儒者は、まさに深く憂うべきである。その人は儒ではないことを理由に断固としてその説を力破し、争ってこれを駆逐することが出来るのか。それはあたかも、医者が黄帝岐伯の書・神農本草の経を若い頃から研究し、古方を極め、余力を残さないほど治療に専念したのに、病人にその薬は効かず、一方で粥や奇怪な処方を試したところ治癒して誰もが慶んだので、その医者が大いに怒り出すことと同じなのである。とはいえ、奇異な現象で耳目を驚かし妖邪をするのは老氏の罪である。寺院を造って莫大な費用を消耗し、妄りに福利を祈り、高座で説法して人々を惑わし、陰で姦をなし骨肉を棄て天倫を蔑視し、一切を空であるとして実事を行わないのは釈氏の罪である。(59)

ここで姚瑩は、「奇異」な道教や「空」である仏教を、「実」である儒学の立場から批判することを勿論忘れてはいないものの、儒学思想が結局なし得なかった「愚夫婦」「愚蒙」に対する布教を通じて、仏教が儒学思想の目指す境地と同じものを実現してしまったことを率直に承認する。そして、儒学思想を生んだ「中国」が逆に「蛮夷」の境遇に陥ったことを痛切に自己批判している。このような問題意識は、儒学思想が単純な道徳論ではなく、周辺の「風俗」に対する優越という自意識に強烈に支えられている以上、なおさら「中国」の「中国」らしからぬ実態に対して批判的にならざるを得なかったものと思われる。

こうした「儒学思想の衰退」に関する認識は、清帝国の下では必ずしも特殊なものではなかったらしい。朝鮮の朝貢使節の一員・朴趾源が著した『熱河日記』は、北京に居住して久しく、すでに故地の事情に疎くなってしまったというモンゴル人と交わした儒学とイスラームに関する問答を紹介しているが、その中でモンゴル人は、儒学が自らの立場のみに固執し視野が狭いゆえに衰退したことを批判的に表現している。

朴：世には三教（儒・仏・道）があるが、貴国では何教を最も崇めるか。
蒙：どうして中国は大きいのに三教に限られようか。道を行う者は皆その教を称するだろう。
朴：貴国は蒙古であって、中国ではなかろう。
蒙：私は中華の地で生まれたので、砂漠のことは分からない。しかし彼もまた大国（＝漢人地域としての中国）に接するので、吾が道（＝儒教）は盛んなはずである。貴国には幾つの教があるのか。
朴：ただ儒教あるのみである。
蒙：人生にはどうして儒教だけしかないということがあろうか（人生何莫非儒也）？　儒を称する者はすでに九流の列に退いている。（儒者は）吾が道の広大無外を以て、かえって自らを三教の中に狭め、ひとつの儒字を磨勘するを以て異端を長じてしまったのだ。
（中略）
蒙：所謂清真教（イスラーム）は、これもまた異端の中の一教である。天地の間にはただ吾が道しかない。とはいえ、吾が道の一端を得れば、自ずと一教をなすものだ。吾人の道を学ぶ者は、ただ吾道と称するだけで、儒教を名とすることは出来ないものだ。

朴：いや違う。己を称して吾ということは、彼（他人）に対する辞である。……道は天地の間の至公の理であって、どうして吾れ一己の立場から、他人の来窺を容認しないことができようか。愚はすなわちおもえらく、吾道の二字もまた明らかに大公である。……文教・声教・名教といい、みな聖人の教化である。これは教といい、彼もまた教といっては異端を恥混してしまい、教という字が廃れてしまうではないか。

蒙：そうではない。世儒は異端が吾道の中の一事であることを知らず、紛紛とこれを排撃する。彼はそこではじめて頭をもたげて、吾が道（儒教）と対峙する。しかし楊墨・老荘の言は、みな吾道にあるものではないか。仏氏の因果の説に至っては、吾道は深く斥けるが、実はそれを吾道が先に言っているからなのである。(60)

以上の一見かみ合わない問答にあって、要点と言うべきものは三点ある。

(a) このモンゴル人は、儒学思想に慣れ親しみ、自らのアイデンティティを「中国」へと移動させているものの、乾隆盛世における儒学思想の衰退を、儒者自身の視野の狭さによるものと認識している。

(b) 儒学思想以外にも人間の「教」には様々な選択肢があり、儒学思想を一応「正統」と考えるにしても、儒学の価値から見て共通と見なせる要素が他の「教」にある場合には、それは自ずと「教」をなすので、必ずしもそれを否定できないとする発想がある。

(c) こうした発想はいわば、同じ「道」の根から生じた枝分かれとして個別の「教」を把握するものであると思われる（図2-4）。

儒学の立場からの、こうした道徳的類似性に基づく（積極的、あるいは消極的な）多様性の承認は、清帝国最盛期の思想状況における一つの大きな特徴であったと考えられる。J・ワトソン氏は、清帝国の下での漢族社会をめぐる「オーソプラクシー」論の中で、帝国権力は正しい儀礼が執行されている限りそこで何が信じられているかを大して問題にせず、「正しい信仰＝orthodoxy」よりも「正しい実践＝orthopraxy」が重要であった結果、民族や宗教的背景を異にして多様な信仰を抱え込んだ複合社会を、中国（Chineseness）という一つの文化的統合体にまと

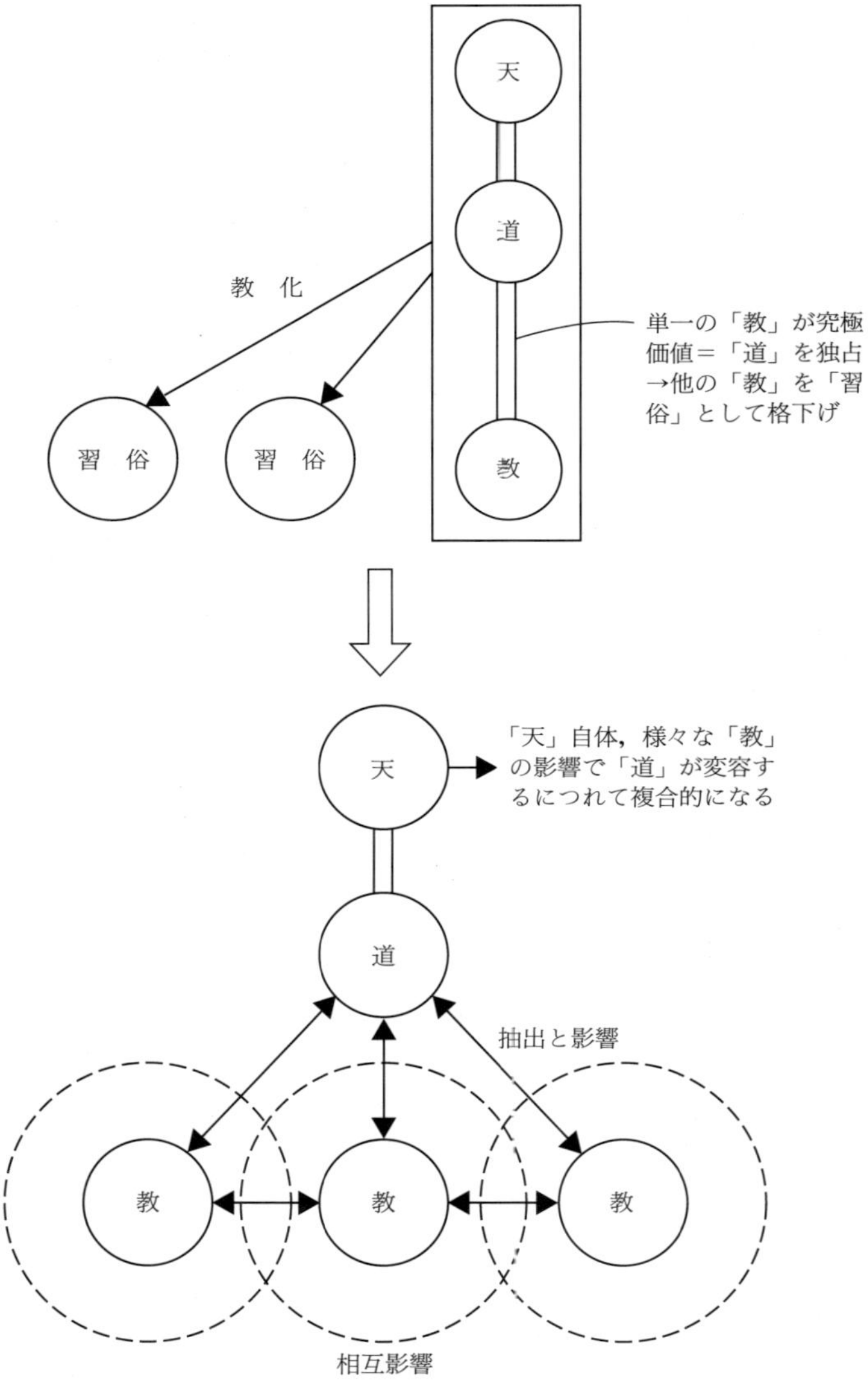

図2-4 「道」と「教」の関係

めることに成功したと説明する。(61) 本書では、それが果たしてChinesenessというかたちに結実したかという点については、非漢民族への「中国」アイデンティティの未浸透が序章で述べたようなモンゴル独立の一つの原因となっていること、及び雍正帝自身「もともと〝中国〟はなく、あくまで夷狄のままでも良い」という認識であるゆえに、必ずしも自明ではないと考える。それでも、ワトソン氏が説明するような清帝国期の漢族政治社会の傾向は、雍正帝の支配観とほぼ一致している。そうした状況を踏まえてこそ、雍正帝の「中外一体」論や、「中華」と儒学の不振を批判的に捉えて内省しようとする顧炎武・姚瑩の議論も成立したと言えよう。それらは当然のことながら朝鮮両班階層の「朱子学絶対主義」からは理解しがたく、聖人が体系化した儒学以外の「異端」には「道」に値するものなどあり得ないと信じる朴趾源が混乱したのも必然的なことであったろう。

しかし一方、「中国の堕落」及び儒学者の責任を回避し、むしろ「それでも儒学思想があるのは中国だけではないか」「儒学思想があるのは中国だけで良いのだ」と開き直ることも可能であった。例えば、乾隆〜嘉慶期にかけての知識人・趙翼は、カトリック論を通じて一種の世界宗教論を展開するにあたり、次のように「儒学思想の地域・人種限定性」を説明している。

総じて、天下には四大教がある。孔教、仏教、回回教、天主教がそれであり、いずれもアジア洲で生まれた。仏教はアジア洲で最も広まっており、前蔵及び後蔵（ダライラマ政権のチベット）・ジュンガル・ハルハ・蒙古などの部では悉く仏教を奉じている。中国もまた仏教が盛んに行われ、明史外国伝によると、アジア洲の外、例えば西洋の古里国・セイロン国・ベンガル国……暹羅（シャム）国・真臘国、東洋の日本国・琉球国は皆仏教を奉じている。……他の海外の諸番は皆天主教を奉じている。回回教はアジア洲ではただ烏什（ユチトルパン）・ヤルカンド・カシュガル・ホータン・バダフシャン・コングール・カシミール・退木爾沙（ティムール・シャー？）等の国が奉じているのみである（引用者注：趙翼において「アジア洲」とは、清帝国の「中華十八州」と藩部、そして中央アジアのオアシス交易圏に相当する範囲を指している点が興味深い）。外洋では、明史外国伝によると、祖法児（ジョホール）国・阿丹（アデン）国・忽魯謨斯（ホルムズ）国が奉じている。孔教は僅かに中国の地、そして南は交趾から、東は琉球日本朝鮮にかけて存在するのみである。仏教の及ぶ範囲は最も広く、天主教はこれに次ぎ、孔教回回教はこれに次ぐ。孔子は集大成して人極を立て、およそ三綱五常の道は備わっていないものはない。しかしその教えが仏教や天主教ほど広がっていないのはどういうことか。けだし、精なるものはただ中州清淑の区においてはじめて行うことが可能なのである。すなわち、殊なる俗、異なる性は皆その範囲となるを得ているのであり、ゆえに教の被う所は非常に遠くまで（地理的ではなく、多様な分野に）及ぶのである。(62)

要するに趙翼の場合、儒学思想という「精」なる存在は、人間性が「中州」に及ばない地域においてはそもそも理解できないという認識である（！）。逆に仏教・イスラームは、その「教」を導入した「清淑」でない人々に分相応であり、「教」「道」の完全態たる儒教と、そうではない仏教・イスラームのあいだの、事実上の教の分業体制が出来上がっていると見なされている。

また、本来仏教・道教の精神は儒学思想と通じるところがあるものの、あくまで両者は儒学思想を学び損ねた不完全形態に過ぎないと処理する論法もある。例えば、蔣士銓「二氏論」では、「釈・老二氏の論は善を勧め、上を犯し乱をなすことを教えないがゆえに代々滅びず残っている」としながらも、「しかし西方の人は孔孟の書を読んでいないので、迷昧が多く、学問がないので、その聡明を開くことができない(63)」として、やはり「孔孟の書を読むこと」こそ全ての人倫の基本であるという態度を採っている。

さらにキリスト教批判の場合には、儒学者の仏教的「空」「寂」への批判が「世間からの離脱によって人間社会の運営と倫理自体が立ち行かなくなる」ことに向けられるのと同じく「人倫を失う」批判を織り交ぜつつ、その創世とイエス生誕伝説における矛盾を暴露しようという方向に向かっている。例えば、キリスト教信仰と祖先崇拝の両立に対してローマ教会が否定的見解を下したこと（典礼問題）への対抗から、雍正帝は康熙帝とは対照的にキリスト教弾圧へと向かい、その結果多くのキリスト教会が天后宮へと改めさせられたことをめぐって、李衛「改天主堂為天后宮碑記」は次のように言う。

㈠　その教は、天主が風雲雷雨陰陽寒暑の全てを司るという。しかし、未だ天主が存在しない状況で果たしてそれら自然現象が存在していたか否かを答えることが出来ない。

㈡　その教は、必ず本人の祖宗父母の神牌を破棄させることで帰依の誠を示させている。しかし天主は全くの空虚（空桑）から生まれたのかどうかを知らない。そもそも、彼もやはり祖宗父母から生まれたというべきであって、彼が空虚から生まれたというのであれば天下の人を率いることはできず、その水源木本の誼を尽く捨て去ったと言える。況や、人が天を敬い奉るのは、天が実に人と物を生み、今や我が父母祖宗を生んでいるからである。それを捨て去っては、一体何処に人と物の天を求めて敬えば良いのか。

㈢　父母祖宗を棄てた者は専ら天主を敬うことを欲するというが、西洋の俗を聞くところによると、やはり君臣兄弟朋友の関係が絶えることなく存在するという。どうして尽くそれを廃棄しようとしないのか。

㈣　父母を尊重することがなければ、親が子の面倒を見ることもなく、子は専ら奇技淫巧に走るのみである。

㈤　祖宗父母を尽く棄てれば、その他の全く面識のない人々に対しどういう関係を求め、欣戚を感じ、利他の精神を発揮せよというのか。(64)

要するにここでは、キリスト教においては父母・祖先への尊重を捨て、何処から受胎したとも知れない奇怪な「唯一の天主」へと忠誠を向けさせる結果、既存のあらゆる倫理秩序を破壊するだけで、結局何を意図するのか理解しがたいと結論づけ、続けて「西洋は何故このような教を、遠路はるばる危険を冒してまで中国に布教しようとするのか」という疑問を呈するのである。

西洋と中国は数千万里も離れ、歳月をかけなければ到達できず、さらに大海の風涛の危険もある。故に、故郷と妻子に別れを告げて跋渉してくること自体、必ず利益を見込んでいるのであろう。……もし利益が目的でないとすれば、中国で資金を集め、天主の教えで人を惑わし、さらには黄白の術で人心を結ぼうとしているのである。あるいはそうすることで一旗名を挙げようとしている、という人もいる。そのようなからくり（技）を……日本でも恣にしようとしていた。しかし、その布教は邪と見られ、愚夫愚婦も未だそれに心を動かされることはなかった。今の日本では、港の上陸地点に銅で造った天主像があり、到着した者は天主像を踏まなければ罪人として断固処罰されるのである。

この反キリスト教論は、当時の宣教師の活動が西洋の植民地拡大の動きと表裏一体であったことを考慮に入れれば、極めて明快に現象の本質を突いていたと思われる。さらに、盛世期の清帝国では日本情報が極めて少ないことを考えれば（『皇朝経世文編』のうち、海洋を介した諸国との関係を論じた「海防」諸論考において、日本論が占める比重は極めて少なく、基本的には倭寇と豊臣秀吉の朝鮮出兵に伴う単純な警戒感という程度でしかない[65]）、徳川政権のキリシタン対策が清帝国にも思想的影響を与えていたという点は興味深い。とはいえ、その反キリスト教論は、基本的に儒学の現世倫理に照らして仏教を批判することと類似の構造を持っていたと思われる。

以上概観した通り、清帝国が「西洋」と直接武力を以て向き合う十九世紀中期よりも前における儒学知識人の非儒学思想批判は、顧炎武や姚瑩といった一部の知識人による「儒学的『中華』が結局文弱の中で狭小な自己満足に終わっていること」への自己批判を同時に内包していた一方、あくまで儒学思想を絶対化する立場から、そうでないあらゆる思想・文化を欠如態として見なすことも少なくなく、混沌とした状況であったことを垣間見ることができよう。

したがって、雍正帝が華夷思想への反発ゆえに提示した「中外一体」は、これら清帝国の儒学エリートにとって必ずしも馴染みのある発想ではなく、同意される側面と、文化一元的な立場からあくまで距離を置かれる側面があったと思われる。

もっとも、序章で紹介した承徳における祝祭の場面には、それこそ内陸アジア・チベット仏教圏のモンゴル・チベット人や、民族名称が文殊菩薩に由来する八旗の満洲人のみならず、漢人士大夫がパンチェンラマを一目見たさに押し掛けていた。朴趾源『熱河日記』によると、朝鮮使節が宿舎に帰還する途中「中原の士大夫は誰もが、余が班禅に対面できたことを羨んでいた。そして誰もが、その（パンチェンラマの）道術の神通ぶりを、口を極めて賛美していた」という(66)。

しかし、チベット仏教的なものに心酔する士大夫がいかに多数存在したとはいえ、「声なき多数」を以てただちに当時の一般的思潮を決定づけることは難しい。仏教への迎合を批判する議論が、まさに有力な儒学エリートによって主張されることで、その場限りの熱狂とは一線を画した長期的な影響力を持ちうる可能性が高いからである。

5　「教」と「淫」の境界

仏教に対する警戒感や嫌悪については先に見た通りであるが、ムスリムに対しても、雍正帝のイスラーム尊重の姿勢とは全く対照的に、儒学思想による教化・漢人との通婚による同化の主張が存在していた。例えば、陸燿「論回民啓」は、山東省の交通の要衝に居住する回民（漢語を話すムスリム）をめぐって、「どのようにすれば回民の荒れた性格を善良の俗に改めることができるか」という問題を提起している。

一、数十家が集まる村には義学を設け、化導する。……各州県で篤実にして学のある生員を教師として、聖諭・小学・孝経を教えれば、礼儀は油然として生まれる。次第に彼の教の天方の書・惑人の術を密かに奪うか放棄させ、最後に命令して一切の（イスラームの）書物を焼却すれば、その教は消滅する。

一、回民と百姓の通婚の必要性。……回民が中国に入って千余年、男女の婚姻は未だ中国と通縁せず、中国の人は夷として受け入れなかったため、回民も次第に自外の心（疎外感）を感じ、転じて我が中国を敵視し（傲睨我中国）、通婚を欲しなくなった。しかしそれは決して本心ではなかろう。(67)

こうした仏教・イスラームへの露骨な嫌悪は、のちに一九世紀後半において、太平天国問題で完全に衰弱した清帝国をさらに揺るがす「陝甘回乱」（陝西・甘粛のイスラーム教徒の反乱）と、それに対する徹底的な鎮圧がなされたこと、序章でみたように清末のチベット人地域において廃仏毀釈が行われてチベット人と清帝国の関係が崩れたことの一つの思想的源流を形成していると思われる。

それにしても、儒学エリートのこうした「異端」への厳格な態度は、何故かくも強硬なのであろうか。その背景の一つとして、清帝国が盛世を謳歌するに伴って出現した様々な奢侈や民間宗教への疑いの視線が向ける「風俗論」の影響が大きいであろう。しかしそれは、あくまで儒学唯一の立場から直接現実の社会・文化的状況に向き合っていた点で、不寛容の度を深めている傾向が強い。

「風俗」を論じる人々がとりわけ重視したのは、原初の理想社会である「三代」の「礼」の再現であり、そのための施策として制度の確立と「学校」を通じた教育の必要性が説かれる。具体的な例として陸隴其「風俗策」は、当時の社会一般の趨勢について「隆んなるいにしえに最早帰ることは出来ず、特に（清）国家は衰退した明を引き継いでいるので、風俗の乱れは深刻である」と規定し、「今日の風俗を古の隆盛へと戻すためには、三代が民を導いたのと同じように民を導くのが適当である」と強調する。そのうえで、断固として遵守しなければならない政策を次のように提示している。

(a)　経制を宣定すべき――今日の民間の冠婚葬祭の礼・宮室の衣服飲食の節には定制がなく、富める者が贅沢に走れば貧者もそれに倣い、物力が日に弱まるので、次第に貪詐に走り、廉恥は消滅へと向かってしまう。ゆえに定制を設けて、尊卑上下それぞれに差を設け、その境界を越えることを禁ずる。そうすれば倹朴の気風が興り、貪詐はなくなる。

(b)　学校を広めるべき――民が淫蕩に走らず、素朴を保つようにするためには、礼儀の重要性を知らしめることが何よりである。……まず方正有道の士を州県の師長として学校を振興し、また農閑期に農民を集めて礼儀の重要性を教え導く。(68)

要するにここでは、雍正帝のいわば「天命と善の価値の下の平等」と質朴さを重視することで自ずと奢侈を廃するという方向性とは異なり、まず最初に「尊卑上下の差」があって、そうした格差の枠組みを厳格に遵守することで社会経済的レベル・民衆文化レベルでの流動性を抑止し、ひいては奢侈を制限しようという論法となっている。

こうした議論がとりわけ敵視したのは、経済発展の中心であった漢人地帯、特に長江下流の江南地方の空前の繁栄に伴う「浮華」というべき状況であった。陳宏謀「風俗条約」は、その具体的な状況を次のように表現する。

江蘇の繁盛は東南に甲であり、人文の風雅・物産の精良は海内の第一である。ただ、徒に巧みに飾るばかりで、目の前のことのみを顧みて後のことを思おうとはせず、婚礼葬儀はあるべき程度を越え、男女の別はなく、僧・道は人を惑わせ、地棍（ごろつき）は騒動を起こしている。それは単に財物を浪費して貧乏をきたすのみならず、礼法を犯しているのである。……そこで、戒めるべき点を以下の通り列挙する。

(a)　婚礼の華美の問題――貧乏人でさえ金持ちを真似て家産をひどく傾ける。女の家は結納金を少しでも多く取ろうとして、それが親戚を巻き込んだ械闘に発展してしまう。……婚姻の美観がここまで発達するのは愚かの極みである。

(b) 葬礼の問題――葬礼の最も重要な意義は、棺に付き添って哀悼の礼を尽くすことにある。ところが最近の葬式は、仏の戯れや歌舞音曲がはびこる有様である。さらには、禁令に違反して宴を設けて劇を演じ、全く哀礼がないばかりか、人獣紙器が道路を塞ぎ、愚人ぶりをひけらかしているかのようである。それは有識者の笑いを誘うだけではない。棺に入れられて埋葬される親類がどうして温飽のうちに安んじるだろうか。あるいは風水に惑ったり、数年幾代にわたり埋葬することを拒んだり、さらには惨めにも火葬するとは、まさに親を忘れ礼を滅すること、これよりも甚だしいものはない。[69]

(c) 宴会の問題――宴会の目的は合して歓ずるにあり、飲食は口に適当なところで止めるものだ。どうして貴重な山海の珍味を争って誇示する必要があろうか。

(d) 婦女貞操の問題――婦女の礼は深閨に処し、坐するに則ち簾を垂れ、外出の際には必ず顔を覆うべきである。それは嫌疑を避け、覗き見を絶やすためである。遊蕩の少婦が化粧した顔を露出させ、何の遠慮もなく出歩いて夜帰りし、さらには寺廟に参拝したついでに僧坊道院で談笑するとは一体何の習いであろうか。……今後は寺院・道観に出入りする少年婦女があれば、地方官は僧侶・道士に枷をはめて廟前に晒すべきである。

(e) 神への捧げ物が農民の財を甚だしく消耗している問題――上諭では、神に媚び鬼を信じる気風が江南において深刻なのを広く戒めた。……ある廟会には数十百里の範囲から熱狂した人々が押し掛け、地棍がそのついでに懐を肥やそうとして強盗沙汰を繰り返す。いつもこのようでは財産を浪費するだけで無益である。さらに、農民は鬼を信じ、病気に際して医薬を求めることなく、事あるごとに巫女を呼んで生け贄を捧げ徹夜で踊り歌う……幸いにして病が癒えても破産するか、あるいは結局死んでしまっても死に装束や棺を買うこともできず、無事に葬式を挙げることもできない。愚妄がここに至っては、哀れと言うべきである。[70]

ここで儒学の「正統」の立場から糾弾の矢面に立たされているのは、奢侈の極みとしての婚礼や葬儀、あるいは貞操の乱れもさることながら、「俗」を乱す諸悪の根元としての「仏」「僧」「道」「地棍」であった。

キューン氏によると、これら「俗」とは一線を画した存在と、彼らに対するヒステリーに近い警戒感こそ、まさに十八世紀における急速な経済発展の一つの帰結であったという。江南地方の経済発展は、とどまるところを知らない奢侈を生むほど隆盛を極めた反面、人口増大に伴う大量の賃労働者の発生と、経済発展に取り残された地方の存在、土地を持たないことによって労働者が階層的な転落を強いられたことなどを通じて構造的にひどく不安定であり、その傾向は乾隆年間になると一層顕著になったという。こうして経済構造の中に吸収されなくなった人々は布施を得やすい僧侶・道士となり、托鉢で生計を立てるようになった。しかし同時に、「辮髪を切って魂を抜く霊魂泥棒」が横行しているという流言が、辮髪切断＝清帝国に対する反逆＝処刑を含む厳罰という結果を連想させた。そこでこうした、不安定な境遇のまま増大を続ける僧侶や道士が、民衆による一種の魔女狩りの対象となったという。(71) 僧侶・道士は、得体の知れない妖術をひけらかしかねないとされたのみならず、必ずしも本来の宗教的な高みを目指す境地から修行生活に入ったのではないこと、そして経済発展のもう一つの「徒花」である「艶服の女子」との交際も公然と行われたことゆえに、「尊卑上下の分」の厳守に忠実であろうとする立場からは「淫祠」扱いされ、徹底的な警戒と排除の対象となったのである。

問題は、この江南における「風俗の乱れ」への手厳しい批判が、十八世紀の高度な経済発展に伴ったものであるにとどまらず、十七世紀に清帝国が漢人地域における反清活動を基本的に鎮圧して社会的安定を回復して以来一貫して続いてきた重みのある議論だったことである。たとえ康熙帝が西洋文化に関心を示し、雍正帝が仏教やイスラームの価値を評価して伝統的華夷思想による民族差別に鋭く反対しても、それとは別の次元で「反・異質論」は、道徳規範に忠実であろうとする儒学知識人の思想的基調を形成していたと思われる。例えば、十七世紀後半の江南で地方官を勤めて弾圧に当たった湯斌の「毀淫祠疏」は、自ら率先して行った「淫祠」撲滅運動の実績を強調している。

淫祠が民志と民財を浪費して、風俗をここまで破壊していることに鑑みれば、皇上の治教が中天の如きものである以上、どうして淫祠の鬼がこのように光天日を化する下で猖獗することを容認できようか。臣はそれを禁じるため、妖像木偶を没収して烈火に投じ、土偶は深い淵に投じることにしている。そして、壊した建物の木材は学校や城壁の建設のために保存することにした。民ははじめ驚き疑い、以前にも地方官がその妖妄を嫌って神降ろしの弊害を取り除こうとして自ら禍に遭遇したので、みな臣が危険な状況を招いていると見なした。しかし数カ月経っても、何の異変もないので、はじめて以前の非を大いに悟るに至った。(72)

さらに、このような「淫祠」排除だけでは不足であると湯斌は考えたのであろう。彼は、そもそも諸悪の根源が儒学関連以外の書籍、とりわけ「淫靡猥褻極まる小説」にあると位置づけ、焚書の徹底を主張している。

今後書肆では、十三経、二十一史、性理通鑑綱目などの書物や、宋元明以来の大儒による経典注釈書、理学・経済・文集などを除いて、版木を含めて一切破棄しなければならない。版木まできちんと焼却しなければ、安易に復刻されてしまう。また、古書の深奥が理解できない民のため、古今の忠孝・廉節や実事・善悪に関する、世を醒ます訓俗の書を広く出版し、愚蒙を導いてやらなければならない。(73)

以上のような「風俗論」から見えてくるものは一体何であろうか。それは儒学が理想として描く上下の調和と適度な緊張感に満ちた関係が明末の社会的混乱から脱しても実現しないばかりか、今やまたしても社会全般の爛熟に伴って流失して行くことへの焦燥感ではなかったか。そして、それ以上にこれら儒学者たちの脳裏に根源的に存在していたのは、「働きかけても定まらない存在」に対する底知れない恐怖感だったのではないか。儒学者たちは、あるときは奢侈を嘆き、歌舞音曲や「低俗」な芝居や小説を嘆き、またあるときは現世における倫理的な人間関係や社会生活の充実に寄与するとはとても思えない偶像崇拝や僧侶・道士の横行を嘆き、さらには狂気や詐欺としか思えない神降ろしや「霊魂泥棒」を嘆く。しかし、いくら「人間社会の普遍的な価値基準」として他に比肩しうる存在などないはずの儒学思想も、まさにこれまで一般民衆に容易に浸透し得なかったという残酷な現実によって、事実上の「敗北」を宣言されている（顧炎武や姚瑩が苦渋を以て述べている通りである）。さらには、仏・道（及びイスラーム）と、その延長にある民間宗教が、経済・社会・文化の全面的な流動化の中でますます「猖獗」し、彼ら儒者は『熱河日記』の登場人物である「中華の人と化した」モンゴル人によって「九流の列に退いた」とまで酷評されるほどの状況に至ってしまった。かといって、「天下」「国家」を憂えるために自らの思想的営為を捧げようにも、清初以来の苛酷極まりない反清言論の弾圧や焚書によって慎重にならざるを得ず、そのことが一層儒学者の言論の幅を狭める方向で作用したと思われる。

結局、清帝国が興隆して全盛に向かい、そして下降局面に入った一連の時期において儒学知識人が置かれた状況は、清帝国が漢民族という異民族を支配する上で依存せざるを得なかった存在というにしてはひどく閉塞した立場に追いやられたものだったのではないか。そして、こうした閉塞から少しでも脱して、「武」が「文」を基本的に押さえ込む中でも自らの存在価値を示そうとするならば、辛うじて清帝国が儒学的な社会倫理を称揚し、科挙にも朱子学的知識を要求していることを足がかりにして、いよいよ「異端」である「淫祠」を嫌悪し弾圧する発想を強めることが手っ取り早い自己保存であったのかも知れない。あるいは、雍正帝が強調するような「民族を超越して下される天命」言説の正しさを受け容れながら、儒学の置かれた現状を批判的に総括し、儒学以外にも統治を成り立たせる「教」が存在することを仕方なく認めるという立場もあり得よう。さもなくば、儒学を学んだ士大夫としての緊張感を現実の中で喪失し、とめどなき奢侈の中に埋没するか、あるいは仏教・道教との信仰上の混淆に向かうのみである。

そして、民衆の内心を取り巻く状況に正面から向き合うでもなく、一方的に弾圧と「改良」を強調する傾向は、実は同時に、まさに「強制的に導く」「抑圧する」という一点において、「天命」「質朴」「尚武」をはじめとした徳目にのみ訴える、純粋ながらも荒削りな清帝国の統治イデオロギーと親和性を持ち得たと思われる。前章でみたように、清帝国はまずはじめに「天」と剥き出しの武力があり、のちに平和時の統治上の必要から儒学的「文」を導入した政権であって、その逆ではない。清帝国は如何なる「中華帝国」と比較しても、帝国形成の論理において儒学思想を相対化しており、儒学・仏教・イスラームのいずれも、それが帝国の統合と安寧に寄与すると判断される限りにおいて高く評価され、保護され、さらには皇帝自身が真剣にその蘊蓄を追求していた。とはいえ、その「教」が人間の道徳と「善」「安寧」の向上に寄与しているか否かを評価するのは、あくまで清帝国が置かれた状況に基づいた皇帝の判断であり、あるいはその周囲を「旗本」として固める満州・モンゴルのエリート旗人や、次第にその忠誠心と知的能力によって中枢部に取り込まれていった漢人エリートたちによって形成された狭い統治集団のあいだのコンセンサスであった。

したがって、一体何が帝国によって承認され、さらには統合原理として強力に擁護されるのか、あるいは「風俗の乱れ」「淫祠」「邪教」として差別や徹底的な排斥を受けるのか、それを決定づける基準は実は曖昧であった。それは強いて言えば、その時々の「中外一体」の実を壊す「逆賊」であるか否かであったと思われる。また、結局このような基準によってあらゆる物事が判断されるに至ったことこそ、北東アジアを出自として、内陸アジアでチベット仏教の擁護者としての立場をジュンガルと競い合い、さらには国境紛争でロシアという存在の不可解さと直面し、どのような存在に対してもただ「定まる」ことだけを念頭に置いていた清帝国ならではの統治観ないし規範感覚であったとは言えまいか。そして、まさにこの基準を以て、雍正帝や乾隆帝が漢人社会・文化の全般に対して睨みを効かせていたことと、清帝国が盛世へと向かうほどに皇帝権力の制限と地方社会の活力を重視した封建論的な経世論がしばしば「私」として厳しく断罪されたこと、そして皇帝と儒学エリート・士大夫の関係が「士大夫の多極的な横の連合と、そこに依存する皇帝権力」という関係から「統治者と、彼に対して忠誠を誓う官僚（及びその予備軍）の主従関係」へと集約されていったことを、表裏一体の現象として理解することが可能であろう。[74]

6　チベット仏教僧と「定制」

以上論じたように、ただ「定まっている」か「定まっていない」かという点が、清帝国において個別の「教」と「淫祠」を分ける基準となり、さらには「国家の赤子」「中朝の人」（序章でみたような、パンチェンラマ六世に対する乾隆帝の表現）と「逆賊」を峻別する基準となっていた。それは「教」の一つとして認定された仏教そのものに対する対応からも看取することが可能である。

雍正帝や乾隆帝はチベット仏教（そして仏教そのもの）に精通し、とりわけ乾隆帝は承徳で巨大チベット仏教寺院群を建立したものの、それは決してチベット仏教僧が現世における秩序を踏み越えて仏教の優越の名の下に何事をも行い得たことを意味しなかった。むしろ、理藩院は事細かにチベット仏教僧が遵守するべき規定を定め、「教」としてふさわしくない行為、さらには清帝国と仏教教団の相互関係のバランスを崩しかねない行為に対して注意深い視線を向けていた。

その具体例として、『理藩院則例』のうち「喇嘛事例」では、内外モンゴルの僧侶とオイラート人との接触制限ならびに僧侶の放蕩の禁止を規定している。[75] モンゴル僧のジュンガル及びその残存勢力との結託を深く警戒する「ラマとオイラート人等の私的往来」条項を別にすれば、この種の規定は漢人地域における僧侶・道士への管理と対応していると言えよう。僧侶の名に値しない放蕩に走ろうとする僧侶は、「定まらない」ことと、仏教教団本来の「清浄」なあり方からの逸脱ゆえ、二重の警戒の対象となっていた。

さらに乾隆帝は、かたや仏教的精神に則った清帝国の支配を自画自賛する一方、仏教を取り巻く実情に対しては必ずしも手放しの賛美をせず、むしろ不良道士・僧侶に警戒する「風俗論」を念頭に置きつつ、仏教・道教の現実には「教」に値する内実が伴っていないことに警鐘を鳴らし、同時に事実上の「遊民」「定まらない存在」への不信を露わにしている。

朕は二氏（釈・老）の学のどちらも洞悉している。……しかし最近の高僧は実に外側だけの形骸であり、清浄にして超悟な者は稀なようだ。道士も特に老荘のように、深山にこもって神気を凝集し養生長寿する者は稀である。戒律を能く遵守し、山林寂寞の区において修行して粗食独善する身は、民にとって無害である。しかし今や、事をなさずに甘食美衣し、農工商の民衆に奉られるのを良いことに放蕩し、その師の説を等閑にして少しも守ることが出来ないとすれば、それは独り国家の遊民として取り締まらなければならないのみならず、仏老の教にとっても敗類である。……度牒（身分証明）を受けて戒律を遵守し、戸を閉じて清修する者は不問とする。しかしそれ以外の僧道・道士については、還俗を願う者についてはその願いを聞き入れることにする。寺院を守る者についてもその願いを聞くが、度牒を得るからには彼らの資産のうち寺院の生計を守るのに必要な部分以外の余りは全て公に帰させ、地方の窮民を養うために用いることにする。(76)

こうした警戒感は単に漢地仏教の「遊行僧」に向けられたのみならず、過度にチベット仏教僧に対して卑屈になる態度にも向けられた。例えば、乾隆帝はチベット仏教僧の往来の警護に関連して、次のように述べる。

これまで前後蔵（今日のチベット自治区のラサ・シガツェ周辺）のラマが年班で京へと進む途中でもしも遺失物があった場合、地方官は処分を恐れる余り往々にして厚く賠償し、ついには数百金もの金額を賠償する場合もあった。そこで、来使の人らは貪りを図り、しばしば遺失の届を出すことがあった。しかしこれでは事体を成さない。ラマの来使がもし途中で窃盗に遭った場合には、官が厳しく事件を取り調べて犯人を捕らえ、もとの価値に相当する分を与えるようにすべきで、どうして個人的に賠償することが出来ようか。それが結局次第に詐欺を引き起こしたのだ。……古の外国の使臣が内地の漢人を欺凌し、漢人がこれを畏れること虎の如くであり、それでも無事を求める余り弊害を蔓延させてしまったという事例は数え切れないほどある。本朝の徳威は四夷を賓服させるに及んでいるので、どうしてこのようなことがあって良いだろうか。衛蔵は万里を遠しとせず化に向いて来たり、朕は彼らが修行出家の人であることを以て厚く賞与を加えるのは、結局のところ「往くを厚くして来たるを薄くする」ことなのであり、もとより元が番僧を庇護して弊害を招いたこととは違う。現在、地方官らは朕の意を仰体せず、ただ処分を避けることを知るのみで、因循して賠償するという状況は、転じて畏れ怯えるという態度につながるもので、それが結局無知の徒をのさばらせ、元がラマを尊崇した習いの轍を踏むことになってしまう。これは政治に大いに関係があるので、絶対に防がなければならない。もし今後該ラマらが尚も自愛することを知らずに貪詐をすることがあれば、朕は彼らを治罪することもあり得る。(77)

また乾隆帝は、チベットからの使者に対する過剰接待を厳しく戒めていた。沿道での接待は、ダライラマ・パンチェンラマの使者が体現する福徳に浴そうとする発想が存在していたからであり、基本的に儒・仏双方を通じて社会の安定を図ろうとした清帝国にとっても、施主たる皇帝の代理人として地方の督撫や士大夫が歓迎して敬意を払うことは自然なことであっただろう。それにもかかわらず、同時に反奢侈＝質朴のイデオロギー、ならびに皇帝権力があくまで俗世至高の権力者として聖人と転輪聖王を一身に体現し、仏教教団との間に緊張感と均衡ある関係を継続して行こうとする立場からみて、その行き過ぎは許されなかった。

乾隆帝は、まさにこうした状況の板挟みとなっていた。乾隆帝はパンチェンラマの熱河訪問を、その準備段階からこの上ない吉祥と捉え、移動中のパンチェンラマの一挙手一投足に関する報告に接しつつ、どのようにすれば心からの歓待を尽くすことができるかという点に心を砕いていた。例えば、パンチェンラマが乾隆帝の諭旨に接するたびに常に跪拝していたことをめぐっては「パンチェンエルデニは立ったままで良く、跪く必要はない。在京のチャンキャホトクトなどの大ラマを朕は跪かせていないが、ましてやパンチェンエルデニは西土の法を承ける大師なので跪かせてはならない」と厳命している。(78) そして、北京・熱河へと向かうパンチェンラマが渡河の安全を祈願したところ河川の流れが穏やかになったこと、ならびに乾隆帝の江南巡幸がパンチェンの密咒により極めて平穏に経過したことを「奇跡」「吉祥」と絶賛してもいた。(79)

しかし乾隆帝は同時に、パンチェンラマに対して沿道の総督・巡撫以下の官員が如何に接するべきかという問題については、次のような苦悩に満ちた上諭を発している。

(陝甘総督がパンチェンに)「叩見した」などとあるが、このような表現は甚だ非である。……パンチェンエルデニが通過する際、督撫や道府大員が叩拝してはならないのみならず、下は文武の雑佐微員に至るまで跪いて迎えてはならないと、該督に対し面と向かって諭知したはずである。もし彼らの中にラマを敬い奉る人がいて、その寓所において個人的に跪叩することはもとより禁止するものではないし、朕も不問である。……降した諭旨はかくも明らかであるのにどうして未だ理解せず、さらに叩見という語で奏するとは、実に愚か(糊塗)というべきである。……朕がパンチェンエルデニに恩を加えるのは、彼が後蔵の大ラマであり、また朕の七十万寿に際して万余里を跋渉して遠路はるばる瞻謁に来ることが誠に苦労なことであり嘉すべきだからである。かつそれは吉祥善事であるので恩を加えて体恤するのである。しかるにそれは世祖章皇帝(順治帝)の時にダライラマ(五世)が来京し入覲した際の章程に従うのみであって、それ以上に加えるところは一切ない。恩意は優に従うべきであるといえども、礼制には必ず節があるべきである。

総督の挙動は全省の注目を受けるものである。もし総督がなおかつ叩見するのを所属（部下や人民）が知れば、必ず甚だしい影響を致し、それでは何の体統を成そうか。それでは、元のラマに対する厚遇のようなものではないか。臣工のラマに対する敬奉はもとより禁じるものではない。総じて、個人的な跪拝はもとより不可ではない。もし明目張胆にしてこれを為し、かつ奏を行うならば、断じて不可である。いわんや叩見の礼については、ラマに対してのみならず、親王を接待するときにも叩見すべきではない。皇子の通過に至っては、理に依って敬を申して良いだけであり、衆の見ている場所で妄りに叩見してはならない。

……来年のパンチェンエルデニの通過の際には、大小の文武各員は起立して迎えることだけが許される。微末の員辦も叩謁してはならない。但しこの問題は紙筆に表現するに及ばず、逐一口頭で伝えれば良い。それを札諭してはならない。原奏やこの諭旨も檔案に入れてはならない[80]。

この乾隆帝の上諭が意味するところは、清帝国という存在が築き上げた調和と、内在化させた矛盾の間に生じた極限のジレンマであると言って良いであろう。満洲人に下った「天命」と、その「武勇と実行」を拠り所とする清帝国は、皇帝と旗人・官僚・臣民の間の直接の上下関係を強調する立場から儒学思想を導入し、実力を以て安定した秩序を築き上げることで一層天命の存在を実証することに努めてきた。しかし同時に「武勇と実行」という価値に反する儒学的「文弱」と、その名に値しない「中華帝国」を徹底的に相対化し、民族差別的な漢民族の中華思想に基づく華夷の関係を「『中外一体』と『逆賊』」の関係へと改めてしまった。その延長において、チベット仏教（そして仏教そのもの）は「教」として正式に位置づけられ、数多くの満漢官僚や士大夫・民衆の、チベット仏教の活仏・高僧に対する信仰が再生産されたのであり、それはもとより乾隆帝も推奨するところであった。それにもかかわらず、経済規模は拡張しながらも流動的で不穏な社会を恐れ、弾圧や様々な制限的施策を加えた乾隆帝は、思想弾圧の下で自らの唯一の存在価値を反儒学的な社会の修正に見出した儒学者たちと利害を共有する関係にあった。社会や文化の現実においては多様でありながら、それはいわば「清帝国にとっての善なる秩序」に寄与すると承認された限りでの「多様」であった状況において、最も死活的な問題とは結局、清帝国の皇帝が現世の政治秩序を律する存在として至高でありつづけることに他ならなかった。

それにもかかわらず乾隆帝はパンチェンラマに敬意を払いたいし、払わなければならない。何故なら、それこそ仏教をも「教」とする清帝国の「中外一体」の利益に最も叶うことだからである。ここにおいて、前章で述べたような、アジア各地の仏教的王権が本質的に孕む自己矛盾としての「脱世俗的な仏教に最も深く帰依する世俗権力という矛盾」が極めて鮮明な姿をとって現れ、乾隆帝を悩みの底に追いつめたのである。それは結局、満洲人の清帝国による「中外一体」が複雑な思想的回路をたどって形成されたこと、ならびに儒仏のそれぞれに極めて注意深く両足を載せ、現世利益と現世の苦しみからの超越のそれぞれを説くという点で矛盾した両者を一体の専制政治体制の下で運用しようとしたことの一つの帰結であった。その中で最も重要な意味を持ったのは、儒学者と仏教僧の双方をにらみながら、皇帝自身が何を以て「教」とし、何を以て「淫祠」であるかを決定してきたことであった。したがって、ひとたび皇帝（ならびに政策決定に与する統治エリート）の意向が政治社会的環境の推移を受けて変化してしまえば、いつでも特定の文化・宗教的要素は「教」と「淫祠」ないし「愚」のあいだを動き得る可能性があった。

7 「苗政」への視点

皇帝自身の認識能力に深く依存した清帝国の文化政策の問題点を如実に示す一事例として、一八世紀の貴州省を中心とした地域における苗族（メオまたはミャオ族）など西南民族と清帝国の間の緊張を概観しておきたい。

苗・清関係緊張の発端は、恐らく「三藩の乱」にある。三藩の乱は、明帝国の遺臣でありながら清帝国に忠誠を誓って雲南に封じられた呉三桂が、ダライラマ五世との密接な関係を通じてチベットとの間に茶と馬を交換する貿易（茶馬互市）を開き、さらに鉱山開発を通じて次第に実力を蓄え、ついには蓄髪して反清活動に乗り出した結果、康熙帝が徹底的な鎮圧に乗り出した事件である。その過程では、夥しい八旗・緑営兵力が貴州・広西・湖南西部・雲南などに移動した。問題は、この巨大な軍事力が経済発展地域からの遠路を厭わない物資補給によって駐留を継続したのではなく、従来から居住する苗族など非漢民族の土地を圧迫するかたちで自給自足を始めたことである。その結果、従来から明皇帝への恭順を示す代わりに代々「土官」「土司」として封ぜられ、現地社会を統治してきた非漢人有力者の一部は、清帝国が漢人地域における支配のために採用した儒学思想に近づき、科挙を受験して自らの勢力の維持を図ったり、あるいは率先して清帝国に恭順を示して改めて土司の認証を受けるといった対応をとった。しかし、直接かつ急激な清軍の流入に悩まされた土司の場合は、しばしば正面から衝突せざるを得ない状況に追い込まれた。一方、土司をはじめとする苗族有力者と清の官員が賄賂の連鎖を形成し、それが一般民に対する寄生と圧迫の構造を常態化させた。かくして雍正初年頃を頂点に緊張は激化し、清帝国側は土司を廃して科挙官僚（流官）の管理に帰するという「改土帰流」政策を採用した(81)。

こうした一連の対立を、エリート旗人や官僚はどのように見ていたのであろうか。そうした「苗防論」の一例として、もともと康熙〜雍正期の福建地方政治や台湾政策に深く関与していた官僚・藍鼎元の議論が興味深い。

湖北・四川・雲南・貴州に雑居する苗・瑶・獞（現在のチワン〔壮〕族）……はどれも苗蛮の種類であり、郡邑の付近に居住して税や労役を負担する者は熟苗であって良民と異ならない。しかし司の管轄を受けない生苗は白昼から襲撃・殺人を繰り返す。それでも漢民を畏れ、とりわけ長官を懼れるので、教化して恩を施し、法令に馴服させることができる。ただ、土民の頑順は土司を視ることが重要である。土司の多くは頑冥・不法であり、坐して凶悪殺奪を貪りつつ利益を上げている。……苗民は土司の荼毒を受ける度合いが可憐の極みであり、官民の礼なく、万世にわたって奴僕として扱われる。子女や財産は本人の有するところではなく……土民の年間の負担は漢民の十倍であるという。……各種の搾取は語りきれず、昔は村全体で離散し、地方の大吏に改土帰流を請い、ついに再生の慶を得たこともあったとか。……その天日を望んで願うこと漢民の如く、皇恩に染まらんとする心は千万人一心なのである。(82)

藍鼎元は、ただでさえ属下の苗族の一般農民を奴隷のように搾取し、さらには残酷な刑罰を加える土司の暴虐ぶりに、苗族をめぐる問題の諸悪の根元があると断定する。そして、地方の大官はあくまで「皇恩」を求める苗族の一般民衆に救いを与える存在であると位置づけられる（このような論法は、二〇世紀後半以後のいわゆる「チベット解放」をめぐる中国共産党の言説における図式、すなわち「本来は偉大な祖国を慕う、善良なチベット族民衆」「民衆を搾取して世界でも稀に見る残酷な支配を展開するラマと農奴主階級」「民衆が自らを解放するのを助け、反動階級を打倒する、正しい中国共産党」の間の三角関係と酷似している）。

では、このような苗族社会に対して「皇恩」を与えるためには、一体どのように対処すべきなのであろうか。藍鼎元は、まさに苗族も「朝廷の赤子」に属するので、漢人と同様に教化せよと主張し、「ただ地方の大小の官吏が意を加えて綏輯し、孝行・礼譲・奉公を知らしめば、自ずと敢えて凶行殺奪を行わなくなる」「土民が土司の毒虐に甘んじず、改土帰流して漢民と同じ扱いを願い出た場合には、民情に順じて州県に帰すべきである」といった対策を提示している。(83) さらに、雍正初期に苗族問題が最も緊迫した折、最前線で清軍の指揮をとっていたオルタイも、藍鼎元と全く同様の認識を示している。(84)

藍鼎元の議論を整理すると、土司はともかく苗族自身については「漢民を畏れ、とりわけ長官を懼れる」「その天日を望んで願うこと漢民の如く、皇恩に染まらんとする心は千万人一心」と認め、苗族自身の文化的・社会的素質に立脚した発展可能性を承認し、そのうえで「孝行・礼譲・奉公」の意義を改めて教育すれば自ずと社会的安定が得られるという発想がある。これは恐らく、彼自身の台湾や福建における直接の見聞と思考が影響していよう。藍鼎元は、台湾の戦略的価値について「海外の天険ゆえ、内地に比べて緩めてはならない」としたうえで、台湾における漢人と「熟番」すなわち平地原住民との雑居状況を記している。この中では「台湾は海外なので、土地を開いて民を集めるべきではない」という議論に対する反論の根拠として、既に莫大な人口が福建や広東北部から移住していることや、台湾の土地の肥沃さによる開発の容易さ、そして何よりも放置しておけば鄭成功のような反清勢力が再び根拠地としてしまうことへの警戒感を述べているが、加えて「日に日に租税・訴訟・監獄・義学などの体系が整いつつあり、遠くない日に礼譲が興り、生番（未だ清帝国の支配に服していない山地原住民）は熟番になり、熟番は人民となり、全台湾は久安長治を確立できる」という認識があった(85)。このように、台湾原住民が「自然に」漢民族と共存し、まがりなりにも台湾開発が緒につこうとしている情景を見ていることから、苗族地域についても同様に道徳教育を通じて苗族本来が持つ人間性を発揚させ、安定を達成することが出来ると考えたのであろう。

また、藍鼎元は福建での知県時代に、地方ボスや胥吏による租税逃れなどの腐敗に直面し、その打開のために自らの施政の公正さを士大夫一般の正義感に訴えるという方法で次第に問題を解決し、その結果雍正帝によって重用されるに至った人物である。それゆえ、自らの地方政治に対する信念を異民族への対応にも適用したとも思われる。宮崎市定氏は、福建における藍鼎元の「厳にして残ではない」腐敗追放策の成功を題材に、雍正帝の時代は悪事に染まらず自分のペースで相応の仕事をした善良な人物が価値を見出されて浮かび上がる時代であり、それは同時に天子個人の公正な政治を行う意向が速やかに地方末端の行政にも浸透していたことを示すと述べ、社会全体の要求を背景に、皇帝と行政官が公正な政治に努めるという点では相当程度の政治発展が見られたと述べている(86)。確かに、もし帝国内の非主流民族（ここでは台湾原住民や苗族）がからむ地方紛争において、その原因論と対処法の双方から特定文化固有の制約という偏見を除去し、帝国と現地民双方に共有される公正な基準から、純粋に行動の如何を問うかたちで処理をするのであれば、漢族地域での地方的問題の処理と同様に、苗族問題は平穏に収拾したかも知れない。

しかし、道徳と公正さを判断する基準が、最終的にはより強大な権力の側にのみ留保された政治体制の下では、その「公正」さは一面性という危うさを孕んでいる。特に、道徳心の発露を妨げるものが特定の「性」や「俗」に内在すると断定されたときには、その可能性は大きい。例えば、さらに一歩踏み込んで、苗族の間に根深く存在する「淫祠」が苗族の闘争を好む気風を助長しているので、儒学教育の体系的な導入によって根本的な社会・文化改造を行うべきであるとする議論も存在した。傅鼐「治苗」は次のように言う。

湖南の紅苗は最も剽悍である。……犬羊の性は叛・服が常ではなく、久安を謀るとすればただその習俗を移し、その身家を奠し、その心思を格すれば、苗は則ち治まるのである。苗の俗は男女みな蓄髪し、性は闘いを好み、矛や火槍などの凶器を出入りに際して必ず携帯する。その俗は則ち桀悍の風がますます長じ、制することができない。そこで今後、刀槍を没収して二度と造らせないようにし、髪も生熟苗人を問わず全て薙髪とさせる。また、その俗は鬼を信じ、淫祠が多い。毎年、各村落では、牛を宰して巫に捧げるのにかかる費用が少なくなく、ゆえにますます性は貪り、略奪が容易に発生するようになる。鬼を祭って踊り、太鼓を敲くなどの諸習を厳しく禁止すれば、毎年数万頭の牛を殺さずに済み、節約できる費用も数十万金に及ぶ。

……とはいえ、教を以てしなければ、その心は未だ格されない状態にとどまる。そこで、今後何カ所かに苗館を新たに設置し、孝親敬長の道・進退揖譲の礼を師が講じて知らしめば、苗生の中でもとりわけ俊秀な者が現れるであろうから、さらに書院に入れて奮勉させるのである。そうすれば、書院の苗生は将来の各村落の苗師になり、苗を以て苗を訓するのである。そのあかつきには、教は容易に入って大いに感動を呼び、礼儀は興って匪僻は消え、苗と漢人には違いがなくなるのである。(87)

ここにおいても見られるのは、苗族事情が「定まらない」ことの根源的な原因を探る際における、漢人地域の奢侈と「淫祠」に対する見方との類似性である。それはあくまで自らの政策的失敗（＝土着の苗族に対する配慮なき、補給を欠いた軍隊の屯田ならびになし崩し的な漢人移民の流入）への自己批判を欠いたまま、不安定な社会状況への半ば恐怖に近い感情から、土着の苗族が本来有する社会と文化の体系そのものが「教」に即していないと短絡的に捉え、「淫祠」中心の「俗」を強制的に改造することを訴える。実際、苗族をはじめとする西南民族に対する「儒教社会化」の試みは、西南民族側においても儒学思想の導入・科挙受験を図る動きが生じたことによって進行して行くものの、今日に至る民族アイデンティティの持続を考慮に入れると、それは決して当時の官僚が期待したような「苗と漢人に違いがなくなる＝漢化」現象としてではなく、あくまで苗族側の生き残り策であった。したがって、当時にあっても闘争を止めて「苗館」や書院に進み、儒学的徳目を学ぼうとした苗族において少なからぬ葛藤があったものと想像される。その葛藤とは即ち、苗族の社会・文化の体系があくまで清帝国の軍事支配において有利に作用しているか否かによって、「教」か「逆賊」「淫祠」かをいともたやすく決定づけられてしまったことであろう。

実は当時、清帝国のエリートの中にも、苗族をめぐる紛争の本質的な問題として、清帝国の軍事支配の実情を冷静かつ批判的に捉える発想も存在した。雍正年間の緊張を経て乾隆元年（一七三六年）に著された楊名時「苗疆方略の綏定を陳べる」では、清軍の駐留が次第に苗族を圧迫して行き、したがって苗族側の武装抵抗が起こるべくして起こった問題の基本構造を、苗族の「本質的な野蛮さ」への安易な指弾に立脚することなく明らかにしている。

苗疆地方では、漢人と生苗の間に熟苗が居住している。もし生苗が深山に蟠踞し、内地に足を踏み入れず、かつ熟苗が防御し、時に官兵が威力で恐喝すれば、生苗は決して覗きうかがおうとする発想を抱かない。しかし、苗疆開拓計画を生苗の地界において実施して以来、官兵の駐屯地が次第にその土地を占拠するようになり、戦闘が日常的になって生苗はその所を安じることができなくなった。官兵の駐屯地は標高が高く交通が不便で水の便も悪く、食貨の生産は何もない。軍糧が麓に運ばれれば、官兵がそれを山上まで運び上げるが、その距離は二三十里（一〇〜一五キロ）に及び、労苦は驚くばかりである。しかも彼らは妻子とも引き離されている。よって官兵もその所を安ずることができない。百姓は僅かな運賃で常に軍糧を運ばされ、しかも尽く（生苗に）襲撃されるのだから、百姓も所を安ずることができない。しかし、熟苗の苦は兵民の数倍に及ぶ。無事の時には力役に動員され、用兵の時には前線の案内役に立たされる。軍民は熟苗を待遇すること奴隷の如く、生苗は熟苗に対して復讐心を燃え立たせている。官兵が勝利すれば生苗は隙に乗じて熟苗を殺害して恨みを晴らし、生苗が勝てば混乱に乗じて熟苗を屠殺して冒功に走る。これこそ、熟苗がますます所を安じることが出来ない理由である。思うに、苗疆を開拓しようとした本来の意図は、斯民を衽席に登らせること（安寧と幸福を与えること）を欲したためであるのに、官兵・百姓・生熟苗人をみな熱湯や火あぶりの悲惨の中に陥れてしまったのだ。(88)

この議論における最大の要点は、清帝国の支配を受け容れながら独自な立場を保ち続けようとする中間的存在としての「熟苗」が最も打撃を受けてしまったという深刻な認識である。楊名時は続けて、苦渋に満ちた解決策を示している。

今日、苗人に猜疑心が余りにも強まっている以上、唯一の解決策は寛大の恩を詔布し、苗疆を放棄し、重兵を内地に移動させ、要害に築城し、きめ細かく防衛することである。そうすれば民は依存することができ、賊からの防衛が可能である。そして苗人の中で帰順したり、賊の征伐に功労があった者については土官として世

襲を許し、同時に撫綏を加え、生苗の攻撃にさらされないようにすべきである。(89)

この「苗族地域軍事支配放棄論」が示す内容は重い。何故なら、清帝国が被支配者に対する寛容の基準としたのは、あくまで「善」の拡大と秩序の安定という政策目的に被支配者側の社会や文化が適合しているかの一点であったが、それは皇帝が直接、清帝国の形成原理に最もかかわる藩部事情に関心を寄せるのでなければ、ほとんどの場合出先の官僚ないし知識人の「異文化に対して不寛容な」朱子学的発想や、あるいは社会が不安定であることへの恐怖感によって評価・判断されてしまうことが明らかだったからである。その結果は当然、被支配者側（ここでは苗族）の持続的抵抗の恒常化であり、たまたま問題の本質を見抜いて譲歩・妥協しなければならないと認識した人が出現しても、彼が示したのはどちらに進んでも「最悪」の結果であった。

したがって、この「苗政」をめぐっても、結局清帝国の多文化・多民族的な「中外一体」は、帝国の出自が満洲人であり、しかも皇帝がたまたま諸思想の基本精神を理解し、社会的公正の実現に責任を持つことが出来る人物であってはじめて成り立ちうることであり、それは絶えざる不安定さへの緊張感と、それが破られた場合の剝き出しの残酷によってしか成り立ち得なかったことが分かる。

そして、まさにこのような文化政策のありかたの中に、清帝国と内陸アジア諸民族との統合が成功して絶賛の対象となり、十九世紀後半以後急転直下を迎えるという激しい政治変動の根本的な原因が内在していると考えられる。その具体的な展開を次章以降で論じることにしたい。

第三章　堯舜に並び超える「皇清の大一統」

――その光と陰――

1　「道」の支配への賛美

前章までに見たように、清帝国の版図内部における多民族統合は、いわゆる「中華帝国」論の枠組みとは異なる文脈である「中外一体」の枠組みによって実現されていた。しかしその反面、皇帝権力が正統化の根拠としていた儒・仏の二大思想のせめぎ合いや、権力の受け手のうち最大の潜在的批判勢力である儒学者との対抗関係、それに社会的・文化的諸事象に対する価値づけが皇帝権力の側の恣意的認定に依存していた問題を通じて、この多民族統合は成立の過程において既に潜在的な危機を構造化させていた。

本章では、清帝国において構造化された危機は具体的にどのようなかたちで表面化したのか、そして、それらは十九世紀へと続く多民族統合に対してどのような変動要因をもたらしたのかを考えてみたい。

まず、「中外一体」の多民族統合が清の支配の正統性をどのように高めていたかについて概観する。特に、清帝国は「中外一体」であったからこそ既存の如何なる帝国・王朝と比べても偉大であると強く信じる知識人が少なくなかったことは注目に値する。

例えば、盛世を過ぎた乾隆末年～嘉慶期においてモンゴル・チベット・新疆に欽差大臣として派遣され、嘉慶帝からの信任も極めて篤かった一方、北京の王府出身ゆえにモンゴル文化やチベット仏教文化よりも儒学思想に自己を同一化させたモンゴル旗人・松筠は、次のように清帝国のモンゴル・チベット政策を総括している。

> 神道に縁りて教を設けるとは、この番夷にも固より可であり、その俗を尚ぶことにより、之を羈縻する。即ち、その人の道を以て、その人の身を治めさせるのである。これがすなわち、我が朝の列聖が相承けて八荒を統御する大経大権である。土を守る者は、定制を凛承してその綱を提し、その領を挈してこれを撫するのである。教は常に民胞物輿を以て念じ、万載相安ずるを期すべきのみである。性が厳にして急であると、遠を定めることがなく、以て覆ってしまうのである。これはまさに、辺を守る者の戒めとすべきである。……
> 漢唐から明までの辺計はどうして臧《よ》しとするに足りようか。
> 皇清の大一統、
> 聖徳は堯の光に並ぶ。[1]

松筠は「その人の道を以て、その人の身を治めさせる」という発想を軸に、「神道」ないし「道」がその具体的態様として要求する「教」は儒学ひとつではなく、各地の「俗」を規定する発想のそれぞれに内在しうると認識する。したがって、清帝国の偉大さの所以は、まさに個別の「教」「俗」を「定制」によって伸張させて安定をもたらしたことであり、それは堯舜の理想時代の事跡に匹敵すると絶賛しているのである。

十九世紀中期最大の経世知識人と言うべき魏源も同様である。魏源は『聖武記』の中でモンゴル問題に関連して、「これまでの天下は『北に大漠を距てること、其の外に越える能わざる』状態であった」と述べ、既存の「中華」は漢人地帯とモンゴル高原の間で超えがたい壁に直面していたと捉える。これに対して「我が朝に至り、龍沙雁海の外、……万里を奔湊して臣妾を一家とし、内に理藩院・旗籍司及び王会司を隷し、功の大小を視て、以て承襲の等差を区（別）し、……沙磧を鞭撻し、国の旗となして……干城の腹心となした。洵《まこと》なるかな、九州の表に奇傑あり、六経の外に事功のあらんか」と述べ[2]、清ならではの実行力と「功の大小から等差を区して、国の旗とする」現実主義があってはじめて、モンゴルとの真の統合も成立したと位置づける。

さらに魏源は、清帝国とチベット仏教との緊密な関係も、儒学的天子による教化の延長では到底実現し得なかったと強調する。

仏法はインドに生まれ……パミール（葱嶺）やグルカを越えたところにあり、その流れである恒河（ガンジス川）は西南に流れる。……唐以前の羅什は涼州の西、陽関玉門から経典をもたらし、達磨など諸高僧も南海を経由していたので、皆蔵地を経由していなかった。西蔵（チベット）は誠に、古の仏国ではない。元明以来、仏教は衛蔵（ウ・ツァン。今日のラサ・シガツェ周辺）で盛んになり、当初は冊封を受けていた。しかしツォンカパ（ゲルク派＝黄帽派開祖）が台頭すると、中朝の封号を受けずして諸大法王の上に抜きんでた。そして化身の転世を神奇とした西北諸国はそれに惹かれ、中国に背くようになった。……そもそも、大乗の涅槃に転世ということは聞かず、ツォンカパ自身も、ダライ・パンチェンの転世は六七世で終わりであると言っている。したがって、今日の黄教は昔の黄教ではなく、とりわけ古の釈教とは異なると見ることも可能である。しかしパミールの東は、ただ回部の諸城郭国だけが教外にあり、チベット・青海・オイラート・ハルハ・蒙古遊牧（内蒙古）・雲南四川の辺番は皆黄教であり、代々転生するフビルガン（霊童）によって僧俗を鎮服させるのでなければ、数百万の衆は必ず互いに雄を唱え、狼のような野心で雌雄を決しようとするであろう。……けだし、辺方は殺戮を好むが、仏は殺戮を戒めるのであり、かつ神異はその心をよく鎮める。これは、堯舜周孔の教えが能く馴するところではない。高宗は神聖にして、……ダライ・パンチェンが世々西土に永生して教化を維持するよう詔をした。ゆえに衛蔵を安じ、西北の辺境を安じ、黄教は服し、ジュンガル・モンゴルの番民もみな服した。伝（春秋左氏伝）に曰く、其の教えを修め、其の俗を異にせず、民は由るべく、知らしむべからずと。けだし金瓶の頒布に至っては、大聖人が神道で教を設け、変通して民を宜すること、山の如く海の如く、高さ深さは測ることが出来ない。……マンジュシュリー（文殊菩薩）天ハーンなるかな、マンジュシュリー天ハーンなるかな！[3]

勿論魏源は経世儒学者としての立場から清帝国の政策と成功を賛美しており、こうした認識は清帝国の盛世をめぐる諸々の事跡を嘉慶年間に『嘯亭雑録』として著した礼親王・昭槤の評価と概ね一致している。

ああ、北の人は秦漢以後、匈奴突厥がその雄をとどろかせ、漢唐は対抗することが出来なかった。そこで和親して幣を納め、垢を含み辱を忍び、以て旦夕の安を求めたのである。同時に寇を警戒する辺烽（北方民族の侵入を防ぐ監視の目）は環然の至りであった。しかし本朝に至っては、威徳は偉然として、フェルトの帳幕に住む長は誰もが匍匐し、争うように臣僕となった。ゆえに列聖は土を裂いて之を封じ、代々守らせ、我が藩服とし、朝聘宴享すること三代よりも隆んである。王者が四夷を守ることかくの如きである。どうして漢唐の脆弱な主が及ぶことができようか！[4]

以上の中でも注目すべきは、魏源が「堯舜周孔の教では和平を達成できない辺方の争いを仏教は鎮めるのであり、高宗＝乾隆帝はまさにその枠組みに則って辺境を安じた」ゆえに、「マンジュシュリー天ハーン」としての乾隆帝に最大限の賛辞を呈していることである。それは松筠の「清皇帝＝堯の光」という規定から一歩踏み越え、清皇帝は堯舜周孔に比べても「天」の意向にかなう聖人としての資格を備えているという認識でもあったと思われる。そして、昭槤も「三代よりも隆ん」と表現したのであった。したがって、彼ら十九世紀初期の儒学エリートの認識においても、清帝国は歴代「中華帝国」を上回った「中外一体」であり、儒学思想に見合うものながらもその限界を突破した「皇清の大一統」であったと把握されたのである。

2　多重構造帝国としての「皇清の大一統」

しかし、権力の中枢における相対的に平等主義的な統治思想や政治的実践とは裏腹に、清帝国の版図内部はそれぞれの被支配者が相互に「対等」と認め合うものではなかった。各文化・宗教の立場からみて、帝国そのものに対する認識、そして他の文化的・宗教的主体に対する認識は異なっていた。

例えば、第一章でみた乾隆帝とパンチェンラマの会談のように、チベット仏教徒は儒学思想に対して好意的ではなかった。むしろインド・チベット・モンゴル・漢地・満洲という地理的・民族的つながりを仏教の伝播という視点から把握しており、「文殊菩薩教化の地」たる漢地も仏教による教化を受けるべきであった。漢・満・モンゴル・チベットの各民族は、仏教の発展をともに担うことではじめて一体たり得るとされたのであり、乾隆帝の言によると、仏教を信奉しない士大夫は消滅されるべき「粗暴の士夫」ですらあった[5]。それ以前に、仏教思想史におけるチベットと漢民族の関係をとっても、八世紀のチベットにおいて展開された頓悟派（禅）と漸悟派との正統論争において、禅思想は「瞬間的な無思索の悟りを目指すために何故思索するのか」という矛盾を適切に説明できずに敗北していた。以来チベットでは後期インド仏教が直接流入した漸悟派が主流となり、漢地仏教の一大勢力である禅宗もいずれは漸悟のチベット仏教に改められるべきとされた[6]。

したがって、チベット仏教圏のエリート層がもし清帝国の版図を「仏教政治が行われる範囲」「チベット仏教徒、及び将来チベット仏教徒になるべき人々の集合体」として認識したとしても、それはあくまでインドとラサに軸足を置いた空間認識であり、北京や漢民族の土地はあくまで遠方の「文殊菩薩教化の地」であった。そこで、儒学と漢字による知識を共有する範囲が皇帝を中心に同心円上に広がるという中華思想の空間認識と比較すると、両者はともに清帝国の隅々、さらに外側へと拡大して行こうとする動機を持っていた。しかも、他者が自らに包摂されないままでいることを積極的に承認する発想は持たず、あくまで自らの価値を至高とするという点で類似していた。一方の儒学思想の側は、最終的には全ての仏教徒が現世重視の道徳へと回帰することこそ社会の安定と調和の道だと信じていたはずである。

同様のことはムスリムにも当てはまる。基本的にムスリムは「イスラームの家」に帰属し、預言者の後継者であるカリフ、あるいはイスラームに則った世俗政治を行うスルタンに服するものであって、清帝国という「不信心者の支配」は本来あるべきではない。ただ「不信心者の支配を我々に与えたこともまたアッラーの意志」という発想から、新疆のトルコ系ムスリムは清帝国の支配をあくまで公正な支配である限りにおいて受容していた。[7] また、漢語を母語とするムスリムである回民においても、「たとえムスリムではない支配者もあくまでアッラーの権能の表現であり、回民は儒者と同様に修身斉家することでイスラーム的な倫理を遵守し、治国の実を挙げることが可能である」と説く「回儒」が明代以降一般的になり、しばしば回民は科挙を受験して官僚となっていた。そして清代には、多くのモスクで「皇帝万歳万歳万万歳」という額を掲げていたという。しかし、そのような状況（メッカ巡礼も不可能であった）にもかかわらず、最終的にムスリムが所属するべきは不信心者の帝国ではなく、あくまで全世界のムスリムが安居する「イスラームの家」だったはずであり、全世界はイスラーム化されるべきものであっただろう。アッラーと皇帝の両者に忠誠を尽くす「二元忠誠論」は、あくまで清帝国のムスリムが置かれたやむを得ない事態であり、[8] 教団と施主＝転輪聖王の両者に対する、聖俗を分けた信仰・忠誠が可能な仏教徒とは状況を異にしていた。

要するに、清帝国において主要民族と位置づけられた満・モンゴル・漢・チベット・ムスリムのそれぞれが基本的な社会規範として奉じる「教」はどれも世界宗教であり、それらの空間・秩序認識自体、民族や地域の境界を超えてトータルな性格のものであって、「聖人が神道を以て教を設ける」ことによってもその秩序認識は変えられるものではなく、「中華」の側によって「教化」されるというものでもなかった。したがって、一定の範囲の版図全体がそれぞれの「教」によって意味づけられ、そのうえで清帝国に対する正統性が付与されるという、いわば「教」ごとの秩序認識・正統化認識が幾重にも積み重ねられた状態こそ清帝国の現実であった。皇帝が中心に位置する、優越した「教」に基づく同心円上の政治秩序の平面（すなわち「中華帝国」の枠組み）が与件として存在していて、その周辺に各々の「教」を維持した民族・文化集団を配置する図式は、清帝国を民族・文化の平面的分布という側面から捉えたり、純粋に儒学的華夷思想の言説に立脚しようとするのであればともかく、多様な集団それぞれの秩序認識の重層性という視点から清帝国の統合を捉えようとする場合には十分ではない。むしろ、もしそれぞれの「教」のダイナミズムが無制限的に展開されるならば、何らかの社会的問題の発生がいつでも「教」間のせめぎ合いへと拡大し、ひいては版図全体を不安定にしかねなかった。

こうした秩序認識の重層性という視点から、雍正帝によって切り開かれたいわば「道の支配」と、その成果としての「皇清の大一統」を捉えると、それは様々な世界観に基づく王権像と秩序像を踏まえ、共通する価値を拾い上げながら、しかも個別の世界観とは一定程度の距離を置くことで実現した、それ自体が新たな秩序形成の過程に踏み込もうとする動態的・進行形的秩序だったのではないかと思われる。すなわち「皇清の大一統」は、それぞれの「教」の価値による世界認識・版図認識が重なる中に、「公正」「善」「実行」「安寧」といった概念に集約できる価値をもとに合成されたもう一重の秩序を挿入し、その位置から儒・仏・イスラーム・北東アジア的価値のそれぞれと相互に影響を及ぼし合う存在であった（図3-1）。クロッサリー氏は、乾隆帝の言説・表現をめぐって「皇帝自身は歴史的な制約を受けない特殊な結節点」であり「無限の文化と歴史が、最も理想化された方法で彼の周囲に配置されるように、マンダラ的な世界を現出させた」[9]と位置づけたが、筆者はこの提起に賛同すると同時に、雍正

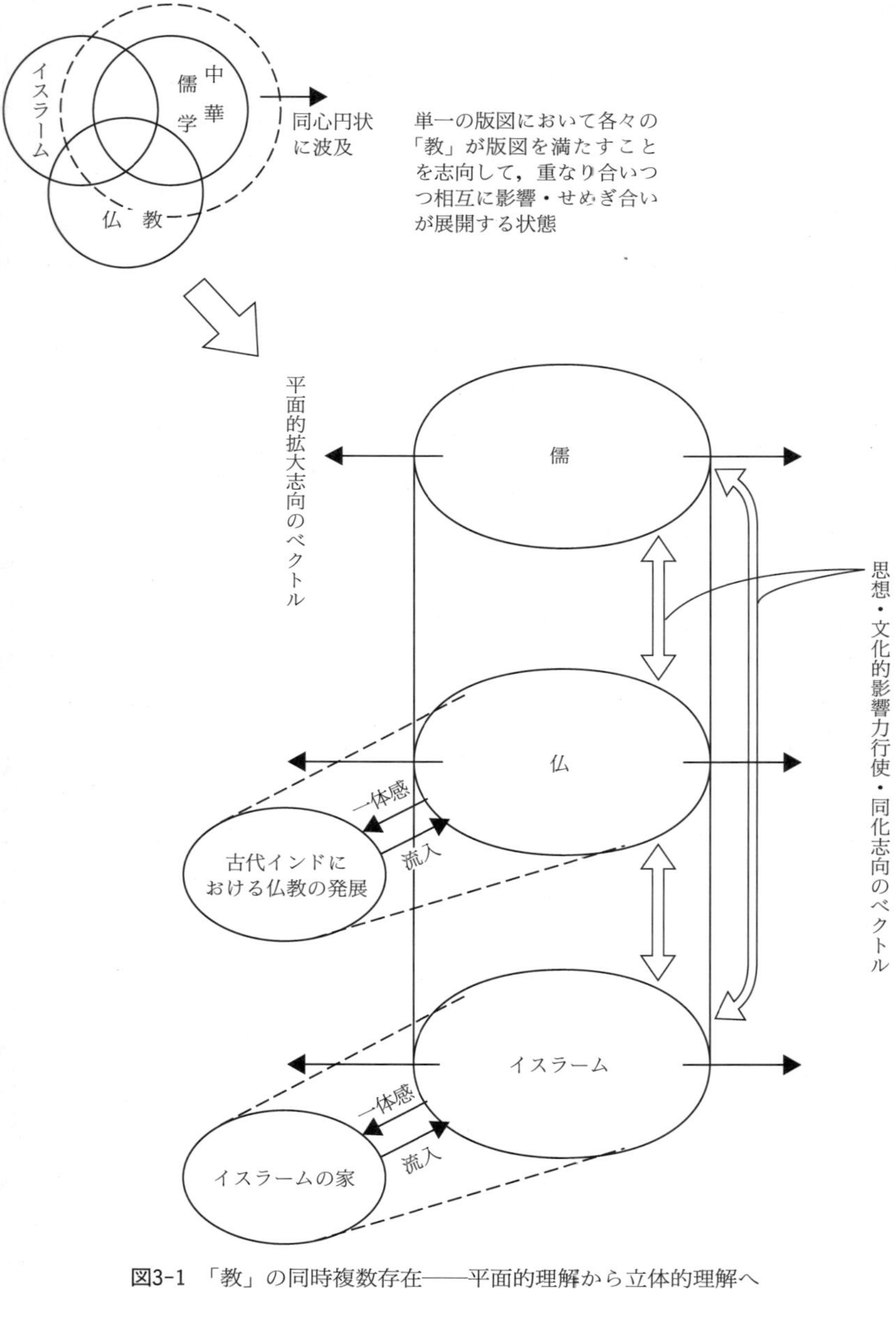

図3-1　「教」の同時複数存在——平面的理解から立体的理解へ

帝・乾隆帝は単にマンダラ的世界にとどまらない、それ自体が合成的・中立的な新しい世界を形成し、版図全体をその発想によって埋め尽くそうとしていたとすら思える。

乾隆帝は、承徳の仏教祝祭空間における碑文の中で「我は普賢の言を聞き、華蔵は荘厳の海たり。……一つ一つの法界を見ると、現仏が雲の如く集まる。……一切は群生を化し、荘厳は此より出る。西土と震旦（漢地）は、究竟のところ同異なし[10]」「誰か云う、儒教と仏教が異なると。試みに同じからざるを看れば大いなる同あり[11]」という楽観的な表現をした。しかも、ここでの「大いなる同」とは「儒学と漢字を中心とする中華文化への同化・融合としての『大同』」ではなく、あらゆる「教」を貫く価値を発見して共有するという「大いなる同」を意味していたと思われる。承徳「外八廟」の「小ポタラ宮」（普陀宗乗之廟）最上部に掲げられた「万法帰一」の四字は、まさにこうした「異なったまま大いに同である、一に帰する新秩序」形成への気概を示したものではないか。さらに乾隆帝は、晩年に自らの武功を称揚した「御製十全記」の中で、「中国を守ることを知る者は、徒に偃武・修文などと言って自らの弱さを示してはならない。偃武修文のやむを得ざるは、必ず其の故有を棄てて守ることが出来ないことを知らなければならない。進を知りて退を知ると

写真8　普陀宗乗之廟の頂上にある乾隆帝御筆「万法帰一」

は、『易』において明言されているではないか。予はそのことを決して忘れず、毎回武力を用いるごとに切に深思して、定めて志が道に合うようにしているのだ[12]」と感慨するのである。こうした楽観的な「教と人々の大同」への視野、その原動力となる武勇と実行への確信、そして既存の「中華帝国」を見下す態度の中に、壮大な版図に「中華」を超える「皇清の中夏」「皇清の大一統」という新たな動態的秩序を挿入したという乾隆帝の自負心を見て取ることが出来るのである。

この中で皇帝権力そのものは、儒・仏のいずれにも深入りしない点で中立的な独裁権力であり、あくまでどの「教」を奉じる人々にも受容可能な基準を以て、武力に支えられた権力を行使した。そして、「逆」を弾圧して服従を要求し、その代わりに「恩」としてそれぞれの「教」に基づく社会運営を支持・保護し、そこからさらなる忠誠を獲得するという循環構造を回転させることで権力維持の原動力を得ていた。それをチベット仏教圏との関係でみると、清帝国とチベット仏教徒の利害の一致点である「仏教の繁栄と、それによるモンゴル・チベット人の清帝国への支持」を中心に、皇帝は転輪聖王として仏教を擁護する武力・政策を発動し、それに対して仏教徒側が支持・服従（＝「順」）し、皇帝は彼らに恩賞を与え、改めて武力と政策の発動の裏付けとなる忠誠を獲得するという図式を描くことが可能である（図3-2）。そして、個別の「教」を奉じる集団とこのような権力関係を個別に形成することで、異なる宗教・文化の自らへの同化を志向するという点で非寛容的でありうる儒・仏・イスラームの影響力を制御しながら共存させ、長期的な融合へと近づける調整弁としての役割を果たしたと考えられる。

したがって、このような中立的・包括的性格を持った実践的な独裁権力が「皇清の大一統」の中核であった。皇帝権力は単一の秩序平面における中心なのではなく、機能的にも中立・中間的な性格を発揮しながら、様々な文化的集団に共有され理解された価値の最大公約数である「善」「安寧」を代表することによってはじめて「中心」たり得たと考えられる。

それはある意味で、ロールズ氏が複数原理の共存を目指す見地から説く「公正としての正義」を皇帝権力の主導によって実現させようとしたものであるようにも思われる。[13] 勿論、このように複数原理に共通する価値を発見して、それを正義と位置づけることは、本来であれば思想と良心の自由が保障された中での対話的な努力があってはじめて実現するものであり、それを単純に独裁権力と比較できないのは確かである。しかし、雍正帝と乾隆帝が目指した「皇清の大一統」の方法論の中には、たしかに「教」ごとの固定的で限定的な性格と相互の非寛容的性格を克復しようとする努力と、誰にでも受容可能な一般的価値＝「大いなる同」として明示される正義観に依拠する態度をあらゆる人々にも共有させようとする志向が存在することも認められるのである。

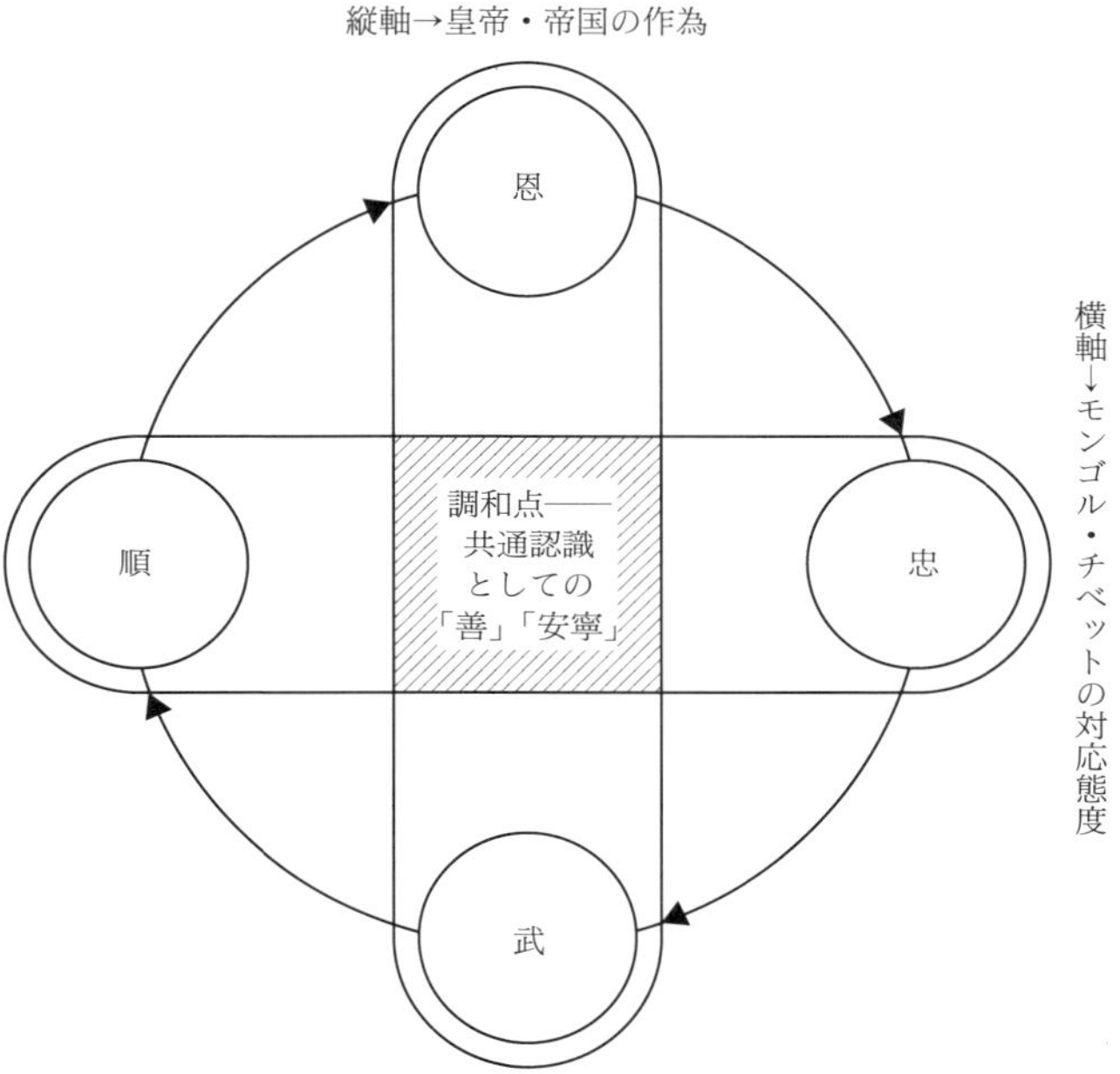

＊清帝国の対チベット・モンゴル関係は円環を描くベクトル＝作為・認識が諸要因によって遮断されることで出現・進行（嘉慶期以後）
「忠→武」――騎馬兵力の弱体化と必要性低下により遮断
「武→順」――清帝国の「公正な武力」の減退により遮断
「順→恩」――藩部自治の進行・独自性増大により遮断
「恩→忠」――清帝国の仏教擁護減少により遮断

図3-2　清・チベット仏教圏関係をめぐる権力サイクル

　そこで、乾隆帝以後の清帝国が一層「皇清の大一統」を実体化し得たならば、清帝国はそれまでの東アジアから内陸アジアにまたがる各種の社会的断層（特に華夷思想・仏教・イスラームそれぞれに含まれる障壁意識）を穴埋めして、新たな次元の多民族秩序を構築できたかも知れない。それは決してリベラルではなく、清帝国の支配の利益に反する行為や言論に対する容赦ない弾圧が常について回る代わりに、いわば「公正さ」「人間の基本的価値の共有」への信頼によって辛うじて担保された、開明的な一側面を伴う専制政治の下で管理された共存であったと考えられる。その下では、圧倒的な軍事力を備えた皇帝と個別の集団の利害が一致する限り、安定した関係が持続し得たのである。

しかし同時に、そのような政治形態はあくまで権力者自身の強烈な矜持によってのみ実現するものである。むしろ、多民族関係に関して言えば、雍正帝や乾隆帝が元帝国や明帝国のチベット仏教との関わり方を批判したように、単なる「優遇」という名の奢侈と放縦、さらには無原則に陥りかねなかったかも知れないし、あるいは単に平和な関係を構築できないまま万里長城に象徴される巨大な政治的障壁を残したままであったと思われる。漢人知識人との関係にしても、もし清皇帝自身が「実」を重視した政治に努力しなければ、反清論を一定のレベル以下で効果的に抑え、ひいては「奢侈」「淫祠」「逆賊」への対応において漢人知識人と同じ利害関係に立つことは出来なかったかも知れない。そして最も決定的なことに、各民族に対する統治組織としての軍機処・理藩院や、各地方欽差大臣（例えば駐蔵大臣）といった官職の存在はさておき、各民族・文化・宗教がそれ自身の活力を維持するための制度的保証は、理藩院則例におけるモンゴル人と漢人の接触最小限化条項といった制限的なものを除けば明確ではなかったし、皇帝や統治エリート自身がその重要性を常に念頭に置いていたわけでもなかった。巨大かつ多様な版図統合が実現した結果最も緊張感が求められたのは、清帝国の統合の中に組み込まれた各民族ではなく、他でもない皇帝と官僚自身だったのである。

3　内在された危機（一）——満洲人のアイデンティティと実力の危機

しかし、清帝国独自の秩序形成に与ったこれらの要因は、清帝国自身にとって新たな重荷となり、十九世紀以降直面する多民族統合の危機、ならびに中華人民共和国の国家統合の慢性的な不安定さの根源へと転化した。

第一の危機は、「中外一体」の最も有力な担い手であるはずの満洲人が、ヌルハチ草創以来の「満洲らしさ」を次第に喪失し、雍正帝や乾隆帝にとっての権威の源泉であった無比の実行力が失われてきたことである。

そもそも、雍正帝が既存の華夷思想への抵抗から「中外一体」論を展開したのは、あくまで満洲人が異民族であっても天命を下されたからに他ならなかった。ゆえに、かたや皇帝が民族の違いを超えた価値を説き、儒学精神と仏教精神双方の発揚を通じ総体として「臣民の道」の醸成を目指しながらも、同時に満洲人はあくまで満洲人としての純粋性を維持できなければ支配の正統性をめぐる言説が空洞化しかねない点で「中外一体」は矛盾を内包していた。それにもかかわらず、満洲人は次第に漢語ならびに漢人地域の文物に流れる中で特権を保持することに終始し、満洲人本来の武勇と質朴を徐々に喪失していった。

雍正帝の時代、この問題は未だ深刻ではなかった。雍正帝は一応、漢人の文化と社会における「文弱」「虚文」を批判した中で「満州は中途半端に文に関わり、文武いずれにも通じない人となってはならず、武勇と倹約に努めなければならない[14]」と戒めている。しかし一方で雍正帝は「本朝は開国以来騎射に精熟すること歴代においで稀であり、旗人は凡そ老若貴賤を問わず皆練習に専心し、未だ一人として弓馬に未熟な者はいない[15]」と述べ、必ずしも憂慮していなかった。

しかし、乾隆帝の治世、特に中期以降になると、満洲人が民族本来の言語と文化を喪失して行く傾向は覆い難く、乾隆帝は満洲人がそれらを保つように要求する諭旨を頻発せざるを得なくなった。例えば乾隆帝は、満洲語を喪失した盛京地方の満洲人が地名を漢名で呼んでいる問題や、ビルマ攻略にあたって八旗の軍人が満洲語ではなく漢語を使って報告を書いている問題について、満洲語と清字の使用を徹底するよう厳命している。(16)

乾隆帝が満洲語と射撃の再興を通じて満洲人の質朴さと純粋性を堅持しようとしたことは「国語騎射」問題と呼ばれる。(17)「国語」すなわち満洲語によって象徴される満洲人固有の歴史と伝統、ならびにあらゆる事柄への柔軟な対応能力を保持し続けることは、単に満洲人が「天命」にかなう存在であることの不断の証明であるのみならず、華夷思想に伴う差別を封じ込め続けるためにも必要であったと考えられる。

これらと並んで乾隆帝は、北東アジアのシャーマニズムに由来する満洲人独自の祭祀体系の維持を重視した。もともと清の歴代皇帝は北京遷都後も、紫禁城において俗に「堂子」と呼ばれる「満州祭神祭天典礼」を毎年執り行ってきたものの、それは雍正期までに衰微しつつあった。そこで乾隆帝は、儀礼における器物の様式と配置、それに祝詞や挙動の一部始終を自ら監修して編纂させ、未来永劫それを遵守するよう求めたのである。乾隆帝は特に『欽定満洲祭神祭天典礼』に附した上諭の中で、次のように説いている。

> 我が満洲は性に稟し敬に篤く、立念して恭んで
> 天
> 仏と神を祀り、礼は均しく重んじてきた。ただ姓氏（満洲の氏族）は各々異なり、みな俗にしたがってきた。凡そ神を祭り天を祭ることに関し、諸祭は多少異なるところがあるものの、その根本は余りかけ離れていない。我がアイシンギョロ（愛新覚羅）姓の祭は、本家（大内）から王公の家に至るまで、みな祝辞を重視している。昔の司祝の人は本処（満洲）に生まれ、幼くして国語（満洲語）を習ったので、凡そ祭天・献神・報祭・求福から、田苗や馬神を祭ることに至るまで、常に事体を勘酌し、吉祥の語を編み、禱祝を行ってきた。

しかし後の司祝の者は、国語を学んで伝授を続けたものの、賛祝の原字原音が次第に本来のものから遠ざかり、本家（大内）や分家の王らが代々受け継いでも、家ごとにその詞を異にしてしまった。もしいま改めて書物の形で示さなければ、いずれは訛漏が甚だしくなってしまうことを恐れる。ここに、王・大臣らに命じ、敬んで詳細に考察・編纂させ、同時に祭器の形式も図示させることにした。その内容を朕は親しく詳細に酌定し、およそ祝辞の中で字と韻が符合しないものは古老に訪ね、あるいは土人を訪ね、朕が改正を加えた。……満洲の享祀の遺風が永遠に遵行されることを望む。(18)

このように危機感を露わにした乾隆帝が、紫禁城の坤寧宮における祭神祭天典礼で祀るよう指示しているのは、通常孔子廟にあるような牌位の類ではなかった。それは「釈迦牟尼仏・観世音菩薩・関聖帝君・ムリハーン（穆里罕）・画像神・蒙古神」であって、「彙記満洲祭祀故事」における抬頭書式によると、これら神仏の位置づけはいずれも最高位の格付けであった。

　　我が
　満洲国は昔より
天を敬い
仏と神とともに至誠を示してきた。ゆえに
盛京に創基してから
堂子を恭んで建て、以て
天を祀り、また
　　寝宮正殿には恭んで
神位を建て、以て

仏

菩薩

神及び

祀位を祀ってきた。……[19]

要するに、満洲族が北京紫禁城の中で執り行ってきた儀礼自体、シャーマニズム的な天、仏教、満洲・モンゴル・漢人の神の壮大な混合体であった。したがって、満洲語を保存し、民族固有の儀式を正確に再現し続けることは、まさに皇帝の居城その場において、華夷思想的「中華帝国」を超えた多民族統合を担う満洲人のアイデンティティを定期的に再確認・再生産し続ける行為に他ならなかった。もしこの天・仏・神・関帝などが渾然一体となった祭典を、満洲人の言語喪失という過失ゆえに執り行うことが出来なくなるとすれば、それ自体満洲人の矜持と支配の正統性を内面の根底から揺さぶったはずである。[20]

しかし乾隆帝の不安はそれだけでは治まらなかった。反清・非漢民族蔑視の暗流が、乾隆帝の苛立ちを一層かき立てたのである。その疑心暗鬼のまなざしはとりわけ、民族差別的な表現が繰り返された歴史書の記述に対して向けられた。

明史における元の人名・地名への当て字は、なおも昔の見苦しい習慣が抜けきらないようだ。例えば「図」と当てれば良いものを「兎」（いずれも発音はtu）とするという類だ。これでは字義が適切でないだけでなく、何よりも歴史書として雅を欠くではないか。既に、遼・金・元史は軍機大臣に命じて改正させた。明史は本朝の撰定による書であり、どうして音の転写における誤謬が許されようか。……無識の徒が音義の優劣を無理矢理分別しようとするのは実にくだらない。……「回部」と書く際、毎回ことさらに「犬」を加えて「狪」とする書物があったが、（朕は）「犬」を削除させた。まことにこれらは論評するにも値しない。況や、まさに海寓同文の世にあっては、どうして公に務めないで済ませることが出来ようか。[21]
（通鑑綱目続編の編集における遼・金・元史の扱いは）偏謬が多過ぎる。通鑑は前代の治乱興亡の跡を詳細に記述するものゆえ、万世の公道を厳に守らなければならず、些かも私に偏ってはならない。孔子も『春秋』において、明を発して義を広めるにあっては罵りをほしいままにしてはならないと説いているではないか。儒臣が通鑑輯覧を編集執筆する中で、大一統に関する部分は朕が親しく訂正を加え、天下に頒示する。例えば、中国を内にして夷狄を外にするというやり方は、中国の人が中国のことだけを顧みるいつものやり方に過ぎない。……くだらない口舌の争いなどするべきではない。中国に主しても、宋の如く金に対して守ることが出来ず南に渡り、久しからずして宗社が崩れ去ったような場合、歴史官の（「中国」としての宋を評価する）記載は虚飾に過ぎず、どうやって（その究極の欠陥を）補うことができようか。[22]

非漢民族蔑視を封じ込めようとする乾隆帝の厳しい視線は、他ならぬ満洲旗人にも向けられていた。例えば、四川省成都からラサへの通路にあたる東チベット・カム地方の問題をめぐって、清軍の不足を補うためにラサから派遣されたダライラマ政権の軍隊を「夷兵」と呼んだ旗人はやはり「悪習の最たるもの」という乾隆帝の叱責を買ったのである。[23]

岡本さえ氏によると、乾隆帝の禁書政策では、明帝国の通史や華夷思想関連書籍、そして民族差別的な単語が記載された書物は勿論、『大義覚迷録』すら満洲人自身を「夷狄」として位置づけたがゆえに禁書扱いになってしまったという。[24] こうした非漢民族＝「夷」扱いに対する排除の徹底も、「中外一体」があくまで皇帝の慎重なイデオロギー選択によって満洲人や非漢民族を差別の対象から救い出した結果であった。満洲人がまだ独自の文化と言語を維持していた時代であれば、雍正帝のように自らを「夷狄」として開き直り、実質を伴わない「文弱」を嘲笑することも可能であった。しかし、反清論に歯止めが効かず、満洲人自身に「文弱」の影が及んだ状況にあっては、自らを含む非漢民族自身を「夷狄」扱いすること自体、「中外一体」の核としての立場を狭める危険を孕んでいたであろう。

しかし、こうした一連の措置にもかかわらず、満洲人らしさの減退は進むばかりであった。当時はすでに、皇帝への権力集中と言論弾圧の結果、「大臣に権なく、政争を恐れて沈黙する傾向が強く、機敏な対応が出来ず、天下は次第に学問を論じなくなり、清議は聞かれなくなり、科挙への努力・貨財の営み・節義経綸の類は漠然とし、自分とは関係ないとする傾向」[25]や「君臣の義はそもそも相互的であるにもかかわらず、臣下が単に表向き服従しているだけで、統治の場面で事実上『有君而無臣』（君ありて臣なし）という弊害を生んでしまった」[26]という傾向が一般化していた。そのような中、満洲人が「本」である言語と文化を忘れたのみならず「武勇と実行」をも発揮できなくなったことは、晩年の乾隆帝に堪えがたい一撃となった。それが、パンチェンラマ六世の遺産相続に端を発するグルカ勢力のタシルンポ寺侵入と、引き続くグルカ戦争の混迷であって、このとき満洲人の「武勇と実行」の体面は、乾隆帝の腹心フカンガ（福康安）の出陣なくして保ち難かった。

ここで乾隆帝を驚愕させたのは、神降ろし頼みの私的利益に走るチベット僧俗界の実情もさることながら、ラサに派遣した満洲・モンゴル旗人の懈怠ぶりであり、それはまず駐蔵大臣・巴忠（モンゴル人）の失政として露呈した。一七九一年のグルカ戦争の一因は、グルカが一七八八年にチベット側の土地を侵略して占領地に拘泥したのに対し、巴忠がダライラマ政権のカルン（大臣）と合議の上やむを得ずグルカに銀両を与えて撤退させ、そのことが一層グルカ側に介入の動機を与えたためであった。乾隆帝は「グルカが投降した以上、占領した土地は返還させるべきで、どうしてさらに銀両を与えるのだ」と憤慨し、巴忠は責任の重大さに恐れおののき自殺したのである。[27]次に乾隆帝を激怒させたのは、一七九一年の戦争に際してグルカ勢力に対し為す術もなく侵入を野放しにし、それを粉飾するため「チベット兵の怯懦」に責任を転嫁した駐蔵大臣・保泰の姿であった。乾隆帝は、保泰の「グルカの襲撃によってタシルンポは大混乱し、僧は逃げ、漢官・緑営兵は防衛しきれていない。奴才はそれを聞いて憤恨の至りである」「現在わずか二百名の緑営兵でダライ・パンチェンを防衛しているので、もし聖主の威福を得られれば奴才らの一生の幸福である」という奏摺に対して「無能。笑うべし」「無恥の言」という硃批を入れて怒りを露わにした。[28] のみならず乾隆帝は、保泰がダライラマ八世及びパンチェンラマ七世の霊童をグルカ勢力の急襲から守るため、彼らを東チベット・カム地方（金沙江の東側。今日の四川省西部）や青海に遷そうとしたものの、チベット人の抵抗で実施できなかったことについても「それは幸い。もし移したならば汝らは死んでも償いきれないものと思え」と断罪した。

こうした（保泰の）奏は狂謬である。グルカの侵入に対し、朕は当初処理は難しくないと思った。……しかし保泰は怯懦にして全く措置をとろうとしなかった。……あのときもし保泰がタングート（チベット人）を善く激励し、兵を率いて戦闘すれば、グルカの賊衆はタシルンポに至ることはなく、かつ内地の官兵の動員と雪の季節の到来により、賊衆は必ず逃げ帰るはずであった。保泰はこのように処理せず、単にパンチェンを前蔵（ラサ周辺）に移すだけで、タシルンポ寺のラマを混乱させた。しかも、略奪して逃げ帰る賊匪を追殺しようともしないのに、ダライ・パンチェンを泰寧や西寧に移せとはどういう誠心か。……賊が去ったというのにダライ・パンチェンを内移させることは、蔵地（ダライラマ政権のチベット）を捨てることではないか。賊が蔵地を得れば、さらに進取しようとして（清軍は）チャムド・リタン・パタンへと退却し、ついには成都も賊人に与えることになる。それで理にかなうだろうか。

蔵地は皇祖・皇考が再三兵力を動かして略定した土地である。単にささいな騒擾ゆえに捨て置くことが許されないだけではない。ダライラマ・パンチェンラマとその信徒をどこに安住させれば良いのか。……保泰の意図は、ダライラマ・パンチェンラマを泰寧か西寧に移した後、自分は脱然として家に帰り、座して安逸を享受しようというものだ(29)。

かくして、その怯懦ぶりが乾隆帝の逆鱗に触れた駐蔵大臣・保泰はフシフン（卑賤を意味する満洲語）と改名させられ、チベット現地の公開の場で永遠に枷にはめられる刑に処されたのである(30)。

グルカ戦争を締めくくった一七九二年の善後章程成立は、政務処理におけるダライラマ・パンチェンラマと駐蔵大臣の平等を正式に定めた点で、表向きはチベットに対する清帝国の管理強化であり、それを乾隆帝の腹心であるフカンガ（福康安）が無事成し遂げたこと、ならびに活仏選びにおいて金瓶くじ引き制度をチベット仏教側が受容したことを通じて、檀越関係を基調とした乾隆帝の政治的権威が向上したことは恐らく確かであろう。そのことを以て、特に中国ナショナリズムの立場から、チベットに対する清帝国の管理が強化されたと評価されている(31)。しかしその裏には、満洲・モンゴル旗人官僚による相次ぐ不祥事に狼狽する乾隆帝の苦悩が存在していたのである。

とはいえ、事態は一人の大臣を見せしめとした程度では全く好転しなかった。旗人の実務・軍事能力の低下は一九世紀に入っても止めようもなく進行したのである。焦りを深くした嘉慶帝は「もしこれまでの（木蘭圍場での）行圍の旧典がしっかりと行われなければ、蒙古諸藩や新疆諸部落は決して款洽を加えられず、聯じて一体とはならなかったであろうし、祖・考の心を仰体することもできないだろう。もしそうなれば、心において実に慚愧に堪えない……(32)」と述べ、もし権力の根幹にある武力を喪失すれば帝国の一体性も消失してしまうという危機感を吐露したのである。そして、諸悪の根元は満洲旗人が満洲語や満洲文字（清語・清字）ではなく漢文を学んでしまい、しかもそれが中途半端に終わって深奥を学ぶことも叶わず、結局は『水滸伝』などの「無稽」な小説へと流れていることだと見なした嘉慶帝は、原板を含めた小説の焼却までも命じた(33)。それにもかかわらず、旗人の質的向上は実現しないまま、清帝国は白蓮教徒の乱に代表される民衆反乱と、それに追い打ちをかける華北の大旱魃に振り回され、嘉慶帝の腹心であるモンゴル人官僚・松筠はついに木蘭圍場での狩猟訓練の中止を上奏した。満洲人の伝統が自らの一代で亡び廃れて行くさまを見て取った嘉慶帝は、これに対して最後の抵抗とも言うべき苦し紛れの上諭を下すしかなかった。

もし他人がこのような発言をしたら朕は必ず死罪に処して法を正す。しかし松筠は首輔として素より忠実な臣であることは広く知られている。……今後、毎年狩猟を挙行するに際し、もし偶然干ばつや大雨に見舞われた場合には諭旨を降して期間を改める。もし無識の徒が敢えて朕の前で諫言して阻止する場合には、必ずその人を解職してイリに流す[34]。

こうした嘉慶帝の抵抗も空しく、木蘭圍場での狩猟は道光年間に入ると途絶してしまった。相次ぐ戦乱で安住の地を失った漢人農民が禁制を破って圍場内での乱獲・乱伐や開墾を行い、環境が急速に狩猟に適さなくなったことも追い打ちをかけていた[35]。かくして、武力によって「皇清の大一統」の中核を担った武装集団・満洲旗人の没落は誰の目にも明らかとなったのである。

4　内在された危機（二）——同盟者・モンゴル騎馬兵力の衰退

一方、清帝国にとっての同盟者である内外モンゴル・青海モンゴルの騎馬兵力も、逆説的ながら「皇清の大一統」の実現ゆえに没落しつつあった。

そもそもモンゴル騎馬兵力が清皇帝をモンゴル各部族共通のハーンとして推戴するのは、元帝国の印璽を引き継ぎ、チベット仏教を振興させるからであった。これに対して清帝国は、ジュンガルのような反清勢力の出現可能性を封じて忠実な騎馬兵力を維持するため、特に内モンゴルを中心とした盟旗制度を通じて所領の変更や移動を禁じ、王公の北京への年班（一種の参勤交代）と熱河の圍場における狩猟訓練への供奉を義務づけ、その代わりに王公の地位と生活を保障してきた。[36] こうした枠組みはモンゴル王公にとっても、自らの小規模支配を持続し、皇帝とダライラマの関係を通じてチベット仏教信仰の維持発展が可能になるという利点があった。

しかし、モンゴル社会におけるチベット仏教（黄帽派）の影響力拡大・清帝国の支配・騎馬兵力の維持からなる循環構造は、清帝国の施策そのものによって思いもかけず萎縮して行かざるをを得なかった。もともと、ゲルク派（黄帽派）がモンゴル高原で急速に弘通したのは、十六世紀のモンゴル社会における最大の実力者アルタン汗とダライラマ三世が一五七八年に青海湖畔で会談したのを契機としていたが、それは医術を含む総合的な知識の宝庫としての黄帽派教団に対する保護育成が地域社会の維持発展や支配者の権威強化にもつながったことや、[37] 戦乱に明け暮れた当時のモンゴル社会一般にあった平和希求の雰囲気と極めて符合していたことを背景としていた。[38] ところが、「皇清の大一統」による平和は、即応的な騎馬戦力を維持することで社会的な活力を再生産していたモンゴル社会の質的転換を引き起こした。まず、キャフタ条約締結後ロシアとの関係が安定し、チベット仏教の保護者の座を清帝国と争ったジュンガルが滅亡した結果、最早モンゴルの騎馬兵力を大規模に動員する機会はなく、高度な射撃技術の必要性は低下し、日常の軍事訓練からも緊張感が失われた。一方、平和とともに多大なエネルギーが注がれたチベット仏教も、内モンゴルではモンゴル語を使った仏教研究もなされて多くの優れた活仏や僧を輩出していた反面、文化的中心から遠い外モンゴルでは儀礼と瞑想に終始する傾向があったようである。加えて、僧界の文語はチベット語が中心となり、それは一面では「モンゴルらしさの減退」であったかも知れない。さらに、清帝国がロシアをはじめとする諸外国とモンゴル人の往来を厳しく制限したことは、思想的な刺激の減少という副作用をもたらした。生産活動を行わない仏教教団が多くの出家僧（男性人口の七人に一人）を擁したことは、少なくとも当時のモンゴル人一般にとっては布施行為を含めて精神面の充足を得る機会を提供していたと思われる反面、モンゴル社会の経済的余剰を減じたことも否めない。

チベットでも、清帝国による仏教保護への依存とヒマラヤ交通の制限の結果、英領インドの思想・文化的影響が及びにくくなり、それが結果的に未知の文化に対するチベット側の閉鎖性の原因となって、後の英領インドや中国ナショナリズムとの火種のもとになったことは否定しがたい（勿論、同時代的にそのように認識されていたわけではない。次章以降で詳論する）。出家者増がもたらした労働力の減少や生産力の低下は、特に中華人民共和国・モンゴルの社会主義政権がチベット仏教教団に対して弾圧を加えた最大の理由の一つとなる。しかし、社会主義思想が登場する前から、富国強兵の近代化論において非生産的な僧の存在はつとに問題視され、それが清末・中華民国におけるチベット問題（そしてモンゴル問題）の一大論点となるのである。[39]

モンゴル社会の変容を考える上で、黄帽派チベット仏教がもたらした正負の側面以上に重要な問題は、清帝国の支配＝「中外一体」「皇清の大一統」が内陸アジアと漢人地域との間に平和な状態をもたらしたことによる、漢人商人（特に山西商人）のモンゴル高原への大量流入という事態であった。

もともと清帝国は、漢人文化と並んで満洲・モンゴル・チベット文化を同じ「教」として尊重する立場に加えて、自らの非漢民族性が「武勇と実行」の原動力であるという立場、さらに同盟者モンゴルを保護するという立場に基づき、モンゴルについても漢人への同化を防止し、独自の社会と文化を温存する方針であった。それゆえ、雍正帝に揶揄され、一部の儒学知識人にも批判的に認識された「中華思想の怯懦さ」の象徴に他ならない万里長城は、「中外一体」たる清帝国の下で軍事的な意味を低下させた反面、東アジアと内陸アジアを隔てる存在として維持された。それは、本来「一体」であるべきところを、同時に帝国を構成する各民族がそれぞれ独自の存在でなければやはり清帝国の正統化言説が成り立ちにくいという葛藤の現れであった。そして、既に第二章でみた通り、法規面においてもモンゴルと漢人の接触・融合を出来るだけ阻止する措置が講じられた。

しかし現実には、漢人の販路拡大と移住に伴うモンゴル社会の変容は確実に進んだ。漢人商人はモンゴル人が需要する日用品や織布を販売し、モンゴルで生産される畜産品を調達して北京・天津方面へと輸送した。その結果、もともと自然環境の制約で生産力が低く蓄積が進まないモンゴル人社会は、急速な商品経済化の中で奢侈に伴う支出を増大させ、経済面で漢人商人に従属するに至った。王公が負債の担保とした土地には、戦乱で故郷を追われた華北の漢人農民が次第に入植し、かくして漢人地域に近いところからモンゴル人遊牧社会は解体を始めた。その過程はちょうどアヘン戦争後という、騎馬兵力の価値が減退した時期にあたっていたこともあり、モンゴル社会の急速な変化は清廷にとって主要な関心事ではなくなって行ったのである(40)。

満洲・モンゴル人の軍事的・政治的な能力及び地位の低下は一八五〇年代以降、士大夫をはじめとする漢人地方勢力が組織した団練・郷勇が太平天国鎮圧のための主戦力として動員されるに及んで決定的となった。清廷は、満洲人を中心とした官兵の立場を狭める漢人の抬頭を当初嫌ったものの、反乱鎮圧のためにやむを得ず彼らを活用したのである。彼らの基本的な原動力は、清帝国そのものよりも、あくまで儒学的「礼教」の護持への希求と、在地の師弟・朋友を中心とした団結に基づいていた(41)。このことは、十九世紀後半以後清帝国の多民族統合が国際環境の変動に伴って危機を迎えたとき、政策決定の場面で決定的な影響を与えた。それは、「中外一体」の担い手として複合的な文化アイデンティティを持ち、それゆえに「外」であり非漢民族である藩部とのかかわりを雍正帝や乾隆帝以来の思想的な流れの延長において理解しうる人材が確実に減少し、あくまで儒学思想(特に十九世紀以後活性化した経世学)の立場から西洋及び版図内のあらゆる異文化的要素を評価する思考が次第に取って代わることを意味していた。もし辛うじて満洲・モンゴル官僚が清帝国存続のために大いに実力を発揮することがあるとしても(その代表例は、太平天国・捻軍鎮圧に才覚をふるったホルチン親王センゲリンチェン〔僧格林沁〕であろう)、漢人官僚の影響力拡大は止めようもない傾向であった。

ところで、内外モンゴルの社会変容と騎馬兵力の衰退は十八・十九世紀を通じた漸進的なものであったのに対し、かつてチベット仏教をめぐる内陸アジア史全体の中で極めて重要な位置を占めたはずの青海モンゴルの衰退はより急速であった。もともと青海地方のモンゴル勢力は、チベットにおけるゲルク派＝黄帽派とカルマ＝カギュー派＝黒帽派の宗派対立が世俗有力者をも巻き込んで泥沼化していた状況（一五七八年のダライラマ三世とアルタン汗の会見も、モンゴル弘通・支持者拡大によって窮地を脱しようとする黄帽派の生き残り策であった）に対し、首領グシ汗を中心として一六四二年に軍事介入を行い、その結果チベット仏教とチベット政治全般におけるダライラマの優越が決定的になったこともあり[42]、チベット仏教をめぐる政治史の節目において大きな足跡を残した存在であった。しかし、清帝国が一七二〇年にチベットにおけるジュンガルの影響力の打破と黄帽派の保全を目的に行ったラサへの軍事行動（いわゆるチベット平定。このとき全チベットが版図に組み入れられた）は、青海モンゴルの一大転機となった。清帝国はチベットをより効率的に掌握するため、対清協力の功を立てたチベット人をダライラマ政権の大臣（カルン）に据えることとし、青海モンゴルの影響力を削減した。これに対して青海モンゴルの首領・ロブサンテンジンは、清帝国の軍事行動への協力にもかかわらず冷遇されたことを理由に、西寧周辺の仏教僧をも巻き込んで一七二三年に武装蜂起し、鎮圧された（ロブサンテンジンの乱）。

清帝国は善後処理策として、西寧に置いた辦事大臣の下、青海モンゴルの社会的活力を削ぐ対応をとり、清帝国側についた王公は小規模な領地に分封された。同時に、甘粛・青海一帯のチベット人地域（アムドと総称される）について、青海モンゴルを分封しなかった土地をチベット人有力者（千戸長・百戸長）の小規模な地域支配に委ね、彼らは一種の土司として徴税権や司法権を行使した。そして、漢人・回民地域に近接して住むチベット農耕民に対しては漢人地域の延長として官吏が支配したのである[43]。

しかし、こうした一連の施策は、皇帝に対する反逆を抑えつつ「武勇と実行」を体現する存在としてモンゴル兵力を保護活用する本来の方針を大きく損ねた。まず、青海モンゴルがロブサンテンジンの乱で蒙った社会的打撃から回復することは容易ではなかった。加えて、商品経済の流入に伴い漢・回商人への経済的従属が進んだのみならず、代々青海モンゴルの地域支配のもとで牧地を狭められていたアムド・チベット人が失地回復の機会を窺うようになり、十八世紀末になると黄河から北の富裕な牧地に向けて攻撃・略奪を開始したのである。そこで、日々の生活と安全が保障されなくなった一部のモンゴル人は、妻子を連れてチベット人側に投じて同化する道を選んだのみならず、チベット人による略奪に加担するまでになった(44)。

青海モンゴルの危機は嘉慶年間に入ると一層深刻化した。騎馬兵力を率いて混乱の収拾にあたることが期待された青海モンゴルの王公たちは為す術なく逃げ惑い、西寧辦事大臣に対して救援軍の派遣を求めることが精一杯であった。このことはたださえモンゴル人を同盟者とする清帝国の体面を甚だ汚したのみならず、広大な青海の草原が至るところ「反逆」のアムド・チベット人で満たされた結果、モンゴル支援の補給路が絶たれ、清軍を派遣しても失敗しかねず、ひいては清帝国の権威を失墜させる危険性が高まった(45)。こうした「青海モンゴルの怯懦」が如何に深刻であったかは、以下のモンゴル王公の陳情と西寧辦事大臣の回答が物語っている。

〈王公の陳情〉 衙門の行文では、モンゴル人は番族（青海・甘粛南部などアムド地方のチベット人を指す呼称）へと逃亡してはならないという。しかし、我々ジャサク（旗長）としては、逃亡した衆をどのようにして取り戻せば良いか分からない。逃亡した人間が帰らないのは、彼らが番族から多くの便益を得て、そこでさらに番族の中に向かおうとする者が多くなるからである。……我々ジャサクがどのようにすれば主人となり得るか。困難の中で恩を受けて性命を保ち、皇上の奴として今後も過ごすことが出来るか。大人の施恩を請う。

〈西寧辦事大臣・台布の諭〉 なんじ等の稟では、モンゴルが番族に逃げ入るのは、番族に逃げた人が多くの便益を受けるためだという。そのことは、なんじ等が属下の人を全く恩愛していないことを示している。もし善く撫養するならば、どうして主に背いて故郷を離れ逃げることがあろうか。なんじ等は自ら警省することなく、逆にこのような稟を呈するとは。本大臣は実になんじ等のために慚愧に堪えない[46]。

王公らは、ただ自らの命運の悪さを嘆く。……もし人畜ともに災難があるなら、それは運が悪いと言える。また、略奪された後、馬と牛は走るのが速いので追いつけないことはあり得る。しかし羊は遅くしか走れない。何故追いかけて取り戻すことが出来ないのか。これはなんじ等が賊を見ても迎撃せず、賊が去っても追わず、官の処理に頼るだけに過ぎないということであり、それで運命が良くないと言えるのか（嘉慶帝硃批・駁するところ当を得たり）[47]。

しかし、辦事大臣が王公に対して説諭を加えただけでは事態は到底改善しなかった。そこで、清帝国の体面を辛うじて保ちながら、同時にモンゴル王公を激励するために採用されたのが、清兵の限定的出兵と「モンゴルの自衛自強」の組み合わせであった。嘉慶帝や陝甘総督・長麟は次のように言う。

〈嘉慶帝上諭〉国家が大臣を西寧に駐在させているのは、もとより蒙古の要務を処理するためである。なんじ等のために捕獲を事とするためではなく、それでは全く事体を明確にしているとは言えない。たかが窃盗ごときで瀆奏するとは、どうしてかくも軽重を知らないのであろうか。……もし依然として惰弱で、もっぱら官兵の防護に頼り、たかが窃盗の被害如きで頻繁に瀆を煩わせるとしたら、厳しく詰責するであろう。今後もし番族によって欺凌されても（朝廷は）構わないのである（置之不理）。なんじ等は頼るところがない時に悔いても仕方ないと思え。このように明らかに諭知したので、蒙古王公ジャサク等は当に自ら激励し自強すべきである[48]。

〈長麟の説諭〉蒙古の辺隘はやはり蒙古が自ら防衛するのが望ましい。官兵は隣接する内地で気勢を上げれば、それだけで皇上の格段の深仁に属する。また、官兵の出兵にも年限を定めるべきで、我が国家の福は億万年であるとはいえ、それゆえに蒙古のために卡倫（要塞）を億万年設けるという理ではない。一二年、あるいは二三年に限定して、蒙古の兵力が増強されるのを待って撤退するべきである。我が兵がいつまでも防衛できないことを蒙古が知れば、彼らは必死に訓練して、自ずと弱を転じて強とすることができよう。(49)

こうした「モンゴルの自衛・自強」論において注目すべき特徴は二点ある。第一に、清帝国自身は内憂に伴い、最早モンゴル・チベット人地域において重兵を動かし、モンゴル・チベットや仏教教団の利害を調整し、以て清帝国の利益を実現する能力がないことを率直に認めていることである。雍正帝や乾隆帝であれば恐らく「隣接する内地で官兵が気勢を上げれば、それだけで格段の皇仁の発露」であるとは考えなかったであろう。

第二に、モンゴル人に対して「現状のまま怯懦であれば朝廷は放置するので自ら激励せよ」と告げる発想は、一七九二年のグルカ戦争後に乾隆帝が「金瓶くじ引き制度」を制定するにあたり、欽差大臣フカンガがダライラマ八世に対して「もし今後も積習に染まったままであれば、大皇帝は駐蔵大臣及びその官兵を全て引き上げ、今後有事に直面した場合でも天朝は改めて管理することはない。禍福利害、いずれが重くいずれが軽いか、ただ自ら選べ」(50)と告げた論法と同じであった。鈴木中正氏は、乾隆帝が定めた活仏選出法や、駐蔵大臣の監督権をはじめとする強い管理を結局はチベット人が受容したことをめぐって、「清は外交権の放棄か清朝軍事力への依存かという二者択一をチベット主長《ママ》にせまった。それは威嚇的言辞でもあったが、……形式的にチベット側の選択を要求したものであり、かかる論理は、この段階に於いても尚、清がチベットを自己の完全な属領と考えなかったことを示すとみられる、チベット側は自己の外交手腕によっても、又自己の軍事力によってもグルカの侵入を阻止することができず、従って清朝の軍事力によって侵入者を撃退してもらう代りに、外交権のみならず内政に関しても、清朝からの大幅な監督・干渉をうけることを承認せざるを得なくなったのである」(51)と述べ、こうした清帝国側の論法の中に、必ずしも一方の他方に対する無前提的な支配ではない双務的な関係を見て取っている。筆者は、このような「放置されるのを恐れるならば自ら選んで改めよ」という発想において、鈴木氏が述べるような「清帝国がチベットを完全な属領とは考えず、独立を容認していた」可能性が少しでも存在することを排除しない（この文面では後世において独立容認と受け取られてもやむを得ないものがある）。しかし、チベット仏教をめぐる政治史を通じて藩部の統合と「中外一体」の形成が進められたという歴史的文脈から見れば、どちらかと言えば「皇清の大一統」としての版図内において、仏教を擁護する皇帝の正統性が十分に確保された状況の下、政治環境の浄化・整頓を強く要求する趣旨であり、「中外一体」の枠組みの外に置く意図はなかったものと考える。そして、チベットにせよ青海モンゴルにせよ、清帝国の保護なしでは立ち行かないという認識においては同じであったと思われる。実際チベットへの要求は、前節で見た通りグルカ問題処理の難航に乾隆帝が悩まされたという側面はあったものの、やはり清帝国側に余裕があり、乾隆帝はフカンガの報告に対する硃批において「自ずから当にかくの如くなるべし。況や朕の定める所は皆黄教の保護に係り、彼の世襲して私を用いる事を去るもの。この機会の巡り合わせはみな上天の賜う所である」[52]と述べている。

しかし、僅か十年を隔てたに過ぎない嘉慶帝発言の意味合いは違っていた。青海モンゴルへの要求は最早帝国権力による保護の実効性を欠くという点で、清帝国と青海モンゴル双方の危機を示すものであった。青海モンゴルは防衛援助を得たいにも拘わらず、清帝国にその能力がなく、逆に国家の屏藩が脆弱では国体に傷が付くと非難され、それでも発憤して「独立」をする能力も気概もない状態。このように憂慮の種となっていた青海モンゴル問題を何とか取り繕うために、「自強することを激励する」という論法が採用されたのではないか。そして次章でみるように、この「藩部自治・自強論」は清廷において、自らの不足を藩部の努力で補いながら関係を維持し、以て内憂外患を処理するための方針として有力な位置を占めるようになる。

ただ、この時点では勿論そのような掛け声だけで青海モンゴルの問題が解決するはずもなかった。程なくして、従来チベット人が西寧近郊で開墾していた土地が、青海モンゴルから奪った土地で遊牧生活を再開するために放置されたり、さらにはチベット人集団が清帝国の官兵と遭遇しても全く懼れ逃げ出す気配がなくなるなど、清帝国の青海統治自体が瓦解に瀕するまでに至った。後任の西寧辦事大臣・玉寧は「番人が法を犯すことは日常的であるだけでなく、管理する側も力量が弱く、随時追及することもできない。官民ともに法を畏れる心がない。このような番衆を畏服させ、蒙古を安生させることは、実に奴才のような凡庸な者が妥当に処理できる範囲を超えている」と嘆くのみであった。[53] 青海モンゴルをめぐる問題は、このような状況が持続しながら最終的には光緒年間まで持続することになる（そして、青海モンゴルは今日の海西モンゴル族チベット族自治州と河南モンゴル族自治県に僅かに残るのみとなってしまう）。

このように、モンゴルの衰退現象も結局のところ、清帝国による平和、すなわち「皇清の大一統」に内在された現象であったと言えよう。モンゴル社会に定着したゲルク派チベット仏教が二〇世紀に入ると「停滞の元凶」と見なされた背景には、外界との往来を制限した清帝国のモンゴル政策による思想的刺激の減少があり、社会的活力低下の背景には旗地への固定と漢人商人の浸透による経済的従属があり、騎馬兵力の瓦解は戦乱なき時代における「武勇と実行」の弛緩現象であり、青海モンゴル問題は清帝国が地域秩序を調整するにあたって公正さを欠いたことに遠因があった（したがって、清帝国のチベット政策は基本的にチベット仏教中心のもので、個別のチベット人地域社会への対応は二の次であったという点で、モンゴル人に対する措置とは違っていた）。

5　内在された危機（三）——公正な権力行使の欠如

満洲人固有文化の喪失や、同盟者・騎馬兵力たるモンゴルの衰退によって明らかになった清帝国の権力基盤の融解は、「皇清の大一統」「中外一体」イデオロギーがそもそも雍正帝や乾隆帝という際だったバランス感覚を備えた権力者によって辛うじて構築されたに過ぎないがゆえに脆弱であるという問題を突くことになった。

基本的に、「中外一体」の内側として他の朝貢国とは区別され、理藩院が事務を管轄する藩部として強い監督・支配が及んだモンゴル・チベット及び新疆トルコ系ムスリムのエリート層は、皇帝が各民族の社会と文化を皇帝権力と調和する限りにおいて尊重していたゆえに、清皇帝の正統性を承認し服従していた。そしてチベット仏教教団は朝廷と皇帝の福を祈り、転輪王＝皇帝の教団浄化措置を受け容れたのである。しかし、こうした関係はあくまで君臣関係・檀越関係の集合であった。北京から藩部各地に大臣・官員として派遣された個々の旗人は皇帝権力の代理人であって、様々な利害を超えてともに単一の主権の下に統合された同じ「国民」として一体であるという発想は存在していない。「皇清の大一統」「中外一体」は、皇帝権力とその周辺に位置する統治エリート及び知識人の主観において実現していた多民族統合の成果に名称を冠したうえで、既存の中華思想による民族差別を克復することで一層統合の実を挙げようという方向性を持つ点で、あくまで努力目標であったとも言える。一般の漢人士大夫や庶民、あるいはモンゴル・チベット・トルコ系ムスリムの全員が現実に「皇清の大一統」「中外一体」の観念を受容しているわけでもなかったことは言うまでもない。だからこそ乾隆帝は、かたや皇帝としての体面と満洲の出自に拘泥しつつも、様々な文化に対して中立的な擁護者であろうとする難題に自ら努め（それが最も如実に現れたのがパンチェンラマの北京・熱河巡錫における自身のパンチェンラマに対する跪拝と、官僚に対する必要以上の拝礼の禁止であった)、自らの模範的な政治的態度を全ての人々が共有するよう身を以て示したと考えられる。しかしそれだけに、ひとたび藩部の各地に派遣された旗人官僚が、その怠慢や能力不足ゆえに各民族からの信頼を獲得できなくなったとすれば、転じて理念なき単純な軍事支配、あるいは武功の歴史の記憶にすがった抜け殻のような支配に陥りかねなかった。

藩部各民族(特にエリート層)が辛うじて清の正統性を認め続ける場合の「皇清の大一統」「中外一体」は、旗人や漢人との「単一の臣民・国民」としての一体性・連帯感に基づくものではなく、あくまで皇帝のイニシアチブへの信頼を媒介にした一体感・連帯感に基づくものであった。それゆえ、藩部において政治変動が生じた際には、改めて皇帝に対し宗教と文化の保存という尺度からみて公正かつ効果的な政策を要求するか(ヒマラヤを越えようとする英国に対する清廷の対応への不満は、「皇上が問題の本質に気づくならば必ずや善処するはず」という論法をとって現れる。詳しくは第五章で論じる)、あるいは、あくまで皇帝への敬意を残しながらも実質的には自主的な地域政治の展開へと向かうことになる。しかしいずれにしても、北京から派遣された官員が公正さ・武勇と実行を体現しなくなりつつあったことは、「皇清の大一統」の正統性を低下させた。

以上の変化に加え、十八世紀末以降の白蓮教徒の乱に代表される内憂は、チベット仏教圏と、さらに地続きであるヒマラヤ地域事情に対する清帝国の関与のありかたを一変させた。清帝国のチベット・ヒマラヤ事情への対応能力の低下は、そのまま清帝国とチベットとの関わりを空洞化させかねない状況を生んでいたのである。

その端的な表れが、ラサ駐屯緑営兵のチベット化現象を中心とした清軍のチベット防衛体制の弛緩であった。派遣された緑営兵は遠路ゆえに漢人地域から満漢人配偶者を連れてくることができず、チベット現地で女性を日常生活の用として雇うことが認められていたため、次第にチベットで子供を産み育て、子弟も駐屯緑営兵に加わるようになった。白蓮教徒の乱に伴って三年一回の兵士の交替費用が不足して交替自体がしばしば中止され、一部隊の駐留が長期化したこともこうした傾向に拍車をかけた。こうしてラサに取り残された清軍は満足な装備と軍事訓練の機会を得られないまま言語的にチベット化した。逼迫した状況を自ら救うため、兵士がチベット人一般家庭で獅子舞を披露して回ることもあったという。(54)それは、皇帝が転輪聖王にふさわしい武力をチベット社会の外側から及ぼす象徴と形容するには程遠い陣容であった。アヘン戦争後に駐蔵大臣に就任した琦善（彼はアヘン戦争処理の責を負って失脚したものの、中央官界復活への足がかりとして駐蔵大臣となった）も、このままではラサにおける駐留兵は次第にチベット人と同化してしまい、現地兵力から独立した存在として防衛にあたるという本来の存在意義を満たさなくなると認識していた。(55)

軍隊の窮状に象徴されるような、清帝国の対チベット統治能力の低下、ないし軍事的展開能力の低下は、朝貢国であるネパールとの関係にも重大な影響を及ぼした。

グルカ戦争が清・チベット側の辛勝に終わって以来、ネパール・グルカ王朝は清帝国への五年一貢を義務づけられる一方、マーラ王朝以来チベットから特許を得て鋳造していたチベット銀元の鋳造権を失い（一七六九年のグルカ王朝発足後に鋳造されたチベット銀元の純度低下がチベット・グルカ間対立の一大原因となっていた）、さらに清帝国による厳しい辺界管理の結果、相互の貿易量は減少していた。こうした中、ネパールはヒマラヤの諸小国に対する征服戦争を活発に進め、ネパールを通過する貨物からの徴税による利益の独占と再拡大を進めていた。このようなグルカ王朝の存在は、広東での制限貿易（カントン・システム）に不満を持つ英領インド当局がチベット経由の対清通商を模索するにあたっての障碍であったものの、グルカ王室の内紛による国王ラトナ・バハドゥールシャーのインド逃亡を契機として英印当局とネパールは交渉を行い（ネパールは前国王がイギリスと結託することを恐れ、英印側もそのようなネパールの内情を利用した）、一八〇一年に友好条約を締結した。しかしネパール側には遵守の意志がなかったため、英国駐カトマンズ代表は二年後に撤退するなど、双方の間には緊張が続いていた。勿論英印当局にとって、軍事的手段でグルカ王朝を打倒することは容易であった。とはいえネパールは清帝国の朝貢国であり、ネパールに対する攻撃が清帝国を刺激して、ただでさえ良好とは言えない通商環境を損ねる事態は避けなければならないという判断が英印当局にはあったため、本格的な軍事攻撃は手控えられた。一方、友好条約締結前後から英印による圧迫が増した結果、グルカ王朝は次第に対清依存を強めようとしたものの、嘉慶帝は版図外の事情に深入りしてはならぬとの諭旨を発し、影響がチベットに及ばない限り無視する方針を明確にした。以上のような緊張関係は、一八一四年になると英印当局のヒマラヤ積極経営策への転換と国境紛争によって崩れ去り、本格的なネパール・インド間の戦争となってしまった(56)。

窮地に陥ったグルカ王朝は、駐蔵大臣に対して繰り返し「ネパールは天朝に誠を投じているにも拘わらず、目下のところ英領インド(披楞=ブリテン? バーラト〔インドの自称〕?)に併呑されようとしている。皇帝からの援助が得られるよう駐蔵の大人による取りなしを願いたい」と要請した。しかし清廷は「チベットに危害が加わらない限り不問」という方針ゆえに無視する姿勢を変えなかったばかりか、逆にネパール側の窮訴自体を「朝貢国の立場には不相応な瀆稟である」と見なし、かえって一層ネパールの立場を狭めてしまった。ネパールの敵として出現した「披楞」という存在に対する認識を清帝国とその官僚がほとんど全く欠き、「せいぜい遠方の小国に過ぎず、グルカにとってもそれほど大袈裟に対応しなければならない相手ではない」と見なすに過ぎなかったこともこうした判断の背景となっていた。遠方の小国相手の戦争で朝貢国が苦境を訴えること自体が不可解で、皇帝を中心とする秩序を敢えて乱しているとのみ考えられたのである。そして、ネパールの軍資金供与要請に対する清廷の回答は、朝貢国に対する恩恵を全く欠くものであった。嘉慶帝の上諭は次のように言う。

グルカと披楞は連年戦闘し、何度も天朝に助けを求めてしばしば論駁されているのに、改めて妄言して金銀の賞与を願い出るとは。それは私願を遂げようとするものであり、実に信用できない。……もし再びグルカがそれを試みようとするならば、喜明（駐蔵大臣）らは次のように厳しく駁諭を加えよ。天朝は一視同仁であり、これまで外藩の軍備のために金銀を賞賜したことはない。もし金銀を賞与して助けても、なんじの国自身が防御しなければならない。……なんじの国の疆土は披楞とタングート（チベット）の間にあり、披楞はタングートに至って騒ぎを起こそうとしているが、そうなると必ず先になんじの国を占領するであろうから、断じて越境させてはならない。なんじが天朝のために藩籬を固守することは、自らの藩籬を固める所以でもある。……このように該国王に示せば、自ずと畏服するであろうし、再び瀆稟することはなかろう。(57)

なんじの来稟によると、なんじの国の兵丁が披楞から受けた損害は大きいという。しかしなんじの国が披楞の人を合計八千余名殺傷したともいう。これは少なくない数であり、なんじの国の兵勢は披楞に対してなおも抵抗できることを示している。もし披楞が広く金銀を所有するならば、なんじの国は披楞を殺敗できるのだから、得た財物をなんじの兵丁に分け与えても窮苦に至ることはなかろう。何故わざわざ助けを求めることが許されようか。況や天朝が外藩を撫馭すること、これまで糧銀を与えて隣国と兵を構えさせたという理はない。ビルマ（緬甸）やシャム（暹羅）は同じ天朝の属国であるが、以前しばしば戦闘があっても大皇帝が偏助することはなかった。今なんじ等が互いに争う際にも、事は一律である。もしなんじの国を助ければ、披楞が助けを求めてきたときに、やはり披楞を助けてやらねばならないではないか。(58)

このような嘉慶帝の上諭が駐蔵大臣の檄諭となってネパール王に伝えられても、到底ネパール側の危機意識を和らげるには及ばなかったことは言うまでもない。ネパールは改めて、英印の長期的な戦略はチベット・清帝国との往来にあることを知悉した立場から、ダライラマやパンチェンラマを通じて「披楞がもしグルカを占領すれば、披楞は必ずタングートを占領する。この話は本当である」「もしグルカが亡ぶならば、タングートも保守しがたい。もし披楞がタングートに来れば、内地（漢人地域）にとっても不便である。このことを理解するならば、グルカとタングートが心を一にして敵を誅滅することも難しくない。兵は我々が多く持っている。兵の銭糧は是非援助されたい」という援助要請を行った。(59) 一方ネパールは、対英戦争で窮地に陥った場合、五年一貢をやむなく中断するか、英国の属国となる可能性を表明した。しかし、それが嘉慶帝の逆鱗に触れてしまった。嘉慶帝は、何があろうと規定通りの朝貢を行わなければ反逆であると断じたのである。(60) さらに、英領インド＝披楞がネパールを危機に陥れるかも知れないとしても、この時点までチベット防衛だけは何とか可能だと認識していた嘉慶帝は、ネパール王による一連の危機意識の喚起こそ逆に冒瀆だと見なしたのである。

もしタングートが滅ぼされれば必ずや北京を窺うという物言いは、悖謬の極みである。……タングート地方は聖祖仁皇帝が開拓して以来、ラマが焚修するところであり、重兵を伴った駐蔵大臣が鎮守しており、その守りは十分である。披楞は辺外の取るに足らない部落であり、どうして窺き伺う心を生じようか。もし披楞が敢えてタングートの辺界を煩わせるならば、大皇帝は兵を発して処理するのであり、披楞はただちに排除される。北京は大皇帝の都会であり、辺疆とは距離が万里も離れており……披楞はどうして山川を越えて自ら敗滅を選択するだろうか。見たところ、披楞の人は極めて愚昧で無知であるが、決してそのようなことは考えないであろう。この語は結局なんじの国の捏造なのだ。(61)

とはいえ、白蓮教徒の乱をはじめとする農民反乱の収拾で手一杯であった嘉慶帝としては、たとえネパール王の稟書が冒瀆であろうとも、問題がチベットに及ばなければあくまで不問に付するという不拡大方針が本音であった。ところが、ネパールの態度は不遜であるという嘉慶帝の認識が一人歩きを始めてしまった。辺界防衛のために北京から最前線に派遣された官僚サイチュンガー（賽衝阿）は「披楞がグルカの朝貢を阻むという浮詞は嘘を捏造して天朝を冒瀆したことになるので、グルカの罪を問う」という方針を独断で打ち立ててしまい、英印（披楞）当局とともにネパールを挟撃する作戦をも計画したのである。(62) これに対し、サイチュンガーが発した「披楞王」への檄諭は、ネパールに対する厳しい内容とは全く異なり「もし披楞がグルカの朝貢を認めないのであれば無礼につき征伐するが、全てを見通す大皇帝はそのようなグルカの一面的な捏造を信じることはない。披楞は感激すべきで、謝恩の表文を繕え」としていた[63]。

こうした展開は嘉慶帝にとって予想もしてみなかった事態であり、自らの臣下が勝手に引き起こした禍の予兆に、嘉慶帝はただ怒りを露わにするばかりであった。「無礼」で怒りに値するものの、まがりなりにも朝貢国であるグルカに対して、清帝国が未朝貢国と組んで征伐を行うという、およそ公正さとはほど遠い行為は決して採るべき対応ではなかった。

（グルカに対し）まず檄を発した後、兵を率いて辺境に向かい、兵威を以て脅すとは、実に妄誕誤謬の至りである。今回サイチュンガーをチベットに赴かせたのは、辺界を厳に防衛するためである。軽々しく兵端を開くことは許されない。グルカと披楞の両者に檄を発するにあたり、貢を阻まれたという理由でグルカを詰責するのは愚かで無理がある。披楞に対する詰責に至っては、謬妄であり情理の外である。もし披楞が檄諭を受け取れば、該国王は阻貢の言を以てグルカの捏稟と見なすであろう。そこで彼の国が「決してこのような発言はない」として、ともにグルカを征伐するための出兵を天朝に請うたとすれば、一体どうするのか。……もしサイチュンガーらの檄諭の通りに我が兵は……ヤンブ（カトマンズ）を攻撃し、披楞に南から攻撃させれば、グルカは長年にわたって臣順しているというのにその難を救ってやれず、逆に外夷と組んでその地を挟み撃ちすることになる。堂々の天朝の大体は安んぞあらんや。……見たところ、彼は朕に派遣されてチベットに赴いたのに、妄りに功を貪る心を起こし、辺境の紛争を起こして爵賞を得ようとした。国家の大局を顧みずして、一体何の誠心か[64]。

にもかかわらず、嘉慶帝にとって最悪の事態が巡ってきてしまった。本来、清帝国がネパールに対して絶えず僅かでも支援を表明していれば、英国は常に清帝国との通商の利益を考慮する立場であったので（それは十九世紀を通じて基本的に不変である）、英国はネパールを窮地に追い込むことはせず、ひいてはヒマラヤ事情全般も安定する可能性が高かった[65]。ところが一八一六年に入ると、英印当局にとって「披楞がグルカの朝貢を阻んでいるというグルカの稟は捏造であり、皇帝は披楞が正しいことを見通している」という檄諭は自らの軍事行動の責任を全てネパールに押しつける格好の口実となり[66]、英印当局のネパール攻撃が本格化する事態となった。嘉慶帝は、サイチュンガーから送られてきた報告に接してただ狼狽するだけであった。

暑い時季に入り戦闘が難しくなり、披楞にヤンブ（カトマンズ）に至らず、ましてタングート（チベット）の辺界には至っていない。両国が講和したかは不明である（硃批：付するに不問である）。

奴才がとった計画は、決して大いなる喜功を好むためではない。……グルカに大義を以て責め、自新の路を以て説得し（硃批：笑うべし）、天威を敬畏させ、永く恩を承けるようにしたのである（硃批：話にならない）。グルカは敗北続きで抵抗する意志がなくなり、六月頃には人を派遣して表を奉り恩を祈るであろう。大義がすでに明らかなれば（硃批：通らざるの極みなり）、奴才は代わって曲宥を求める。

披楞に至っては、海隅に僻処してこれまで貢納をしてこなかったものの、奴才サイチュンガーらが兵を率いてタングートに赴いたことを該番は早くから風聞すべきであった。該番はしばしばグルカからの欺凌を受けてきたため、師を興して報復したのであり、もとよりタングートを窺う心はなかった。今また暁諭を馳檄して、示すに兵威を以てすれば、グルカは詞を捏して禍を嫁し（硃批：一派の夢の如き話）、依然として（披楞に対して）濡れ衣を着せるであろう（硃批：大いなる奇）。披楞は天良を具有し、聖恩に感激することを知っているので、曲直が既に明らかである以上（硃批：何の曲直あるや）、（清が）撤兵を勧諭せずとも該番ら（披楞）は決して争いを起こすことはなくなるのである（硃批：臭い文章を諂うなかれ）[67]。

そして嘉慶帝は「グルカは強隣に圧迫されているのであり、決して背反ではないので、どうして自新する必要があるのか。披楞がまさに猖獗しているのに、どうして披楞の濡れ衣を雪ぐ必要があるのか。一片の紙全体が愚かな諂いに満ち、笑うべきの極みである(68)」「朕は無能の奴才（旗人）を誤って用いたことを自ら恨んで憤懣に堪えない。見たところ、彼は朕が派遣したのをよいことに功を貪る心を起こし、辺境の紛争をもたらし、国家の大局を省みなくなったのである(69)」という、暗澹とした心情を吐露したのであった。

このネパール・英印間の戦闘は英国側の勝利に終わり、講和会議を経てセゴーリー条約が結ばれ、ネパール側は一部領土の割譲と、英国公使のカトマンズ常駐、そしてネパール王はシッキム王の妨害をしてはならず、両者の間の紛争はイギリスが調停する旨を承認させられた。これを承けて翌一八一七年、英国はシッキムとの間に保護条約を締結し、対チベット通商路の一端を確保した(70)。

その後も英国によるヒマラヤ経略は進行し（第五章で触れる）、ネパールが英印当局から圧迫を受ける状況は不変であった。そこでネパールは、道光十九年（一八三九年）に林則徐が欽差大臣として広東に派遣され、アヘンを没収して焼却し、それがついにはアヘン戦争へと拡大したという一連の情報を東南アジア経由で入手し、駐蔵大臣に対し「披楞と京属の漢人は大いに戦闘し、あらゆる洋船は現在すでに京属の大兵によって焼かれたとのこと。我々はそれを聞いて甚だ歓喜している。……諭旨を下して我々に行けと命じるのならば我々は行く(71)」と表明した。そして道光二十二年（一八四二年）に朝貢した際には、英領インドの圧迫に対する防衛費の支給要請と、チベットと接するヒマラヤ辺界における土地交換を要請したのである(72)。

しかし、このときの駐蔵大臣・孟保の対応もネパールに対して冷淡なものに終始した。孟保は、英国の受けた打撃によるネパール側の歓喜に対しては「恭順の誠意を見るに足り、実に嘉すべきものがある。査するに、披楞は分を守ることを知らず、洋船は焼き払われてしまったので、自らその咎を取ったというべきである」としたものの、出兵志願については「披楞が京属の地方を犯すことがあれば自ずと天兵が向かって速やかに平定するので、なんじ王の兵旅を労するには及ばない」として拒絶した。[73] さらに、恩賞の授与要求に対しても、「天朝は一視同仁ゆえに一方に加担できない」という論理に基づき「外藩が表章の詞句を呈進するにあたっては、必ず荘重でなければならない。いまなんじ国王は（硃批：天朝と関係のない）私事を叙入し、体制と未だ合致しないので、もとより駁回して別に繕うべきである」として斥けていた。

結局、いくら清帝国への忠誠を表明してもそれに見合う援助が得られないと判断したネパールは間もなく親英路線に転換し、英国によるグルカ兵の採用・養成にあたっても積極的に協力するようになる。さらに、清帝国はチベットに対して何の影響力も及ぼすことが出来ないと判断したネパールは、太平天国戦争に際し清帝国に援兵の派遣を申し出て拒絶されると「援兵準備費用の賠償要求」という名目を掲げて一八五五年にチベットへと侵入し、占領地返還の代償として毎年銀一万元という多額の賠償、ネパール商人及び臣民の関税と通行制限の撤廃、ラサにおける自由な営業の許可、チベットが第三国の攻撃を受けた場合のネパールの援助といった、ネパール側に極めて有利な合意をダライラマ政権から得ることに成功したのである。[74] これに対して清廷は「悪むべきの至り」という認識を示したものの、[75] グルカ王朝を討伐する余裕もないため、「今回の該国の出兵はタングートに銀両を要求しているだけで中国と争うことまでは明言していない」ことと、ネパールは五年一貢の継続を表明したことを理由に不問に付し、「タングートとグルカは均しく我が屏藩であり、一貫して一視同仁であり、いささかも依怙贔屓することはない。……タングートだけを庇うことはないし、グルカだけを助けることもない」という不介入の姿勢をとったのである。[76]

ともあれ、ヒマラヤをめぐる清・ネパール・英印関係は、清帝国側の認識能力の低下や公正さの減退が露わになる過程でもあった。その結果、内陸アジアの複雑な政治環境に対応する「武勇と実行」の精神と公正さによって築き上げられた「皇清の大一統」は、担い手のレベルで深刻な空洞化の危機に陥った。ただ同時に、ネパールとチベットを明確に区別し、問題がネパールに局限されるならば総じて不問ながら、チベットに及べばあらゆる対応を惜しまないという認識が存在することから、「皇清の大一統」の一大果実としての藩部については皇帝の強固な支配が及ぶという「領域」認識が形成されてきていることも理解できる（ただ咸豊年間には、先述の通り「チベットとネパールは一視同仁の屛藩」を理由にした不介入姿勢が見られるという点で揺らぎも見られるが）。したがって、十八世紀末から十九世紀前半にかけての満洲・モンゴル人の弛緩・衰退過程は、「皇清の大一統」の成果のうち、「武勇と実行」「道の支配」による多民族統合・共存の実現を通じた正統性再生産の側面と、版図に対する「領域」認識の側面が分離し、それぞれ一人歩きを始める過程であると考えられる。そして、十九世紀における清帝国の多民族統合の曲折は、これら「皇清の大一統」から派生したそれぞれの側面のうち、どちらを優先するかをめぐる政策的な分岐が清帝国の中枢において発生し、それに内陸アジア諸民族が翻弄されてゆく過程として描くことが出来る。その具体的な状況を、次章以降で論じることにしたい。

第四章 「自治」論の時代

――十九世紀前半のチベット論――

1 統治の弛緩と版図統合認識強化のあいだ――モンゴル・新疆統治との比較から

統治の弛緩を自ら引き起こし、近代的国家主権に相当するような権力をその版図であるチベットにおいて行使しているとは思えない十九世紀前半の清帝国にとって、チベットとの関係は他の地域に対する支配と比較してどのような意味を持つものだったのか。本章では、このような問題意識から出発して、十九世紀後半以後表面化する清帝国とチベット・藩部との関係の激変を準備した思想的連関についての大まかな見取り図を提示したい。

一般論として、統治エリートのあいだで理想化された版図支配認識と、現実に減退した統治の現状の間に深刻な差が生じれば、たとえ困難な政治環境の下でも、統治エリートの側が挽回策として何らかの支配強化策を打ち出すのみならず、それを実施に移すか、または思い切って統治そのものを放棄して個別の政治秩序に任せるという選択肢があり得る（前者の例は、次章で取り上げる「対チベット主権行使論」の高まりであり、後者の典型的な例は「中華帝国」が自らの権威を慕わない存在を「化外」と見なして放置するという対応であろう）。そして、弱体化した清帝国の藩部の中でも、モンゴル及び新疆の場合は藩部統治維持の試みがそれなりになされたという点で、チベットにおける「統治の弛緩」とは異なる様相を見せていた。

モンゴルについては、騎馬兵力の維持強化ならびに皇帝との連帯感の涵養を目指した狩猟行事が嘉慶帝の死とともに中止になったとはいえ、統治制度としての盟旗制度はむしろ、乾隆末年までに牧地の分配権を皇帝に集約するかたちで完成し、各盟旗長は地域支配者から清帝国の官僚へと事実上変質していた。騎馬兵力の弱体化と漢人商人の経済的影響の拡大は結果的にモンゴル社会の活力を弱めたものの、それらによって清帝国のモンゴル統治そのもののあり方が決定的に変容したわけではなかった[1]。法制度的にも、内外モンゴルではまずモンゴルの慣習法が適用され、それでも処理できない場合は大清律令の規定が適用されるという原則が形成され、軽微な刑事案件は盟旗レベルで処理されたのに対して、重大案件の場合は理藩院が管轄するというルールも定着していた[2]。総じて、十九世紀前半〜中葉のモンゴルにおいては、社会的流動性と活力が低下しながらも、清帝国の体制内に包摂された中での安定が見られたと言えよう。

一方、一七五七年のジュンガル滅亡を機に清帝国の版図として本格的に組み入れられた新疆の場合は、イリ（伊犁）将軍を長官とする軍政が施行された。東部・北部の主要都市にはそれなりの陣容を備えた清軍が配置され、ムスリム一般民が居住する「回城」とは別の「満城」「漢城」が形成されたのである。トルコ系ムスリムに対する統治としては、ジュンガル打倒時に対清協力したクムル（哈密《ハミ》）・トルファンの指導者が世襲郡王の地位を与えられて相対的に独立した地域支配を行ったほかは、イリ将軍の監督の下、それぞれの都市において在地のムスリム有力者を指導者として任命する「ベグ官人制」が制定された[3]。その結果、シャリーアの解釈権を独占していたイスラーム法官の地位は大幅に低下し、トルコ系ムスリム自身もイスラーム法官の裁定に満足せず自発的に大清律令に従う状況があったという[4]。しかし、イリ将軍以下、清帝国の官僚はチャガタイ＝トルコ語を解さず（『五体清文鑑』にアラビア文字のチャガタイ＝トルコ語は収録されていたものの、非ムスリムとムスリムの間の意志疎通は仏教圏相互間の意志疎通よりも質量ともに相対的に難しかったと考えられる）、大部分の政務は最高位官職ハーキーム＝ベグを中心とした現地有力者層に任されていた。その結果、清帝国の官兵とベグ官人はトルコ系ムスリムの一般民から二重の搾取を行って憤懣を買い、一八二六年にはジハンギールの乱をも招いていた。[5] ジハンギールの乱は清帝国によって鎮圧されたものの、駐防兵とベグによる搾取は継続し、一八六〇年代の陝西・甘粛の回民反乱（陝甘回乱）に呼応して新疆のトルコ系ムスリムは再び蜂起することになる。清帝国のこうした新疆統治は結局のところ、雍正帝や乾隆帝が掲げ、かつムスリムが受容した公正さとはかけ離れた、単純な軍事支配・圧制というべき状態であった。とはいえ、そのような統治が現実に継続していたこと自体、チベットに対する清帝国の統治の弛緩とは大いに様相を異にしていた（新疆統治については、屯田論の形成と版図認識の強化に関連する本章第四節で改めて触れる）。

しかしそもそも、一七九二年にグルカ戦争の善後処理を行う際、欽差大臣としてラサに派遣されたフカンガ（福康安）は、今後のチベット政務の基本方針として「カルン（ダライラマ政権の大臣）等はダライが修行で公事に心を留めることが出来ないのを良いことに、ダライラマの名を借りて勝手な振る舞いに走り、かつ駐蔵大臣も大体を把握せず、一切をダライとカルンに任せていたため、チベットの政務は日に日に弛緩してしまった。回疆大臣（イリ将軍）の事務処理を見ると、彼が一切を把握してハーキーム＝ベグがそれに遵っている。駐蔵大臣と回疆大臣は職分が同じであるので、今後駐蔵大臣はポタラに登って瞻礼をするほかは、チベット内部の監督にあたってダライ・パンチェンと平等であるべきだ。そこでカルン以下の僧俗官員は一律に駐蔵大臣の処理に遵うようにさせ、以て綱紀粛正すべきである」と述べ、ダライラマ政権に対する清帝国の管理は新疆統治に準じる姿勢を明確にしていた。[6] それにもかかわらず、ひとりチベットに関してのみ統治が弛緩していたのは一体何故なのか。しかも、道光年間の後期・一八四五年になると、駐蔵大臣・琦善は「ダライラマへの布施は商上（ダライラマ政権）の経理に帰属させるよう請う」という事実上の職務一部放棄を奏上し、道光帝・軍機処も「ダライラマへの布施は本来駐蔵大臣が監督（稽査）して決定すべきところ、事実上商上が自主的に処理して有名無実になっているので、今後はダライラマとタシルンポの一切の出納は該ラマの自主的な処理に任せ、駐蔵大臣はわざわざ管理する必要はない」という判断を下している。要するに、清帝国自身がチベットにおける自らの統治権をチベット人自身の手に帰する形で次第に放棄する段階にまで進んでいるのである。(7)

以上、嘉慶期以降十九世紀前半における藩部統治のありかたを要約すると、次のような特徴が見えてくる。

(a) ネパールをめぐる軍事的対応が精彩を欠き、駐蔵大臣がその職権を一部放棄する状況であったチベットと、清帝国の藩部支配がそれなりに持続したモンゴル・新疆では、統治の強度・内実に明確な格差が生じている。特に、公正さを喪失した軍事統治ゆえにムスリム反乱を醸成した新疆統治と、統治が弛緩した一方で組織的な反清動向も不在だったチベット統治との差は明らかである。

(b) それにもかかわらず、前章でみた魏源『聖武記』において、清帝国のチベットに対する関与の歴史が手放しで絶賛されたことにも表れているように、チベットを含めた版図支配の枠組みに関する認識は総体として揺るがず、むしろ清帝国の弱体化に反比例するかの如く強まっていた。

(c) したがって、ダライラマ政権のチベットは清帝国の監督からは相対的に自立した「独立」状態であったものの、それは同時に、清帝国の当局者や儒学知識人など統治エリートから見て、あくまで藩部統治の枠組みが継続しているという認識が存在する中での「独立」であった。

ところで、この時期のチベットの「独立」状況を指して、スミス氏は「帝国のエクステリアの一部」としてユニークな自治の地位を享受していた「帝国の中の独立のステイト」(8)と形容している。とはいえ、スミス氏は同時に、チベットが「独立」を享受できたのは政治的な庇護者がチベットの内部事情に関心を持たなくなったときだけで、逆にチベットの内部事情に関心を持つ庇護者が現れたときにはチベットの主権は外国(清帝国＝China＝中国)の手に握られたと論じる。(9) しかし、このような二分法では、統治が減退していた状況の中でも、同時に経世知識人のあいだでむしろチベットとの統合認識が持続し、強化されつつあったという状況と必ずしも合致しないという問題が生じる。

では、モンゴルや新疆における藩部統合と照らし合わせてチベットだけがひとり「独立」状態を享受でき、とりわけ新疆と比べて清軍の圧迫にさらされない状態でありながら、同時に清帝国の統合の一部分として強く認識され、かつそれが十九世紀前半を通じて総じて不変だったのは何故なのか。筆者は次のように考える。

(1) 清帝国の弱体化、そして官僚・旗人における認識能力と軍事力の低下に危機意識をかき立てられた経世知識人の挽回策が、とりわけ過去の栄光の時代である康熙・雍正・乾隆帝の事跡に対する着目と組み合わさっていた。そこで、チベット人が関与しない中で歴史の再発見・再解釈が進み、「チベットは『皇祖皇宗が開いた地』であり、清帝国の栄光のあらわれであるので、決して満・漢・モンゴルとのつながりの外で考えることは出来ない」という認識が形成された。

(2) しかし、この版図認識ないし「一統」認識（のちの「チベットは清朝の一部分であるので、中国の一部分である」という説明の根拠）の強さだけでは、他でもない清帝国自身による事実上の「統治放棄」の傾向、そして事実上の「独立」に対する説明として不十分である。一方、チベットの「独立」を強調する議論では、清帝国による十九世紀末以降の支配再強化を一面的に否定的に解することになり、檀越関係に基づいた清帝国とチベットの間の歴史的な権力関係（清帝国は施主・転輪聖王であるがゆえにチベットに対して権力を行使し得るという立場は基本的に変更がない）を適切に反映させていない。

(3) したがって、第三の説明として、モンゴルや新疆と違い、チベットが事実上の「独立」に近い高度の自治を行使している状況は、当時の清帝国の統治エリートの発想に照らして必ずしも不自然な状況と見なされなかったのではないか。むしろ、当時の文脈に照らして、チベット人が「独立」の立場で政務を処理することはプラスの評価の対象ですらあったのではないか。

そこで以下、乾隆末年以降、十九世紀前半の清帝国の統治エリートが、「皇清の大一統」の成果を踏まえてチベットを直接・間接的に見聞する中から、一体どのようなチベット観を形成し、そのうえで清帝国とチベットの関係のありかたを考えていたのかという問題を論じたい。

2　懐疑と優遇

(1) チベット仏教の呪術的要素をめぐって

まず、乾隆末年から再構築が目指された清帝国とチベットの関係には、チベット仏教の現実に対する複雑な見方が底流に混在していた。

乾隆帝による一七九二年の『御製喇嘛説』と、チベット政務における駐蔵大臣とダライラマ・パンチェンラマの平等、そして政治的に重大な問題をめぐる皇帝との連絡は駐蔵大臣を介することを定めた善後章程の成立によって、清帝国の対チベット管理は少なくとも文書の上では格段に強化されていた。それは、チベットの内部事情に対する当時の乾隆帝や統治エリートの警戒感に基づいていたが、とりわけ、仏教本来には必ずしも内在しない夾雑物を多く含むチベット仏教、特にその呪術的要素をどのように見るかという問題を反映していた。

最も警戒の対象となったのは、後期インド仏教の強い影響ゆえに呪術的要素が教義と分かち難く結びついていた紅帽派の存在である。紅帽派とは、十四～十五世紀の僧ツォンカパが顕教と密教の兼修を重視して創始した宗教改革派である黄帽派の出現以前から存在し続けている諸宗派の総称であり、主にニンマ・サキャ・カルマ＝カギュー(黒帽派ともいう)の三派がある。ニンマ派は「古派」とも呼ばれ、他宗派のような組織的な教団を形成せず、とりわけ呪術的要素が強いといわれる。サキャ派は教団長の世襲を特徴としており、元帝国の時代には帝師パスパを輩出している。カルマ＝カギュー派は主に口承による教義伝授を特徴としており、世襲ではない教団長の権威継承のために活仏制度をはじめて導入したのがこの宗派であった。そして、世俗を巻き込んだカルマ＝カギュー派と黄帽派の熾烈な勢力争いが、存続に窮した黄帽派のモンゴル弘通、そしてモンゴル兵力を必要とした清帝国のモンゴル・チベットへの深い関与、さらには清帝国と同様に黄帽派仏教擁護を旗印にモンゴル・チベットの統合を図ろうとした敵対勢力ジュンガルの打倒による新疆制圧、そして何よりも清帝国の版図形成＝中華民国・中華人民共和国の大まかな領域形成へとつながっていたのである。(10)

ただ、こうした長期的な歴史的経緯とは全く関係なく、清帝国の統治エリート、特に乾隆帝にとって、紅帽派は苛立たしい存在に映った。まず何よりも、パンチェンラマ六世の兄弟である紅帽派のシャマルパ活仏が、パンチェンラマの遺産を目当てにグルカと共謀してタシルンポ寺を襲撃したことは、北京及び熱河でパンチェンラマ六世と会見した乾隆帝にとって、自ら転輪聖王として黄帽派チベット仏教に対して行ってきた擁護の成果と、その延長に打ち立てられた「皇清の大一統」を根底から覆しかねない事態に映ったと思われる。

次いで乾隆帝が警戒したのは、仏教本来の目的である心の平安と慈悲心の奨励、利他による衆生救済という趣旨に合致しない、紅帽派のみならず黄帽派にも見られた仏教私物化の傾向である。特に乾隆帝は『御製喇嘛説』の中で、活仏が多くの場合有力者の家から何名も輩出されるのは世襲と異ならず、グルカと結託したシャマルパが清帝国の体面を汚したのも、そもそも活仏探しの際に有力者が神降ろしの予言を操作していたことに遠因があったと強調した。乾隆帝は、モンゴルの大活仏ジェブツンダムバの生まれ代わり探しを有力者が操作し、自分の家系から活仏を輩出できるよう神降ろしに予言させたところ、生まれてきたのは女子であったという事例を引いて「笑うべし」と記している。そのうえで乾隆帝は、あくまで仏教の私物化に対する糾弾と活仏選びにおける公正さの回復のために金瓶を頒布するのであり、もし民衆を惑わして法を乱すならば王法を以て治め、それは内地の斉民の原則と異ならないと強調した。(11)

このような乾隆帝の態度は、チベット仏教だからといって敢えて特別視せず「あくまでモンゴルの動静と密接に関わっているために介入せざるを得ない」とする点で、一見「仏教を利用する」かのような突き放した見方をしているようにも見える（中華人民共和国のチベット研究は多くの場合この側面ばかり強調する）。しかし同時に、こうした要求は仏教教団内部の矛盾を除去する趣旨を織り込むことによって、仏教的な世俗王権の教団に対する正当な要求として成立している。そもそも、カルマ＝カギュー派が活仏制度を始めた根拠は、『楞伽経』にある「大乗の菩薩はこの世の全ての衆生が悟りに導かれない限り、自らの務めを投げ出して、自分のために涅槃の境地を享受することはなく、ひたすら転生を重ねて教化にあたる」という発想であった。そこで、菩薩の化身に違いないとされた住持は必ずこの世に戻ると推定し、神降ろしや夢占い・吉兆の判断をもとに生まれ変わりの児童を捜したのが活仏選びの発端であった。したがって、活仏選びは一応仏典に根拠を求めることができ、もし優秀な児童を見出して徹底的な教育を施すことに成功すれば、仏教文化の発展にとって大きな意味を持ち得たものの、それは同時に仏教本来が有する制度でもなく、神降ろしや吉兆の操作という仏教以外の要因が介在する余地が大きかった。それだけに、乾隆帝が『御製喇嘛説』を著してくじ引き制度を公布したことは、本来の仏教には必ずしも含まれない要素に対して、仏教信仰の側から一定の歯止めをかけたと言えなくもないのである。(12)そのような合理的な側面があればこそ、金瓶制度は当時のチベット仏教側によって受容されたのだと言えよう。

それでもグルカ戦争後は、チベット仏教が呪術的要素からなかなか脱却しようとせず、仏教的価値観が必ずしも広められているとは言えない現実に対して、乾隆帝や清帝国の統治エリートの懐疑が深まる一方だったことも否定できない。例えば、金瓶の使用がただちに普及したわけではなく、未だ神降ろしによって霊童を選ぶ事例が後を絶たない問題に関し、フカンガと乾隆帝は次のように慨嘆した。

神降ろしは神の装いに扮して経や呪文を唱え、忽然と神が取り憑いたと称して、刀を振って踊り、首を揺らして嘘気を吐くのみ。……その技術は一顧にも値せず、内地の巫師が邪法を用いて愚かな民衆を騙すのにも及ばない。臣らが街で神降ろし儀式を見ていると、ハタク（目上の人物に捧げる白い布）を捧げる者、頭を撫でてもらおうとする者が競うようにして並び、狂ったように奔走している。神降ろしが刀を振って誤って傷つけると、その人は仏号を唱えて大喜びする。傷を受ければ永遠に災難病気から免れるとか。その愚誕ぶりはここに至る。大ラマや番目（チベット人の指導者）らに神降ろしの荒唐ぶりを詳説しても、彼らは互いに見つめ合って何も答えない。ただ（神の）罪を受けるのが恐いのだ。このような傾倒ぶりは（硃批：笑うべし）、言語ではたとえようがない。

……総じて、これらの妄誕不経はもとより信じられない。しかしタングート（チベット）僧俗の性ははなはだ愚にして終日仏に礼して経を唱えるのみで、福田（信仰心を実りに変える田を意味する仏教用語）の利益という視点から能く上乗に通じようと求め、虚妄を信じない者はついに得られない（硃批：それもその通り）[13]。

このように、チベット仏教の現状は、本来の目的である仏教教理の探究や、仏教徒の信仰心の充足と救済（それらはあくまで清帝国にとっても正の価値）とは乖離しているという認識は、嘉慶期以降も根強く存在した。

例えば、嘉慶九年（一八〇四年）に著された周藹聯『西蔵紀遊』は、とりあえずダライラマ・パンチェンラマに代表される黄帽派について「清浄寂滅を以て宗とし、紅教（紅帽派）を邪師外道として斥ける。惟だ、牛羊やバターを食することは華僧と異なる」と述べる一方、紅帽派については「幻術を専ら習う。漢時の西域の刀を呑み火を吐く奇技を見ることができる。今に至ってもなお存する者は、たまに念じるかと思えば貪淫肆殺を行うこと計り知れない」と述べて嫌悪を露わにしている[14]。また、グルカ戦争においてグルカの軍勢に押されて瓦解したチベット人の怯懦・無能ぶりは、誤って占卦を信じていたからであったとも述べている[15]。

さらに、漢人の経世知識人として十九世紀中期の内陸アジア事情に関与した龔自珍や姚瑩（科挙官僚であり、一八三〇年には台湾兵備道に就くなど、地理・周辺事情への関心が極めて強い人物で、魏源と親交があった）も、チベット仏教の呪術的要素を批判している。龔自珍は「蒙古像教志序」において「禁制の神鬼を引き合いにして諸々の幻術・大乗の呪を行い、三世の諸仏はここから出興するとは不可思議である。……かつ、およそ外道の六師が宮殿・天龍・女楽・大火・大水や幻を生み出すことができると言い、刹那の境界を促成できるという。種々の霊怪・呪声・霊故が仏の口に符合するという。また、およそ人が求める欲求も皆得ることができるという。以上のことは天竺の神僧がラサに生まれたとして当然視している」と述べ、現実のチベット仏教と呪術的要素の境界線の曖昧さを指摘する。それにもかかわらず、彼自身は「聖人は神道により教を設け、地に因りて宜を制する。これもまた国家が控馭し撫綏する一大端である」と述べ、清帝国の統治上やむを得ず現状を容認する見解を示している[16]。一方姚瑩は、チベット人地域のうちカム地方（チベット高原の東南部にあたり、今日の四川省西部とチベット自治区東部に跨る）での紛争調停のため一八四四年に代表として派遣された際の見聞記『康輶紀行』の中で、チベット人の仏教信仰の内実は多くの場合活仏に対する惑溺の極みに過ぎず、それは漢人の禍福の説と基本的には同じであると説明している。

甚だしきかな、中人に禍福の念の深きことよ。西蕃がラマを崇信するのは、その教の善によるのではなく、それが人の禍福に関わっているからである。……ホトクト（活仏）が頭を撫でるだけで大いに喜び、仏が福を降すと思っている。病や憂いを抱える者が頭を撫でてもらえば、災いが消え病を癒すのだという。……とりわけ憫むべきは、ホトクトは数世にわたって修行しているので元陽（超越的力量）が洩れず、ホトクトが発する汚物でさえ宝の如く重んじることである。曰く、その一滴を得て服用すれば、寿命を延ばして病を治すことができるという。蕃僧はみな楼居しており（引用者注：チベットの家屋は、甘粛・青海のアムド地方を除き概ね二階以上が居室という構造である）、俗人男女は器を持って終夜その下で待ち構えているのである。蕃僧もまた自ら珍貴し、瓶に詰めて蠟で口を封じている……。ああ、吾人はそれを聞き、その愚かさに笑わないことはなかった。[17]

しかし、チベット仏教の呪術的要素に対する清帝国統治エリートの警戒心は、シャマルパのような人物が仏教と社会に決定的な打撃を及ぼすのでなければ、総じて下火になるのが常であった。それゆえ、例えばキューン氏が乾隆年間の社会的流動化・経済格差に対する不安の増大を論じる上での題材としたような、漢人地域での「幻術を操る」僧侶に対する「霊魂泥棒」扱いと、乾隆帝による徹底的な弾圧のような事態は、チベット仏教圏では現れなかった。それは第一に、乾隆末年以降清帝国自身が農民反乱に追われ、チベットにおいてわざわざ特定の宗派からの改宗を命じたり、個別の呪術的行為を対象とした各種の禁令を定めて徹底するといった余裕が存在しなかったためであろう。加えて、龔自珍や姚瑩が批判する通り、チベット仏教の場合には自然現象や禍福の観念に対する畏怖心が仏教信仰における因果応報の観念や護法神信仰と結びついており、東南アジアの上座部仏教や漢地仏教とは異なった展開を見せているので[18]、呪術的要素と仏教信仰の間に明確な境界線を設定することも難しかった。むしろ、清帝国とチベット仏教圏の関係が、まさにチベット仏教教団への敬意と保護を基軸に成立していた以上、こうした呪術的要因が含まれる仏教の現状をもありのままに（儒学者の立場からはやむを得ず）容認することが一般的であった。少なくとも、チベット仏教とその個別宗派に対する弾圧は、清末において西洋・日本近代に倣った社会改造が統治エリートの念頭に置かれ、その結果チベット仏教の呪術的要素だけでなく仏教信仰を中心とした社会の全体が否定的に捉えられるようになるまでは基本的に見られない。

（2）金瓶制度にみる清帝国の管理責任と優遇

ただ、金瓶制度の成立に伴い、清廷はチベット仏教教団との関係において新たな重荷を抱えていた。ダライラマをはじめとした、チベット仏教と清帝国の双方にとって最も重要な活仏を金瓶くじ引きによって選出する際、候補となる児童を探す過程で相次いで報告される神秘的事跡をどの程度信用するのかという問題に直面したのである。そして、他でもなく皇帝自身が金瓶くじ引き制度の提供者であることに伴い、活仏の選出過程全体に対する重責を自ずと負うことになった。先述の通り、そもそも活仏制度は特殊チベット仏教的な制度であり、しかも乾隆帝がくじ引きを定めたことで最終決定から神降ろしの影響を排除したものの、くじ引きに先立つ候補者選びの際には依然として、天変地異などの現象や、児童が先代の所有物を判断して当ててみせるか否かといった事柄が重要な判定材料となっていた。そのため、特に候補となる児童が一人しかおらず、くじ引きの免除を仏教教団側が要請してきた場合、もし皇帝や駐蔵大臣が選考材料としての霊威や吉兆に対して疑念を抱き、免除要請をあからさまに拒否すれば、ただちに清帝国とチベット仏教教団の間に不協和音が生じかねなかった。逆に、もし乾隆帝が定めたとおりにくじ引きを実施して児童を選出したとしても、期待通りの優れた活仏として成長しなければ、それもまた清帝国の体面に傷をつけかねなかった。

乾隆帝の没後、嘉慶帝にとって早速その難しい責務を負う機会が到来した。一八〇四年に死去したダライラマ八世の転世霊童を選ぶ際、くじ引き候補となる児童が一名しか見出されず、そこでチベット仏教側はくじ引き免除を嘉慶帝に要請したのである。霊童探しの総責任者であったパンチェンラマ七世の経過報告によると、この児童は生後八カ月で先代や徒弟の名前を語り、さらにパンチェンラマ以下の活仏や高僧らに対して「仏教が興隆しますように」と挨拶し、しかもダライラマ八世の所持品を洩れなく当ててみせていた。そこでパンチェンラマは「敢えて高宗の聖旨（乾隆帝が定めたくじ引き制度）を破ろうとするものではないが、これも大皇帝が黄教を振興し、仏と天が霊威を効した結果であるので、くじ引きが免除されれば感激の極みである」とした。しかもパンチェンラマ七世は「もしくじ引きをすれば、高宗純皇帝の天恩ゆえに間違いなくこの児童が当選すると思うものの、別の児童が万一当選したとすれば僧俗大衆の尊敬を得ることが出来ず、問題は極めて深刻である」と付け加えていた。さらに、一部のチベット人の見解には「高宗の当時の聖心は、真の霊童を得ようとすることにあったのだから、現在この霊童が真である以上、くじ引きは必要ない」というものまであったのである[19]。

そこで嘉慶帝は、乾隆帝が定めた制度を確実に遵守するのか、それともチベット人の説明と願望を尊重してくじ引きを免除するのか難しい判断を迫られたものの、結局は「このように聡明な児童が得られたのであれば高宗も必ずや恩を施したであろう」と述べてくじ引きを免除した。但し同時に「これは極めて稀なことなので、今後はやはり制度に遵うべきで、先例として援用するべきではない」とも付け加えていた[20]。

当初、嘉慶帝によってくじ引きを免除されて正式に選出されたダライラマ九世は順調に成長するかに見えた。駐蔵大臣の報告では、後金から大清へと国号を変えて間もない頃にダライラマ五世が太宗ホンタイジに親書を送ってから現在までの年数を尋ねたところ、ダライラマ九世は「一七〇年」と答え、チベット人の誰もが「聖主（嘉慶帝）が前謨を賛述して黄教を振興し、天が感じたことによるもの」と感嘆していたという[21]。ところがダライラマ九世は、一八一五年に僅か一一歳で夭逝してしまった。本来霊異であるはずのダライラマが未成年で死去したことは、逆にくじ引き免除を決定した皇帝の権威を損ねかねないものとなったのである。そこで嘉慶帝は、奇跡や吉兆といった不確実な要素を基準にくじ引きを免除した自らを責めつつ上諭を発した。

もしその徴験が確かであれば、自ずと長生して黄教を宣揚するはずであるのに、何故永年しないのか。……朕は一時軽々しく信じたことを後悔する。現在新たに発見された幼児が霊異であるというが、それは現地の僧俗の口から出たことに過ぎない。どうして信ずるに足りようか。もしそのまま言う通りにしてダライラマの霊童とすれば以前の繰り返しであり、皇考の聖断によって設けたくじ引き制度が次第に廃れてしまうことになる。もし各地の霊童選びもこれを先例としてしまえば、将来どのように対処すれば良いのか、殊に大問題である。

そこで嘉慶帝は駐蔵大臣に対し、ダライラマ十世選びに際しては、チベット人の側がもし「ダライラマ九世は夭逝して空位が久しく、チベット人一般において最有力候補の児童に対する期待が高まっているので、くじ引きを免除されたい」と要請しても決して容認してはならず、もう二人の児童を捜してくじ引きを実施しなければならないと指示した。[22]その結果選出されたのは、チベット側が最初に選んでいた最有力候補の児童であり、三分の一の確率を引き寄せた嘉慶帝は辛うじて安堵することが出来たのだった。

もっとも、このとき選出されたダライラマ十世と、引き続く十一・十二世は、みな金瓶くじ引きで選出されながらも二十歳までに死去している。一方、近現代チベットをめぐる政治史において絶大な役割を果たしているダライラマ十三・十四世はいずれもくじ引き免除で選出されており、くじ引きの有無とその後の活仏の健康な成長、ならびに宗教的・社会的な成功の間には明確な相関関係は存在しない。

結果論としてみれば、ダライラマに対する金瓶くじ引きの実施の有無を左右した最大の要因は、生まれ変わりとして擁立するにふさわしい児童の候補者が独りしか得られないか、複数得られたかどうかという単純な事情に基づいており、次いで清帝国とチベット、あるいは中華民国政府とチベットの関係の如何が大きな要因となっていた。一八七七年にダライラマ十三世がくじ引きを免除されて即位したのは、仏教教団側があらゆる手を尽くしても候補として有力な児童は一名しか得られなかったからであった。しかも、次章で詳論するように、当時は英領インドのヒマラヤ経略がチベットの目前に至っており、沿海部での通商の発展を通じて（対ロシア・日本と比べれば）相対的に良好な英国観を形成しつつあった清帝国の統治エリートは、「通商の国」イギリスと平和的な関係を結ぼうとせず目前の危機に囚われて反英感情を募らせるチベットに対して次第に消極的な見方を強めていった反面、実際に清帝国がチベットの利益となるような何らかの施策を選択肢として持っているわけでもなかったので、ダライラマ十三世のくじ引き免除を決定することで清帝国とチベットの関係を維持しようとする側面が存在していた[23]。また、ダライラマ十四世が一九四〇年にくじ引き免除で選出された背景には、当時の中国国民政府・ダライラマ政権・英領インド三者間の微妙な関係が大きな影を落としていた（中華民国は清帝国の国際法上の継承国家であるという論理により、チベットに対する中国の国家主権の一環として金瓶くじ引き主催権を位置づけていた）。中国国民政府は、関係が悪化していたチベット側との紆余曲折の交渉の末、くじ引きに出席するための代表団をラサに派遣した。しかし、ラサで待っていた候補の児童はただ一人だけであり、最初からその児童を選出するつもりであったダライラマ政権側はくじ引きの免除を国民政府代表に申し入れた。それは国民政府代表にとって寝耳に水の事態であったものの、当時のダライラマ政権は英国と極めて密接な関係にあり、しかも国民政府も英国からの援助を受けて抗日戦争を遂行していた関係上、国民政府は最終的にはチベット問題で英国に刺激を与えることを避けるべく、くじ引きの免除を決定したのであった[24]。

いずれにせよ、必ずしも信憑性が十分ではない僧侶らの経過報告をもとに候補を選んで執行される金瓶くじ引きは、実施するにせよ免除するにせよ必ずチベットとの間の政治的緊張の可能性を孕むという点で、制度を設けた乾隆帝の後継者たちにとって単純な「利用」「主権行使」で済むものではなく、かつチベット仏教に対する消極的・懐疑的な観点を抱くことに終始すれば良いというものでもなかった。清廷としては、チベットをめぐる政治・社会情勢をその都度勘案しながら、個別のくじ引きに対して責任を負わなければならなくなったのである。ダライラマやパンチェンラマが死去するたびに浮上する高位活仏の選出問題は、たとえ清廷がチベットに対する関与能力やチベットの周辺事情に対する認識能力を減退させてしまっても、その時になると必ず、施主と教団の関係を軸にした皇帝の権力行使・仏教保護のありかたの問題と、仏教教団・仏教徒の側からの正統性調達の問題を思い出させていた。要するに、乾隆帝がチベット仏教の総本山であるラサの大昭寺（ジョカン寺）と北京の雍和宮に頒布した黄金の壺は、決して清帝国のチベット仏教に対する一方的な権力行使の象徴だったのではない。むしろ、弛緩した統治の中でも清帝国とチベット仏教圏が慎重に関係を維持するための調整弁となったのである。

このような状況に照らして、むしろチベット仏教教団が本来の責務を果たしさえすれば、皇帝や駐蔵大臣との間に安定した関係が維持されることを何よりも最優先する発想も清廷の側に生まれていたと考えられる。それは実際に、駐蔵大臣とダライラマとの会見における席次の問題においても見られた。一七九二年に清帝国のチベットに対する管理が強化された当初、ダライラマ・パンチェンラマと駐蔵大臣の関係は、政務の処理にあたっては対等で、実際の会見にあたっては駐蔵大臣がポタラ宮殿に出向き、かつ駐蔵大臣が僅かに低い位置に座ることで敬意を表明するという関係であった。しかし十九世紀に入ると、駐蔵大臣はダライラマとの会見にあたって次第にダライラマと同じ位置に、同じ座布団の枚数で着席するようになり、一部のモンゴル王公が不満の声を上げていた。そこで嘉慶帝は駐蔵大臣に対し「国家がダライラマを崇奉するのは、外藩の（清帝国の）体制に対する支持を得るためであり、深い意図を具有しているのである。駐蔵大臣は自ずと定制に遵うべきで、どうして妄りに改めて良いことがあろうか」と叱責したのである。かといって、駐蔵大臣がダライラマとの会見において過度に謙遜し、ダライラマ政権の僧俗官僚と同じ位置に着席すると、今度は逆に駐蔵大臣とダライラマの政務における平等の原則を維持できないという問題を生じかねなかった。駐蔵大臣のチベット政治に対する監督が形骸化して行く傾向にもかかわらず、少なくとも「ダライラマへの待遇の礼に関しては、（清帝国は）極めて尊崇しており、少しも損じておらず、またこれ以上加える余地もない(25)」という状態を維持することに関してだけは、嘉慶帝以降の皇帝や歴代の駐蔵大臣たちは絶えず緊張感を要求されていたと言えよう。

3　チベット仏教・チベット社会と「自治」

(1) 松筠のチベット論

チベット仏教に対する皇帝と統治エリートの以上のような対応から、乾隆末年以降における清帝国とチベット仏教の関係は、乾隆帝による一連の介入が創造的作為というよりも原状回復とその強化（教団内部の浄化・清帝国による管理）としてなされたことの延長において展開していたことが分かる。それは、清帝国自身の統治能力低下と、チベット仏教圏の社会的流動性低下という二重の沈滞化現象が起こっていた中で、出来るだけ清帝国とチベット仏教の関係を持続させ、その中でチベット仏教側は大施主としての清皇帝という存在を確保し、皇帝とエリートの側は権力としての体面を確保しようとする、内向きの安定を求めるものであった。

したがって、鈴木中正氏が述べるような「統治の弛緩」現象、ならびにスミス氏が述べるような「帝国内の独立のステイト」としてのチベットの地位は、むしろ乾隆帝によって定められた政治的枠組みと、清帝国全体が置かれた一八世紀末以降の政治環境を踏まえた最大公約数的な選択であったとも考え得るのである。

ただ、勿論最初からそのような状況になり得たわけでもない。乾隆帝による金瓶制度制定の直後は、単に乾隆帝がチベット仏教とチベット社会の危機を救済して原状を回復しただけでなく、乾隆帝自身が「皇清の大一統」「中外一体」の成果をチベットにおいても象徴的に示そうとしていた。その具体的な措置は、第一にチベットにおける漢字の使用であり、第二にチベットに派遣する駐蔵大臣に有能な人材を充てることで駐蔵大臣の怠慢による危機を予防し、同時に公正に努める清帝国の立場をチベット人に印象づけることであった。

チベットにおける漢字の象徴的な使用は、一七九二年以後新たに鋳造されたチベット銀貨においてなされた。乾隆帝は、従来ネパールで鋳造させていたチベット銀の純度低下の問題がグルカ戦争の一因であったことから、今後はラサでチベット銀を鋳造し、同時に貨幣の「乾隆通宝」「宝蔵」という表記がいずれもチベット文字では不適切であるため、「同文を昭かにし体制に符する」べく、表は漢字、裏はチベット文字で「乾隆宝蔵」と表記せよと命じた。[26] 乾隆帝は、チベット人がより優越する漢字文化へと移行しなければならないとしたのではなく、北京をはじめ各地の宮殿や仏教寺院の扁額において満・漢語だけでなくモンゴル・チベット語も同じ大きさで併記（合璧）していることの延長として、チベットにおいても漢字とチベット文字を併記させ、華夷思想による民族差別を批判する清帝国の一体性を象徴的に示すことが「同文」だとした。これは、いわゆる「漢字文化圏」における「同文」理解、すなわち漢字文化の共有（例えば日本文化と漢人文化の関係）による文化的親近性の強調とは明らかに異なるものであった。

一方、モンゴル八旗出身の松筠が一七九四年に駐蔵大臣職に就任したことは、駐蔵大臣職を閑職から要職へと転換させようとした画期であった。松筠は、嘉慶年間以前の清廷をめぐる評伝である礼親王・昭槤『嘯亭雑録』によると、当時の政界における賄賂の蔓延や華美の風潮といったものに与しなかった数少ない高官であり、「忠愛で、幼時から宋儒の書を読み、国事を己の務めとしており、政事に関しては常に深く憂い厚く慮し、近功を慕わなかった」人物として、特に嘉慶帝の厚い信任を得て内陸アジア事情に関与した。[27] 彼が財政の困窮と飢饉に伴い、敢えて嘉慶帝に対し木蘭圍場での狩猟の中止を上奏したことは、前章において述べた通りである。

しかも、清帝国とチベット仏教教団・チベット人との関係を再構築する重責を負っていた松筠は、同時にラサで漢文学堂を開いていた。この漢文学堂は、当初チベット人、さらにはネパール人の有力者らが子弟を送り込むほどの盛況となり、ネパール人の学生の中にはついに四書を自習する者も現れ、「彼は中華の宝である」と師匠が思うほど儒学経典の学習成果を得ていたという。しかし、この試みは多くのチベット・ネパール人有力者に「仏教ではない学問を教えることには何らかの意図があるのではないか」と警戒され、学生たちは鬱々とした心情を抱えながら漢文学習から離れていったという[28]。

ラサにおける漢文教育は失敗に終わったものの、ともあれ乾隆帝や駐蔵大臣松筠は、清帝国とチベットの一体性を醸成するため、チベットに漢字を象徴的に持ち込んだのであった。このことは、清帝国が内外モンゴルの漢字文化への移行を警戒し、理藩院則例において漢字命名の禁止などの各種の禁令を設けたことと対照的である（八旗モンゴルについては、第二章でみた朴趾源の会話や松筠の例にみるように、満洲人と同様に漢人文化へと同化することは珍しくなかった）。チベットにおける漢字の象徴的出現、及びモンゴル人儒学エリート松筠の存在から、「中外一体」は単に漢人中心の華夷思想を克復するために各民族の文化的差違を意図的に温存させるというにとどまらず、条件さえ許せばエリート・民衆一般が多文化性を共有し、融合することに対して限界を設けていない秩序であったことも分かる。

ただ松筠自身は、漢文学堂の失敗やチベット人における漢字漢文知識の欠如に対して何らかの不満を持ったり、儒学思想の高みから批判したわけではなかった。むしろ、松筠が儒学思想以外の宗教・文化を評価する基準はあくまで、儒学思想が目指す社会的価値と同じものがそれらによっても確保されるか否かという点であり、もしこの基準にチベット仏教も合致するのであればその精神を発揮すべきであるという立場であった。

仏法波羅密はどうして円通を欠くことがあろうか。仏の本は慈悲であり、どうして不慈悲であろうか。しかしタシルンポ（パンチェンラマの本拠）は円通を失い、福善の場所であるはずが禍淫鬼神の場所となってしまった。……前のパンチェンは活仏でありながら、積財することを知り、領民を撫恤することを知らなかった。そこで活仏は円通を欠き、身後に患いを残し、禍淫の報いを致すことになったのである、活仏である以上、とりわけ福善禍淫の義を知るべきである。今のパンチェンは恵を施し、仁の風を布く……余は年少のパンチェンと会見したが、年少にして経に通じ、性は頗る純素であり、塵俗の態は全くない。聴くところでは、得た布施を余り貯蓄せず、喜んで施済とするため、僧俗は誰もが感仰する。これは人心を結ぶことができる仁政である。(29)

このように、姚瑩とは対照的に松筠は、禍福の説も正しく踏まえれば活仏や僧侶の自覚を促して「円通」「慈悲」へとつながり、ついには人心をも得ると主張する。さらにそこから、チベットの場合は仏教を踏まえて「仁政」を実現するべきであるという論理へとつながっている。

また松筠は、チベット仏教とチベット社会の内部腐敗は決して仏教とダライラマなど活仏個人に責めを帰するべき問題ではなく、むしろダライラマの名において政務を行う大臣以下僧俗官僚の問題であると述べる。

ダライラマは慈悲を本とするので、必ずしも（皇帝や駐蔵大臣が）導く必要はないかも知れない。しかし、その慈悲の本は釈氏の無為であり、己を為すことを知り、政を為すことを知らない。そのため、属下のカルン（大臣）・僧俗営官等が苛斂して百姓が散亡しても、事態をダライ・パンチェンは掌握していない。しかし、もしダライラマが知らないからといって、単純にダライ・パンチェンを無責任だと批判すれば、これも撫（松筠の説明では、駐蔵大臣が皇帝の意を承けて「循循として導き、善をなすこと」）であるとは言えない。皇仁が内地百姓を如何に教養し、災害があれば如何に救済しているかをダライラマに説かなければならない。その後に、営官を厳しく束ね、百姓を安養するよう勧める。一切の告示はみな諭するに聖主皇仁とダライ・パンチェンの慈悲を以てすれば、百姓をして徳を感ぜしめて欣然とさせ、我が治理には何の梗もなくなるのである。(30)

むしろ松筠は、チベットの政務一般が苛斂誅求に走り、同時に武備の不足をきたし、結局グルカが安易に攻め込む結果になってしまった根本的原因は、歴代の駐蔵大臣自身の堕落に他ならないと認識していた。

蔵地は世家（貴族）が最も貴であり、布施をダライラマに献げることを以て勢いを借り、番衆（チベット民衆）を苦しめる。……しかも、ダライ・パンチェンは庶民の疾苦を知らないので、今もし厳禁しても、いずれ弊害は生まれて輸を為そう。……ダライ・パンチェンをして百姓の疾苦を深く理解させ、世家大族をして貪りを戒め各々本分を守らせるようにすべきである。貪りを戒める道は、上より之を率いるのみ。そもそも駐蔵大臣及び文武官員に自戒の心がないのに、その世家の貪りを戒めようとしても、どうしてそれが可能だろうか[31]。

もっとも、松筠はモンゴル旗人でありながらあくまで儒学思想の立場にあるため、雍正帝とは違ってチベット仏教ならびにチベット文化を「教」ではなく「俗」「風俗」と表現し、さらには「タングートの如きは、性が蛮夷である」と表現している。しかし同時に「一切の服色や儀制は固より必ずしも責令する必要はない」として偏見を排し、「もし能く恩を推し信を示し之を格し誠を以てすれば、必ず惟だ命（に従う）のみ。ここから更に羈縻して之を教え、大いに威を畏れしめば、互いに和睦するのみ」と述べ[32]、あらゆる人間に内在する価値を信頼し、偏見なく対応することが清帝国の官僚としての責務であると説く。その主張は、純粋に儒学的な論理から出発している点で、異民族の出自を強調した雍正帝の反華夷思想とは様相を異にするものの、各宗教・文化に共通する価値をもとに雍正帝が描いたような「中外一体」の理想と符合するものであった。しかも松筠によれば、チベットは「久しく皇仁に浴する」ため、他の民族・文化に比べて社会的な調和の実現に近い位置にあった。そこで、彼は次のようにチベット統治の要訣を記している。

㈠　その性は本より仏を敬うこと多し。我は率いるに敬礼を以てし、好言にして教えるに福善禍淫の理を以てし、欲を抑えることを知り仏佑を恒に得させる。

㈡　その俗は本より粗陋多し。我は率いるに朴素を以てし、好言にして諭するに節用愛人の善を以てすれば、倹約を知り始めて福を子孫に遺すことができる。

㈢　その地は本より無告多し。応に勤め以て稽訪すべきで、好言を以て仏地はとりわけ休養するのが宜であることを知らしむ。さもなくば恐らく朝仏の人衆（各地からの巡礼者）の恥笑を致す。

㈣　その兵は本より怯懦多し。応に励むに勇敢を以てすべきで、好言を以て諭するに操演せしめ、辺防の疎にすべからざるを知らしむ。さもなくば恐らく疆外各部の軽視を致す。[33]

そして松筠は「西蔵巡辺記」において「安辺の策は、自治に如かず。……あらゆる前蔵・後蔵の営官に、みな能く廉潔自持を以て百姓を善撫せしめば、また何の他患あらんや[34]」と述べる。要するに松筠の見るところ、チベットは本来自治を行う素質を備えているがゆえに、駐蔵大臣の助言を受けて自ら改めれば、如何なる紛争も苛政も起こらず、清帝国の理想とする安寧の一端を担うことが可能なのであった。そして、もし黄帽派チベット仏教の理念に即した政治がチベットにおいて実現すれば、呪術的であるがゆえに「邪」である紅帽派の勢力も自ずと消滅すると見通したのである。[35]

乾隆末年以後、一見「管理」と「放任・弛緩」が矛盾し合うかのような状況が、清帝国とチベット仏教・チベット人との間において半世紀以上にわたって安定的に持続した背景にあったのは、恐らく松筠のような認識が当時の清帝国の統治エリートの間で一般的だったからではなかったか。儒学思想における政治指導のあり方から言って、社会正義を体現する統治エリートがその下位にいる地域エリート、さらに一般民衆を適切に導きさえすれば、自ずと彼らの内にある良き精神が発露し、その結果社会は次第に安寧へと向かうはずであった。しかも儒学思想は、華夷思想の民族差別的な言説はさておき、その徳と恩恵を慕う度合いに応じて様々な教化の段階を設けるかたちで、異文化的な存在を自らの秩序の中に組み込んで適当な地位を与える発想を持っているだけでなく（その代表的な表現が、『詩経』にいう「普天の下、王土に非るなし、率土の浜、王臣に非るなし」という包括的な天下観・世界観であろう）、そもそも雍正帝や乾隆帝は、一度「異民族にも下る天命」を承けた権力としての清帝国を受容した存在に対する差別を厳しく禁じ、とりわけ『易経』にいう「神道を以て教を設ける[36]」を根拠として、仏教にも儒学思想と同様に社会的調和の形成に寄与する基本的規範としての価値を認めており、そのような複数の「教」を享受する人々の集合体として清帝国の多民族統合を捉えていた。したがって、チベットは一大「教」たるチベット仏教の中心である以上、たとえ現状において問題があっても、他の地域と比較すれば安定した社会が実現しやすいという発想を儒学思想の立場からも持ち得たと考えられる。特に、監督にあたる駐蔵大臣が良き人材でありさえすれば、次第に仏教徒のチベット人自身が彼らの宗教に内在する精神を発揮し、彼ら自身にとっても清帝国から見ても理想の社会を実現することが可能なのであった。とりわけ、乾隆末期以後の清帝国にとっては財政問題や満洲人の資質低下によって不足した「武」を補うものとしてチベット仏教の維持発展に向けた姿勢を示すことが重要であった（それは儒学的価値観から見ても、仏教的な転輪聖王観から見ても「恩」であった）。要するに、皇帝の「恩」、駐蔵大臣の「誠」、黄帽派チベット仏教の「教」の三者を有機的に結合させ、駐蔵大臣の指導監督の下でのチベット人の「自治」を促すことはむしろ必要とされたことであり、当時の文脈では自然な発想だったのではないか。[37]

（2）「自治」の諸相とチベット社会への肯定

こうした「自治」論は、十九世紀前半の経世知識人における封建制への評価ともちょうど対応しているようにも思われる。封建制を主張する人々は、明末清初の顧炎武・黄宗羲・王夫之の経世思想を参考にしつつ当時の財政問題や中央集権の弊害を論じ、特に「三代」においては全ての人々が小規模な社会的枠組みの中で相互扶助を実践し、君民が一家の如く親しみ合って如何なる懸隔も存在しなかったため、人口と生産は常に把握されて均分が実現し、終身故郷に土着して安定した生活を営んでいたことを高く評価する。そこで封建制と、郡県制の下での社会経済的不安定さや流民の発生とを対比させ、基層の民衆（特に宗族）レベルにおける自治と防衛を集積して行くことによる政治秩序全体の安定を構想していたのである。そこで、こうした封建論から導かれる処方箋として、儒学思想の復興や減税・開墾・治水事業による農業経済の復興と同時に、まず統治エリートの腐敗を改め、その中に「よき人物」を求めて実務にあたらせることが説かれていた。[38]

為政者が支配地の善良な民衆に安定した社会と自己保存の機会をもたらすことこそ清帝国の支配の目的であり、そのために為政者が率先して公正に努めなければならないとする発想は、一八二〇年に新疆における統治のあり方を論じた龔自珍の議論においても見られる。彼は、天山南路のトルコ系ムスリムについて「南路の民は準部（ジュンガル）と異なり、性情は懦直である。面貌は平正であり、内地と似ている。また、その文字声音は通暁しやすい。ゆえに天心が待遇すること、準夷とは大いに異なる。……実に準夷が回人を北から南へ追いやったのであり、天は回人の無辜を憐れんだ。ゆえに高宗皇帝が起ちて鄙邑を天廷に隷属させ、これを幽谷から白日の下にさらした」と表現し、乾隆帝の新疆支配を善良なムスリムが悪＝ジュンガルから解放された一大画期と位置づける。しかし、新疆における軍事支配はベグ官人との癒着による民衆からの二重搾取に陥り、その延長においてジハンギールの乱も起こっていた。そのため龔自珍は「回城を守ることは、回人をして安益・安信・益信させるために過ぎない。……駝羊のように回男を待遇し、禽雀のように回女を待遇することはない。回人はみな内地の人であり世僕である」と強調しなければならなかった。[39]

ともあれ、清帝国の統治エリートがそれぞれの民族・地域に対して公正に努めれば、自ずと地域秩序は理想的な安定に近づくとする（ある意味で楽観的な）議論が、十九世紀前半の藩部統治における基本的な考え方となっていた。もっとも、新疆においては軍事支配の弊害が深刻であっただけに、龔自珍自身は後述するように新疆建省論を提示しており、必ずしもトルコ系ムスリムによる自治を唱えていたわけではない。それでも、経世知識人たちにおいては、基本的に各々の地域秩序に内在する可能性を活用した自治に出来るだけ任せ、それが少しでも実現している状態を評価するという発想が共有されていたと思われる。例えば魏源は、モンゴルや新疆のように、かつてはジュンガル、当時はロシアを控えた複雑な周辺環境と軍事支配の問題ゆえに清帝国の一層の関与が必要な地域と、十九世紀前半のチベット事情を比較して「……西寧（＝青海）・西蔵は先朝が未だ大いに兵力を煩わさずして総理事務大臣を設け駐治しているので、モンゴル・ジュンガル・回部のように国家の辺宇の至大至要とはなっていない」[40]と評し、清帝国の統治が弛緩したチベットはむしろ、清帝国の関与をそれほど必要とせずに済んでいる状態であるからこそ積極的な意味づけを与えられている。こうした認識の延長にこそ、「マンジュシュリー天可汗」たる清皇帝に対する魏源自身の賛美があったと言えよう。

また龔自珍は、道光年間に持ち越された青海モンゴル問題について、モンゴル各旗の状況は最早彼ら自身による防衛が難しいものの、同時に圧迫する側のチベット人も本来彼ら自身がかつてモンゴルのために牧地を追われた存在であることから、「未だ天朝に罪を犯していない」彼らに対して抑圧的な対応を採用するわけにも行かないとして、青海一帯の著名な活仏としてモンゴル・チベット人双方から崇拝されていたチャガン＝ノモンハンの調停を通じた自治の実現を提案している。

番人（甘粛青海一帯のアムド・チベット人）と蒙古はみな仏と大ラマを信ずる。チャガン＝ノモンハン汗旗は最も富裕で、貧しい番子は往々にして彼の牛羊に頼る。ラマの位号は西蔵ダライの下であり、漠北ジェブツンダムバの下でもある。僅かに後蔵のパンチェンと比べられる。もし朝廷がその位号を進めることを許し（＝チャガン＝ノモンハンの地位を上昇させ）、廟宇を造ることを許せば、必ずや力を出し、仏法を以て両方に（和を）勧め、両者は（争いを）やめるだろう。これは一兵をも動かさず、一粟をも費やさずして、外夷を以て外夷を和する知恵の魁である。……大ラマは、富めるといえども子がなく、功があるといえども後の患いがなく……有事となれば用いることができる。これこそ列聖が黄教を尊崇することの微指（絶妙な対応）である。[41]

もっとも、青海モンゴルの事態は龔自珍が期待したような展開にはならなかった。道光年間以後の青海モンゴル問題に対する清廷の対応は、チベット人による襲撃の都度西寧の清軍が出兵して事態を収拾し、チベット人の千戸長・百戸長に対し「今後モンゴルを襲撃した場合には茶の供給の停止を含めた制裁をとる」と警告し、活仏や僧侶に対しては「確実に清規を守り、出家の人が必ず善く（チベット人を）化導して安定を回復するようにせよ」と説くものであった。(42) そして、陝甘総督・那彦成は、青海モンゴル問題が一向に解決しない理由を（一七二三年のロブサンテンジンの乱平定後）盟長が設置されず各旗の横のつながりが出来なかったことに求め、青海モンゴルに左右二盟の行政区画と正副盟長職を設けて武備を充実させれば、次第に壮志が生まれて生計も裕福になり、人口は再び増加して自強するようになり、ひいては西寧の官兵を削減して軍事費の節約にもなるという構想を立て、実行に移したのである。(43) しかし、この策は全く効を奏さず、咸豊年間に入ると青海モンゴルの王公らは盟長職の返上と軍事力負担の免除を願い出るまでになっていた。(44) それ以前に、龔自珍が着目したチャガン＝ノモンハン活仏も、彼自身の所領（活仏自身が旗地を有する「ラマ旗」という特殊な政治的地位を有していた）が完全に衰退してしまったため、最早名声を回復して地域自治秩序における調停者となることを期待できない状況であった。(45)

とはいえこの場合も、モンゴル人自身が清帝国の介入を経て次第に自治・自強し、その結果清帝国の官兵が撤退することは、清帝国自体の弱体化を補う理想の政治構想だったのである。

そして、ダライラマ政権のチベットで、実質的にそれに近い状況が実現していた。一八四一年から四二年にかけて、北西ヒマラヤのラダック地方をめぐって発生した紛争において、ダライラマ政権軍はめざましい戦果を収め、そのことが駐蔵大臣や道光帝に高く評価されたのである。当時のラダック地方は、新疆・中央アジアとインドを結ぶ通商路の要衝として繁栄していたが、ここをカシミールの地方勢力が占領し、さらに西チベットの金鉱を目当てにダライラマ政権領内（＝清帝国の版図）に侵入したのであった。当時の清帝国はアヘン戦争に振り回され、遙か西チベットまで軍を差し向ける余裕など当然なく、道光帝と駐蔵大臣はただダライラマ政権のカルン（大臣）に対して情報収集とチベット兵の軍事訓練を周到に行うよう要求するだけであった。その代わり、チベット軍は確実に被占領地を奪回し、大雪の中の戦闘でカシミール勢力首領の首級を挙げることにも成功していた。駐蔵大臣からの報告を受けた道光帝は「辦ずるところ甚だ好し」と感嘆したのである。[46]

ラダックをめぐる緊張が去ると、今度は英領インドが一八四六年以後チベット経由で清帝国との通商を求める施策を本格化させ、シッキムを挟んだチベットと英領インドの境界付近は恒常的な緊張に包まれるようになった。英国に比べて勝ち目のないチベットが抵抗することに対して、清廷は次第に「仏教に固執するがゆえに大局を考慮せず愚昧である」という見方を強めていくものの（次章で論じる）、その当初は英国を前にしたチベット軍の訓練状況を「防備・攻撃ともに教練は習熟し、かつ非常に踊躍した状況」と形容しているのである。[47]

その後も、少なくとも同治年間まで、清帝国はダライラマ政権の自治・実務能力を信頼していたようである。一八四〇年代後半以後、四川省の西部、金沙江の東に位置する西康（東チベット・カム地方の一部）においてチベット人土司間の対立が激化し、特に瞻対土司ゴンボランゲーが周囲の土司を侵略したことで社会不安が醸成されたものの、同治中興期の清帝国は引き続き出兵費用に事欠いて十分に対処できず、ダライラマ政権が援兵を派遣してようやく収束していた。その結果、ダライラマ政権は同治帝から出兵費用の代わりに瞻対の地を賞与され、ラサから僧俗官僚を派遣して管理を開始した[48]（しかし、やがてダライラマ政権の官僚が瞻対領民や周辺の土司に対する圧迫を始めたことは、瞻対を清帝国が回収するか否かをめぐる問題が英領インドとの辺界問題と結合して、清帝国とダライラマ政権の関係を急速に悪化させる一大要因となった。したがって、瞻対をめぐる対応は、清廷のチベットに対する積極的な見方の最後となる分水嶺的な出来事でもあった）。

以上、十八世紀末から十九世紀中葉における清帝国とチベット（及び理藩院が管轄する新疆や青海）とのかかわりから見えてくるのは、一旦清帝国の版図に組み込まれれば、その後はたとえ「統治の弛緩」と呼ばれる清帝国側の積極関与の不在があろうとも、あくまで藩部が自治を実現できれば、それで同時に清帝国の監督による統治という体面が保たれるという状況であった。したがって、単純に「統治の弛緩」現象から清帝国の「主権の放棄」を示唆したり、あるいは清帝国の統治エリートの怠慢を指摘することは一面的である（勿論、現実にそういう側面があったことを否定するわけではない）。自治を享受するダライラマ政権のチベットが徐々に軍事面を中心に自信をつけて「独立」傾向を強めたことと、苦境に喘ぐ清帝国の側がそれを藩部支配の成功と見なすことは、郡県よりも封建という、地域の自生的な秩序を尊ぶ儒学的な価値観に照らしても、別に矛盾ではなかったのである。それが矛盾として認識されるようになるのは、まさに近代国家主権がチベットをめぐる問題に適用され始めてからであり、その瞬間から高度な自治を享受する仏教的チベットの地位は急転直下することになる。

4　屯田論と「自治」

(1)　屯田論の形成

ところで、十九世紀前半の藩部自治論が事実上清帝国とチベットの関係を律していた一方、別の「自治」論としての屯田論が経世知識人の間で現れ、清帝国の多民族統合を次第に変質させて行く要因となった。

そもそも、儒学の思想的伝統と屯田構想との結びつきは特に新しいものではない。かねてから軍事的な費用対効果や、兵士の安定供給といった問題ゆえに、辺境地帯において民兵（民壮）制度を設けようとする主張は存在していた。[49] ただ清帝国の場合は、三藩の乱以後、長江流域の経済発展地域から遠く農業生産力も低い貴州・雲南・広西といった地域に莫大な軍事費をかけて大軍を配置し続けていたため、現地での単純な屯田では開墾すべき土地がないという事態（もし屯田を強行すれば、現地の苗族との緊張が一層高まりかねない）を同時に抱えていた。したがって、浮費や冗食を抑えて駐屯費用を節約せよとする議論も存在していた[50]。

これに対し新疆は、一見「無尽蔵」に存在する草原や砂漠[51]を利用できるように思われただけでなく、漢人地域や西南少数民族地域とは違い、ジュンガルを打倒して獲得した広大な版図であった。このことが、屯田をめぐる様々な議論を誘発し、ひいては清帝国の統治エリートにおける版図支配観の変容に影響を与えた。

天山山脈以東で最初に清帝国の屯田が設置されたのは一七一五年、トルコ系ムスリム地域最東端のクムル（哈《ハ》密《ミ》）においてであった。これは、当時チベットへの介入を強めつつあったジュンガルに対処し、特にその首領ツェワンアラプタンを征伐するため雍正帝が派兵したことに伴うものであったものの、一七二五年には暫定的和平が成立し、屯田は撤廃されていた[52]。しかし、一七五七年にジュンガルが滅亡して天山南北の地が「新疆」（新しい土地）と命名されると、漢人地域から遙かに離れた広大な地域において常に大規模な軍事力を維持するため、屯田政策の必要性が否応なく高まった。そのような中、新疆の東部には徐々に山西省出身の漢人商人や陝西・甘粛出身の漢・回農民が入植を始め、中心地ウルムチは軍事・商業都市として急速に発展するなど[53]、漢人地域の延長としての社会形成が一般民主導で進んでいた。このことは、官主導による大規模な屯田の実施に向けた議論の格好の素材を提供した。そこで陝甘総督・文綬は、新疆における無限の可能性を説いている。

屯田は充分広大になっているものの、土地はまだまだ残され、水利も十分には開かれていない。棄てられた地なく、民に十分に利益を挙げさせるためには、内外で招募を推進すべきである。内地の貧民に対して勧諭し、自発的に行かせる。在外の民（トルコ系ムスリム）も、たとえ屯田の美を目撃しても資金不足や慣れない事柄ゆえに様子見で終わりかねない。いま人数の多寡に関係なく、ただちに土地や資材を提供できるようにすれば、待たずして楽に従事することができる。今後ますます人口が増加し、地利が大いに興り、営屯が広大になり、兵威が壮んになれば、自ずと郡県に組み入れて久遠の規とすることも可能である。[54]

ただ、貧民やトルコ系ムスリムを用いた積極的屯田策はただちに全面的に推進されたわけではなく、主にウルムチ周辺の天山北路一帯における比較的小規模なものに限定されていた。そして、清軍は主に国庫に依存すると同時に現地のベグ官人とともにトルコ系ムスリム社会に寄生する状況が続いた。そして新疆では、松筠がイリ将軍の職から離れた一八一〇年頃を境に、清軍とベグ官人に対する不満から社会不安が高まり、一八二六年にはジハンギールの乱も発生した。そこで統治エリートの間では「果たして新疆を維持すべきか否か」という論点を中心に、清帝国の新疆統治のありかたをめぐる深刻な問題意識が醸成された。この中には「トルコ系ムスリムを掌握できるのはムスリム指導者しかいない」という議論や、「白蓮教への対処ゆえに新疆に振り向ける軍事的余裕はないため、新疆東部に支配を限定して西部のタリム盆地は放棄すべきである」とする議論もあった。しかし道光帝は、こうした見解をとった揚威将軍・長齢および山東巡撫・武隆阿に対し、乾隆帝の武功の象徴である新疆を軽々しく放棄するものであると譴責し、怒りの余り免職としたのであった。[55]

このような状況を迎えていた一八二〇年代以降沸き上がったのが、経世知識人による新疆積極経営論である。第三節でも触れたように経世知識人たちは、乾隆末年以後の清帝国の弱体を挽回するため、特に儒学的知識と実践の精神に富んだ人材を中心に地域秩序を基礎とした再建を図ることと、繁栄の時代の成果を再確認することの重要性を説いていた。その最も典型的な宣言が魏源『聖武記』の序文であろう。彼は『礼記』を引用しながら「物恥足れば以て之を振るい、国恥足れば以て之を興す。ゆえに昔の帝王は、久安の世に軍令を以て天下の人心を盛り立て、軍事によって天下の人材を延ばした」と述べ、軍事を中心とした人心の振起を通じて良質の人材を確保し、国威を発揚することを説く。[56] そのうえで魏源は、最も手近で再認識が容易な繁栄の歴史として、清帝国の盛世における武功の事跡に学ぶべきであると強調した。[57] このような歴史観からみて新疆の地は、チベット仏教の擁護をめぐるジュンガルとの角逐に勝利して版図を大いに拡大したという栄光の事跡を最も雄弁に示す、決して放棄することは許されない存在であった。新疆は、歴代皇帝が嘉慶帝以後の困難な時代の人々に残した最大の資産（＝天が残した未開の「鴻荒」）だったのであり、しかも漢人からみて「西域の治まらないこと、古より数千年」という状態を尽く改めた象徴でもあった[58]。

また、経世知識人が新疆の重要性をことさら強調したのは、経典の世界だけに閉じこもる儒学者や、既存の狭い知識だけに安住する士大夫に対する痛烈な批判の一環でもあった。龔自珍によると、十九世紀前半には少なくない人々が新疆など内陸アジアへの武力行使を指して「上の智を疑い、人の国と祠を滅ぼしたとし、上の仁は天下の道ではないと言い放つ」状況が存在していた。龔自珍はそうした人々を「愚儒」と断じている[59]。

魏源や龔自珍が提示した新疆積極経営論の最大の特徴は、単に軍隊の自活による軍事支配を通じてトルコ系ムスリムの反乱を予防し、かつ貧困民の安置策を推進する方針を示しただけでなく、腐敗・衰退した清帝国全体の人心刷新に向けた一大実践としての意義が強調されていたことである。乾隆年間の盛世は、彼らにとって一面では武功によって象徴される時代であった。しかし同時に人心は安逸と奢侈に流れ、「風俗は遊蕩し」「富戸が貧戸に変じ、貧戸は餓に変じる」没落現象が蔓延し、さらに人口が急増して「中国に人満つ」状態となった結果、生存の基盤としての土地を持たない遊民や流動人口が激増した不安な時代として認識されていた。その矛盾が爆発したのが、嘉慶・道光年間という時代に他ならない。そこで、土地が広く徭役賦税の負担が軽い新疆の地において、軍事支配とベグ官人支配の複合状況を廃して新疆省を設置し（新疆東部のムスリム郡王や西部各都市のベグには「協辦府事」「協辦県事」といった官職を付与して県制の中に取り込むことが構想された）、貧困民を入植させ、牧畜・灌漑農業・商業・鉱業を振興することで、他の漢人地域（内地）とは全く異なるユートピアを具現しようとしたのである。同時にこの構想では「中国の奇淫な物」の持ち込み禁止による風俗（庶民文化）の改善強化や、漢文を未だ知らない満洲・モンゴル旗人やトルコ系ムスリムに対する儒学的教化の推進策としての「学営」設置ならびに将来の郷試の実施が盛り込まれるなど、社会的画一化の方向性が強調されていた[60]。もっとも、前節でみたように、龔自珍は清帝国の統治目的を「あらゆる人々に対する公正の実現」として捉える立場から、ムスリムの利益を最大限確保しつつ漸次「改良」すべきとする一方、魏源の場合は純粋に新疆における軍事支配の利益を強調して「回戸を牽制すると同時に、中国の増大する人口を分けることが出来る（分中国生歯之蕃[61]）」とする点で、魏源と龔自珍の議論が同じであったわけではない。しかしいずれにせよ、こうした一連の措置を新疆において実施すれば「中外一家にして、老いて死ぬまで戦乱を見ないで済む[62]」はずであった。

しかし、道光年間の藩部諸地域に対する清帝国の把握の度合いはいっそう低下し、屯田による経済発展および社会統合というユートピア構想も真剣に検討・採用されるところとはならなかった。その結果、新疆に駐留する軍やベグの搾取は続き、コーカンド＝ホージャ家の侵入も相次いで、新疆社会は疲弊の度を増して行った。清軍はただでさえ漢人地域における税収からの送金（協餉）が途絶えがちになって困窮し、現地民からの搾取に依存したのみならず、ベグ官人の支配はしばしば清帝国から委ねられた権限ならびに清軍の搾取の度合いを超えた強制を現地民に加えていた。十九世紀中期にイリ地方を訪問したロシア人は、現地のトルコ系ムスリムが、収穫の半分以上を清軍とベグに徴収され、各種の無償労働にも従事させられていた状況を、深い同情を以て記録している[63]。かくして醸成されたトルコ系ムスリムの不満が、当時徐々に新疆における移住者を増やしつつあった陝西・甘粛の回民の動向とも結びついた結果、一八六二年以後陝西・甘粛省において回民の大反乱が発生するや（陝甘回乱。発端は、太平天国軍に対する防衛を担う漢人団練と回民団練の間における衝突であったが、それが回民に対する虐殺と回民側の反乱の悪循環に陥った）、一八六四年には新疆にも飛び火した。その結果、新疆における清帝国の支配は一旦崩壊し、一八六五年以後はコーカンド出身の軍人ヤークーブ＝ベグが新疆＝東トルキスタンを支配するに至った。ヤークーブ＝

ベグはオスマン帝国の宗主権を認めて軍事援助を受ける一方、英国・ロシアは通商利益の確保や影響力の行使を意図して、一八七二・七三年に相次いで通商条約を締結した(64)。

(2)「抵抗」としての同治中興――多民族帝国における公正さの堅持と困難

以上のように清帝国の新疆統治は、乾隆帝以降の軍事支配と在地エリート（ベグ）の支配の結合が裏目に出る結果に終わっていた。しかし、この腐敗した統治を改めるために、魏源や龔自珍が説くような社会改造の意味を込めた屯田論を実施したところで、果たしてどの程度効を奏したかもまた疑問である。この問題を、ムスリムの反乱と同時並行で進められた同治中興との関連から考えてみたい。

天山南北を征服した当初の清軍は、清帝国自身にとってもムスリムにとっても、ジュンガルの支配を打破した一種の「解放者」であった（仏教帝国を目指したジュンガルはムスリムにとって決して好ましい王権ではなかった）。そして「皇清の大一統」のもと、ムスリムはムスリムとしての社会文化形態を保持したまま「教」に基づく自治を享受し得たのであり、そのことが「アッラーが与えた公正なパーディシャー」という現地エリート側の認識を引き出し、清帝国の新疆における支配の正統性の基礎ともなっていた(65)。加えて清帝国の統治エリート自身も、儒学的な理想政治である三代の封建制の尺度から「教」ごとの自治を肯定できた。ベグ官人制は、公正さを目指す清帝国の支配をうけて、在地民の利益になる「ムスリム自治」を実践すれば、このような統治思想からみても問題になりようがなかったと思われる。

そして、雍正帝や乾隆帝が描き出した「皇清の大一統」に最後の最後まで忠実であろうとしたのは、他ならぬ「同治中興」の精神であったと思われる。中体西用の洋務運動が推進された同治期は、一面では西洋風の武備を導入して「自強」が強く叫ばれた時代であったものの、その根本では依然として「儒学精神に照らして良き人材が得られさえすれば何事も自ずと調和を回復することが可能である」という理念が根底にあった。そのため、近代的な剰余生産・殖産興業に基づく経済発展を通じた「自強」ではなく、自らが把握する土地や場面において守旧・自足することによる「自強」という側面が大きかった。[66] このような同治中興の目標は、やはり乾隆帝までの栄光を再現することであり、同治帝（実質的には、まだ未成熟な同治帝に代わって実権を握っていた西太后や恭親王）が藩部統合をめぐって発したメッセージは、あくまで「武勇と実行」ならびに公正さに努める態度を通じて達成される、宗教間の違いを残したままでのバランスある統合の回復であったと考えられる。

例えば、同治期にはかたや洋務の象徴である艦船建設のため、曾国藩や李鴻章・左宗棠ら漢人エリートが奔走していたものの、同時にそれまで衰退するのみであった満洲・モンゴル騎馬兵力の再建も課題となっていた。特に、軍馬養育体制の弛緩こそ軍内部の積弊と敗北の原因であるとされ、軍務全般と馬政の再建が打ち出された。[67] そして、捻軍の制圧にあたってモンゴルの王公センゲリンチェン（僧格林沁）率いる騎馬軍が目覚ましい活躍を見せたことを清廷は高く評価した。[68] 清廷は軍全体の綱紀粛正が緒についたとみるや、嘉慶末年以来途絶えていた木蘭圍場での狩猟訓練を再開して、乾隆帝以前の気風の回復を目指したのである。[69]

清廷はチベット人に対しても、腐敗と闘う公正な皇帝権力像を改めて印象づけることに努めていた。その一例が、一八六二年（同治元年）にダライラマの摂政レティン活仏が北京に逃亡した「レティン事件」をめぐる処理である。[70] この事件は、レブン寺（ラサ三大寺の一つ）が布施を隠匿したことをレティン活仏に指弾されて争論になったことに端を発するダライラマ政権の内紛であり、乾隆末年以来の対チベット統治方針に照らせば、駐蔵大臣・満慶ら清帝国のラサ駐在官は、双方の仲裁要請をもとに北京に報告し裁定を仰ぐべきであった。しかし満慶は、レティンの政敵ワンチュクギャルポ及びレブン寺からの賄賂をうけてレブン寺側に有利な報告を行い、レティン側の訴えを尽く無視した。その結果、窮地に陥ったレティン活仏側が逆襲に走り、ダライラマ政権内部が激震に見舞われたのみならず、清帝国の影響力そのものにおいても著しい打撃となった。レティン活仏は逃亡した北京にて客死し、しかも一旦は事件の責めを負うかたちで活仏の名号を剝奪されたものの、清廷は四川総督・駱秉章に命じて事件の真相解明へと踏み込み、駐蔵大臣・満慶の不正を明らかにした。清廷は「レティンの圧政がチベットの民衆を苦しみに陥れていた」という満慶の奏に対して「ならば駐蔵大臣として自ずと禁じれば良かったではないか」とし、その平等中立であるべき本来の職務を放棄したことを責めた[71]。そして「結局満慶はワンチュクギャルポらに抱き込まれて駐蔵大臣としての独立性を保っておらず信用できないので、後任者が一日としてラサに至らなければ、清帝国とチベットの関係は保ちがたい」と断罪したのである[72]。

このような清廷からみて、陝甘回乱とそれが飛び火した新疆の危機は、清帝国の官僚や軍隊がムスリムとその宗教であるイスラームを尊重すれば決して起こり得ないものであった。それだけに回乱問題をめぐっては、「回民は国家二百余年の畜養の恩を受けているので、どうして甘んじて匪類となるに尽きようか[73]」「新疆の各部落の回衆が版図に入って以来百余年、均しくみな安分し、内地に附居する漢回とは比べられない。奸回が縦横に揺惑を恣にしているとは断じて信じられない[74]」とし、「良回」と「逆回」の区別を明確にするよう強調していた。「新教」と称されたイスラーム神秘主義教団と回乱の関係をめぐる問題の中で清廷が示した具体的な基準は「高宗純皇帝（乾隆帝）は聖諭において、逆と順、邪か正かだけを問えば良く、その教えの新旧は論じる必要はないとした[75]」という、まさに乾隆帝の遺産を援用するものだったのである。

しかしこの時点では最早、雍正・乾隆期のような多民族統合の再現は難しく、「順」「逆」の区別によって回乱が迅速に収拾されたとは言えない状況であった。そして、最終的に陝甘回乱を収束させ、新疆におけるヤークーブ＝ベグ政権を打倒したのは、ムスリムの漢族への同化志向を強く持った左宗棠が指揮する武力鎮圧によってであった。左宗棠は鎮圧後、ムスリムに対する漢文・儒学経典教育をひときわ強調するようになるのである。

そしてここに「皇清の大一統」が孕む矛盾が集約されていると思われる。「皇清の大一統」は、一面ではそれぞれの「教」からみた理想の王権像と、「善」「道」という概念に集約しうる共通価値を清皇帝が代表し、かつしばしば互いに相容れない「教」に対して中立であるという点においてこそ実現し得たものであった。しかし同時に、清皇帝の立場としては、たとえ政策上の問題から各文化・民族の接触融合を妨げることはあっても（その象徴が万里の長城と、モンゴル人の漢人文化からの隔離、ならびに満洲人らしさの強調）、同時に清帝国のその時々の秩序維持に影響がなければ、人々が「教」の境界を超えて文化的に融合することを妨げるものではなかった（その象徴はまさに皇帝本人であり、モンゴル旗人にして儒学に親しむ松筠である）。換言すれば、清帝国のイデオロギーは、文化の違いを強調する側面と、文化の違いを克復して融合する（あるいは、融合してしまう）側面を同時に孕んでいた。それはしばしば満洲人らしさの喪失という深刻な政治的矛盾ともなり得た一方、克復のために乾隆帝が再三強調した方法は一種の精神論に過ぎず、この矛盾を収拾するための鍵、すなわち制度的な枠組みは、『理藩院則例』の予防規定を除いて存在していなかった。そして、この間隙を突くかたちで漢人官僚の台頭が起こった。根強い華夷思想ゆえに、雍正帝や乾隆帝の下で必ずしも体制の「正統」になりきれなかった儒学知識人、とりわけ乾隆末年以後の経世知識人にとっては、秩序回復という目標において自らと清帝国のイデオロギーを融和し得るため、次第に儒学的な漢人（及び儒学思想に親しむ満洲・モンゴル人）エリートの影響力が強まるにしたがって、異文化に対する儒学化の志向がそのまま政策的に前面に出ることにつながったのである。

乾隆帝没後の十九世紀は、雍正帝や乾隆帝という並外れた指導者によって辛うじて矛盾が縫合されていた状態が瓦解する時代であった。そこではかたや「統治の弛緩」に伴う実質的な藩部高度自治がチベットにおいて実現し、当時の儒学者の立場からも正当化されていた。しかし同時に魏源や龔自珍の屯田論や新疆社会改造論のように、しばしば全く同じ人物において文化的融合・同化の側面も構想され、時々の政治状況次第でイスラーム社会に対する消極的な見方＝儒学思想的教化・同化論へと結びついていた。要するに、もとは同じ地歩から出発し、いくつかの偶然と並はずれた構想力によって実現した「皇清の大一統」の多民族統合は、この時点までに「宗教・民族文化尊重」の側面と、「宗教・民族文化融合」の側面へと痛ましいほどに分裂してしまったのである。同治期の清廷は、乾隆帝の再現を目指してチベットに対する公正に努め、駐蔵大臣の不正と不作為を糾すことで、清帝国の監督を前提としたチベット高度自治の維持に尽力し、さらにムスリムに対して同情的な姿勢を示していたものの、この防波堤が帝国主義列強の内陸アジアにおける角逐と、それに伴う版図観・藩部統治観の分裂によって決壊するのは目前であった。同治中興は伝統的な「皇清の大一統」の最後の間奏に終わったのである。

5　前近代清帝国における領域国家像の形成

ところで、清帝国の多民族統合のうち、武力による比類なき版図拡大、駐蔵・イリ・庫倫辦事大臣などを主軸とした藩部への監督行政、ならびにロシアとの事実上対等な国家としての関係は、朝貢国に対する影響力の行使のありかたとは違ったかたちで清帝国の強固な支配の範囲を印象づける効果を持った。それはいわゆる「西洋の衝撃」よりも以前に、事実上明確な境界線によって仕切られた領域観へと転化しつつあったと考えられる。

清帝国を「前近代中華帝国」「中華世界の中心」として把握する場合の問題点については、既に第一章で論じた。むしろ清帝国は、ロシアという北方の対等な存在に直面しながら内陸アジアに向けて拡大した王権であった結果、自らの影響力の及ぶ範囲について具体的で有限的な認識を持っていた（それは、もともと牧地の境界や峠に設けられた「オボー」＝一種の塚が「国境」の随所に設置されたことに現れている）。さらに数々の出兵の記録、康熙〜乾隆帝の地理学愛好と、十七世紀以来のキリスト教宣教師による地理論が結びついて、乾隆帝の末年までにひとつの官製イメージとして、乾隆帝の「十全武功」の事跡によって示される地理的範囲が出来上がった。乾隆帝は『御製十全記』で「中国を守る者は徒に偃武修文を語ってはならぬ」と強調し、自ら征服の事跡を誇ることで、「中国」の守りの「外」に武力を行使した範囲として版図の枠組みを明示している。

・ジュンガル部に対する二回の平定。
・回部（新疆）に対する一回の平定。
・金川に対する二回の平定。
・グルカ朝ネパールに対する二回の平定。
・台湾・安南・ビルマの服属。(76)

このうちアラウンパヤー朝ビルマに対する平定は、実際には雲南西南部〜ビルマの多雨に見舞われた苦戦であり、辛うじてビルマの朝貢を盛り込んだ和議を取り付けただけであったので、実際には「武功」というよりも敗戦に近いものであった。また、金川のチベット人やグルカとの戦闘のように苦戦続きだったものの、最後は有能な武将（アグイ及びフカンガ）を向かわせて辛勝した事例もあった。ともあれ、安南（阮朝ヴェトナム）・ビルマ・グルカ朝ネパールを朝貢国とした以外、こうした武功の地は魏源「答人問西北辺域書」にいう「国家の威稜が震わせる範囲」にもほぼ継承されたのである。

㈠　正北の内蒙古。独石・張家・古北・喜峰・殺虎の各口から出た四十九旗はみな内藩蒙古と呼び、帰化城とトゥメト（土黙特）を合わせて五十一旗。みな天朝（の号令）を聴き、ジャサク（札薩克）を設ける。

㈡　正北の外蒙古。西路・北路・中路・東路に分かれ、四汗・八十一旗があり、自らジャサクを設ける。この漠北四部はハルハと総称する。

(三)　ジュンガル部（準部）。天山北路のこと。ハルハ（哈爾哈）の西にあってコブド（科布多）と接する。……東南の腹地には鎮西府・迪化州（現在のウルムチ）があり、ここも準部の旧地で安西北路と称し、天山路ではない。西北から西南にかけては天山南路があり、みな回子境である。回はすなわち漢書三十六城の末裔である。ハミ（哈密）・ピジャン（闢展）周辺は安西南路と称し、これも天山路ではない。

(四)　衛蔵（ウ・ツァン）・阿里（ンガリ）・喀木（カム）。天朝は駐蔵大臣を設けてその事を司る。ダライラマは之に副する（引用者注：現在のチベット自治区に相当）。

(五)　正西の青海。蔵・準と境を接し、甘粛・四川の辺境である。ハルハ・ホイト・トルグート・ホショート・チョロスの五部がある。青海（西寧）辦事大臣を設ける。ハルハがモンゴルを称するのと同様、オイラートの人もモンゴルを称する。

なお、康熙帝が特にかかわったロシアについては「大清国の北の境は、東は鴨緑江からはじまって両蒙古を経て準部に至ること二万余里、みなオロスと境を接する。ゆえにオロスは北徼の極大の邦と為す。古より中国には隷さず、その水は全て北海に流れる。北斗を見て則ち南とする」として、清帝国の影響力が及びうる範囲には含まれないという認識である(77)。

魏源は、以上の版図統合の歴史について「西北の周数万里の版章は、聖祖（康熙帝）が之を耕し、世宗（雍正帝）が之を耨《くさぎ》り（すきで雑草を刈り除くこと）、高宗（乾隆帝）が之を穫たと言える(78)」と総括する。そして、内陸アジア藩部における軍事行動の意義は「中国を外郭で防衛する」という視点から把握され、「西陲の軍事の本末は一支・一隅を見て全体・中国を念じるものである」と強調している(79)。

こうして、『聖武記』が著された一八四二年までには、ヌルハチから康熙帝までの事跡、雍正帝の『大義覚迷録』による「中外一体」論の提示、乾隆帝の「十全武功」の誇示、そして魏源ら経世知識人の思考を通じて、清帝国の事実上の領域認識が形成されていた。勿論、統治の弛緩とチベット高度自治の問題においてみたように、それは領域に対する外交権も含めた排他的な主権行使の枠組みに一致していたわけではなく（前章でみた通り一八五〇年代にも、ネパールとチベットは「一視同仁・同じ屏藩」であるという理由により、ネパールの一方的な対チベット「主権」侵害を黙認しているのである）、この時点でも藩部の地理的範囲は「中国」認識と完全に重なっていたわけでもない（魏源によると「外郭」である）。しかも先述のように、モンゴル・新疆・チベットに対する出兵を「人の国と祠を滅ぼし、天下の道ではないと言い放つ」人々がいたことからも明らかなように、この時点で清帝国臣民の誰もが何の疑念も持たずにこれら藩部を「われわれ意識」の立場から眺め、同じ国民・同じ国家として認識するという、近代ナショナリズム特有の思考様式が一般的に存在していたとは考えられない。しかし同時に、「中華帝国の文化的優越に基づく同心円上の階層秩序が西洋の衝撃によって根本的な挑戦を蒙り、帝国主義列強の圧迫の下で近代主権国家へと脱皮する過程へと進んだ」という図式とは違った展開において、領域国家形成の萌芽が存在していたのである。魏源『聖武記』の出版が南京条約の締結と同じ一八四二年であるとしても、それは必ずしも「西洋の衝撃」の影響のもとで急遽「ナショナルな視点」から執筆されたものではなく、あくまで十九世紀前半の経世知識人における清帝国認識の総決算として描き出された領域認識であった。このようにして、中華人民共和国が実効支配する領域とモンゴル国を合わせた土地がほぼ一体視された。

その後、咸豊～光緒初期（一八五〇～七〇年代）にかけて、魏源や龔自珍らによる清帝国地理論に加え、魏源による西洋事情解説書『海国図志』の社会的影響を踏まえた総決算として、[80] 清帝国の内外をどう認識するかという「地理学ブーム」が出現した。そのいくつかの概説において、魏源が示したような地理的枠組みを清帝国の事実上の領域として認識する思考は基本的にほぼ定着していた。

《徐継畬『瀛環志略』》

我が朝の幅員の広さは古より未曾有のものであり、東三省の東北ではオロスと接し、正北の内外蒙古の諸部は悉く八旗に編入されて臣僕となる。西南の青海両蔵には候尉を置いて枕を安じ、西北の新疆回疆は『漢書』芸文志の西域諸国の大半を包み……東海の朝鮮・琉球や南裔の交趾・暹羅・緬甸・南掌（ラオス）・グルカ諸国は貢職を修めて期を守らないことはない。アジア（亜細亜）の一土で未だ我が正朔を奉じない者は東海の倭国と北裔のオロス、そして極西の弱小諸回部、南荒のインド諸国のみ。則ち、中国はアジアにおいて、その半を得るに止まらない(81)。

《汪士鐸「大清一統輿図」》

純皇帝（乾隆帝）は西域・回疆・青海・金川・蔵衛を定めて三万里の土を拓き、儀器を用いて斗極・月食を測らせ、黄道（赤道）・経緯度を審定し、中外の封域の広輪曲折の数を画した。……睿皇帝（嘉慶帝）は会典を続修し、内外ハルハ蒙古百余遊牧及びコブド・タンヌウリヤンハイ・アラシャン・エジネの諸部落を益した。……そこで、高山・河川・郡邑・斥候の場所をはじめ、あらゆる境界線も坐して一目瞭然となった（莫不可坐知(82)）。

東三省の外は、省十八条とし、府県を画して井里とし、ここに列聖は賢俊を旁召し……必ず儒を崇め……これを覆育する。……東は松花江から北は大漠を内蒙古六盟とする。……東は黒龍江から西はアルタイ山を越えるまでを外蒙古とする。……遠近の区別なく……必ずその俗に因りてその教を布き、以て之を懐柔する(83)。西域・吐蕃（チベット）は将軍・都統・参賛諸大臣の治めるところとする。これは列聖簡将が威武を以て耕し肥沃にしたものであり、……これを養うに、教え威し信ずるを思う(84)。

内外の蒙古はみな元の後裔であり、開国の初めに最初に帰附し、土地・爵位・衣冠を錫し、侯に通じた。……恭順なること惟だ謹である。これは周秦漢唐の未だ有らざるところである。……新疆・衛蔵は純皇帝が耆定し綏輯した邦である。土は沃で泉は甘く、内地に比べて徳を戴くこと百年、風俗は厚い。……撫御が人を得れば必ず鎮に改め州と為すことができよう。富むべく教えるべく、永く昇平の化に沐するであろう。[85]

こうして、汪士鐸の言うように「坐して一目瞭然」となった清帝国の事実上の領域は、その後清帝国が欧州・日本との複雑な関係を通じて、近代国際法（万国公法）に基づく領域主権国家・近代国民国家としてのあり方を選択していくにあたり、まさに格好の雛形を構成していた。しかも、それは常に「清帝国祖宗の創業の地」という観念と表裏一体であった。こうした領域認識は一八七〇年代になると、英露の角逐の中で「天下万国の鍵」であるパミール以東の地を「中国」が所有していることの重要性を喚起することにもつながっていた。[86]

「武功」を基礎とした領域認識の形成における最後の分水嶺となったのは、一八七四年から七五年の間、日本の台湾出兵を契機として展開された海防・塞防論争であろう。この時期、ロシアの南下は相当程度進行し、一八七一年にはロシア軍がイリを占領（その名目は、清がイリ地方の秩序を維持できるようになれば撤退するというもの）、さらに七二年にはロシア、七三年には英国がヤークーブ＝ベグ政権を承認するなど、清帝国の新疆支配は一旦完全に崩れた。そこで、日本の挙動に備えて海軍建設を重視し、新疆は放棄のうえトルコ系ムスリム首長（回酋）の自治を認めて現在の防衛線を維持するべきとする海防論（李鴻章が中心）と、武功によって獲得した伝統的版図である新疆を失ってはならないとする塞防論（左宗棠が中心）が、特に軍事費の確保という思惑を孕みつつ衝突したのである。[87] この論争は曖昧な妥協に終わり、左宗棠による一八七五〜七七年の新疆回復と北洋艦隊の建設は同時に進められたが、新疆確保論が最終的に力を持ち得たのは、海を介した外国との関係が通商面を中心に順調であり、ロシアの脅威に比較すれば必ずしも深刻ではないという認識に加え、いったんロシアが新疆における主導権を完全に確保してしまい、ムスリム反逆の勢いも一層強まっては、現在確保している甘粛の防衛線（河西回廊）すらも確保できずに清帝国の根幹を崩しかねないという認識が存在したからであった。[88] この過程を通じて、新疆をはじめとする藩部には、「武功」の象徴ゆえに決して放棄すべきではない土地であるという含意と、ロシアに対する楯としての含意が一層分かち難く結びつくようになっていた。アヘン戦争の責任を問われた林則徐が一八四〇年代に新疆に流された当時示していた辺疆防衛論も、海防・塞防論争の中ではそのような認識の代表例として紹介されている。

現在、建議の諸臣の多くは、海防が重きを喫することにより、当面西陲の用兵を停め、関を画して守るよう請うている。（私＝林則徐は）このような廷論を疑う。……我が朝の疆域は明代とは異なる。明代の辺外はみな敵国であり、ゆえに関を画して守った。今は内外モンゴルはみな臣僕となった。ただ、西寇（ジハンギール）を数年征伐できず……関を壊して陝甘の内地に入り、内地はみな震撼した。そして北路に入り、蒙古諸部落はみな関を叩いて内に徒り、京師の肩背は壊れた（屏藩としてのモンゴルは総崩れになった）。まさにこの時、海防は急にして両面から敵を受ける。どのようにこれを御すれば良いのか。今回は陝甘の百戦の師を以て簡鋭にして関を出で、未だ経験したことのない大敵の寇を破り、ウルムチは数日を経ずして粛清された。しかし海内の帑蔵は空虚であり、元気は未だ回復しない。……宜しく緊急に収束させ（陣容を引き締め）、勝利の威に乗じて南八城（タリム盆地）と北路の地において酌量して（ムスリムを）分封衆建し、その力を少なくする。ウルムチを以て重鎮とし、南の回部を控制し、北に蒙古を撫し、強隣を御する備えとする。これこそ実に辺疆の久遠の計である。(89)

左宗棠による新疆回復後、イリ問題解決のためにロシアとの交渉にあたった曾紀沢（曾国藩の子）の態度は、以上のような版図認識の流れを象徴するものであった。一八七九年に清の全権大使崇厚とロシア側は、イリの清への返還・清の賠償金支払いと引き替えに、イリ城周辺の広大な領域をロシアに割譲することを柱とするリヴァーディア条約を締結したが、この条約の反古を目指して自らロシアとの交渉に臨んだ曾紀沢が主張したのは「イリをそう易々とロシアの要求通りに割譲すると、祖宗が創業し艱難百戦を経て得た土地が版図から切り離されてしまう」ことに他ならなかった[90]。

以上、乾隆帝までの「武功」に対する認識と、一八七〇年代以降の諸列強に対する対応の合成物として領域認識が形成・強化されたことを見てみると、十九世紀の清帝国の統合とその変容をめぐる次のような説明は必ずしも適切ではなかろう[91]。

(a) それ自体には変化の動機を内包せず安定していた前近代的「中華帝国」が、「西洋の衝撃」によって世界観の極端な違いに動揺した。その結果、国民・主権国家という発想と、無制限的な「天下」支配との間の矛盾を抱えたまま、近代国民国家形成への適応の努力が開始されたと位置づける、所謂「西洋の衝撃モデル」。

(b) 文化一元主義的な存在として「周辺」民族に対して求心力を維持し、漢人文化を核として「中華民族」を形成してきた「中華帝国」が、帝国主義列強の半植民地とならざるを得ず、さらに帝国主義の離間策によって「兄弟民族」が分裂の道へと陥る危機に晒されたため、これら「兄弟民族」を帝国主義から救うことが「中華民族」の近現代における使命となったとする、いわゆる「帝国主義モデル」ないし「中華民族の抵抗モデル」。

清帝国と近代中国ナショナリズムの連続性を少なくとも領域認識という視点から捉えると、むしろ、本来は文化一元主義的であった「中華帝国」(明帝国)の統合が、満洲人王権であることそれ自体と、内陸アジアでのチベット仏教をめぐる角逐と武功を通じて華夷思想を克復した清帝国の「中外一体」「皇清の大一統」へと置き換わり、その下で形成された事実上の領域が、帝国主義角逐の時代を境として主権行使の対象ならびに国民形成の範囲として引き継がれたのだと言えよう。それはすぐれて清帝国自身に内在する思想的営為の結果であった。この点において、十九世紀の清帝国にとっての「西洋の衝撃」と「帝国主義の圧迫」はいずれも基本的には二次的要素であると思われる(勿論、陸からのロシアの脅威が塞防論の一大論点となったことは重要であるが、これも後から加わった要因であった)。

それだけに、十九世紀後半以後の清帝国自身の課題として、予め「皇清の大一統」によって完成されている領域的基礎に対し、帝国主義列強をにらんだ統治エリートの様々な見方や、近代国民国家思想・（主に日本経由の）西洋近代社会思想の影響のもと、どのような統合像を盛り込んで行くかが問われることになったと考えられる。それは具体的には、本章で述べたようなチベット観に対する清帝国統治エリート側からの修正と、その結果として引き起こされたチベット高度自治の撤廃をめぐるせめぎ合い、さらに日清戦争以後は中国ナショナリズムの価値観の強要というかたちで進行することになる。この過程を通じて、ただでさえ分裂した「皇清の大一統」の多民族統合は一層領域統合の側面だけが強調されるようになり、文化的中立性の側面は後退の一途をたどることになる（図4-1）。これは、同じ清帝国の秩序再編とはいっても、朝鮮やヴェトナムといった朝貢国に対する影響力の維持＝外交権の清帝国への留保による「属国」扱いの強化と比較した場合、予め強固な版図認識の存在を前提として、その内部における多様性の保持の如何を問うものになるので、一層深刻な衝突を生むことになるのである（詳細は次章で論じる）。

これまで新疆問題を中心に、十九世紀以後の屯田論を梃子にした社会改造論の萌芽と領域認識の強化が近代西洋的な諸思想の受け皿を準備していたことを指摘したが、同じ現象の萌芽は、十九世紀前半のチベットをめぐる議論――本章第二節で既にチベット仏教への懐疑に関連してとりあげた科挙官僚・姚瑩による『康輶紀行』――の中にもその片鱗が見られる。姚瑩は、彼自身の台湾防衛経験に基づき、アヘン戦争以前から既に英国の行動に疑念を抱いており、台湾での見聞、さらに魏源『海国図志』の影響を通じて、アフガニスタンをめぐる英国とロシアの緊張がいずれはインドに接するチベットにも及ぶのではないかという危惧を抱いていた[92]。一方、姚瑩自身が朝廷の命を承けてチベット高原の一小土司をめぐる内紛を調停に行くのは、本来ならば「蛮が触して相争うことは、本より置いて不問にすることもできる」ものの、あくまで清帝国がダライラマを優遇しており、ダライラマのために重兵を

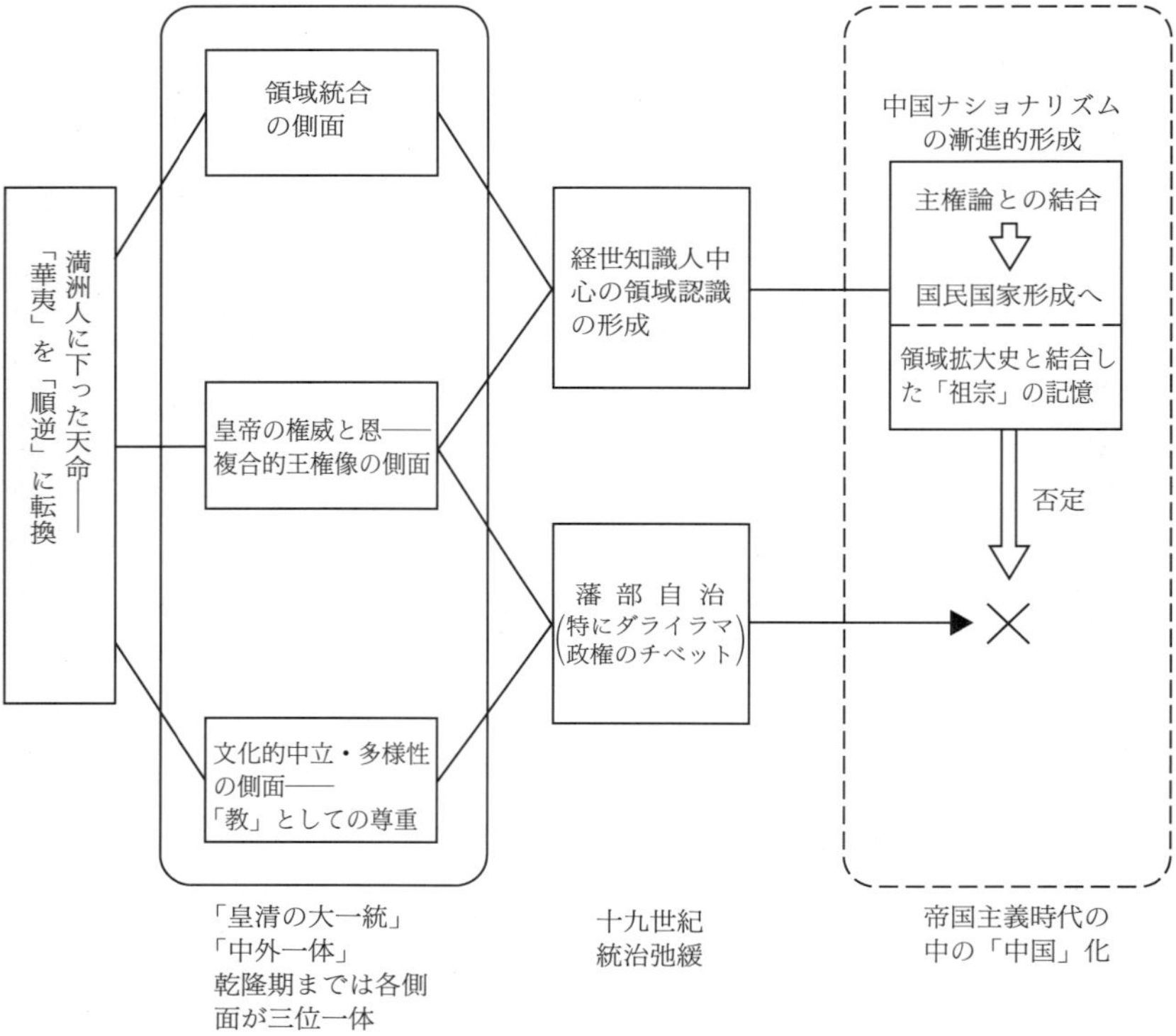

図4-1　「皇清の大一統」の二極分化

置いて外の侮りを防ぐ以上、そのダライラマとの交通を支える道路が一地方の混乱のために途絶されてはならないからであった[93]。このように、一面では清帝国とチベット仏教の関係に基づく統合を踏まえながらも、同時に当時の列強の角逐が清帝国に及ぼす影響を考慮に入れていた姚瑩は、新疆をめぐる屯田論を参考にしつつ、当時一般的には否定的に捉えられていたラサ駐留清軍の「チベット化」の問題を、逆に民族融合・「国民」形成を通じた領域統合強化の立場から肯定しているのである。

いま前後蔵では、タングート（チベット）の兵を除けば駐防の緑営漢兵が六百名で、蒙古の駐防も三十九族があるに過ぎない[94]。恃むところのタングートは仏教に習い、柔順にして馴らしやすい。しかし、無事の時の恃みとしては我が用となるものの、一旦有事とならばその心を保つことが出来るかどうか。……最近の議論では、駐屯兵が姦通して子供を生む事例が多くなり、次第にその種類を成すに至りつつある（混血児という位置づけが固定しつつある）ので、厳禁して革除せよという。しかし、駐屯兵が子供を生むということは、皆内地の種の人であり、もし繁衍させることができれば、蕃人を変じて我が族類にするという利益があり、どうして（その暁には）種類を云々する必要があろうか。新疆の満蒙漢兵は既に人数が多く、現在では既に家族を引き連れて向かわせ、屯田を開墾させるようにしており、その地で繁殖させると同時に回城の有事にも対応できるようになった。そもそも、罪人も我が同類であるので、なおも用いることが出来る。まして駐屯兵の子ならば一層有用である。昔、西洋の夷人が広東で貿易した際にその家族の居住を許可しなかったのは、子供を（広東）現地で産んで我に不利になることを恐れたからである。最近、イギリスは五カ所の埠頭を求め、我が禁を弛めようとしているが、それは必ず家族同伴を承認させて種を中国に増やそうと欲しているのである。夷は中国に至りて、その種を増やすことを謀るが如く、我は異域にて逆に自らその人（異域の人）を弱めようとしているのである。(95)

このように、迫り来る国民国家の時代を前に、ことチベットに関して英国人の同化志向に学ぶのは必ずしも悪ではない、むしろ長期的には利益ですらあるという議論が存在していた。乾隆帝までに形成された清帝国とチベット仏教の檀越関係とそれに基づく藩部自治、清帝国のおかれた対外環境の悪化、多民族統合の領域的側面の強調、国家主権と国民国家の思想の流入、近代西洋的価値観に基づくチベット観の出現——これらが急速に不協和音となって、ついに近現代のチベット問題へと結びついて行くのは間近であった。

第五章　英国認識とチベット認識のあいだ

1　英国のチベット経略

清帝国の衰退・統治の弛緩と、近代兵器を擁する欧州列強のアジアにおける角逐によって内陸アジアの地政学的意味が変容し、騎馬兵力の重要性が低下したことは、新疆・モンゴルにおける藩部統治の変動をもたらした。それはモンゴルにおいては王公の官僚化と漢人商人への経済的従属（特に内モンゴル）、さらには騎馬兵力集団としての独自性の喪失と周辺民族への融合（青海モンゴル）として現れていた。新疆ではムスリム反乱と、オスマン帝国を宗主国とするヤークーブ＝ベグ王国の出現により、藩部統治の解体を惹起していたのである。一面では近代兵器の威力を認識した洋務運動を展開しつつも、他面では伝統的な価値観である「（儒学的な）良き統治」と「武勇と実行」を再建することで挽回を期した同治中興も、結局のところ藩部統治の深刻な瓦解に対する処方箋たり得ていなかった。

このような同治期までにあって、ひとりチベットのダライラマ政権だけは、藩部統治の枠組みの中で安定した立場にあった。今日の中華人民共和国における体制教義的な言説は、近代以前のチベットについて「過去のチベットでは、ラマと貴族が農奴から搾取するという、世界で最も暗黒な封建的支配が展開されており、自らそれを改める意志も能力もなかったので、反帝・反封建の立場で覚醒した中国人民を最も正しく代表する中国共産党が貧困農奴を立ち上がらせて封建支配を打破し、祖国の統一と、自らが主人となる社会主義建設の道へと進ませた。それゆえに中国共産党こそ、チベットにおける人権、とりわけ発展の権利を最も擁護するものである[1]」とする。しかし、同治期までの清帝国とチベットの関係をみると、このような「暗黒の支配」とそれに対する「チベット農奴」の不満の鬱積が、中国共産党のチベット統治に伴って様々な軋轢や混乱が引き起こされた以上に深刻であったことを示すものは、管見の限り見当たらない。しかも、チベット現地基層社会に対する清帝国エリートの認識は、十九世紀のかなり遅い段階まで、たとえダライラマ政権に対して不信を抱き、その自治に否定的な見方をしていた官僚であっても「辺外の田園には麦や豆が植えられ、見渡す限り青々としており、民情はなおも安謐に属する。番民は耕作に勤め、婦女は毛や糸を紡いで絨毯をつくり、男耕女織のさまは内地の景象と異なることはない。僧俗のなかでも明らかに事に通じる者は、番民が升平の福を久しく享受していると称する[2]」と記す通り、清帝国のもと調和のあるチベット社会が実現していたとするものであった。もしチベット社会の内部において「暗黒の支配」と表現しなければならないような不正や苛政が蔓延しているのであれば、単に一七九二年以来規定された駐蔵大臣のダライラマ政権に対する監督権を有効に行使すれば良いだけのことであった。

したがって、過去のチベットの「暗黒」度がどの程度のものであったかを実証することは難しいとしても、もし今日の中華人民共和国が清帝国の「主権」を継承していると主張するならば、チベット伝統社会を漢民族中心の「中華民族」の「進歩と発展」に従属させて「暗黒」扱いする見方は決して公平ではない。皇帝と駐蔵大臣の監督権を根拠として「清帝国＝中国が伝統的に排他的国家主権を行使していた」と主張するのであれば、単純に統治が弛緩して有効に「主権」が行使されず、それゆえにチベットが「暗黒の社会」へと陥ったことの責めを清帝国に負わせれば良いだけのことである。国家主権に相当する権力行使が必要であるとその時点では認識されていなかった秩序に対して「主権」を措定すること自体、歴史的事象を現在の国民国家の論理に則して単線的に解釈するものに過ぎない。

むしろ、少なくとも統治自体が崩壊した新疆や、反乱が相次いだ回民地域・苗族地域と比べれば、多難な清帝国にとってチベット社会そのものは必ずしも統治全般の不安定要因ではなく、他の諸社会と同様に宗教権力・貴族権力の支配に伴う社会的矛盾をも孕みつつ安定的に推移していたと考えるのが適当であるように思われる。

しかし、このような状況は、英領インドがヒマラヤ経略を本格的に推進してチベットへと至るに及んで激変した。チベット問題はアジアにおける英国とロシアの対峙の最前線として国際的な注目を集め、その結果清帝国はチベットをめぐる英国との交渉においても積極的に関与するようになった。一連の過程を通じて、清帝国とチベットの間には急速に懸隔が生じ、二〇世紀以後のチベット問題へと緊張が引き継がれることになったのである。

本章は、その具体的な展開について、単に清・英・チベットの三角関係から論じるのみならず、英国とチベット双方に対する見方を転換させて行く清帝国のエリートが認識していた国際環境全般、特にロシア・日本との深刻な対立や、近代国際法体系への評価と適応の問題を踏まえて論じることにしたい。

ところで、英領インドがチベットへの関心を抱くようになった歴史は古く、十八世紀後半、プラッシー戦役に勝利した英国がベンガル一帯に対する支配を確立した頃に遡る。この時期の東インド会社は、一七七四年に青年ボーグルをダライラマ・パンチェンラマのもとに派遣し、ベンガル・チベット間の密接で平等な貿易関係の確立と、チベットの市場・資源・習慣の調査、ならびにカントン・システムではなく両活仏による仲介を経た清英関係の構築を模索した。そして、ボーグル使節団はパンチェンラマ六世と対面して好意的な反応を獲得していた（ダライラマ八世との対面は、清帝国の妨害によって実現しなかった）。しかし肝心のパンチェンラマは一七八〇年に巡錫先の北京で死去してしまったため、東インド会社の当初の目標は一時停頓した。そして、乾隆末期のグルカ戦争を経て清帝国のチベットに対する監督が強化された結果、東インド会社は「中国人（Chinese）が従来なかったチベットに対する権威を獲得し、チベットは自らが全面的に独立した外交政策を展開できない状態になった」と認識した。もっとも、それで英領インドがチベットへの関心を失ったわけではなく、広東から茶を購入していた英国は慢性的に貿易赤字を抱えていたため、その解消策としてアヘンを広東で売り込むほか、茶をインドで栽培してチベットに売り込む構想を強めた。かくして、英国はその通路としてヒマラヤ地域の確保を目指すようになったのである(3)。

そこで最初に注意深く進められたのが、ネパールを経由せずに直接チベットへと進む通路にあたるシッキムからグルカ王朝の影響力を排除することであり、グルカ・英印戦争を締めくくる一八一七年のセゴーリ条約において、チベット仏教圏ゆえ伝統的にダライラマ政権から保護を受けていたシッキムの外交は、今後東インド会社の助言を仰ぐことと規定した。その結果、シッキムの王室内部は親英と親チベットの板挟みとなって混乱した。一八四七年にチベット人が王室との姻戚関係を理由に首相に就任すると、地元レプチャ人僧との対立も引き起こされ、それが一層英国のシッキムに対する介入の口実となった(4)。また、東インド会社はチベットへの通路確保の一環として、僧俗入り乱れた内戦が続くブータン事情にも介入して一層の混乱を引き起こした（なお、シッキム・ブータンと清帝国の関係は、グルカ朝ネパールのように北京に朝貢使節を派遣していたわけではなかったが、毎年ダライラマを拝謁する代表が同時にラサで駐蔵大臣とも対面して清帝国への敬意を表明する関係であった(5)）。

英国とヒマラヤ・チベットとの関係における一大転機となったのが、避暑地ならびに茶の交易地として建設されたダージリン（チベット語の原名はドルジリン。金剛洲の意）の急速な発展である。最初の保養施設が建設された一八三五年当時のダージリンは人口百人の寒村に過ぎなかったが、茶の生産が本格化した一八四九年には人口が一万人に達し、さらに一八六〇年には商業・避暑旅行の中心地として重要な都市となった。このダージリンでの避暑を通じて、多くの英国人がチベットとチベット人を明確に認識し、さらにはチベットとの密接な関係を重視するようになったのである(6)。

こうした流れに沿って、一八六〇年代以降の英国では、次第に以下の二つのチベット観が強い影響力を持つようになった。

(a)　チベット人やヒマラヤの山地民は原始的で、無知・近視眼的にして奴隷的な環境にあり、かつラマ教（「チベット仏教」ではなく、あくまでキリスト教に比べておくれた「ラマ教」）に浸っているため、文化的に見るべきものがない。しかし、彼らの良き信仰心はヨーロッパ人と同じである。もし彼らがラマによる重圧から自由になれば、クリスチャンに改宗して喜びを得ることは必定である。したがって、ダージリンは希望ある西洋文化を発信するための灯台のような存在である。(7)

(b)　現在、チベットにおける茶の流通は、主にラマが運送・販売権を握る四川からの茶によって占められており、ラマがそう簡単に既得権益を放棄するとは考えられないものの、長期的にはインドからの茶が代替することが英国の利益になる。この通商を介してインドと「仏教徒のメッカ」ラサ、さらには重慶を結ぶことは、内陸アジアにおける最も魅力的な構想である。チベットは、貿易と文明の影響下に開かれるべきである。国際的影響力なき米国・植民地を持つべきではないフランス・最も抑圧的で専制的なロシアと比較すれば、英国は中国とチベットをインドに結合させることができる唯一の強大・富裕な国家である。(8)

こうして英国において内陸アジア経由の対清貿易ブームが過熱した結果、「四川の人々がマンチェスターやシェフィールド製の製品を身につけ……中国の絹や茶を載せたキャラバンがこれまでの半分の時間と費用でシッキム・ブータンを通過し、インドの市場を豊かにすることが出来れば、我々は中国の人々が一層啓蒙的な思想へと前進することへの自信を持つことが出来る(9)」という崇高な義務感が生まれるに至った。

以上のような楽観的雰囲気をうけて、一八七四年にはシッキム経由の新たな通商路を建設するよう勧告するエドガー・レポートが政府に提出され、これを踏まえて英国外務省はインド政府に対し実地調査を行うよう指示した。

同時に、駐北京公使トマス＝ウェードが北京を介さないチベットとの直接交渉の可能性を探るなど、一八七〇年代中期以後、急速に英国のチベット経略は本格化した。その結果、シッキムを貫通する道路が「ラサとのコミュニケーションのエクセレントな手段」として速やかに建設されたほか[10]、英国はカラコルム・ブータン・雲南経由の対清商業ルートの開拓に一層力を入れたのである[11]。

一八七五年、ビルマのバモーから雲南の騰越に向かおうとしていた英国調査探検隊の通訳マーガリーが殺害された「マーガリー事件」は、まさにこのような文脈の下で起こった。そして、マーガリー事件の善後策をトマス・ウェードと李鴻章が協議して締結されたのが一八七六年の芝罘（煙台）協定である[12]。この協定は主に雲南における事件の再発防止策や英国官吏の雲南駐在を定め、同時に清帝国の賠償金支払い、条約港での往来における国際慣例の適用、条約港及び租界の追加、清帝国に有利な関税徴収を規定したものであったが、一八七七年には特別条項として、英国人が北京から甘粛〜カシュガル、青海〜ラサ、四川〜ラサ経由でインドへと調査旅行を行うことと、その際マーガリー事件の二の舞を防ぐために清当局が通行証を発行して護衛を行う旨を追加していた。清帝国にとって、二〇万両の賠償支払いと謝罪は決して好ましい内容ではなかった。しかし李鴻章や郭嵩燾（マーガリー事件の謝罪使として英国に向かい、そのまま公使に就任）ら清廷の中枢から見て、マーガリー事件の発生は「雲南総督岑毓英が理由もなく騰越の駐防兵や土民を煽って紛争を起こし、しかもその真相を隠そうとした[13]」結果起こったものであり、ある意味で合理的な解決と認識されていた。そこで李鴻章は、今後の英国人の調査探検活動も厄介な問題になり得ると認識したものの、英国側との交渉における「もし探検隊の派遣に際して問題があれば決して無理なきよう」という李の言明をウェードも受け容れたこともあり、「阻むのは難しい情勢だが、沿線で意を加えて護送するのも自ずと問題を避ける道であろう」とした[14]。結局、この協定は総体として英国をはじめとする各国との通商を円滑にする作用を持つため、李鴻章は即座に批准したのである。

英国が通商路の拡大に躍起となり、しかも徐々に清帝国側の同意をも取り付けていったまさにそのとき同時進行していたのが、ブータン情勢の悪化である。シッキムと並んでブータンへの影響力拡大を目指した英国は、一八六五年にブータンとの間で大規模な戦闘を展開し、多くの兵士が死傷する事態となっていた。当時の駐蔵大臣・満慶は、「清帝国と和好する披楞＝英国」がブータン経由でのチベット入りを望んでいるという、シッキムやブータンの使者の説明が果たして本当なのか、そのことをチベット人が警戒するのは道理にかなうものなのか不明であるとしながらも（情報収集能力の著しい欠如！）、それは尋常の「蛮触相争う」ものとして放置するだけでは済まない問題であることがラサ・北京において曖昧ながらも認識され始めた。[15] しかし、満慶の後を継いだ駐蔵大臣・景紋も、天災や内戦続きのブータンからの度重なる救援要請にダライラマ政権が財政的に耐え切れなくなったというカルン（大臣）からの説明だけをもとに、ブータンと披楞＝英国の戦闘は「ブータン人（ブルクバ）が長期的な見通しを持たずに一時の短気から披楞を甚だ多く殺傷し、勝手に辺境の煩いを引き起こした」からだと判断し、ダライラマ政権から特使を派遣して仲介しない限り問題を解決出来ないという認識を示した。[16] 結局、戦闘は英国にとってもブータンの地形の峻険さや森林の多さゆえに困難を極め、最終的にはブータンが英国から獲た戦利品である砲台を返還することで収拾された。しかし、極度に疲弊したブータン社会は辛うじて狩猟によって糊口をしのぐほどの惨状であり、駐蔵大臣やダライラマ政権の観望的な態度ゆえ戦時援助が得られなかっただけに、ブータン人のダライラマ政権に対する感情は悪化してしまった。とはいえ、ダライラマ政権も東チベット・カム地方における戦闘（前章で概観した瞻対地区での土司征伐）ゆえにブータン援助の余裕はなく、事態を重く見た景紋は私財で食糧を購入してブータンに送り、辛うじてブータン人のチベット・清帝国に対する好意を引き留めたのである。[17] その後英国は一八七六年になると、シッキムに次いでブータン経由ルートの建設準備を進め、再びブータンの危機が強まった。ブータンは「本来であればチベットと同じ仏教徒であるゆえに、チベットの危機を救うため努力すべきであるものの、もはや英国に抵抗する能力がない」として、駐蔵大臣とダライラマ政権の速やかな助言と援助を仰いだ。しかし、ダライラマ政権はもとより駐蔵大臣にも効果的な対策はなく、駐蔵大臣・松溎は、英国に対し「チベットは山河が険しく、珍貨に乏しく、習教も異なるので、遠路跋渉しても徒労である。道路を建設して交易する必要はない。各々疆界を守るべきである」と諭すしかないとした。[18] 勿論、このような発想は英国にとって受け容れられるものではなく、ブータンをも失望させた。ブータンは間もなく、五〇年代のネパールと同様に清帝国への期待を捨て、英国との間に国境確定・英国のブータンに対する補助金支払い・英国のブータン内政不干渉と外交における助言を定めた友好条約を締結するに至った。要するに、ブータンをめぐる一連の過程では、英国のブータンへの侵攻が、ブータンとダライラマ政権双方の困窮、ならびに駐蔵大臣の対応の甘さと結合してブータン事情を一層複雑にしてしまったのである。

芝罘協定による英国調査探検隊のチベット通過承認、そして英国のシッキム・ブータンへの圧迫と通商路の建設は、英国と次々に条約を結んで条約港経由の通商関係を深めつつあった遠くの北京から見れば必ずしも大きな問題ではなかった。しかしチベットにとって、これら眼前の重大事は脅威以外の何者でもなかった。芝罘協定が成立して間もない一八七七年には、早くも重慶在住の英国人がチベット経由でインドに向かおうとしてチベット側に阻まれる事件が発生しており、[19] それが同じチベット仏教を奉じるシッキム・ブータンの蚕食と結びつき、仏教を奉じない未知の集団によって引き起こされる未曾有の危機として認識されるようになったのである。

そこで、ダライラマ政権の僧俗官やラサ三大寺の僧侶たちはこぞって芝罘協定への猛反発を始めた。そして、たとえ駐蔵大臣・松溎が「遊歴は条約の規定であり、妥当に処理しなければならず、決して事端を起こして英国人に口実を与えてはならない」という総理各国事務衙門の方針を再三説明しても、事あるごとに無視するようになった。[20] その理由として、駐蔵大臣に提出された「チベット大衆の公稟」は次のように言う。

蔵中（ダライラマ政権のチベット）は、これまで洋人が来たことはなく、かつ習教も異なるので、仏地としての立場と障碍が起こることを恐れる。そこでチベット全体の僧俗大衆は誓辞を公に立て、断じてその入境を許さないことにした。……大衆の苦悩を駐蔵大臣は（清廷に）諮報されることを懇求する。本来チベット（西蔵）は、世々にわたり大皇帝の天恩が黄教を振興し仏地を保護してきたことを仰蒙するので、どうして執意して抵抗し遵わないことがあろうか。ただ洋人の性は実に善良の輩ではなく、仏教を侮滅するもので、実に氷と炭の関係の如く断じて相容れない。……もし強引に入境しようとすれば、タングートの衆は命がけで闘うであろう。上天の神仏が仏地を庇佑し、大皇帝が黄教を恩護するので、断じて洋人に欺圧され不幸に遭遇することはないであろう。[21]

以上の稟書を含む駐蔵大臣からの報告を受けた清廷は、上諭において「条約で承認した洋人遊歴の方針にチベット人は遵うべきで……単に遊歴するだけで欺圧することはないので、些かでも疏虞を起こして大局を誤ってはならない」と強調した。そして、もし依然として抵抗すれば、説得に失敗した駐蔵大臣とダライラマ政権の摂政を処罰するとしたのである。[22]それでもダライラマ政権側の反撥は止まず、逆にチベット人は次第に「駐蔵大臣はチベットではなく外国を庇っているのではないか」という抜きがたい疑念を抱いた。そこで、松溎に代わって駐蔵大臣に就任したセレンゲ（色楞額）は総理各国事務衙門に対し、西洋各国がその国民のチベット遊歴を当面控えさせるよう各国に照会することを請願したのである。[23]

その後数年間、ヒマラヤを挟んだチベットと英国の間の緊張は沈静化したものの、一八八五年になると英国は次第に「ロシアの南下がチベットへも本格的に及ぶ」との疑念を抱き、膠着した事態を打開するため、清帝国の許可を得た上でラサへマコーレー使節団を派遣する方針を固めた。しかしその報せがラサに入るや、再びチベット人は「心は鉄石の如く、決して妥協なし」という態度で猛反発した。駐蔵大臣セレンゲは「もしここで英人のチベット入りを急いで決めれば、数百年にわたり帰順した赤子が離反する恐れがある。辺境の非常の患いに英国人はつけ込んで、我が藩属（チベット）は離叛したと見なし、理由をつけて取るであろう。ロシアが（七〇年代に）イリを取ったのはその証拠である。かつ雲南・四川とチベットの関係は『堂奥と藩垣の関係』であり、藩垣が取り払われれば堂奥が空虚になるのは自然の理である。それを考えるだけで毎晩煩悶して為す術がない」と苦悩し、マコーレー使節団のラサ訪問中止を英国政府に照会するよう上奏したのである。[24] もっとも、このマコーレー使節団派遣は、上ビルマの境界画定をめぐる条約において清帝国の同意を得る必要から中止された。[25]

しかし、先送り的な衝突回避策は長続きしなかった。駐蔵大臣セレンゲがダライラマ政権に対して英国との接触を勧める「数十回に及び、殆ど舌がすり減り唇が焦げるほど」の説得も不調に終わり、現実にダージリン近辺でチベット人の商人や貧民が取引を行っているので如何なる問題もないはずだという説明も「チベットの貴族や富豪は誰も密貿易には関与せず、もし明るみになれば罪に甘んじる」として拒否されていた。[26] また、一八八六年の時点では、チベットから四川へ出てきた旅行者の誰もが、西洋人遊歴通商問題をめぐる清廷の方針に対する著しい不信感がラサのチベット人の間に蔓延し、駐蔵大臣の執務を妨害する事態すら起きていると証言していたという。[27] そこに突如として起こったのが、シッキムとチベットの境界に位置するリントゥ山（隆吐山）にチベット軍が出兵し、検問所を設置して全ての往来を遮断し、さらに翌八七年には砲台を設置した事件である（リントゥ〔隆吐〕事件）。チベット側は出兵の理由として、英国の侵略に対する清帝国の対応はチベット人の懸念を取り払うには到底不十分であり、先制して英国人を阻み、仏教の中心として清皇帝の保護を受けてきたチベットを防衛するためであると説明した。

この問題は英人らが端を開いて事を生じたものであり、西蔵仏地に入って遊歴通商を欲したことは単に大皇帝の聖聡を煩瀆したのみならず、しばしば西蔵の番人を戸惑わせるものであった。況や外洋と番人は情性が異なり、教道が合わず、実に氷と炭のような関係である。……西蔵地方は黄教の正宗を修習する重地であり、ダライ仏爺をはじめ、活仏や僧侶は昔から今まで大皇帝の甚だ深い眷寵を蒙ってきた。……査するに、ダージリンはシッキムの所轄で、均しく英人により占拠されているのみならず、敢えて境界を越えて市を開き、建造物を設け、道路や橋を建設しており、種々の強きを恃んだ悪覇は異常と言うべきである。……そこで大衆が心を同じくし、永遠に阻むことを議定し、険要の関口に新たに人を防ぐための監視小屋を建設したのである。(28)

これに対し英国は、マコーレーのチベット訪問を中止したところチベット人が逆に大きな態度に出て、しかも境界を越えてシッキム側を侵犯したと反撥し、翌一八八八年にチベット軍を撃破、その善後処理として一八九〇年に「中英会議蔵印条約」が清帝国と英国の間で結ばれた。(29)この中で、シッキムは正式に英国の保護国とされて英国以外との外交上の接触は不可能となった他、(30)チベット側にあたるチュンビー渓谷の一小村ヤートン（トモ）における正式な通商が取り決められた。しかし、このヤートンにおける通商もチベット側によって遵守されず、ダライラマ政権と清・英両者間の軋轢は一層深まって行った。

2　清英関係における清帝国の立場をめぐって——「一方的侵略と妥協」か

以上、同治年間までは比較的安定していたチベットと清帝国の関係が悪化し、駐蔵大臣のあらゆる説得に対してもチベット人が疑心暗鬼となっていった過程は、英国がチベット経由の対清通商を企図し、かつ「文明と通商の利益」を「野蛮なラマ教徒」にも享受させるという使命感を抱いてヒマラヤ諸国を圧迫した事実に端を発していた。従来この問題については、弱体化した清帝国が英国に対しひとえに妥協したことが英国を増長させて結果的にチベットを追いつめたため、チベット問題の責めを「イギリス帝国主義の野心」と「清朝の弱腰」に帰する説明がなされている。中華人民共和国、ないし中国ナショナリズムの立場に基づくチベット研究はほぼ例外なくこの立場である。[31]

勿論本書は、一連の過程が帝国主義角逐の時代において引き起こされたものであることを否定するつもりはない。しかし光緒年間以後のチベット問題の背後には、このような見解によっては説明しきれない側面が存在する。

(一) 英国は一方的に「帝国主義的野心」を清帝国とチベットに向けただけだったのか。

(二) 当時の清帝国は弱体化していたがゆえに単純に「弱腰」「投降」に走り、英国と妥協するだけだったのか。

このうち英国の「帝国主義度」に関して言えば、清帝国とチベットに対する政策は他の植民地支配と比較すると明らかに抑制されたものであった。英国は自国工業製品の原材料調達と販路拡張にあたって、例えば南アジア・東南アジアにおいては、インド・ビルマ・香港・マラヤに代表される典型的な植民地支配と、その内部における一部現地土着支配の承認（例えばカシミールやデカン高原におけるラージャーの支配）、またブータン・シッキムのような「外交上の助言」を中心とする保護国化、ネパールやアフガニスタンのような独立承認など、様々な統治形態及び対周辺関係を必要に応じて組み合わせていた（特に、ネパールの場合は十九世紀前半における熾烈な対立の末の妥協であったし、アフガニスタンの独立承認や、それに接するインド（現在はパキスタン）北西辺境州におけるパシュトゥン人部族高度自治の承認は、ロシアの南下を防ぐ緩衝地帯としてのアフガンの利用価値に基づいて選択されたと言えよう）。それゆえ、英国のアジアへの関与がたとえ「文明と貿易の利益を西洋人の崇高な使命として未開のアジアに広げる」ものであったとしても、それは一様な「剝き出しの野心」というよりも、政策手段の遂行にあたって多様な選択肢の中から必要に応じて展開されたものであった。そして、チベットとのかかわりにおける英国の明確な方針は決して侵略や植民地化ではなく、終始一貫して「中国の（Chinese）宗主権」を承認することであった。そもそもボーグル使節団が派遣されたのは、ダライラマやパンチェンラマの宗教的権威が清皇帝へと接近する近道であると認識したからである。また、芝罘協定における英国人の遊歴規定は、あくまで清帝国のチベットに対する影響力を前提にしていたし、リントゥ事件の処理とシッキムの処遇をめぐる一八九〇年の中英会議蔵印条約でも、英国が交渉相手としたのは紛争相手のチベット人ではなく清帝国であった。

しかも、この「中国の宗主権」を前提とするチベット政策は、英国にとってほとんど絶対的なものであった。ラム氏によると、当時の英国政府内における対清政策通であるオールコックやウェードといった人々は、「外来の満洲政権は、モンゴル政策において多大な価値を持つチベットへの強力な宗主権を留保しているはずである」と確信していた。そこで「中国のかかる立場を踏みにじってチベットを英国の影響下に置くことは危険であり、むしろ中国との外交から大きな利益を引き出すことが出来る」と考えていた[32]。さらに、アヘン戦争・南京条約以後は条約港が次第に増加し、上海をはじめ各地に租界が開設され、清帝国との貿易を通じて英国が得る利益は激増していたことに加え、ロシアとの激しい角逐や、ビルマ問題をめぐって後方の雲南を擁する清帝国との関係を常に調整する必要があったことを考慮に入れれば、英国は清帝国の不興を買って販路を閉ざすような政策を決して行い得なかった。むしろ英国は長らく「中国の仲介を通じてチベットに何かを伝えようとする」政策を堅持することによって、「(英国との条約を遵守する）中国がいつでも無知の壁を取り払って、チベットを貿易と文明の影響下に開く」ことへの期待すら持っていたのである[33]。そして、反英意識を強める一方のチベット人が南下政策を続けるロシアと急接近したことへの英国の警戒感が爆発した結果、一九〇三-〇四年にヤングハズバンド武装使節団がラサへと向かいチベット人との間で戦闘が勃発した際にも、その出兵理由はあくまで「清帝国がチベットに対して英国が期待する通りの影響力を行使できていない」からであって、「チベットに対する恒久的な侵略・占領であってはならない」という方針は確固としていた[35]。ヤングハズバンドはラサに入ると、彼の主導で作成した善後処理条約をチベット人自身にも確実に遵守させるべく、英・清のみならずチベット代表のサインをも要求したものの、少なくとも「中国のチベットにおける宗主権」だけは承認していた（ただ同時に、チベットにおける英国の特殊な地位の承認・高額の出兵費用支払いと、担保としてシッキムからチベットへの入口にあたるチュンビー渓谷の占領を要求し、さらにはチベット代表のサインを求めていたため、清帝国の外務部は駐蔵大臣・有泰に対して「主権を損ねるので絶対にサインしてはならない」と強く指示した[36]）。

したがって、光緒期以後のチベット問題の原因をひとえに「英国の帝国主義的野心」に帰することは必ずしも十分な理解であるとは言えない。むしろ、英国がその国家利益である通商と「文明」の拡大を追求するために「中国の宗主権」を最大限に尊重し続けたことの意味、ならびに南京条約ののち英国が直接清帝国と接触しうるようになったために「チベットを媒介とした英清関係」から「清帝国の影響力を媒介にした英・チベット関係」へと交渉回路の転換が起こったこと（ラム氏[37]）の意義を問い直してみることが必要であろう。すると、次のような説明が可能なのではないか。

(a) 英国が外交交渉の場面で、清帝国のチベットに対する権力を「宗主権」と規定したことで、清帝国自身も既存の理藩院・駐蔵大臣が管轄するチベットとの関係を宗主権、さらに主権として速やかに認識することが可能であった。

(b) その結果、清帝国が乾隆末年以降の弱体・統治の弛緩の中、事実上チベットの外交も含む高度自治を認め、さらにはそれを「皇清の大一統」の多民族統合をめぐる価値観から評価してきたような思考は、こうした近代的な宗主権・主権認識によって代替された。そして、清帝国のチベットに対する政治指導とチベット側の服従は国際法(万国公法)に照らして絶対化されるべきであるという発想につながり得た。

(c) 同治期まで清帝国による仏教擁護と事実上の高度自治をそれなりに享受し得たダライラマ政権にとって、そのような動きは突然自らの主体性が奪われることを意味した。そこで、チベットの頭越しになされた交渉結果の強要は、目前のヒマラヤ諸国の事態と結合してチベット人エリートの間に強い危機感を惹起した。

(d)　したがって、英国と清帝国がチベット人抜きのチベット関連交渉を行えば行うほど、チベット人は強硬に抵抗し、その抵抗がさらに駐蔵大臣や李鴻章・総理各国事務衙門を中心とする清帝国外交担当者たちのチベット観に急激な変容をもたらした。その結果チベット問題は、清帝国の英国に対する単純な妥協という範疇を超え、彼ら清帝国のエリート自身の見方・立場が第一に問われる問題へと転化した。

(e)　このことは同時にチベットにとっても、清帝国が果たして本当に従来通りに、大施主である世俗権力者＝転輪聖王としての立場からチベットと仏教を政治的に保護するのかという問題へと転化した。かくしてチベットと清帝国の間での悪循環が発生し、二〇世紀へと問題が引き継がれることになった。その過程でチベットと仏教教団は、新たな世俗の保護者を求める主体的な行動に出て、ロシア、次いで当初の敵・英国との関係を深めていった。

筆者は、このような政治構造の転換こそ、近現代におけるチベット問題の出発点であったと考える。この中でもとりわけ重要な鍵となるのは、清帝国自身の政策決定における、チベット観と英国観をめぐる深刻な分岐の問題であろう。それは「清帝国の弱体・弱腰」という既存の議論の前提とも密接にかかわるものである。果たして当時の清廷は自らの弱腰ゆえに英国に対して妥協するだけだったのか。それは、当時の清帝国が置かれていた国際環境全般と、それに対応した清帝国の外交の態様、ならびに清帝国そのものの変容の問題と切り離して考えるわけにはいかない。

3　ロシアと日本の脅威

そこで第一に踏まえるべきは、チベット問題が急速に悪化した光緒初年以後、李鴻章と恭親王を中心とした清帝国の事務衙門外交が、台湾問題、新疆及び東三省問題、朝鮮問題、そしてヴェトナム問題（清仏戦争）への対応に追われていたことである。その中でもとりわけ清廷の警戒心を喚起した事態こそ、ロシアと日本の脅威であった。

清帝国のロシア認識は、一八六〇年頃までは総じて良好であった。それは何よりも、シベリア・モンゴル高原での接触当初牧地の侵犯を繰り返したはずのロシアが、ネルチンスク・キャフタでの対等条約締結以来国境での交易に満足していたことに由来する。初代英国公使・郭嵩燾の初期の対外思想形成にも大きな影響を与えたロシア研究家・何秋濤[38]は、たとえ康熙帝の征伐によっても結局服従させ得なかったという点でロシアは特異であるにしても、カントン・システムに満足せずマカートニー使節団を北京に派遣するという「非礼」を犯した英国に比べれば「天恩を知り恭順」かつ「二百年来、鴻慈を感戴し、信約を堅く守っている」存在であり、しかも北京ではロシア人学生が「中国の書を読むことを好んでいた」ことから「泰西各国の野蛮ぶりとは異なる」と認識していた[39]。何秋濤が活躍した咸豊〜同治初年の頃は、既に徐継畬『瀛環志略』において、アフガニスタンをめぐる英露の対峙、ならびに英国がカシミールを占領して対チベット交易にも関心を示していた状況が、英国紙からの訳出を通じて紹介されていた。しかし、だからといって何秋濤がロシアを警戒していたわけではなく、むしろ康熙帝の経略の緻密さを讃える立場からロシア事情研究に励んでいた[40]。こうした態度は郭嵩燾にも影響を与え、一八五九年には、康熙帝が露文文書を送ってロシアと意思を疎通させていた事跡に倣って外国語学習と外国事情研究を広めることの重要性を上奏し、それが一八六二年の総理各国事務衙門発足に伴う京師同文館の設置にもつながっていた[41]。

要するに、この時期までの清廷からみたロシアは、第一・二次アヘン戦争において英仏との関係に苦慮していた中での「良き比較の対象」、ならびに康熙帝の武略を思い出させる存在として認識されていたと考えられる。当時のロシアは、一面ではシベリア総督ムラヴィヨフが一八五八年に軍事力で黒龍江左岸の割譲を迫り、清の出先官憲に割譲条約への調印を強要していたものの（清帝国はその調印を無効とした）、他面では当時北京を包囲した英仏軍との間に調停に入っていた。そこで清帝国はロシアの行動を秤に掛けて、領土喪失よりも「夷を以て夷を制する」方が有益であるという判断を下し、最終的には黒龍江左岸の割譲に応じていた。[42] しかし、こうした評価は同治末期～光緒年間に入ると完全に逆転し、とりわけロシアのイリ占領以後は朝鮮問題とも関連してロシアは最も警戒すべき存在となった。[43] その延長に、新疆を断固回復すべきであるとする塞防論の澎湃とした高まりがあったことは言うまでもない。

一方日本の脅威は、一八七四年の台湾出兵と翌年の江華島事件以来、台湾・琉球・朝鮮問題を中心に認識されていった。もともと単なる通商関係しかない「互市の国」ゆえに清帝国との朝貢関係を持たなかった日本は、明治維新によって近代国際法体系を導入した結果、それに見合った周辺国との関係構築を推進し、一八七一年には日清修好条規を締結した。とはいえ、この時点における清帝国の対日観は、単に日本が条約締結に満足しているというものに過ぎず、他にはせいぜい清帝国自身の洋務・自強推進を正当化するために日本の実例を挙げる程度であった。[44]

それだけに台湾出兵は清帝国において衝撃を以て受けとめられ、当時の山東巡撫・丁宝楨（後述するように、清帝国のチベット政策の転換点において重大な意味を持つ人物である）が「日本がロシアに次いで清を挟み撃ちにしようとしている」[45]と述べたような認識が生まれていた。ただ、それはただちに日本観の全面的な変容へと結びついたわけではない。当初、日本が清帝国側の「（台湾原住民は）横暴な生蕃で、政教及ばず理することができない」という説明と国際法上の先占理論を組み合わせ、「化外＝無主」という論理を掲げて台湾に出兵したことに対し、李鴻章や恭親王は有効に反論できず、「困難な遠征をした日本兵を思い」贈物を与え撤兵させれば体面維持が可能だという判断を下していた。[46]

しかし、翌七五年に日本が江華島事件を引き起こし、日朝修好条規で「朝鮮は自主の邦であり、日本と朝鮮は対等である」と規定したことで、清帝国に難題が降りかかった。日本が朝鮮を清帝国と並ぶ独立国と位置づけようとしたのは、近代国際法の論理に従って東アジアの国際環境を改編し、ロシアの脅威を睨みながら対朝鮮政策を進める際に清帝国の影響力が及ぶ可能性を排除するためであった。しかし、清帝国の朝貢国に対する従来の対応――冊封を受け正朔を奉じる関係では、属国と「自主の邦」は矛盾しない――から見て、朝鮮は属国でありながら、かつ日本と対等な関係を成立させることは当初特に矛盾であるとは認識されなかった。そこで、日本の駐北京公使森有礼は、李鴻章や恭親王のそのような説明に対し「朝鮮は属国であっても中国に隷せず、彼の国の自主を聴き何かを強要することはないと言うならば、結局のところ朝鮮は独立の国である。貴国（清）の言う属国とは空名を徒にしているだけではないか[47]」と反論したのであった。

当初、総理各国事務衙門はこうした日本の反応について「そもそも日本が朝鮮で引き起こした紛争の発端は、日本の西洋政俗・衣冠・正朔への全面転換を知った朝鮮人がそれをはなはだ鄙として軽視したことに対する怒りであろう。あるいは、西洋各国が（一八六六年の平壌シャーマン号事件を機に朝鮮に開国要求をしたものの拒否され、朝鮮は『衛正斥邪』の排外政策を徹底してしまった結果）朝鮮において志を得ることが出来ず、日本を慫慂して報復を意図しているのかも知れない。また、日本の西洋化も人心を得られず民乱が発生し、鬱憤を朝鮮において逞しくしている状況（征韓論）がある。これに対して日本朝廷は手に負えず、結局事後追従しているのであろう」という楽観的な見方を示していた。[48]

清廷の曖昧な対日観は、果たして本当に朝鮮問題を危機へと陥れる存在は誰なのかという疑心暗鬼を伴いながら、概ね一八八〇年代初頭まで続いていた。七〇年代末には、日本を牽制するため朝鮮に開国を勧めるという方針を丁日昌が提唱して清廷内部で反響を呼び、そこで李鴻章は「条約の利害と西洋事情に通じない」朝鮮に代わって清が欧米と交渉するという方針を立て、「属国自主」原則の転換が始まった[49]。そして、朝鮮開国をめぐる一八八一年からの米清交渉では（朝鮮は国内の対米開国反対論を抑えきれず、結局李鴻章と彼の部下である馬建忠が代行した）、アメリカが日朝江華島条約を基礎とした朝鮮との対等条約の締結を主張したのに対し、清帝国側は「朝鮮は自主であるが中国の属邦である」という規定を明文化させることに固執し、最終的に朝鮮国王はアメリカ大統領に対して「朝鮮は中国の属邦」と声明するに至っていた[50]。勿論、この段階での清帝国の念頭には日本の存在があったことは否定できないにせよ、同時にロシアの脅威を強く意識していたため、この時点までは「西洋に学んで自強を図る日本」への楽観的な評価が残存していたことも確かであった。例えば恭親王は「日本は琉球を滅亡させて気炎をあげているものの恐らく長続きせず、朝鮮を窺う気はないであろう。朝鮮に対して最も甚だしく迫っているのはロシアである[51]」と述べていたし、一八八〇年に日本を訪問した朝鮮代表・金弘集は、清帝国きっての日本通である黄遵憲から、ロシアの脅威を防ぐため「中国に親しみ、日本と結び、アメリカに連なる」ことを朝鮮に勧める『朝鮮策略』を与えられていたのである[52]。

しかし、一八八二年のソウル日本公使館襲撃事件と、それに対処する日清の出兵（壬午事変）を境として、清帝国は日本を明確に仮想敵国と見なした。李鴻章は北洋艦隊の増強を急ぐ一方、朝鮮に対しては衛正斥邪政策の撤廃、「皇帝が臣下を優遇する」美名の割には清帝国の商民に著しく有利な協定（中朝商民水陸貿易章程）の締結、そして袁世凱による内政と外交の監督を柱とする管理の強化を断行したのである。李鴻章はその理由を次のように説明した。

富強の要は、商務の整頓が一大端緒である。朝鮮は東の隅に僻在しており、貧弱であることすでに久しい。

臣らは先に、朝鮮に代わって米・英・独の各国と開港・通商を議約したが、それはまさに朝鮮を富盛に向かわせ、その一方でロシアに備えて抗日させ、その風気を導くためである。それが我が藩籬を鞏固にする（清帝国自身の防衛を固める）所以である。さらに中国は地大物博であり、朝鮮は最も密な存在であるため、華貨の販路としても有望である。該国の布や紙も華人の日用として需要するところである。朝鮮がもしも旧い取り決め（旧章）にこだわって海禁を解除しないのであれば、両国の物産は余り相通じず、徒に東西洋の商船が輸送の利を得ることになってしまい、殊に利益に沿わない。(53)

以上の朝鮮政策は、英国ないし西洋諸国流の「未開の民族に文明と通商の利益をもたらす」という発想（＝帝国主義政策）を朝貢国に対してそのまま引き写したものであったと言えよう。またそれは、壬午軍乱に先立つ一八八一年に朝鮮側の招きで李鴻章によって特派された招商局員・呉鍾史の次のような報告に見られる発想とも関係していよう。

> 高境（朝鮮の国土）は日本の五分《マ》の一《マ》で、人口は三分の一であるが、鉱産資源は日本の数十倍であり、海陸の産物は日本に劣らない。しかし人性の剛健は日本が勝ること甚だ遠い。ゆえに前の轍を覆して新を求めることは、高麗が自らを全うする術であるのみならず、中朝にとっても東の顧慮から解放されることを意味する。(54)その陋小は想うべし。その地は南北二千里、東西五百里を持つものの、政治は因循し、風俗は固陋である。現在の世にあって古に反る道を採ることは、時勢のもとより許さないところであり、まさに識者の笑うところとなるを恐れるのみ。(55)

したがって清帝国の朝鮮政策は、茂木敏夫氏が述べるような、清・朝鮮間の宗属関係の再確認による積極的な対朝鮮属国支配への転換という図式に加えて、(56)単純な「宗主国・上国」としての立場からにとどまらない「帝国主義諸言説との親和性」の問題をも合わせて論じる必要があろう。それゆえに、馬建忠・袁世凱といった李鴻章の配下による極めて強い介入の形態をとったのではないか。朝鮮に対する清帝国の関与を好ましからざる思いで眺めていた日本が壬午事変後の事態に驚愕し、清帝国の干渉を嫌う朝鮮内部の急進開化派を扶植しようとしたのも、清帝国が「朝鮮は属国であっても自主」という従来の方針から大きく懸け離れ、「朝鮮が他国に従属しないよう日本が支えなければならない」[57]という日本の立場と全く同じ見解を明確にしたからであろう。その後、朝鮮をめぐる情勢は急速に険悪化した。日本寄りの急進改革派によって引き起こされたクーデタである一八八四年の甲申事変が僅か三日で清軍によって鎮圧されたのち、清帝国の過度の関与を嫌った朝鮮国王はロシアに接近、陸軍教官招聘を骨子とする秘密協定締結を企図した。しかし、それを警戒する英国がロシア極東艦隊の通路を塞ぐため一八八五年に巨文島を占領、翌年辛うじて英国を撤退させた李鴻章は袁世凱を通じ、朝鮮国王に対して「中華に背くことの利害を痛言」した[58]。そして、朝鮮が各国に派遣する公使を清国公使の下位に置こうとするなど、清帝国は一層朝鮮に対する管理を強めた。激しく抵抗する朝鮮は「自主の邦」の証として各国への使節派遣に固執し、李鴻章の懸念はいよいよ深まった。

欧州諸国に対しては、これまで度々「西洋とは異なる観念のもとの、内政は自主に任せる属国」として朝鮮を理解するよう説明して来たにも拘わらず、(朝鮮は)既に自主の邦として日本と対等条約を結ぼうとして日本人の奸計に陥ったばかりか、今回また自主の邦として欧州に使者を出すとは。しかし、そこで西国が韓を自主の邦として認めたところで、それは「韓が我が属ではない」ことを意味しない。ましてや「中国が韓を属邦とすることを止めなければならない」ことを意味するわけでもない。もし韓王が夜郎自大にして朝貢しなくなることがあれば、我は抗議して師を興し罪を問うべきであるが、その程度のことで事態を決裂させるわけにも行かない[59]。

このように、属国として従わない朝鮮に対して断固とした強制力を行使するか、それとも国際環境を破綻させない中で清帝国自身の自強を優先させるか、李鴻章が深い苦悩に陥った末に日清間の対立は極点に達し、日清戦争が勃発したのである。

4 英国をどうみるか

一八七〇〜八〇年代における英国のチベット経略は、以上のような清帝国の日露両国に対する警戒心の強化[60]、ならびに朝貢国である朝鮮と藩部である新疆に対する管理の強化と同時並行で展開していた。たしかに、軍備強化を中心とする洋務運動は日清戦争で底の浅さを見せて破綻したことからも明らかなように、それは決して完全な「自強」ではなかった。しかしそれは同時に、清帝国自身が総理各国事務衙門を中心に条約外交を推進し、とりわけ公使として派遣された郭嵩燾・曾紀沢ら欧州との接触を経験した人々を皮切りに、西洋国際関係を律する基本原理である国際法体系と主権・宗主権の概念に適応して行く過程でもあった。したがって、この時代の清帝国の外交は単純に列強諸国に対して屈服していたのではない。実際、芝罘条約では清帝国自身が条約の利点を認識して積極的に承認していたし、イリ問題の処理をめぐるリヴァーディア条約に対しては、曾紀沢が主権の維持を理由に猛然と反論していた。朝鮮に対する李鴻章の影響力行使も、当時辛うじて残された朝貢国に対する既存の影響力を宗主権概念で代替させた結果、朝鮮の外交権の代行という発想を生んでいたのである[61]。チベット問題をめぐる清帝国のチベット・英国への対応も、こうした対外関係全般の変動の中で行われたと考えるべきであろう。そして、英国という存在をロシア・日本などと比較してどのように認識するのかという問題から、次第にチベット問題をめぐる英国への見方にも分岐が生じ、ひいてはチベットそのものに対する認識も急速に変容することになるのである。

この時期、清帝国の統治エリートにおける英国観は、大きく分けてその帝国主義的拡張に対する警戒感と、条約体制の遵守ならびにロシア・日本と比較した場合の好印象に分かれており、特にチベット・ヒマラヤ事情の推移にどれだけ近い位置から英国を眺めるかという点が大きく影響していた。また、時期的な変遷という問題も考慮に入れる必要があろう。アヘン戦争～英仏軍北京入城の生々しい記憶が残っていたと思われる一八七〇年代は、チベットをめぐっても、どちらかと言えば対英悪印象が統治エリートの内部で強かったが、英国との条約体制が軌道に乗る八〇年代に入ると急速に対英好印象へと傾斜していった。

英国がチベット・ヒマラヤへの関与を深めていった七〇年代の当初、清帝国、とりわけ駐蔵大臣である松溎は必ずしも目前のヒマラヤで進行している事態を正確に把握していたわけではなく、「披楞＝英国は単にチベットが仏教を奉じて経を念じ、政務において観望の態度をとるなど明確な存在感を示さなかったことに乗じた結果、次第に驕りを生じてヒマラヤ諸国を荒らしている」と見なしていた[62]。勿論松溎は、紛争の可能性に対する憂慮の念は持っていたものの、その長期的な影響までは予見できず、ただチベットには物産はなく宗教（習教）も異なるので来るべきではないと英国に回答するに止まっていた[63]。芝罘条約で英国人の遊歴許可が清帝国の方針として確定し、それをチベット人に対して説明して強い拒否に遭遇しても、そこで英国の意図について深く考究するわけではなく、単にチベット人が諭旨に反して頑強に抵抗しているだけであるという認識を示していた。チベット人の抵抗に対処しきれず、かといって英国の意図を疑うわけでもなかった松溎は、責任を自らの力不足に帰して駐蔵大臣の辞任を表明していた[64]。

このような中、チベット問題における英国の意図に対する危機感を極めて明確に表明したのが、四川総督・丁宝楨である。丁は苗族反乱鎮圧や山東巡撫の経歴から、清帝国の西南辺境事情と沿海部における諸列強の動向のいずれに対しても敏感な認識を持っていた。そして、四川総督着任早々の一八七七年に起こった四川・雲南での英国人遊歴をめぐって、英国の長期的な意図は先に沿海部において浸透を図り、その後陸路から物産豊富な四川を挟んで自らの影響下に収めようというものであり、そのためにベンガルからの最短経路にあたるチベットに強い関心を払っているという危機感を抱いた。そこで「洋人の四川入りの情勢は実に中国陸路の一大関鍵であり、決して末務と視るべきではない。内地の安を図ろうと欲するならば、境外の藩籬を必ず先に固めるべきである」という方針を掲げ、要隘としてのチベットを固めることはもとより、シッキム・ブータンに対する適切な支援と、ネパールとの関係強化を行うよう主張した。(65) このようなチベット防衛論に対しては、総理各国事務衙門も「もしブルクバ・グルカが一心に一朝に効順するとすれば、シッキムの境界の左右を牽制することになり、英は必ず顧忌することになろう」という評価を下していた。(66)

丁宝楨が憂慮したもう一つの難題は、芝罘協定をうけて遊歴しようとする西洋人に対し「時宜を識らない」チベット人がシッキム・ブータンの二の舞を恐れて頑強に抵抗し、マーガリー事件を上回る惨事が予想されたことであった。そこで丁は、チベットに向かう西洋人は一律に引き留めなければならないという、芝罘協定の文言と抵触する提言を行っている。(67)

一八八五年にダージリンまでの登山鉄道が開通すると、チベット・四川防衛をめぐる丁宝楨の危機感は一層強まった。丁の認識では、フランスがヴェトナムを拠点に雲南経由で四川を窺う場合、常に本国まで支援を求めなければならないのに対して、英国のインド経営は英国内地と同様に固まっており、チベットへも本国からの援助を待たずに急行可能な状態であった。したがって「不幸にして盲動すれば英夷の禍は法夷よりも甚だしい」のが清帝国の辺界を取り巻く実情であり、チベットを踏み台にして即座に四川・雲南がその矢面に立たされるとした。(68)

かくして丁宝楨にとっては、英国がチベットに対して通商を要求して拒否されたことすら英国人の長期的野心の露呈と認識された。丁は「彼らは外洋における多年の故智に基づいて行動しているので、専ら通商と説明しているからといって侵略ではないと判断できない。洋人は建国の初めより、侵略の悪名と戦争を避けるため決して軽挙妄動しない。むしろ通商と言いつつ、次第に実際の目的である侵奪をほしいままに実現するという秘策がある」[69]「英人は通商の美名を借りて実は侵略を企んでいるに違いなく、もしチベットが英人との関係を拒絶し続け、それに対し我（清）が条約で定められた遊歴・通商を強要して緊張が深まれば、それこそ英人が漁夫の利を得るだけである」[70]と論じ、安易な通商の容認がチベット・四川の喪失、さらに四川からの至便な水陸路を通じた清帝国全体の喪失につながると警鐘を鳴らしたのである。

同様の認識は、マコーレー使節団のラサ入りをチベット人に認めさせるために苦心していた駐蔵大臣セレンゲにも共有されていた。英国との条約を破るわけには行かず、それを拒むチベット人は後の惨禍をも顧みない点で憂慮すべき存在であるにしても、通商は明らかに土地の利を蚕食し、インド茶の流入によって四川茶の販路が失われ、英国だけが利益を独占して次第に併呑の謀を展開するであろうと認識したのである。一層熾烈を極めるチベット人の抵抗は抑えたい。しかし通商がチベット人と四川の商民にとって著しく不利益なのも明白である。このように考えたセレンゲは「夜な夜な思惟しても、どうすれば良いか分からない」と憔悴するしかなかったのである。[71]

以上のような対英警戒論、特に丁宝楨のそれは、藩部が清帝国の漢人地域＝内地・「中国」とあくまで連続・一体の存在であり、かつ「藩部＝外郭」（魏源）として「中国」防衛にも欠かせない存在であるという、十九世紀を通じて形成された領域認識を前提としていた。そして、チベット及びヒマラヤ諸国の存在意義を第一に四川を守る楯として位置づけた点で、同治期までの清帝国のチベット認識とは異なる、軍事的・経済的配慮が先に立ったものであり、あくまでチベット人不在のチベット論という色彩を持っていた。しかし同時に、英国をロシア・日本と同様に危険な存在と認識することで、チベット人自身と同じ危機感を共有していた。

これに対し、同じ一八八〇年代中期から、英国は必ずしも脅威ではなく、むしろ清帝国にとっても相対的に有利な存在であるがゆえに、チベット問題においても決して憂慮に値しないという発想が清帝国の中枢において明確に形成されていった。それは主に、チベットからは遠く離れた北京・沿海部や西洋にて直接英国と接触し、ロシアや日本と比較しながら英国観を形成していったことの反映であったと思われる。とりわけこの問題を考える上での一大転換点と考えられるのが、「チベットにおける大権収攬」と通商の推進を主張する一八八五年の曾紀沢の主張である。

西洋の各大国は、最近もっぱら中華の属国の侵奪に従事しており、彼らの口実は「中国の属国への対応は、その国内政治には不問で、しかも外交についても不問であるとしている以上、結局真の属国ではない」というものである（前節の森有礼の議論を参照）。しかし、チベットとモンゴルは中国の属地であり、属国ではない。もっとも、我（清）がチベットを管轄するのは、西洋の属国管理に比べれば寛であるものの、そのために西洋はチベットを単に中華の属国とのみ称し、内地の省とは違った存在として見ている。もし我がいま大権を総覧して天下に明示しなければ、将来は属地がいよいよ属国と称され、その結果「属国は真の属国ではない」と見なされて侵奪される虞がある。……いま英は明らかに我が主権を認め、インドとチベットとの通商にあたっては先にわれ（清）に相談するようになった。……それゆえ、私の考えとしては、（インドとチベットの）通商を認めるべきである。インドはかつてブータンを完全には征服せず、グルカ戦役でもグルカが首謀であった（引用者注：事実誤認。第三章参照）。ゆえに英の意図は商務であり、未だ侵奪の心が存在しない。むしろ、いま存在する交易（ダージリンでの小規模取引）において約章が定まらず、停滞している方が問題である。勢いに乗じて利に導き、主権を振るって辺患を防ぐべきである。(72)

清帝国とチベットの関係を「主権」と明確に定義し、そのうえで「大権を総攬して明示しなければならない」という曾紀沢の発想は、第一にイリ問題をめぐってロシアとの間で交渉を展開し、(73)巨額の賠償金の代わりにイリにおける領土主権を確保した経験に裏打ちされているであろう。第二に、朝鮮問題やヴェトナム問題を中心とした朝貢国の処遇をめぐって、従来の朝貢国に対する立場である「属国自主」の方針が近代国際法体系・主権国家論の前に全く通用せず、ゆえに一八七〇年代後半〜八〇年代の清帝国の外交が苦境に陥っていたことを曾紀沢は深刻に認識していたであろう。この「属国自主」を独立主権国家と同一視された場合、従来清帝国の藩部として安定した地位にありながら同時に「藩部自主」であったチベットも、「属国自主」と同じ論理で独立主権国家として認識されてしまいかねないというのである。そこで曾紀沢は藩部について「属国」ではなく「属地」という概念を明確に打ち出し、そもそも「属国自主」をめぐる議論の俎上にも戴せ得ない、あくまで清帝国の主権の枠組みの中にある存在として再定義した。そして、この再定義をまさに補強したのが、英国のチベット政策における「Chinese Sovereignty＝中国の主権」の承認と実践であった。かくして、筆者の管見の限りではこの曾紀沢の定義と「大権を総攬せよ」という主張を境にして、チベットは「清帝国の藩部自治」の枠組みから「中国の主権下の一地域」へと明確に転換して行き、特に清帝国自身が通商に積極的にかかわることで主権行使の実を挙げようとする志向を強めて行くのである。しかもこの発想の転換は、曾紀沢がロシアに対して厳しい認識を持ち、一方で英国とその外交上の行動を高く評価した結果成し遂げられたという意味で、「英国から借りてきた対チベット主権論」でもあった。

以上のような曾紀沢の「親英チベット経営論」は、当時の清廷内部で強まっていた相対的に親英的な雰囲気と強い親和性を持っていた。英国はロシアや日本と比較した場合、清帝国をあくまで通商の相手としていたし、先述の通りチベットをめぐってはひとえに清帝国の立場を尊重し、マコーレー使節団の前進を途中で断念していたため、清帝国から見てロシアや日本ほどの脅威ではあり得なかった。加えて、英国の清帝国における経済的進出は確かに経済的収奪・失業増加を伴ったものの、条約港において圧倒的比重を占めた対英貿易による多額の関税収入が清帝国の財政を潤し（しかも英国人が就任した総税務司の監督のもとで税収が安定した）、かつ租界という全く異質な文化的空間を通じて、英国的な価値観が清帝国のエリートに多大な影響を及ぼし始めていた。したがって、一八八〇年代の清帝国のエリートにおいて、英国が対チベット通商を要求するのは彼らがあくまで「通商の国」「商主の国」であって、他意を持たないからであり、「通商互市は安辺の権術である」という認識が形成されていった[74]。実際、特にマコーレー使節団問題を境に、清帝国がチベット人に英国人の入境を認めるよう説得する論理においては、「既に芝罘条約において明記しており全く挽回の方法がないため」という説明に加え、「英人はただ利を図るのみであり、称するところの通商は信ずることが出来る。決して他意はないのだ[75]」という表現が増加していった。そして、李鴻章に止むことのないチベット人の抵抗に対して、マコーレー使節団を引き合いに出し「イギリスは入蔵の停止に関してなおも譲歩することを知っているというのに、チベットは中国の属地として朝廷に恭順することを知らないとはどういうつもりか[76]」という怒りを露わにしていた。こうした認識の延長において総理各国事務衙門は、ダージリンにおける英国との正式な通商すら受け容れようとしないチベットに対する厳しい姿勢を示したのである。

思うに、英国は泰西の商主の国であり、その政は商務を首崇している。それはあたかも、なんじタングート（チベット）が仏国であり、今に至るまで黄教を崇尊することと同じである。ゆえに、英人は最も意を加えて商務を講じ求め、拡充の路があればあらゆる力を注ぐのである。なんじタングートが（英国を）許さないのは、英人が陰険で教道が異なるため、一度交渉すれば将来患いを残すと考えているからであろう。これは固よりなんじ等が深慮し、辺疆と黄教を保護しようとする苦心に基づくものであり、なんじタングートが全く何の見地もなく任意に偏執しているとは言えないのは確かである。しかし、利害には軽重がある。……本大臣はなんじ等の度重なる陳情を考慮して大皇帝の聖明を仰いだのだが、界外の通商をなんじ等がひたすら拒絶するのは、則ち軽重を審察することを知らず、権に通じ変に達するの宜に疎いことであると判断した。何故か。そもそも界外で通商するならば、我々は往くことが出来るが、彼は来ることが出来ない。彼が蔵境（チベット）に入ることが出来ない以上、租借や鉱山開発といった弊害は自ずと生じない。交易が久しくなれば、番民（チベット人）と彼らは熟識し合い、彼は或いは甘言で誘い、洋教を秘かに伝えよう。そして労働者を服役させ、収支も不透明をきたし、ひいては口角喧嘩沙汰も起こり得よう。しかしこれは結局、一利あれば一弊ありということである。古来、決して完全なことなどありはしない。ただ、立法によって洋教などの弊害を除くことは出来る。彼がそれを聞き入れれば界外の通商を許し、聞かなければ貿易を停止する。彼は商務を拡充するため、従わないという道理はなかろう。彼らがもしも従わなければ、それは黄教を妨げるので、なんじ等がそれを拒んでも、もとより義は正にして詞は厳となる。しかし、まずそうせずに「男は尽き女は絶える」と言って通商を拒むのは、究極のところ何故なのか。なんじ等の独りよがりでどうして彼らの心を服させられようか。

……かつて林則徐は、鴉片の取り締まりを徹底しようとして些かも譲歩しなかった結果ついに決裂し、転じて広東浙江の敗北となった。夫れ、林公は忠臣である。洋人を治めようとして中国の法を申し、民のために害を除こうとした。その持するところは甚だ正しい。ただ、完全を求めすぎて転じて禍を呼んでしまったことを、なんじ等は深く思うべきである。さらに仏法を以て言えば、慈悲が本であり、忍辱が先であろう。イギリスとタングートは本来遠く離れていたが、今や通商を積極的に請い、頻繁に煩わせるようになった。これもまた夙世の冤というものである。そうである以上、なんじ等は深く権宜を思い、善法黙化して解釈すべきである。もし鋒を交えて敵対し、多くの生命を傷つけては、仏法の忍耐慈悲の本旨と違わないとどうして言えようか。(77)

以上にみたように、一八七〇年代以来の英国に対する脅威論は、八〇年代に入ると清帝国の置かれた国際環境ゆえに英国への親近感が台頭した結果、次第にその影響力を低下させてゆくことが分かる。同時にその過程を通じて、清帝国は次第に英国回路を通じてチベットに対する自らの権力を「主権」と認識して行った。しかも、その中では「反帝国主義の象徴」林則徐の存在すら、アヘン焼却の措置が完全すぎて通商の本質を見抜けず禍を呼んだ反面教師とされてしまった。これら一連の過程は、清帝国の統治エリートが彼ら自身の置かれた国際環境の中で認識能力を最大限に動員して選択していった過程だったのであり、決して帝国主義への一方的な屈服の末になされたものではなかったのである。

5　チベットと「国是」

ここで同時に確認されるべきは、親英と反英のいずれにせよ、総じて清帝国のチベット認識の回路はまず英国を認識し、そのうえでチベットを認識するものへと変容していったことである。親英派は何よりも通商の利益という観点や、諸列強との関係を通じて認識した「主権」を明確化する必要性からチベットを見たのであり、丁宝楨のような反英派もまず列強の角逐全般に対する警戒、そしてとりわけインドを基盤とする英国の脅威が四川の目前に差し迫っていることへの警戒が先に立っていた。

それにもかかわらず、清帝国の版図統合、とりわけチベットとの統合が、乾隆帝までの歴代皇帝を中心とするチベット仏教擁護とチベットに対する保護監督、そして統治の弛緩に伴う高度自治とそれへの評価によって成り立っているという既存の枠組み自体は、この時点では些かも変わらなかった。そこで、英国という存在を念頭に置きながら、「皇清の大一統」の枠組みとチベットという存在をどのように認識するべきなのかという議論が展開した。その一端は、前節で述べた曾紀沢の大権総攬・主権積極行使論である。しかし一方で、清帝国の側があくまで既存の統治の枠組みに忠実でなければチベット人の支持を得られず、英国との関係をも危機に陥れ、ついには清帝国そのものの正統性も失墜しかねないという主張が展開された。そして、この英国要因に由来する対チベット統合認識の分裂がダライラマ政権と英国の双方に刺激を与え、ひいては多民族統合をとめどない危機へと陥れて行く過程が進行したのである。

この中でとりわけ重要な意味を持っていたのが、四川総督・丁宝楨と、一八八六年から駐蔵大臣に就任した文碩のチベット論である。このうち、丁宝楨は何よりも英国の野心に対する警戒に基づいてチベットを認識したのに対し、文碩は必ずしも英国に対して全面的に警戒していたわけではなかった。文碩は「英国人は性が陰険ゆえ、将来は清が欺かれる可能性があるかも知れないものの、(マコーレー事件における英国の対応ゆえに)通商を重視するという英国の方針は論理一貫していて目下のところは信用できる」という立場であり、したがって駐蔵大臣就任当初は英国との関係を拒むチベット人に対して「愚かであり、終始固執している」という認識を示していた[78]。しかし、文碩も駐蔵大臣としてチベット人の抵抗に接するにつれ、丁宝楨と同様に英国の執拗な通商要求に対して疑念を抱き、両者の間の板挟みとなってゆく。彼らに共通していたのは、このような困難な局面であるからこそ、もし駐蔵大臣が清帝国の仏教尊重を中心とする恩威を適切に体現するならば、チベット人はその仏教中心の社会に即した自治を全うし、ひいては清帝国に対する支持を一層強くするであろうという認識であった。

まず、丁宝楨は一八七九年、当時の駐蔵大臣セレンゲとともに、英国の圧迫に対して抵抗するチベットを「腹心の憂い」扱いする清廷に対し、清帝国とチベットの関係に関する批判的回顧を含めつつ次のように反論し、今こそ必要なのは公正で道徳的な良き統治としての「本を正し源を清める計」であると強調した。

チベットは従来から祖宗が制を定め……駐蔵大臣が統制していた。およそチベットの事務は、小にして処理しやすいものは各番官(ダライラマ政権の官吏)が処理しており、大にして処理しにくいものは駐蔵大臣が処理してきた。番官の人事を均しく駐蔵大臣が主持・辦理すべきとした体統は極めて尊にして厳であり、事権は紊越するを容れず、それゆえ（清帝国が）チベットを控馭する立法は精詳の至りであった。そこで二百年来、番官は漢官（基本的には満洲・モンゴル旗人が駐蔵大臣であったが、次第に漢地から来る官僚を漢官と総称するようになった）の管理を頗る受け、番人は敢えて軽視することはなかった。漢番は一体として政務を処理し、当初は一切が極めて順調であった。ところが道光末年以後、撫馭はやや寛となり、番官の気炎が次第に長じた結果、遂に漢官の管理に遵わなくなり、漢官の呼応も迅速ではなくなってしまった。ただ、駐蔵大臣の体制はなおも定制に遵うべきで……現在、チベットのあらゆる物事を適切に処理しようとするならば、必ず漢番を合一させなければならない。……チベットは仏法を崇め、その情性嗜好は実にただ利を図るのみであるので、駐蔵大臣が何事にも清廉と公平に努め、法度に遵うならば、チベットは自ずと敬畏し我が範囲に就くであろう（清帝国の枠組みにとどまるであろう）。これは本を正し源を清めるの計である。(79)

このようなチベット観を持っていた丁宝楨は、当時東チベットで深刻になっていた瞻対問題（第三章参照）について、たとえラサからダライラマの所領（清帝国から賞与されたもの）の管理のために派遣された官吏が現地土司との対立を起こして大義を知らない状態であっても、ダライラマ自身は天恩を受けているので、チベットが夜郎自大することを意味しないという認識を示している。(80) そして、新疆と同様チベットにおける藩部統治を強化するために屯田と洋務を推進するべきであるという議論に対しては、チベットは同じ版図であるといってもその統治は黄帽派チベット仏教の振興と駐蔵大臣の監督を主軸とする以上、漢人地域＝腹地とは異なる場所で急に統治を改めればチベット人の不満を招く可能性が高いこと、さらに僧侶への洋式軍事訓練と儒学・洋式教育の実施ならびに屯田の実施はそうした不満を一層激化させかねないことを強調したのである。(81)

そして、チベット人の実力行使を厭わない抵抗が清帝国の対英政策に著しく違う事態に苦慮した駐蔵大臣・文碩も、軋轢の背後にある根本的な問題は、清帝国の理想的で恩威を兼ね備えたチベット政策が次第に弛緩して懸隔が生じたところに、英露の角逐という要因が加わったことであるため、チベット人の主張を一面的に排除するべきではなく、清帝国の側が改めて真の恩威を加えて信頼を回復することでしか事態は解決しないと論じた。

夫れ、いわゆる蔵地（チベット）が頗る（清帝国全体の）緊要に関わるとは、専ら我が疆域の形勢から言うのである。もし物産を論じれば、金銀鉱山を除けば別に奇貨はなく、海口埠頭の繁華とは比べものにならない。……洋人が蔵地で通商するにせよ、その勢いは厚利を図り難く、彼もそれを知らないわけではなかろう。要するに、英人は志を蓄えること既に久しく、ロシア人もまた心を生じ、一隅の地をめぐって両国が争い窺っているのである。これこそ英露の関心の隠された意図であり、決して通商のみではない。彼らの振る舞いが疑わしいため、蔵番の断固とした拒絶も怪しむには足らない。それは黄教の正宗を護持し、山川の霊気を保全するための情理ある反応なので、尽くこれを排斥して非とするべきではない。ロシア人の行方はその後聞かれず、英人遊歴の説も現在は英人が自ら抑えている。しかし彼の族の性情は陰険であり、誠信をみるわけには行かない。

従来、番夷の控馭は、恩威をともに施すことに他ならなかった。しかし、必ず法を立て、しかる後に恩を知るのである。威を行えばあまねく和らげる（洽を化する）ことが出来るが、さもなくば綱紀がひどく乱れ（凌夷）、勢い積弱をなし、特に（チベット人が）懐畏を知らなくなるのみならず、甚だしくは玩視されるところとなる。……そこで蔵番について言えば、彼らが洋人を拒んで地脈を護持することを排斥して非とすべきではない。総じて従容にして、理に則して指陳するべきなのである。(82)

それでは、文碩から見て何故英国に配慮する余りチベット人の立場を一方的に排除すべきではなかったのか。チベット人が英国人を排除するためにシッキム側を侵犯したか否かをめぐって緊張が激化した中、文碩はダライラマ政権に対して決して事態を拡大しないよう必死の説得を進めたものの、なおもチベット人の行動を全面的には批判しなかった結果、転じて文碩自身と北京の間の著しい対立すら起こっていた。それでも文碩が自説を改めなかったのは、仏教に対する優遇・擁護を通じて版図統合を実現してきたことこそ清帝国の国是に他ならないと考えたからであり、この点でチベットは他の如何なる場所とも比べられない意味を持つと文碩は強調したのである。

私は蔵番のために固執したり、導くことが難しいから言い訳をして粉飾したり面倒を省こうとするのではない。我が朝が西招を厚遇するのは、国初の際にダライラマ五世が遠路誠を輸し（ダライラマ五世と順治帝が北京で会談して相互に敬意を表明したことを指す）、また内外モンゴルの王公がみな黄教を心から崇拝するので、俗に因りて治を制し、綏靖の良き資としてきたためである、ゆえに蔵衆の向背従違はもとより国是と関わる問題である（是蔵衆向背従違、固非無関国是也）。……いま、蔵番は愚蠢にして、堅く定まって動かない。このことは必ず困難を極め、（清・チベット・英の関係における）疑忌を増すであろう。（清帝国がチベットに妥協するよう強く導けば導くほど、（チベット人は）いよいよ激するであろう。敵情が未だ好転しない段階で（清帝国のチベットに対する）辺計が先走り、ために三百年来の藩服が徒に梗化離心することを恐れる。そうなればついに時局を補いきれず、計を失うこと甚だしい結果となってしまう。(83)

国初以来、（清帝国は）久しく番僧を撫恤し仏地に布施して来た。乾隆年間、ポタラ宮殿（ダライラマの居城）では仏像と並んで（乾隆帝の）聖容を絵いて奉っていたのである。……これこそ、蔵地が辺徼（辺疆）であると言っても他処と異なる所以であり、その得失が国是に係わっている度合いは台湾とは殆ど比べようもないほど著しいのである。(84)

このように清帝国とチベットの関係を歴代皇帝による優遇という側面から捉えるとき、チベットがたとえ清帝国の藩部であっても「何事もチベットの事情に従って制度を設けたので、正朔をも頒けてこなかった」(85)のも文碩にとっては極めて自然なことであった。文碩の見るところ、チベットはあくまで清帝国の下で独自の自治が実現していたからこそ、強引な介入は逆に混乱の源であった。

丁宝楨にせよ文碩にせよ、彼らが英国の意図を疑ったうえでチベット人に配慮した藩部統治の再建策を模索しようとしたとき、その判断基準となったのは「皇清の大一統」による統合の記憶であって、それは決して曾紀沢的な「主権」「大権総攬」論と類似の思考ではなかった。したがって、丁宝楨が英国の通商要求の背後に存在する意図を疑ってかかったとき、その前提条件としてチベットにも「皇清の大一統」の下での自治の延長として「事実上の外交自主権」が存在し、それが清帝国の利益と衝突することを英国は狙ったのであろうと考えたとしても、必ずしも驚くには値しない。

チベットが英国と通商するかどうかは、チベット人に自ずと命意がある。我はもとより遙かに其の柄（決定の主導権）を執るに便ならず。遙かに其の柄を執らしめば、或いはチベットはその屈強を逞しくし、我と驟然として紛争を生じるかも知れない。このとき我がもし通商の説を通そうとして臨めば、兵端は先に西蔵で開かれ、我が無反応で済ませば（通商の説をチベットで徹底しなければ）洋人は責任を我になすりつけ、我が先に西蔵のために害を受ける。英人は漁夫の利を得るだけで、非常に巧いやりかたである。(86)

一八八〇年代末に至る清帝国とチベットの関係悪化は、清帝国の弱体と英国の侵略、妥協的で屈辱的な対外政策、そしてチベット人の仏教への固執による弱体と盲目的排外のいずれも第一義的な原因ではなかった。皇帝が帝国の維持と発展に資する価値を認めた諸文化を尊重することで実現した多民族統合である「皇清の大一統」が成功し、その延長におけるチベット藩部自治が清帝国の凋落を補う形で推移し、その統合がある時点で「主権」及び英国を鏡としたチベット認識で置き換えられた結果、英国との関係における利益を優先させて単純な上意下達に転じた清廷と、既存の枠組みの正統性を信じる官僚・チベット人のあいだで齟齬をきたした結果だったのである。清帝国の下でのチベット問題の形成は如何なる意味においても、特定の価値（＝「中国」「中華帝国」）の枠組みが共有された体制を再編する過程上の問題ではなかった。あくまで、既成の儒学思想における民族差別を打破して政治的な公正さを徹底させることによってのみ成立した多文化・多民族統合の枠組みが約一世紀の政治変動を経て流失した果ての事態だったのであり、チベット仏教を王権の不可欠の要素の一つとしてきた清帝国の「国是」の挫折であった。

結　論

近現代「中国」の国家統合における最大の問題点の一つは、何故儒学思想と漢字の優越性が周辺民族にも認識されたことを前提とする「中国王朝・中華帝国」と諸朝貢国の関係が二〇世紀の中華民国・中華人民共和国へと結びつかず、これに対して儒学と漢字を共有せず「東アジア世界」に属するとは言えないモンゴル・チベット・トルコ系ムスリムが「漢民族とその文化を中心とする中華民族」の不可分の一体として組み入れられ、宗教的・民族的な緊張が続いてきたのかということである。そして、モンゴル・チベット・トルコ系ムスリムの存在は、従来多くの場合「中国」の「周辺」「辺境」として把握されてきたため、彼らが如何なる経緯・論理ゆえに「中国」国家に組み入れられてきたのかという問題に対する認識は一部の歴史研究者を除けば深められることはなく、そのことがなおさら「中華世界の多様性・包括性」なる言説と民族問題の尖鋭な現実との間に横たわる断層を深くしてきたことは否めない。

そこで本書では、中華民国・中華人民共和国の領域支配・民族問題と前近代秩序との関係めぐる既存の諸議論を相対化し、近代国家「中国」に先だって存在した清帝国における多民族統合の独自な性格から再構成することを目指し、特に仏教文化を発展させて儒学思想の影響が稀薄なチベット・モンゴルと清帝国王権との関わりを中心に論じてきた。そして、雍正帝・乾隆帝という独裁君主によって打ち出された「中外一体」「皇清の大一統」概念の中に、統合と紛争の二つの契機が内在していたことを明らかにした。この「中外一体」「皇清の大一統」は、一面では文化的多元性の承認による多民族統合であったが、それは同時に武力行使という事実によって明示された版図統合であり、近現代の領域主権国家を準備する事実上の排他的領域形成という一面を備えていた。清帝国が西洋との本格的な関係を通じて「近代」へと踏み込んでいった時代にチベット問題がはじめて「問題」として深刻な局面を迎えたのは、「皇清の大一統」の領域認識の側面が、近代的国家主権論ならびに西洋（特に英国）との比較におけるチベット観と結びついて、既存の多民族統合の中で培われたチベット観と藩部自治を圧倒したことが根本的な原因であった。雍正帝と乾隆帝によって完成された清帝国の多民族統合は、その内在的な要因と清帝国自身の「近代」への適応過程における対外認識ゆえに瓦解したのである。

それにもかかわらず、藩部であるモンゴル・新疆・チベットに対する領域統合は、他の朝貢国と清帝国の関係が独立主権国家間の関係となったのとは違って、二〇世紀に入っても存置された。この違いを生じた一大要因は恐らく、清帝国の事実上の領域統合ならびに朝貢国との関係を諸列強がどう認識したかという点に求められよう。朝貢国の場合、基本的に清帝国が「属国自主」の方針であったために、諸列強がそれに反論して独立国として扱った。そして、朝貢国が「属国」という位置づけから切り離されることに対し、清帝国が十分効果的な対応をとることは難しかった。同時に、朝鮮問題の推移で明らかなように「属国自主」に対する李鴻章の露骨な干渉は朝貢国の反撥を招いていた。こうした列強による矛盾の利用と朝貢国の抵抗によって、もともと「朝貢関係による中華帝国との関係」を上回る独自な政治運営をしていた朝貢国は、列強の保護国化→植民地化→独立という過程をたどった。したがって、「中華帝国」的枠組みがそのまま「中国の一部分」へと再編されたか否かについては、列強の論理から見ても、朝貢国の側が従来からの自主的な政治運営の蓄積のうえに「近代」の苦しみを経て国民国家体系へと適応して行ったことから見ても、その可能性は最初から低かったと思われる。朝貢国を含めた「中華帝国の再編」はあくまで清帝国の儒学的官僚の願望でしかなかったのではないか。これに対し、藩部（モンゴル国を除く）がまがりなりにも清帝国、そして中華民国・中華人民共和国の領域主権の下に継承されることになったのは、やはり「皇清の大一統」の領域統合の側面が、英露両国からみて明確に「清帝国の影響力・宗主権の及ぶ範囲」として認識されたことが大きな意味を持っていた。清帝国の統治実績に加えて、国際環境の追い風が存在したゆえに、膨大な非儒学・非漢字文化圏が、漢民族の文化的価値を強調する近代中国ナショナリズムの下に帰属することになったと考えられる。前近代における「教」の平等と擁護による藩部統合・領域認識と、近代における国際的な視線――これこそ近現代「中国」が膨大な領域を清帝国から継承して今日まで維持し続けている基礎であり、いわゆる「中華世界」「漢字文化圏」の力学によるのではなかった。

清帝国の多民族統合が一旦危機に陥ったのち、帝国主義の時代を生き延びるために新たな統合の内実を盛り込む必要が生じたところで清帝国の体制エリート自身が選択したのが、付け焼き刃的な中体西用に取って代わる、精神・文化・政治・社会全般における西洋近代の導入策としての変法自強、清末新政であった。それは、西洋化の一大実例としての日本モデル、ならびに優勝劣敗の論理・社会進化論の影響を強く受けた、上からの改革運動としての性格を濃厚に帯びていた。清帝国のエリートは、「民族競争の世界」を生き抜くためには清帝国自身が帝国主義国家にならなければならず、そのためには均質な国民を形成する必要があるという共通了解を形成していったのである。一旦空虚と化した清帝国の支配の正統性は、「単一の国民形成→民族競争→自強→富強→帝国主義→黄種対白種の人種戦争における勝利」という筋書きにどれだけ近いかによって測られるものへと急速に変貌し、しかもその「単一の国民精神」は、漢人知識人（及び「漢化」した満洲人）によって解釈・適用されるものとなった。その結果、清帝国の領域統合は「中外一体」＝「中」と「外」の和から、新たに単一の「中国」という価値によって完全に満たされなければならないこととなった。それはモンゴル・チベット人の激しい反撥を惹起して、混乱のうちに清帝国は崩壊し、対立が埋まらないまま今日に至っている。しかし、その激動の具体的な過程はまた稿を改めて詳細に論じることにしたい。何故なら、それは「中国」という国民国家とその体制教義、及び近代政治史の性格の根幹を深く規定している問題だからである。

注

序章

（1）仏教的チベット社会の形成と文化的アイデンティティについて、詳細は拙稿「チベット仏教共同体と『中華』」（『国家学会雑誌』第一一〇巻第三・四号、一九九六年）第二章「チベット仏教共同体の形成とその論理（一）内在的原像」及び第三章「チベット仏教共同体の形成とその論理（二）仏教と政治」を参照されたい。
（2）乾隆帝「普寧寺碑文」乾隆二〇年（一七五五年）、「清代喇嘛教碑刻録」三八三-三八六頁。
（3）乾隆帝「普陀宗乗之廟記」乾隆三六年（一七七一年）、「清代喇嘛教碑刻録」四三〇-四三一頁。
（4）清帝国最盛期の社会経済状況概観については、以下を参照。岸本美緒・宮嶋博史『明清と李朝の時代（世界の歴史・一二）』中央公論社、一九九八年のうち、第七章「清朝の平和」及び第九章「盛世から危機へ」。岸本美緒『清代中国の物価と経済変動』第八章「清朝中期経済政策の基調——一七四〇年代の食糧問題を中心に」研文出版、一九九七年。フィリップ・A・キューン著、谷井俊二・谷井陽子訳『中国近世の霊魂泥棒』平凡社、一九九六年。川勝守「明清農業論」（森正夫・野口鐵郎・濱島敦俊・岸本美緒・佐竹靖彦編『明清時代史の基本問題』汲古書院、一九九七年）。
（5）『大清十朝聖訓・世宗憲皇帝』雍正元年七月辛巳。
（6）昭槤（礼親王）『嘯亭雑録』初出一八一四-二六年、中華書局、一九八〇年、九頁「世宗不興土木」。
（7）乾隆帝「十全記」乾隆五七年（一七九二年）、「清代喇嘛教碑刻録」四七六-四八〇頁。出兵先は、ジュンガルに二回、同自治区南部にあたる「回部」に一回、四川省アバ（阿壩）チベット族自治州南西部にあたる金川地方に二回、台湾に一回、ビルマ・安南に各一回、グルカ（現在のネパール）に二回である。
（8）乾隆帝「平定両金川告成太学碑文」乾隆四一年（一七七六年）、「清代喇嘛教碑刻録」四四八頁。及び趙翼「平定両金川附論」『皇朝経世文編』二一六五頁。
（9）岸本美緒、前掲書、四〇七頁。
（10）趙翼「征緬甸事附論」『皇朝経世文編』二一六一頁。
（11）キューン、前掲書、五五-五七頁。

(12) 朴趾源『熱河日記』上海書店出版社、一九九七年、一八五頁。及び嘉木央・久麦旺波（チベット仏教ゲルク派六大寺院のひとつであるラブラン寺の座主ジャムヤン活仏）、許得存・卓永強訳『六世班禅洛桑巴丹益希伝』西藏人民出版社、一九九〇年、四七二-四八一頁。また、石濱裕美子『チベット仏教世界の歴史的研究』東方書店、二〇〇一年、第一一章「一七八〇年のパンチェンラマ・乾隆帝会見の本質的意義」は、本書のチベット語原文にしたがって当時の会見の模様を描写している。

(13) 朴趾源、前掲書、一八三頁。

(14) 朴趾源、前掲書、一三三-一三四頁。

(15) 朴趾源、前掲書、一八五-一九〇頁。

(16)「喇嘛印呈報隆福隆善両寺改為市場声明情形報部由」中国第一歴史檔案館蔵・理藩部檔案、一五二三-六一〇《関於民政部拟将来京師隆福隆善二寺改建市場与本部来往文書及喇嘛印務処査復呈文》（以下《理藩部檔案・隆福隆善寺檔》と略）一九一〇年八-一二月。

(17)「内城巡警総庁為開闢市場藉蹟申請」及び「隆福隆善両寺改建市場開辧章程」《理藩部案・隆福隆善寺檔》。

(18) 注(14)に同じ。

(19) 臼井武夫『北京追想——城壁ありしころ』東方書店、一九八一年、一二〇頁。

(20)「西藏僧俗員辦稟陳撤回趙爾豊以堵糜乱」光緒三四年（一九〇八年）七月初二日、『川滇辺務檔案』二一五頁。

(20) 中見立夫「モンゴルの独立と国際関係」『アジアから考える・三・周縁からの歴史』東京大学出版会、一九九四年、八七-八八頁。

(21) 廓索維慈（ロシア駐中国公使コロストヴェッツ）・王光祈訳『庫倫条約之始末』（原書名：*Von Cinggis Khan zur Sowjetrepublik*：チンギスハーンからソヴィエト共和国へ）、初出一九二六年、訳出一九三〇年、台湾学生書局、一九七三年。

(22) 末廣昭「発展途上国の開発主義」東京大学社会科学研究所編『二〇世紀システム・四・開発主義』東京大学出版会、一九九八年、一八頁。

(23) 菱田雅晴氏はこのような状況を以て、中国社会に対する既存の「民主化」論の適用可能性を悲観し、むしろ中国の現状は、国家・社会領域間の境界自体が曖昧で、むしろ国家と社会の間に相互浸透が一般的な「国家と社会の〝共棲〟」「怪しげな胡散臭い関係」であると指摘する。とりわけ、経済エリートは同時に権力エリートであるので、その政治観は概して共産党のレーニン主義的政治理論に従順で、極めて保守的であるという。菱田雅晴「国家と社会の〝共棲〟」毛里和子編『現代中国の構造変動・一・大国中国への視座』東京大学出版会、二〇〇〇年を参照。

(24) 山内昌之『ラディカル・ヒストリー——ロシア史とイスラム史のフロンティア』中公新書、一九九一年、一〇頁。

(25)山内昌之「帝国の遺産」山内昌之・増田和夫・村田雄二郎編『帝国とは何か』岩波書店、一九九七年、一三頁。
(26)鈴木董氏の以下の論考を参照。『オスマン帝国——イスラム世界の「柔らかい専制」』講談社現代新書、一九九二年。『オスマン帝国とイスラム世界』第二章「世界秩序・政治単位・支配組織」東京大学出版会、一九九七年。『オスマン帝国の解体』第六章「アイデンティティ・統合・共存」及び第八章「〝パクス・オトマニカ〟の構造」ちくま新書、二〇〇〇年。
(27)毛里和子『周縁からの中国——民族問題と国家』東京大学出版会、一九九八年、六-七頁。茂木敏夫氏の説明については、「中華世界の「近代」的変容——清末の辺境支配」『アジアから考える・二・地域システム』東京大学出版会、一九九三年、二九六頁。
(28)塩川伸明『ソ連とは何だったか』勁草書房、一九九四年、一六-二四頁。
(29)毛里和子、前掲書、二九四頁。また、中華人民共和国における少数民族区分・民族区域自治制度が少数民族の側に独自のアイデンティティを付与し、活性化させている現状については、佐々木信彰編『現代中国の民族と経済』世界思想社、二〇〇一年、各所収論文を参照のこと（特に鄭雅英「変貌する東北の朝鮮族社会」、拙稿「チベット社会——歴史と『現代化』」、王建新「西北地方の回族」を参照）。

第一章

(1)中華人民共和国におけるチベット問題の歴史的経緯と現状、そして今後の展望について、筆者はこれまで何度か整理を試みている。以下を参照のこと。平野聡「近現代チベット史における〝親中〟の位相」毛里和子編『現代中国の構造変動・七・中華世界——アイデンティティの再編』東京大学出版会、二〇〇一年。「『解放』とは何か——チベット『解放』からみた一考察」『中国・社会と文化』第十六号、中国社会文化学会、二〇〇一年。「『西部大開発』時代のチベット問題——中国の『持続的開発』と伝統文化」『現代思想』二〇〇〇年三月号、青土社。「チベット社会——歴史と『現代化』」佐々木信彰編『現代中国の民族と経済』世界思想社、二〇〇一年。「現代中国知識分子は『チベット』をどうみるか」『中国研究月報』二〇〇一年四月号、中国研究所。
(2)「中華民族」概念は、西欧起源の国民国家＝ネイション・ステイトを形成する主体である「ネイション」ということばが、「国民」と「民族」という二つの概念を含むことの問題点を孕んでいる。基本的に「国民」概念は同一国籍保持者の集合体を指し、文化的色彩は稀薄であるのに対し、「民族」概念は第一義的には文化的概念であり、文化的同質性という含意をも喚起する。そこで、ある国家に居住する多様な集団をどのように単一の国民として編成して行くのかという問いを発するときに、無意識のうちに「ネイション」の「民族」的含意が入り込んでしまう。その結果、「国民」を価値づけようとする行為はどうしても、具体的で明瞭な政治的権利と義務・支配と被支配の関係を超え、往々にして特定の主導的民族においてのみ共有されるような歴史・文化的価値を反映したものになる。特に、ネイションの訳語として「国民」「民族」という和製漢語が生み出され、漢、朝鮮、ならびにベトナムのキン（京）族がこの和製漢語を採用して歴史を定義するに至ったがゆえに、東アジアのいわゆる漢字文化圏においてこうした混淆状況が避け難くなった。参考：鈴木董『オスマン帝国の解体――文化世界と国民国家』ちくま新書、二〇〇〇年。また、三谷博氏も、一般に「自ら」と「他者」を分ける思想・運動の呼称として、「ナショナリズム」「国民主義」「民族主義」といったことばが用いられているとし、さらに「民族主義」「民族」概念をめぐって、「民族」が「ネイション」に対応する和製漢語であることを指摘したうえで、「民族」ということばが連想させる「容貌・言語・宗教が一致した集団」ならびに、その「民族」が一つの国家を形成し、それが安定した秩序の基本であるというイメージは現代日本にのみ近似的に該当するに過ぎず、したがってナショナリズム分析において日本語的な「民族主義」を用いるのは問題であるとする。一方、「国籍」の判定は容易であり、しかも近代国家は本来多様である同一国籍の保持者を均質な「国民」として統合しようとする特徴があることから、ある住民集団と国家を他と差別しつつ一体化し、ひいては住民の側の特定の国家への排他的帰属を自覚させようとする運動として「ナショナリズム」を定義している。本書では、以上の趣旨を採用し、清帝国最盛期以降今日に至るまでの、排他的な領域と均質な住民集団をつくろうとする諸思想・運動をあくまでナショナリズム・国民形成と表現する。参照：三谷博『明治国家とナショナリズム――幕末の外交と政治変動』山川出版社、一九九七年、七-九頁。

(3) 孫文「三民主義」『孫中山全集』中華書局、一九八一年、第九巻、一八五-一八八頁。

(4) 蔣中正『中国之命運』台北・正中書局、一九八一年（初出一九三三年）。特に第一章「中華民族的成長與発達」を参照。

(5) 費孝通『中華民族多元一体格局』中央民族学院出版社、一九八九年。及び村田雄二郎「中華民族」『岩波現代中国事典』岩波書店、一九九九年、七九九-八〇〇頁。

(6) ポール・A・コーエン著、佐藤慎一訳『知の帝国主義――オリエンタリズムと中国像』平凡社、一九八八年、三〇-三一頁。

(7) 西嶋定生「東アジア世界総説」『岩波講座世界歴史四・古代四・東アジア世界の形成』一九七〇年五月、三-五頁。

(8) 西島定生、前掲書、六-七頁。

(9) 溝口雄三「中国・道統・世界」『中国の公と私』研文出版、一九九五年、一三四-一三六頁。

(10) **J. K. Fairbank ed.,** *The Chinese World Order: Traditional China's Foreign Relations*, Harvard University Press, 1968.

(11) もっともフェアバンク氏は、王朝交代が必ずと言って良いほど「天命」で自らを正当化した易姓革命を通じて行われたことから、「中華世界」史の力学における「武」の要因の重要性を指摘しているものの、それも一旦新たな皇帝権力が確立することで比重が低下して文官制度が代替するとし、中華世界を規定する最も重要な要素は儒教的天子と官僚の体系であると位置づける。

J・K・フェアバンク著、市古宙三訳『中国』東京大学出版会、一九七二年、五五-五八頁。

(12) コーエン、前掲書、三五頁。

(13) ある前近代地域社会における「独自性」を見出して定式化する行為が、改めてその対象世界内部における一方向的な認識を再生産し得るもう一つの例として、濱下武志氏の社会経済史を踏まえた「華夷秩序論」がある。

濱下氏は、「中華帝国とアジアを結ぶ広域経済が『西欧の衝撃』によって条約体制に飲み込まれたことでアジアの近代が始まる」という見方が厳然として存在することへの批判として、むしろ西洋が直面したものの容易に入り込めない、条約に包摂され得ず、条約の規定とは活動形態や理念を異にする、アジア地域に固有の経済活動の形態あるいは原理が存在したことを提示しようとする。そこでは、貿易拡大を志向してアジアに到来した西欧はむしろ、西欧の既存の商取引関係が通用しないことからくる「アジアの衝撃」を受けていたのであり、そのような「アジアの衝撃」を西洋に与えるようなアジア経済の特質を明らかにする必要性を説く。したがって、一八-一九世紀を通じて急展開するアジアと西洋の関係は、まさにアジアの社会経済体制に西洋が関わる中で改変しようとしたことに伴うものであり、「『アジアから西欧を見る』とはまさしくこの意味においてでなければならない」とする（『近代中国の国際的契機——朝貢貿易システムと近代アジア』五-六頁）。そのうえで濱下氏は、華南と東南アジアを中心とした銀流通と移民のネットワークを中心とした前近代広域アジア経済圏と朝貢貿易圏の重なりを想定し、中華帝国はそのような広域経済の上に成立していたとする。

そこで濱下氏が描いた政治秩序は、上下関係の束ではなく政治経済的な相互交渉が多様な姿をとった束としての、包括的な「中華世界」である。例えば、チベット・ロシアとの関係のように、中国に影響を与え、または互市交易（対等な交易）を行う関係の存在や、朝貢の変形としての中国内部における土司・土官の設定といった複数の関係が存在していたことに留意したうえで、それらを総合する視点として、「漢民族を中心とした国家形成というよりも、むしろ他民族・他地域との交渉-共存方式としての朝貢関係の形成、さらには、それら異質な要素を取り込み並存させるために、いっそう包摂的な観念として中華観（天の観念）が創出されたという歴史的な動機が検討される必要がある」と述べている（「東アジア国際体系」五三-五五頁）。そのうえで濱下氏は、既存の朝貢体制・上下秩序的中華研究について「偶然にも、東アジア地域にはこの朝貢体制が支配的であったことから、朝貢体制として華夷秩序を全一的に捉えうると考えられたのではないだろうか。そこでは、朝貢そのものがもつ機能と中華に対する認識の双方において、議論が直線的に過ぎると思われる」と批判する。しかし、それに引き続いて次のように述べ、やはり最終的には中華秩序という存在が前近代の東アジアを包摂していたと位置づける。

中華秩序に基づく統治の型の特徴は、そのなかに間接統治あり、朝貢統治あり、同時に対等関係も存在するなど、複数の統治原理が存在している点にあった。そして、この華夷秩序の全体を統括する理念が中華であった。別言するならば、中華理念は、異質な複数の統治理念を包摂するために、よりいっそう抽象化され、拡張された中心-周縁関係をめぐる統括的理念であり、求心的であるよりはむしろ包括的かつ仲介的であった。（『近代中国の国際的契機——朝貢システムと近代アジア』一〇-一一頁）

しかし、こうした規定にもいくらかの疑問を禁じ得ない。もしある抽象化された統括的理念がその字義通りに実現しているとすれば、その理念の発信者（統治者）と受け手（被治者）の双方において、たとえ建前だけでも同じ理念のもとで行動するという共通了解があるはずであろう。例えば、坂野正高氏が「海老鯛」と表現したように、『中庸』にいう「厚往薄来」（中華の徳を示すために、来貢した者には手厚い賞与を与えること）の原則を逆手に取り、「中華」の側の態度を不遜と思いつつも専ら回賜目当てで朝貢する東南アジア・中央アジア諸国が存在していた。しかし、モンゴル・チベットとの関係においては、最初から「中華という統括的原理」が共有されずして高度な相互関係が実現し、かつそれが「中華」という概念で表現される一見不可解な関係にとって代わられるが故に、外モンゴルは「中華」民国を拒否したのである。不承不承の建前すらも共有されない関係をも含むものとして「包括的理念」とするのは、ことモンゴル・チベットに関しては不十分な説明と思われる。参照：濱下武志『近代中国の国際的契機——朝貢貿易システムと近代アジア』東京大学出版会、一九九〇年、五-六・一〇-一一頁。濱下武志「東アジア国際体系」有賀貞・宇野重昭・木戸蓊・山本吉宣・渡辺昭夫編『講座国際政治・一・国際政治の理論』東京大学出版会、一九八九年、五三-五五頁。坂野正高『近代中国政治外交史』東京大学出版会、一九七三年、七七頁。増田えりか「ラーマ一世の対清外交」『東南アジア——歴史と文化』二四号、一九九五年。

(14) 三谷博『明治維新とナショナリズム——幕末の外交と政治変動』山川出版社、一九九七年、二四頁。

(15) ベネディクト・アンダーソン著、白石隆・白石さや訳『想像の共同体——ナショナリズムの起源と流行』リブロポート、一九九七年。

(16) 三谷博「『我ら』と『他者』——ステイティズム・ナショナリズム形成素・ナショナリズム」朴忠錫・渡辺浩編『国家理念と対外認識 一七-一九世紀（日韓共同研究叢書・三）』慶應義塾大学出版会、二〇〇一年、二一八-二一九頁。

(17) 以下の論文を参照。三谷博、前掲「『我ら』と『他者』」二四一頁。渡辺浩『近世日本社会と宋学』東京大学出版会、一九八五年、四九-五五頁「華夷」。渡辺浩『東アジアの王権と思想』東京大学出版会、一九九七年のうち「『泰平』と『皇国』」（二四八-一八三頁）、「『進歩』と『中華』」（二一六-二六八頁）。朴鴻圭「山崎闇斎の政治理念」東京大学大学院博士学位論文、一九九九年、一二二-一二四頁。

(18) 朝鮮史に関しては、以下の論文を参照。柳根鎬「韓・日国学思想の中国観と自国観の比較——申采浩と本居宣長の反中華論を中心として」、桑野栄治「朝鮮小中華意識の形成と展開——大報壇祭祀の整備過程を中心に」（以上、朴忠錫・渡辺浩編『国家理念と対外意識（日韓共同研究叢書・三）』（注(16)と同じ）所収）。山内弘一「小中華を生きる——朝鮮王朝の知識人・両班士族」伊原弘・小島毅編『知識人の位相——中国宋代を基点として』勉誠出版、二〇〇一年。岸本美緒・宮嶋博史著『世界の歴史・一二・明清と李朝の時代』第六章「朝鮮伝統社会の成立」中央公論社、一九九八年。

(19) 梁啓超「中国史叙論」『飲冰室文集』台湾中華書局、一九六〇年、第三冊、三頁。

(20) 梁啓超、前掲書、二-三頁。

(21) 中見立夫「日本の東洋史学黎明期における史料への探求」神田信夫先生古稀記念論集編纂委員会編『神田信夫先生古稀記念論集・清朝と東アジア』山川出版社、一九九二年、九八-一二一頁。

(22) 拙稿前掲「チベット仏教共同体と〝中華〟——清朝期多民族統合の一側面」三一一頁。

(23) 露清関係については以下の論文を参照。何秋濤「俄羅斯互市始末」『小方壺斎輿地叢鈔』第三帙、一八七-一九六頁。デヴィド・ウルフ著、高尾千津子訳「シベリア・北満をめぐる中国とロシア」『アジアから考える・三・周縁からの歴史』東京大学出版会・一九九四年。柳澤明「キャフタ条約への道程——清の通商停止政策とイズマイロフ使節団」『東洋学報』第六九巻一・二号、一九八八年。

(24) 川島真「天朝から中国へ——清末外交文書における『天朝』『中国』の使用例」『中国・社会と文化』第十二号、中国社会文化学会、一九九七年、四三頁。川島氏は、「天朝」「中国」「大清国」「上国」といった用語を説明概念から一旦切り離して、これらの用語のそれぞれが使用される頻度を検討し、清帝国の異なる時期によって次第に自称が「天朝」から「中国」へと変化してゆくことを示している。とりわけ、道光年間が「天朝」から「中国」への転換期であると指摘し、その背景として「外国との接触を通じて、外国を「○国」と呼ぶのに対置する言葉として「天朝」は相応しくないと認知されたからではないか」と推測している。一方で川島氏は、このように「天朝」から「中国」へという変化が起きた時期が、朝貢国の喪失や総理各国事務衙門の設置、あるいは万国公法の受容の結果として清の世界観や対外関係が変化した同治・光緒年間ではないのは一体何故かという問題を提起し、その一つの見通しとして、アヘン戦争などに起因する対外交渉で「天朝の定制」に固執した官僚が、外国に「不平等」「尊大」との口実を与えないようにするため、対外的な呼称では「中国」「大清国」で良いと妥協したからではないか、という見解を示している。そして、そのことが茂木敏夫氏の提示する「一八八〇年代の『中国』の創出」（「清末における『中国』の創出と日本」『中国・社会と文化』第十号、中国社会文化学会、一九九五年）を準備し、次第に形成されていた対外ナショナリズムが「天朝」に凝集していくのではなく「清国」か「中国」に凝集していく方向性を示している、という議論を提示している。筆者も、基本的には対内政策の次元よりも十九世紀中期以降の対外交渉、そして欧州への官員派遣を通じて次第に外向きの「中国」という自称が定着して行き、それが清末以降内陸アジアの藩部にとって「意味不明の概念」として強要されて行く過程を看て取る立場から、こうした川島氏の趣旨に賛同するものである。ただ同時に、「盛世」においてすでにロシア・内陸アジアとの関係で独自の自意識を形成していた清帝国の中枢部が、ナショナリズムの萌芽に伴い領域国家的中国へと内実を転換して行く思想的過程および構造的要因をもう少し詳細に考えてみたい。

(25) キャフタ条約には、正文をめぐって次のような条項がある（松森等修『欽定理藩部則例』巻六十三「俄羅斯事例・増纂・俄羅斯交界通商各条例」〔西蔵学漢文文献彙刻〕全国図書館文献縮微複製中心、一九九二年、五二六頁）。

この議定書は互いに渡すこととし、ロシア使臣はロシア文字にラテン文字を兼書した正文に印を押して中国大臣に渡して保存し、中国大臣は満洲文字にロシア・ラテン文字を兼書した正文に印を押してロシア使臣に渡し保存する。この文は印刷して通諭し、辺人らに之を知らせる。

また、村田雄二郎「ラスト・エンペラーズは何語で話していたか？——清末の『国語』問題と単一言語制」『ことばと社会』第三号、三元社、一八-二〇頁を参照。

(26) 岡田英弘『歴史とはなにか』文春新書、二〇〇一年、一八八頁。

(27) 何秋濤「俄羅斯形勢考」『小方壺斎輿地叢鈔』第三帙、一二八頁。

(28) 雍正帝『大義覚迷録』（近代中国史料叢刊・第三十六輯）台北・文海出版社、一九六六年、九-一〇頁。

(29) 雍正帝、前掲書、一二-一三頁。

(30) 雍正帝、前掲書、一六-一七頁。

(31) 明皇帝とチベット仏教の関係について、以下を参照。鈴木中正『チベットをめぐる中印関係史』一橋書房、一九六二年のうち第一章「清朝とチベット」三-七頁。拙稿「チベット仏教共同体と『中華』——清朝期多民族統合の一側面」『国家学会雑誌』第一一〇巻三・四号のうち第一章第一節「チベット仏教をめぐる内陸アジア簡史」二七〇-二七一頁。

(32) 佐藤慎一「儒教とナショナリズム」『中国・社会と文化』第四号、東大中国学会、一九八九年、三五-三八頁。

(33) ホンタイジの清皇帝即位にあたっては、マンジュ国・モンゴル国の支配、朝鮮国の平定、元の「伝国の玉璽」の獲得が皇帝即位の要件として示されていたという。石橋崇雄『大清帝国』講談社選書メチエ、二〇〇〇年、一〇二頁を参照。

(34) 木下鉄矢『「清朝考証学」とその時代』創文社、一九九六年、六八-六九頁。原典は『清初内国史院満文檔案訳編』下「順治朝」光明日報出版社、一九八九年、三二〇-三二一頁。

(35) 雍正帝『大義覚迷録』（近代中国史料叢刊・第三十六輯）台北・文海出版社、一九六六年、七七-八十頁。

(36) 木下鉄矢、前掲書、七一-七六頁。

(37) 岸本美緒・宮嶋博史『明清と李朝の時代（世界の歴史・一二）』中央公論社、一九九八年、二〇三頁（岸本氏執筆部分）。

(38) 文字の獄において、明帝国時代の書物が如何に徹底的な弾圧を受けたかについて、木下鉄矢氏は次のように表現する。「軍機処奏准全燬書目」七百数十種、あるいは、雷夢辰氏『清代各省禁書彙考』に集められた書目をたどる時、暗澹たる思いにとらわれる。明時代の歴史書が並び、明人の著作・文集が軒並みやられ、これでは明代の歴史はほとんど抹消されてしまうのではないか、むしろそれが乾隆帝の意図だったのではないか、とさえ思える。以後の我々の明代理解は随分と歪められているのかも知れないとも。（木下鉄矢、前掲書、二〇〇-二〇五頁）

(39) 岡本さえ『清代禁書の研究』東京大学出版会、一九九六年、一五-一八頁を参照。

(40) 岸本美緒、前掲書、三〇四-三〇六頁。

(41) 宣教師の知識を懸命に学習したといわれる康熙帝は「キリスト教への改宗」が期待されたが、儒学的祖先崇拝とキリスト教の共存可能性をめぐる「典礼問題」においてローマ教会が祖先崇拝を否定すると、掌を返すようにその文化への関心も弱まっていった。参照：岸本美緒、前掲書、三〇七-三〇八頁。

(42) 岡本さえ、前掲書、一六〇-一六四頁（日本観）、及び五一一-五一五頁（西洋観）。

(43) チベット仏教をめぐる清帝国とジュンガル・モンゴル諸部・チベット仏教教団の相互関係の全容について、以下を参照。鈴木中正『チベットをめぐる中印関係史』一橋書房、一九六二年。宮脇淳子「ジェブツンダンバ一世伝説の成立――十七世紀ハルハ・モンゴルの清朝帰属に関連して」『東洋学報』第七三巻三・四号、一九九三年。石濱裕美子『チベット仏教世界の歴史的研究』東方書店、二〇〇一年、特に第七章「チベット・モンゴル・満洲の政治の場で共有された『仏教政治』思想」、第八章「チベット仏教世界から見たガルダン対ハルハ・清朝戦争」、第一〇章「清朝によるチベット平定の実情」。また、拙稿「チベット仏教共同体と『中華』――清朝期多民族統合の一側面」『国家学会雑誌』第一一〇巻三・四号、一九九六年において、十七世紀-十八世紀における清帝国とチベット仏教徒のかかわりを整理した。

(44) その最も代表的な事例は、ダライラマ六世の認証をめぐる混乱である。放蕩で知られたダライラマ六世は清帝国とラザン汗（一六四二年のチベットにおける宗派紛争に端を発する混乱を軍事的に鎮圧し、ダライラマ五世の権威を安定化させるのに功績があった青海モンゴルのグシ汗の後継者）の意向で廃位され、別に「真のダライラマ六世」を擁立したものの、広い支持を得られなかった。そこにジュンガルがチベットを攻撃してラザンを殺害し、ラサが未曾有の混乱に陥るという事態が起こった。一七二〇年に清帝国はラサへ向けて出兵し、チベットを軍事的に制圧してモンゴルと同様に藩部の枠組みに組み入れたものの、その際清帝国は、チベット仏教徒の幅広い支持を獲得するため、自らがラザン汗とともに擁立したはずの「真のダライラマ六世」を否定し、逆に一旦その権威を否定した「放蕩のラマ」ダライラマ六世の生まれ変わりとされる児童をダライラマ七世として正式に承認しなければならなかった。

一六四二年のチベット勢とダライラマ政権の成立について、当時、宗教改革派であるゲルク派（黄帽派）は、カルマ＝カギュー派（黒帽派）との優位争いに苦しみ、それゆえにモンゴルへも積極に布教して世俗の支持拡大に努めていた。モンゴルにおいて十六-十七世紀以後、ゲルク派が圧倒的多数を占めるのは、ダライラマ三世以後の積極的な布教の結果である。そして、グシ汗はチベットを制圧し、自らはチベット王となることで、ゲルク派の長ダライラマ五世の不動の地位を固めることに成功した。

ところで、グシ汗は制圧によって、チベットにおける政治・宗教の総合的な指導権をダライラマに献上したと長い間位置づけられてきたが、山口瑞鳳氏は、ダライラマ五世は彼の宣伝通りに一六四二年に全チベット聖俗両方の支配者になったのではなく、あくまで当初は仏教界の教主に過ぎず、政治的手腕に長けた五世は、一六五四年にグシ汗が死去し、その後摂政が死去すると、その継承問題を操作してチベットの統治権を手中にし、文献を改竄したとする。「ダライラマ五世の統治権——活仏シムカンゴンマと管領ノルブの抹殺」『東洋学報』第七三巻三号、一九九二年、一二三―一六〇頁。

ダライラマ六世をめぐる混乱の一連の過程については、前掲拙稿「チベット仏教共同体と『中華』」二七三頁にて整理したほか、石濱裕美子、前掲書、第一〇章が特に詳しい。石濱氏は、この清帝国によるチベット平定・藩部組み入れが「中国によるチベット征服＝Chinese conquest of Tibet」というようなものではなく、あくまで仏教王としての権力発動であったとして、次のように述べる。

> 従来、Chinese conquest と呼び慣わされてきたこの一七二〇年の出来事は、決してチベットの征服行軍とは認識されておらず、「真の」ダライラマを送り込むための宗教使節と認識されていたのである。進軍の動機がこのようであったからこそ、康熙帝は自ら文殊菩薩にして転輪聖王であると名乗り、ダライラマと伝統的にダライラマの庇護者であった青海ホショトとの参加が決定するまでは軍を動かさず、侵攻の目的にも仏教の振興を掲げ、侵攻後も旧体制の復活を行ったのである。清朝がチベットへ侵攻する正当性を獲得するために、ダライラマと青海ホショトにかくも多くを負っていた以上、清朝があらゆる面においてイニシアチブをとったかのように受け取られる、従来盛んに用いられてきた「チベット征服」（Chinese conquest）と言った表現は再考の必要が生じてこよう。
>
> この事件を境にチベットの内政に対する清朝の干渉が加速して行ったことは従来の研究から明らかであり、本論もその点を否定するものではない。……しかし、ここで特に強調したいのは、清朝やジュンガルがいかに強大な軍事力を有していようとも、その軍事力を国益のためにではなく、チベット仏教世界の価値観に則ってしか動かせなかったという時代状況が一七二〇年当時確かに存在していたということなのである。（三一五頁）

（45）筆者は以前、福田思想とその特殊チベット仏教的展開（基本は脱世俗的性格を保持しながら、同時に土地ごとの寄進に起因して教団・寺院自体がしばしば権力主体となること）について簡単な説明を行った。前掲拙稿「チベット仏教共同体と『中華』」第三章第一節、二八八–二九一頁を参照。一方、このような仏教の脱世俗的性格を根本的に転換させたのが「仏性は本来個々の人間の内心や生活そのものの中に含まれており、迷妄を離れて日常生活を過ごすままでありさえすれば自ずと仏法の実践になる」「もし修行を欲すれば在家のままでも良く、寺院にいる必要はない」という漢地仏教の禅宗である。さらに余英時氏は、唐帝国における安禄山の乱以後の社会的混乱に伴い、仏教修行者や道士といえども布施・喜捨に期待できずやむを得ず世俗的労働に従事せざるを得ない状況が出現した結果、「節約」と「勤労」によって象徴されるウェーバー的な世俗内的禁欲倫理を禅宗・道教の側も導入し、世俗的労働そのものを宗教的に意味があるものとして位置づけるようになったことを説明している。詳論するまでもなくその延長で、世俗実践的仏教への対抗として、世俗実践と宇宙観を結合させた朱子学が誕生するが、こうした状況を指して新田雅章氏は、禅思想・儒学思想における修養の道・老荘思想における体験重視という三者の同質性と、禅思想がまさに中国文化が育んだ仏教の思想であることを整理している。しかしそれを裏返してみれば、漢地仏教における世俗的色彩の濃厚さは、その分だけ大施主としての権力、とりわけ仏教王の必要性を減ずることになった。実際に宋・元・明・清の各帝国と中華民国・中華人民共和国において、権力と寺院の接近度・相互依存度は高くなく、チベット仏教とモンゴル諸部・清帝国・近代国家中国との関係はもとより、上座部仏教圏における教団と権力の関係のような構図を形成していない。むしろ、第二章でみるように、漢地仏教はその世俗との境界の曖昧さゆえに、しばしば清帝国にとって深い疑惑の対象ですらあった。また、清帝国——とりわけ乾隆帝が、「御製喇嘛説」に象徴されるように仏教王・転輪聖王としてチベット仏教の超越性を確保しようとしたこと自体、世俗内的禁欲倫理によって成立した近世儒学・仏教・道教の同質性という「中華」文化の枠組みの外側における行為であったと考えられる。参照：余英時著、森紀子訳『中国近世の宗教倫理と商人精神』平凡社、一九九一年、上篇「中国宗教の世俗内的転回」。新田雅章「東アジア仏教の修道論——禅定思想の形成と展開」高崎直道・木村清孝編『シリーズ東アジア仏教・第一巻・東アジア仏教とは何か』春秋社、一九九五年、一六一–一六九頁。

(46) 例えば、タイの古代法典において最も基本的地位を占める「プラ・タマサート」は、「王者は『十種の王法』を遵守し、斎戒を守り、生きとし生ける者に対する慈悲の心を持ち、常に『プラ・タマサート』の学習を怠らず、また、王に対する奉仕・非奉仕の正邪を判断し、行い正しき者を励まし、正義に適う手段によって王室を富ましめ繁栄を図らなければならない」と規定している。「十種の王法」とは「布施・戒・喜捨・正直・柔和・苦行者・無念・慈悲・忍辱・非妨害」を指すという（石井米雄『上座部仏教の政治社会学——国教の構造』創文社、一九七五年、七七–七九頁）。

(47) 転輪聖王の位置づけには四段階が想定されている。このうち、金輪王は出陣しなくとも周囲の小王が来降し、銀輪王は自ら出向いただけで、銅輪王は布陣しただけで、鉄輪王は武器を振り上げただけで、小王が従ってくるという。したがって、般若波羅蜜経の「命あるもの（有情）のために輪廻の世界に留まることを決めた存在（菩薩）は、王家に生まれて武力を用いずして世界を治める転輪聖王となり、命あるものを仏教の良い道に導く」という記述に沿って、転輪聖王には「武力を用いずして四方を征服する者」という含意が込められているという（石濱裕美子、前掲書、九-一〇頁）。

(48) 小杉泰『イスラーム世界（二一世紀の国際政治・五）』筑摩書房、一九九八年、五六-五七頁。

(49) 足羽與志子「『王』の不在と仏教国家」松原正毅編『王権の位相』弘文堂、一九九一年、七一頁。

(50) 石井米雄氏は、欧州における「教会＝エクレシア」の基本的構造をめぐる研究から導かれた「成員はエクレシアの中に生まれるのであり、エクレシアに加入するのではない。エクレシアは、それゆえ国家（the nation or the state）に似た社会組織ということができる。エクレシアは、いかなる意味においても選択的ではない。人はひとたび、家族、民族の一員として出生すれば、まさにその必然的帰結としてエクレシアの成員となるのである」「エクレシアは、その与える恩寵の手段、制定された教理、秘密の正しい授与、聖職者による教導を重要視する」という説明を引用し、タイのサンガがこのような特徴を持っていたこと、その延長においてタイ民族＝仏教徒という図式が成立していたとする（石井米雄、前掲書、八三-九〇頁）。恐らく十六世紀以降チベット仏教ゲルク派が完全に優越したモンゴル・チベットについても同様のことが言え、清帝国はこのような内陸アジアとの関係において転輪聖王でなければならなかったと考えられる。

(51) 乾隆帝撰「御製喇嘛説」（『清代喇嘛教碑刻録』三三九-三四三頁）。

(52) 昭槤（礼親王）『嘯亭雑録』中華書局、一九八二年（初出一八一四-二六年）、三六一-三六二頁「章嘉喇嘛」。

(53) 乾隆帝、前掲「御製喇嘛説」三四二頁。

(54) 乾隆五十三年（一七九二年）八月二十七日「諭軍機大臣伝知福康安等所指各条著詳酌妥辦」『西蔵地方与中央政府関係檔案』七六三頁。

(55) 嘉木央・久麦旺波著、許得存・卓永強訳『六世班禅洛桑巴丹益希伝』西蔵人民出版社、一九九〇年、四九四-四九九頁。

(56) 片岡氏の説明は次の通りである。

多くの活仏の存在は、最高の活仏であるダライ＝ラマの権威をいくらか相対的に低め、チベット＝ラマ教に集中する宗教的求心力をいくらかなりとも弱める（分散させる）はたらきをしたのである。しかも清朝がそれらの活仏を理藩院の管理下に掌握していたことは、清朝皇帝権がモンゴル精神界をも支配することを意味したといえよう。……（活仏に対する鄭重な待遇は）すべて、清朝とチベットとの関係を安定した状況下に置くための方策であって、決してダライ＝ラマの権威を清朝皇帝の上位として認めるものではなかったことは当然である。（片岡一忠『清朝新疆統治研究』雄山閣出版、一九九一年、四二-四四頁）

(57) 片岡一忠、前掲書、四七頁。
(58) 片岡一忠、前掲書、四九頁。
(59) 石橋崇雄『大清帝国』講談社選書メチエ、二〇〇〇年、一八六頁。
(60) 乾隆帝「普陀宗乗之廟碑記」「清代喇嘛教碑刻録」四三〇-四三二頁。
(61) 石濱裕美子氏は、以上のような承徳における政教一致祝祭空間と、そこにおける乾隆帝とパンチェンラマが相互謙譲するという儀礼の問題に対して「清朝のチベット仏教利用」史観が根本的に回答不能であることをめぐって、次のように述べる。

チベットと中国の関係は言うまでもなく仏教を抜きにしては考えられないものである。しかし多くの研究者はこの仏教的な価値観を理解不可能なものとして最初から度外視し、大切なのは仏教を「利用」して行おうとしていた何かであると思い込む。しかし……パンチェンと乾隆帝はその会見において、中国とチベットの上下を規定するようないかなる儀礼も政策の宣言も行っていない。……参加した人々（満洲人、モンゴル人、朝鮮人、後にはイギリス人）が目にし耳で聞いたのは、乾隆帝とパンチェンが仏教に基づく政治と仏教僧団の繁栄を祈願する姿……であったのである。このような思想に裏付けられたパンチェンと乾隆帝の会見の視点はすでに国家や民族や王朝を止揚したところにあったのである。従って、この会見を民族や国の上下区分を明らかにする視点（冊封・朝貢）のみで評価することは、あくまでも一面的な見方にとどまるものである。（石濱裕美子、前掲書、三五五頁）

承徳という政治的空間の意味に関する既存の見方に根本的な疑問を抱く筆者も、基本的にこの見解に賛同しつつ、仏教を媒介とした清帝国とチベット・モンゴルの関係を捉えるものである。それは「利用」史観や、そのアンチテーゼとしてチベット亡命政府が主張するような施主と教団の間の「本質的に個人と個人のつながり」（チベット亡命政府情報・国際関係省、南野善三郎訳『チベットの現実』風彩社、一九九五年、一八頁）といったものではないし、坂野正高氏が清帝国における中華思想の運用の唯一の例外としてチベットとの関係を「仏教的なフィクション」（坂野正高『近代中国政治外交史』東京大学出版会、一九七三年、八八頁）によると定義したものとも異なる、清皇帝とモンゴル・チベット人が相互に能動的な動態的関係であろう。
(62) 高田真治・後藤基巳訳『易経』説卦伝、岩波文庫、一九六九年、二九一頁。
(63)『乾隆帝聖訓』聖徳、四七頁、乾隆七年三月庚辰。
(64) 雍正帝は、自身と承徳とのかかわりについて、次のように述べている。

皇考（康熙帝）が六十年来行ってきたことは、朕もつとめて見習うことが可能なものは全て遵奉する。つとめて不可能なものは、朕の努力を待って他日を期するのである。例えば、皇考が武備を深く配慮し、毎年辺塞を巡行して狩猟を行い武を講じてきた一事について、朕は年来一度も挙行していない。ところが庸劣にして無知の官員や、怠惰で見るに堪えない兵丁は、朕が往かないのを良いことにますます調子に乗っている。これはみな、愚賤の人が束の間の安楽を貪り、大体を知らないからである。国家の武備を論じることは緊要にして、一日として廃弛できない。朕が（狩猟に）往かないことで朕が皇考に及ばないことは、朕自身が良く分かっている。蓋し、皇考の徳の盛んなること神と化し……巡幸においても完全無欠であること、宮中にあるのと変わらない。朕は則ち、朝から晩まで心を（政務に）砕いているが、経理が周到でないことを恐れ、実に暇がない。狩猟のことに至っては、朕は皇考に及ばないのであり、皇考の天授の強力さは千古を超越し、モンゴルの衆は誰もが驚服する。また、朕の射撃技術も皇考に及ばない。皇考の聖体の康強ぶりも天行の常健の如きであり、壮盛の時を減じなかった。しかし朕の精力は皇考に及ばない。そこで、辺に臨んで武を講ずることを未だ挙行せず、ただ昨年皇子を圍場に行かせて訓練させた。また、武官や旗員を引見した。これらはみな、射撃の技術を試して後の用とするためである。朕は政事の経理がみな宜を得るのを待って、まさに農閑期に狩猟の礼を行おうと考えているのみである。朕は何事も皇考に及ばないが、ただ下情を洞悉するという点において朕は親身に閲歴しているのだ。朕は藩邸にあること四十年、およそ臣下の結党・懐姦・詐欺・面従腹背・公私混同といった習いを深く知っているのである……。（『雍正帝聖訓』聖徳一、一三頁、雍正四年十月庚申）

こうした雍正帝の認識は、特に承徳を内陸アジア政治の中心というよりも、もっぱら伝統の射撃訓練を中心に位置づけるものであろう。

同様のことは嘉慶帝についても言える。実は、乾隆帝が没して以後、木蘭圍場はそれまでの乱獲や、さらには白蓮教徒の乱などの戦乱で困窮した一般民が勝手に移住して一層圍場の自然環境を乱してしまったために荒廃の一途をたどり、円滑な行圍の実施が難しくなってしまった。そして道光年間に入ると、夏の行圍は完全に廃止されてしまった（趙雲田『清代蒙古政教制度』中華書局、一九八九年、二〇九-二一〇頁）。乾隆帝の後継者としての嘉慶帝は、父の時代までに築かれた「輝ける遺産」の喪失に危機感を抱き、雍正帝の上記諭旨における「射撃訓練の重要性は決して忘れておらず、行圍を実施しないことで怠ける旗人は大体を知らない」という趣旨を引用し、承徳と圍場の重要性を述べている。

この世宗憲皇帝の諄々とした諭からは、未だ親しく行圍して満州を訓練することが出来なかったものの、一日としてそのことを忘れなかったことが仰見される。我が皇考、高宗純皇帝は世徳を敬承し、毎年狩猟の大典を挙行した。西域を平定して以来、新疆の諸部落は相次いで来庭し……毎回山荘において展覲した。避暑山荘後序を聖製してからは、世々の子孫は当に家法と木蘭での修武を忘れてはならないとし、後の人がもしそれを忘れれば、與国休戚の大臣や気骨忠直の言官は随時進諫するようにとした。……もしこれまでの行圍の旧典がしっかりと行われなければ、モンゴル諸藩や新疆諸部落は決して款洽を加えられず、聯じて一体となることはなかったであろうし、祖・考の心を仰体することはできないだろう。もしそうな

れば、心において実に慚愧に堪えない。（『嘉慶帝聖訓』法祖、二八九頁、嘉慶八年六月丙寅）

（65）Mark Mancall, "The Ch'ing Tributary System : an Interpretative Essay," in J. K. Fairbank ed., *The Chinese World Order : Traditional China's Foreign Relations*, Harvard University Press, 1968 を参照。

（66）例えば茂木敏夫氏は、清朝は「東南の弦月」において明朝以来の郷紳・宗族による地域秩序を基礎とした統治体制を継承する一方、「西北《ママ》の弦月」においては、漢族の移住を認めず、既存の有力者・支配層の自治に委ねられ、各民族固有の宗教・文化・社会が保持される独自の非中国社会として維持され、それによって中国世界を牽制した、と位置づける。そして、前述の片岡氏の議論を参考にしつつ、こうした二つの世界を二つながらに維持する手段として、満洲の盛京と中華世界の首都北京に加えて、もう一つの「首都」熱河が設けられ、そこで皇帝は内陸世界に向けた北方民族のハーンとして振る舞った、と位置づけるのである。また、岸本美緒氏も、清皇帝の二つの顔として、北京の中華皇帝と承徳・木蘭圍場のハーンという違いを参照して清帝国の秩序像を説明している。

しかし、東南と西北は必ずしも清帝国自身によって明確に区分されていたとは思えない。茂木氏自身、前述の議論の直後に、清帝国が様々な文化を温存させることを正当化する「俗に因る」という表現を紹介し、「すでにある中華世界の統治方式の一つの便法として、中華世界の側からは連続として考えることも可能であった」と述べ、さらに内陸アジアから清帝国をみる視点は必ずしも中華帝国としてのそれではなく、様々な論理が微妙に並存する世界として清帝国を表現している。参照：茂木敏夫「東アジアにおける地域秩序形成の論理──朝貢・冊封体制の成立と変容」濱下武志・辛島昇編『地域の世界史・三・地域の成り立ち』山川出版社、二〇〇〇年、七四-七五頁。岸本美緒・宮嶋博史『明清と李朝の時代（世界の歴史・一二）』中央公論社、一九九八年、三〇二-三〇四頁。

（67）松森等修『欽定理藩部則例』巻十六・朝覲「増纂・未出痘者免其来京該班」西蔵学漢文文献彙刻・全国図書館文献縮微複製中心、一九九二年、二四六頁。

（68）『乾隆帝聖訓』聖孝、二四九頁、乾隆五十九年十月戊午。

（69）David M. Farquhar, "Emperor As Bodhisattva in the Governance of the Ch'ing Empire," *Harvard Journal of Asiatic Studies*, 1978.

（70）鈴木中正『チベットをめぐる中印関係史』一橋書房、一九六二年、三三-三五頁。

（71）Ping-Ti Ho, "The Significance of the C'hing Period in Chinese History," *The Journal of Asian Studies*, 26-2 (1967), The Association for Asian Studies, pp. 189-195

（72）Evelyn S. Rawski, "Presidential Address : Reenvisioning the Qing : The Significance of the Qing Period in Chinese History," *The*

Journal of Asian Studies, 55-4 (1996), The Association for Asian Studies, pp. 831-834.

(73) Ibid., p. 835.

(74) Ibid., p. 838.

(75) Ping-Ti Ho, "In Defence of Sinicization : A Rebuttal of Evelyn Rawski's "Reenvisioning the Qing,"" *The Journal of Asian Studies*, 57-1 (1998), The Association for Asian Studies, p. 123.

(76) Ibid., p. 125.

(77) 注(61)、及び前掲拙稿「チベット仏教共同体と『中華』」第五章「『儒教と仏教の二重帝国』論」を参照。

(78) なお、この「塩の義務」は十九世紀になると、清帝国の出先官吏・軍人の横暴に対する聖戦としての意味を帯びた「ジハンギールの乱」や「ヤークーブ・ベグの乱」によって揺らぎ、タリム盆地のムスリム歴史家ムッラー・ムーサは、こうした異教徒支配が引き起こした聖戦を指して「高貴なイスラムの光輝をこの暗黒の雲が曇らせた」と記述する（新免康「『辺境』の民と中国――東トルキスタンから考える」『アジアから考える・三・周縁からの歴史』東京大学出版会、一九九四年）。それにもかかわらず清帝国の支配の復活・強化を目撃したムッラー・ムーサは「限りなく讃えられてあれ、彼の万有の主、その完璧なる力もてカリフとスルターンの王冠をなんぴとの頭上にも欲する通りに置き、またなんぴとからも欲する通りに取り去る御方」と記し、不信心者すらムスリムの支配者として君臨することをも「アッラーの意志」として甘受する見方をも示している（濱田正美「『塩の義務』と『聖戦』の間で」『東洋史研究』第五二巻二号、一九九三年、一三四-一三六頁）。

(79) 岡田英弘『歴史とはなにか』文春新書、二〇〇一年、一九一頁。

(80) 「ナショナルなまとまり」の萌芽は決して当初から領域国民国家的「主権」というかたちをとっていたのではない。しかし今日の中華人民共和国の歴史研究の多くは、往々にしてそれを「主権」概念で定義しようとする。しかも、もともと清帝国の最盛期に形成された版図が十九世紀以後帝国主義の侵略に遭遇し、それへの抵抗は「主権ないし宗主権護持の闘い」としてなされたという説明をとる。

しかし、極めて奇妙なのは、「帝国主義の侵略」を非難するこれらの議論が、「前近代の《中国》自身に即したアプローチ」とは基本的に無縁な「主権」「宗主権」といった発想を持ち込んで対立の原因をつくった欧州列強の立場を同時に高く評価し、そのような「主権」「宗主権」を理解できず帝国主義列強に対して介入する口実を与えてしまった清帝国を「腐敗」や「無能」と批判していることである。

例えば、清英間の外交交渉史を詳細に検討した馮明珠氏は、施主と教団の関係に基づく清・チベット関係ゆえに清の対チベット主権を否定するプラーグ氏の議論を批判し、一七九二年のグルカ問題終結後のチベットの政治的地位について、『内属』はほぼ確定し、それはプラーグ氏すら『統制は強化された』と評価せざるを得ない状況であった」と述べ、さらに「チベット（西蔵）の権力構造及び駐蔵大臣の職権から分析すれば、清廷はすでに完全にチベット統治の主権を行使していると言える。……二〇世紀初期に英国勢力が西蔵に進入して西蔵と中国の関係を破壊し、西蔵独立を幇助したものの、満清から民国へと到るまで、中央は弱体で多くの課題に振り回されつつも西蔵の独立を承認しなかったし、治蔵主権の放棄を承認しなかったのである」と論じている。しかし馮氏は、十九世紀中期においてグルカ・ラダックとチベットの関係が紛糾した際、清帝国はそもそも問題を認識していないか為す術がなく（例えば、ラダック問題に関して香港総督から照会を受けた両広総督は、そもそもチベットとカシミールがどのような地理的環境にあって、接しているのか否かも理解不能で、清廷は駐蔵大臣に調査を命じるのみであった）、ただチベットの官員が辺界の現地で交渉にあたって問題を処理し、駐蔵大臣は一連の経過を北京に事後報告することに終始したことをめぐって、欧米研究者の「一貫して清朝が関与せずチベット政府が自主的に行っているので、チベットは独立主権を行使している」「清帝国は自ら主権を放棄した」という指摘に対し有効な反論をなし得ていない。結局馮氏は、十九世紀から二〇世紀初頭までのチベットをめぐる清英交渉を検討した総括として「イギリスは清朝の対チベット主権 sovereignty を承認していたものの、二〇世紀に入るとチベットを英・中と対等な地位に押し上げようとした。それは英領インドのチベット侵略野心と説明できるが、清朝の西蔵政策及び外交交渉において犯した誤りも検討に値する」として、結局近代国家主権を理解できず失態を重ねた清帝国を批判的に捉えることに終始しているのである。

　しかし、果たしてこのように、欧州帝国主義を批判しながら、同時に帝国主義が持ち込んだ「国家主権」という発想によって清帝国とチベットを評価することが適切なのか。こうした「主権」「宗主権」を以て一面的に前近代アジアの政治関係を解釈する発想は、帝国主義が外からもたらした発想を都合良く採用している点で所詮「西欧基準」でしかない。

　したがって、清帝国があくまで前近代帝国としてどのような権力をチベット（及び他の内陸アジア諸地域）に及ぼしたかを明らかにするには、あくまでその具体的事例を積み重ねて再構成する必要があり、そこで従来多くの研究が依拠しているのが、鈴木中正氏による「清の監督権の休眠・希薄化」という説明である。鈴木氏は清帝国とチベットのかかわりについて、際だったピークをなすいくつかの事件の中間の谷間の時期においては、駐蔵大臣のチベット政務に対する干渉・監督権は冬眠状態に陥り、清朝のチベットに対する把握力は著しく弛緩するものの、改めて事件が発生すると、清朝の影響力と駐蔵大臣の活動は活発化する」と述べる。スミス氏はこうした鈴木中正氏の議論を導入して、清・チベット関係は「帝国と準自治国の関係」「States 相互の関係」であったと位置づけている。また石碩氏は、中華人民共和国の多くの研究が単純な「統制」「利用」という尺度から「清朝の対チベット主権」を強調するのとは異なり、チベットの安定とそれを実現するための何らかの介入措置について、それが清帝国のみならずチベット自身にとっても利益であり、かつその宗教中心の社会（石碩氏はそれをチベット文明と位置づける）に基づいて世俗の保護者を求める檀越関係の発想とも合致していることから、その適切な発動を通じて清・チベットの良好な関係が十九世紀末まで維持されたとする。そのうえで石氏は清帝国のチベット・グルカへの軍事行動の意味について、「仏教を保護する文殊菩薩皇帝の恩情」を以て清帝国の軍事行動をとらえる発想が存在していたことを挙げ、「全てチベットに対する軍事的強制や征服活動ではなく、単に清朝がチベット内部の政治的・民族的危機を解決する一種の政治行動であり、出兵はこの種の政治行動において必要な武力の後ろ盾に過ぎなかったのである」「(十八世紀の)三度の出兵はチベット側の擁護及び協力を得られてなされたことを考えれば、それらは清朝が一方的にチベットに加えた行動ではなかった」として、清帝国・チベット双方の視点を組み合わせた、より総合的な理解に基づく政治・宗教関係を提示している(但し、その最終的方向性としての「中原政治体系への包摂」という考えや、檀越関係をめぐっての「明朝や清朝の統治者は厳格には仏教を信奉していなかった」という記述には、本章・次章で触れる清皇帝の発想ゆえに筆者は疑問である)。

実際、ダライラマ八世に一七九二年の清軍出兵に対する感謝を表明するため、善後処理のためにラサを訪問したフカンガ(福康安)将軍に対し、自らポタラ宮殿から下山して歓迎した。さらにダライラマは上座を拒否して「大将軍の遠来は仏法を永遠に守るためで、僧衆がみな敬礼するのは普通の大臣官員に対する態度とは比較にならないので、我々出家の人は座して拝見するわけには行かない」と述べ、逆にフカンガ自身は並々ならぬ歓迎に過剰すら感じ、茶宴を除いた各種の接待を再三丁重に固辞したという(「福康安奏報抵蔵達頼喇嘛班禅面宣諭旨情形折」乾隆五十七年〔一七九二年〕正月二十二日、『西蔵地方与中央政府関係檔案』七〇五-七〇八頁)。

要するに、「主権」という近代的概念では決して了解されないものの、清帝国がその最盛期にあって様々な世界観・政治観・社会観に依拠する多民族関係の中で強大な権力としての地位を築いたこと、ならびにその後十九世紀の帝国弱体化・内陸アジア関与の希薄化という趨勢にあっても、なおかつ帝国の正統性は「被治者」たる各民族の間で決して完全にはなくなることなく持続したことを考えようとするならば、そうした多様性を清帝国の支配に反しない限りで矛盾なく連結する清帝国自身の世界観(それは決して「使い分け」とか「多面」ではなく、究極の自己意識として)とは果たして如何なるものであるのか、という問題へと迫る必要があろう。そして、他でもなくそこに見られる達成と限界が、単純な「清の『五族の中国』」の近代国家への再編という図式とは違ったはるかに深刻な図式を以て近代中国ナショナリズムへと引き継がれ、発露することになるのである。

参照:馮明珠『近代中英西蔵交渉与川蔵辺情——従廓爾喀之役到華盛頓会議』台湾・故宮博物院、一九九五年、五七頁、七八-八五頁、一一九頁。蕭金松『清代駐蔵大臣』(蒙蔵学術叢書・二)中華民国蒙蔵委員会審訂、台北・唐山出版社、中華民国八五年、九〇頁。李鉄錚著、夏敏娟訳『西蔵歴史上的法律地位』湖南人民出版社、一九八六年。鈴木中正『チベットをめぐる中印関係史』一橋書房、一九六三年。Warren W. Smith, Jr., *Tibetan Nation: A History of Tibetan Nationalism and Sino-Tibetan*

Relations, Westview Press, 1996, pp. 136-144. 石碩『西蔵文明東向発展史』四川人民出版社、一九九四年、三九八-四〇七・五〇七頁。

ちなみに、チベット問題の歴史的経緯を現代国際法の視点から分析したプラーグ氏は、清皇帝とチベットの間の檀越関係について「檀越関係は保護者の被保護者に対する優越を意味しない」とし、逆に保護者（＝皇帝）は被保護者（＝ゲルク派とチベット）に対して奉仕しなければならないと位置づける。そして、以下の事例を挙げて十八世紀以降においてチベットが独立主権国家であったことを説明する。

(a)　清帝国が一七二〇年代以降チベットに派遣したアンバン（満洲語で大臣の意。欧米のチベット問題論では駐蔵大臣は単にこう呼ばれる）は清帝国への通信役・防衛監督担当であり、次第に助言者としての性格を兼ねていった。

(b)　パンチェンラマ六世に謁見した英国人青年ボーグルの報告書には「満洲の存在はラサで感じられるのみで、事実上独立国家」とある。

(c)　フランス人宣教師フックは、十九世紀における満洲の影響力低下ゆえに、チベットはアンバンを外交使節としてしか見ていない。

(d)　ネパールとチベットは、一八五四年の戦争で対等な独立国として交渉した。

(e)　理藩院は、中国を統治する機関とは切り離されていた。

しかしプラーグ氏をはじめとして、檀越関係を理由に清帝国のチベットに対する権力関係を小さく見ようとする発想は、欧州人の「主権国家的」な視点から当時の歴史的関係を解釈するものであるのみならず、檀越関係に対する視点が単純に過ぎるきらいがある。保護者は一方的に教団のためにする存在ではなく、教団に問題があれば介入することが正当化されるのが仏教政治の基本的形態であったことを踏まえれば、それは「支配されたチベット」を非歴史的に「救い出そうとする」一面的なものであろう。参考：Michael C. van Walt van Praag, *The Status of Tibet*, Westview Press, 1987, Chapter 2 "Government by Dalai Lama : Mongol, Manchu, and Gorkha Intervention."

第二章

（1）岸本美緒・宮嶋博史『明清と李朝の時代（世界の歴史・一二）』中央公論社、一九九八年、三一〇-三一二頁。

（2）宮崎市定『宮崎市定全集・第十四巻・雍正帝』岩波書店、一九九一年。特に総括的なまとめとして、第七章「独裁政治の限界」を参照。

（3）宮崎市定、前掲書、一一七-一一八頁。

(4)宮崎市定、前掲書、一二七頁。
(5)宮崎市定、前掲書、一二四頁。
(6)岸本美緒、前掲書、三〇二-三〇九頁。
(7)岸本美緒、前掲書、三一九-三二一頁。
(8)徐旭齢「力行節倹疏」康熙十六年、『皇朝経世文編』礼政、一三五五頁。
(9)『雍正帝聖訓』聖徳一、雍正元年七月丙巳。
(10)『雍正帝聖訓』聖徳一、雍正三年五月癸丑。
(11)『雍正帝聖訓』法祖、雍正五年十月戊辰。
(12)『雍正帝聖訓』聖徳二、雍正八年十月癸酉。
(13)「岳鍾琪奏準噶爾若侵蔵予籌保護達頼喇嘛折」雍正五年(一七二七年)二月二十二日、『西蔵地方与中央政府関係檔案』三七七-三八〇頁。
(14)「鄂爾泰奏遵旨停止進軍西蔵並復陳安蔵之策折」雍正五年(一七二七年)十一月十一日、『西蔵地方与中央政府関係檔案』三九四-三九六頁。
(15)『雍正帝聖訓』武功、雍正七年己酉二月癸巳。
(16)「論軍機大臣等措置西蔵事宜基本政策著詳悉定議並備細伝諭策楞等」乾隆十五年(一七五〇年)十一月十七日、『西蔵地方与中央政府関係檔案』五二四-五二五頁。
(17)『雍正帝聖訓』聖学、雍正五年七月癸酉。
(18)『雍正帝聖訓』聖学、雍正五年十二月甲申「刊刻孝経典小学清漢文告成御製孝経序文」。
(19)こうした科挙制度批判はひとり雍正帝に止まるものではなかった。例えば、雍正帝の治世に先立つ十七世紀の儒学者・黄宗羲は、科挙が実際の問題への対処能力を試すものからかけ離れた空虚なものになっているという現実を批判している。
　科挙の弊害は今日ほど甚だしいことはない。科挙を受験しようとする者は五経通鑑・春秋左伝・戦国策などの書物を必ず読んで備える。しかし、合格してしまえば読まなくなるし、受験勉強中、あるいは出仕してからも他の書物を読まない。さらには、合格者の文章を暗記して雷同してしまう。……こういう人間が国家の様々な問題にどうして対処できようか。徒に天下の生民に対して苦しみを与えるだけなのだ。しかも、この手の輩の無用ぶりは因循して救いようがない。……そこで、試験の内容を今改めなければ、真の才能は得られない。……大勢の前で経文を條陳させ、それを断じて自分の意見として述べさせるのである。決して迂遠な修飾を加えさせずに、事例に対する対処の方法などに関する識見を試す。……そうすれば、科挙がどうして空虚なものになろうか。

また、やはり明帝国末期から清帝国初期にかけての儒学者である陸世儀は、その代表的著作である『思弁録』の中で、科挙官僚の硬直化の弊害を阻止するため、「学校」を通じて科挙及第者は「古の論道」と「当世の務」を学ぶ必要があるとしたほか、官僚の下で日常のあらゆる政務をこなす胥吏の汚職腐敗を防止するため、「その胥吏については、識字者でありさえすれば書を書くに足りるので用いることとし、三年に一回交代する。一回なった者は二度と胥吏になってはならない。そうすれば官は日に智を増し、吏は日に愚にして文を舞して法を弄する弊害はなくなる」とした。そして、古の礼楽と今の時務の結合の方法について「歴史書の読み方は、綱目を主とし、資治通鑑を参考にする。二十一史は読まなくても良く、参照用に備えれば足りる。……けだし、一代の礼楽刑政はないがしろにできないからである。……また、歴代の地図や建置の沿革・歴代官制・年号・帝王世系・帝王授受・建都考などは参考書として不可欠である」と細かく示している。

儒学思想の学習と実践が遊離した状況は、黄宗羲や陸世儀にとどまらず、清帝国盛世期の厳しい思想弾圧の中でも思想と実務の結合に広く関心を持ち続けた人々にとって共通の関心事であったようである。乾隆後期に進士となった大読書家である程晋芳は「正学論」の中で、「古の学者は日に以て智で、詩書礼楽は広大高明の域に達していたが、今の学者は日に以て愚にして些末にこだわりすぎであり、雅俗大小の何と異なることか」と嘆き、その根本的な原因として明後期における「士人は性命を高談し、古書は読まれずに積み重なって虫の餌になってしまい、必読書は往々にして文集のかたちにされ、それはあたかも田舎の小儒が兎を囲い込むようなもので、噴飯すべきものであった」状況もさることながら、「今の儒者は唐以前の片言隻語について、その道理の如何を問わないままありがたがるだけであって『(気運の) 往復の道』とは言えず、そのうえ宋以来七百年の書物の洪水に溺れているのだから、究極を求めようにも難しい状況」が最も重大な影を落としていると指摘している。そのうえで程晋芳は、「学と行為の一体性」を回復すべきであるとして、「そもそも古人が学を為すのは、その身心を治めて天下国家の事に応ずるためである。宋学の出現で、修己治人の方法が燦然と明らかになり、それが行われること四百年、末流は細かいことに拘る弊害に陥っているが、学んで及ばないことの過ちは前人の立教の過ちではない」とし、「真に朱子学的」な学問と政治・社会の関係の回復を力説しているのである。

このように、儒学と科挙・人材の関係は一部の知識人にとって深い憂慮を以て受けとめられていたのである。参照：黄宗羲「科挙」『皇朝経世文編』礼政、一四四三頁。陸世儀「思辯録論学」『皇朝経世文編』礼政、一六一一-七二頁。程晋芳「正学論」『皇朝経世文編』学術、六六-六八頁。

(20)『雍正帝聖訓』聖学、雍正五年六月壬虎。

(21)『雍正帝聖訓』武功・附武備、雍正二年七月甲子。

(22) 渡辺浩『近世日本社会と宋学』東京大学出版会、一九八五年、七-一二頁。

(23) その一例として、江戸初期の黒田長政による家訓は、次のように言う。

国ヲ持ツ主将ハ、格別之思慮無クシテハ叶ヒ難シ。凡人ト同ジ様ニ心得ベカラズ。先我身ノ行儀作法ヲ正シクシテ、政道ニ私曲ナク、万民ヲ撫育スベシ。……凡国主ハ常ニ仁愛ニシテ讒ヲ信ゼズ、善ヲ行フヲ以テ務トスベシ。政事ハ青天白日ノ如ク明白ニシテ、深ク思案ヲメグラシ、一事モアヤマツベカラズ。文武ハ車ノ両輪ノ如クナレバ……治世ニ武ヲ忘レズ、乱世ニ文ヲ捨テザルガ、尤肝要成ルベシ。世治リ、国主タル人、武ヲ忘ルル時ハ、第一軍法捨リ、家中ノ諸士モヲノヅカラ柔弱ニナリ、武道ノ嗜ミナク、武芸ニモ怠リ……カク武道ヲロソカナレバ、平生ノ軍法定ラズシテ、不慮ニ兵乱出来ル時ニハ、周章テ騒ギ、評定調ハズシテ、軍法立難シ。又乱世ニ文ヲ捨レバ、制法定ラズシテ、政事ニ私曲多クシテ……軍陣ノ時モ血気ノ勇ノミニシテ、道正シカラザル故、忠義ノ働キマレナリ。……凡国主ノ文道ヲ好ムトイフハ、必ズ書ヲ多ク読ミ、詩ヲ作リ、故事ヲ覚ルニアラズ。真ノ道ヲ知リ……善悪ヲ糺シ、賞罰ヲ明ニシ、アハレミ深キヲ肝要トス。又ハ武道ヲ好ムト云フハ、専武芸ヲモテハヤシ、イカツ成ルヲ言ニアラズ。軍ノ道ヲ能知リ、常ニ乱ヲシヅムル知略ヲメグラシテ……剛臆ヲ正シフシテ、治世ニ合戦ヲ忘レザルヲ云。（「黒田長政遺言・掟書之事」石井紫郎編『近世武家思想［日本思想体系「芸の思想・道の思想」三］』岩波書店、一九七四年、二〇-二一頁）

この家訓での基本的な趣旨は「文武両道」であるが、そのうち「文」の価値は、武士の本来の職分である「武」の場面においても決して「私曲」することなく「真の道」を常に再確認するための手段と位置づけられ、必ずしも「文」がそれ自体として独立の意義を持っているわけではないように思われる。むしろ、「文」に沈潜し、それが中心になってしまうことは好ましくないと考えられていたようである。

(24) 「黒田長政遺言・又別ニ右衛門佐様ヱ之御書付」（前掲『近世武家思想』二〇頁）は、次のように言う。

四書五経孝教、素読能候ハバ、道雲《ママ》（林道春〔羅山〕の誤り）折々呼ビ道理ヲ聞、国之仕置素直ニ、非道無之様ニ学問ヲ用ヒ候事、第一ニテ候。多ク物ヲ読ミ物知リダテニテ、コバシ名聞（知ったかぶりをして生意気がる）ニ成候テハ、人之事ヲ譏リ申為之様ニ心得候ヘバ、学問モ邪魔ニ成候。何事モ用ヒ様ニテ、好キトアシキトニ成候事。

(25) また、十九世紀の水戸藩主・徳川斉昭は「明訓一斑抄」において、「東照宮御遺訓」から以下の条目を引用し、武士の基本として「武勇・実用と奢侈」の関係をどう処理すべきかを説く。

武道は静謐の世に乱を忘れず、我身の奢を断て、慈悲を万の根元とし、我家職を勤めて、家を無事に治るは善人にて、忠信深き人也。

国家衰へん時は、主君柔弱美麗をこのみ、公家風の男、国の権柄を取て、終に家を破るものぞ。武家にて武道を好まざる

者は、必臆病なる者也。（徳川斉昭「明訓一斑抄」前掲『近世武家思想』一三四頁）

武家に生まれて武道に愚なるは、鼠取らぬ猫のごとし。公家と武家との替りは、譬えば金ならば、公家は金銀の如く、武家は鉄に同じ。しかるに人民金銀を好みて、鉄の大宝なる事をしらず。鉄は宝器の本成り。五穀を作り竹木を伐にも、朝夕の食を調へ、尤天下国家の乱を払ひ、太平をいたすこと、鉄の用多し。誠に大宝の長たるもの也。（同、一一一頁）

なお、本書の趣旨の一つは、水戸学の濃厚な影響を受けた藩主らしく「排仏」であるので、斉昭自身がそのまま「遺訓」の「慈悲」という仏教的表現を受け容れていたわけではない。そこで「抑東照宮にては、慈悲々々とのたまふは、通俗にさとしやすきために、仏語を用ひ給ふといへども、其御言葉を味ふるに、慈悲は即仁徳なり。御言行ともに仁を本としたまふゆえ、天下の人民帰服して従へり」（一一〇頁）と断っている。

(26)『雍正帝聖訓』武功・附武備、雍正四年九月甲辰。

(27)『雍正帝聖訓』武功、雍正七年五月乙巳。

(28) 雍正帝『大義覚迷録（近代中国史料叢刊・第三十六輯）』台北・文海出版社、一九六六年、八二‐八五頁。

(29) 雍正帝『大義覚迷録』八五頁。

(30) 雍正帝『大義覚迷録』二頁。

(31) 雍正帝『大義覚迷録』八〇‐八十二頁。

(32) 雍正帝『大義覚迷録』一〇八‐一一一頁。

(33) 雍正帝『大義覚迷録』一七八頁。

(34)『雍正帝聖訓』用人、雍正六年十月癸未。

(35) 具体的な条項として、次のようなものがある。

［辺を出て地畝を開墾することの禁止］

〈改正前〉口内に居住する旗人・民人らは、出辺して蒙古地方で開墾してはならない。違反者は「私開牧場例」に即して処罰する。

〈改正後〉（モンゴル盟旗の王公が）開墾を私募し、しかも押荒銀（開墾許可手数料）を受け取っていない場合は、専条によって処罰する。民人の人数・規模によって、盟長は罷免され、ジャサクの報酬が罰として削減される。（松森等修『欽定理藩部則例』〔西蔵学漢文文献彙刻〕全国図書館文献縮微複製中心、一九九二年、一八九頁、巻十・地畝「禁止出辺開墾地畝」）

［辺門の出入りの稽査］

内外のジャサク蒙古らは（万里長城の）山海関・喜峯口・古北口・独石口・張家口・殺虎口から出入りしてよい。関内に入る際、辺門章京が登記作業を行い、出る際には確認する。その他の門は通行を禁止する。（前掲『欽定理藩部則例』三七二頁、巻三十四・辺禁「稽査出入辺門」）

［道光二年陝甘総督奏定・青海番子事宜八條］

モンゴルの衣冠は定制があり、異なる服装は認められない。もし番族の衣冠を身につける者があれば取り調べられ、さらには番族の服装を着て蒙古の家畜を略奪する者、野番とともに略奪をする者があれば逮捕し、正法に照らして所属の王公ジャサク・タイジに対し犯人一人当たり罰俸三カ月を科す。（前掲『欽定理藩部則例』一五四頁、巻五・職守「道光二年陝甘総督奏定青海番子事宜八條」）

このうち道光二年の青海モンゴルに関する条項は、青海モンゴルがアムド・チベット人（当時の清帝国側の呼称は番族。アムド地方とは、チベットの地域概念で、今日の中華人民共和国の青海省東南部・甘粛南部・四川北西部に相当する）の勢力拡大によって次第にチベット人へと取り込まれて行く過程（第三章で詳論する）に伴うものであり、モンゴルの他民族との同化阻止・維持策が、漢民族との間だけでなく内陸アジアのチベット人をも睨んで行われていたことを示していて興味深い。とはいえ、基本的にはやはり、首都北京や華北におけるモンゴル王公の漢族文化への日常的な接触、あるいは山西商人及び甘粛ムスリム商人のモンゴル高原全体への浸透に伴う漢語の流入に伴い、モンゴルが「漢」「華」に流れてしまうことを極度に恐れていたふしがうかがえる。例えば、次のような条文がある。

［続纂　内地書吏の招聘禁止］

内外のジャサク汗王・ベイレ・ベイセらは内地の書吏を招聘して教育に従事させたり、書吏として使ったりしてはならない。（前掲『欽定理藩部則例』四四一頁、巻五十三・違禁「禁止延請内地書吏」）

［続纂　蒙古での漢文使用禁止］

内外のジャサク汗王・ベイレ・ベイセ・タイジら及び蒙古官員は、公文書において勝手に漢文を用いてはならない。（前掲『欽定理藩部則例』四四一–四四二頁、巻五三・違禁「禁止蒙古行用漢文」）

［続纂　漢字命名の禁止］

内外のジャサク汗王・ベイレ・ベイセ・タイジらは、子供を命名する際には満洲・蒙古語で命名しなければならず、漢字で命名してはならない。（前掲『欽定理藩部則例』四四二頁、巻五三・違禁「蒙古人等不得用漢字命名」）

（36）天観念をめぐる諸相については、平石直昭『一語の辞典・天』三省堂、一九九六年を参照。なお、そもそも儒学的な天観念も、天を権力の正統性の根拠として強調した周王朝が西方の遊牧民族出身であるため、内陸アジア一体に広がる天空信仰と強い関連性があるという説明もある（同書、一八頁）。
(37) 雍正帝『大義覚迷録』三頁。
(38) 雍正帝『大義覚迷録』五-六頁。
(39) 雍正帝『大義覚迷録』九頁。
(40) 雍正帝『大義覚迷録』八五-八六頁。
(41) 雍正帝『大義覚迷録』二五五-二五六頁。
(42) フィリップ・A・キューン著、谷井俊仁・谷井陽子訳『中国近世の霊魂泥棒』平凡社、一九九六年、四九頁。
(43) キューン、前掲書、八四-八五頁。
(44) 安部健夫『清代史の研究』創文社、一九七一年、三八-三九頁。
(45) 安部健夫、前掲書、五〇頁。
(46) 安部健夫、前掲書、四八頁。
(47) 安部健夫、前掲書、五二-五三頁。
(48) Pamela Kyle Crossley, *A Translucent Mirror : History and Identity in Qing Imperial Ideology*, University of California Press, 1999, pp. 2-12.
(49) Ibid., pp. 221-222, 246.
(50) 土観・洛桑却吉尼瑪（トゥカン・ロブサンチューキニマ）著、陳慶英・馬連龍訳『章嘉国師若必多吉伝』民族出版社、一九八八年、六三頁。
(51) 前掲『章嘉国師若必多吉伝』九二頁。また、張羽新『清政府与喇嘛教』西蔵人民出版社、一九八八年でも、雍正帝は少年の頃から「仏事に有為であることを慕う」ほどであったという事情や、チャンキャ活仏及び禅宗高僧との討論内容の刊行という事情を紹介し、それは決して「康熙帝の皇子相互の残忍な後継者争いによって形成された残忍な性格を覆い隠す」ためではなく、確かな信仰であったと位置づけている（一九〇-一九一頁）。
(52) 雍正帝「善因寺碑文」「清代喇嘛教碑刻録」三一八-三一九頁。
(53) 雍正帝「隆福寺碑文」「清代喇嘛教碑刻録」三一〇-三一一頁。
(54) 『雍正帝聖訓』聖治、雍正七年四月辛巳。
(55) 雍正帝「白塔重修碑文」「清代喇嘛教碑刻録」三二四-三二五頁。ちなみに、北海の白塔寺にはダライラマ五世像が安置されている。また、塚本俊孝氏は、雍正帝がチャンキャの博識と多くの禅僧の実情を比較して、チベット仏教の優越を評価する方向に傾きつつも、いっぽうで杭州の永明智覚禅師の「萬法唯心のもとに一切の宗教を統一しようとした」教義の影響のもとで儒仏道を融合しようとし、しかもそれらは仏教の悟りで一貫して解釈されなければならないと主張していたと述べる。塚本俊孝「雍正帝の儒仏道三教一体観」東洋史研究会編『雍正時代の研究』同朋舎、一九八六年を参照。

(56) 顧炎武「歴代風俗」『皇朝経世文編』治体、二一〇-二一一頁。

(57) 顧炎武、前掲書、二一一頁。

(58) 顧炎武、前掲書、二一一-二一二頁。

(59) 姚瑩「跋蔵経」『皇朝経世文編』礼政、一七一五頁。

(60) 朴趾源『熱河日記』上海書店出版社、一九九七年、一七二-一七三頁。

(61) James L. Watson, "The Structure of Chinese Funerary Rites: Elementary Forms, Ritual Sequence, and the Primacy of Performance," in James L. Watson and Evelyn S. Rawski eds., *Death Ritual in Late Imperial China*, University of California Press, 1988.

(62) 趙翼「天主教」『皇朝経世文編』礼政、一七二二頁。

(63) 蔣士銓「二氏論」『皇朝経世文編』礼政、一七一四頁。

(64) 李衛「改天主堂為天后宮碑記」『皇朝経世文編』礼政、一七二三頁。

(65) 明末～清盛世期間における日本認識の例として、姜宸英「日本貢市入寇始末擬稿」(『皇朝経世文編』海防、二〇三六-二〇三九頁) はまず、明代の日本との往来が、朝貢貿易だけでなく民間の勝手な参入、ひいては倭寇をも引き起こし、結局海禁に至ってしまったという経過を紹介したうえで、ひとえに利益が外に流れることへの警戒感を示している。自由貿易を組織化・管理して税収を上げるという代替案についても、無許可貿易が増大して結局は無意味な結果に終わりかねないとし、海禁しかないという結論に落ち着いている。ここでは、日本との関係を結ぶことに伴う損害の悪循環が説かれるのみであり、日本そのものに対する認識は基本的に欠如している。また、藍鼎元「論南洋事宜書」(『皇朝経世文編』海防、二〇四四-二〇四五頁) では、総論として、士大夫の海洋への無知を解き、海禁を解いて積極的に貿易を行う中から実利を取るよう主張し、次のように述べる。

南洋の諸番を害とすることはできない。宜しく大いに禁網を開き、民の貿易を許可すべきである。そうすれば海外の有余によって内地の不足を補うことが出来る。昔、福建の巡撫は、洋商が外番と米を取引することが将来中国の患いとなると密陳したり、洋船が海賊を働くので船舶の出洋を禁じて問題の発生を防ぐ、などと言ってきたが、それは井戸の底から天を見るようなものだ。……当時の九卿議者は未だ海疆を訪問したことがないので情形に熟悉していなかった。また、情形を知る士人や下士も自ら朝廷に意見を達することが出来なかった。ゆえに終始議論なく、南洋の禁が始まったのであり、それは聖主の意ではなかった。

しかし一方で藍鼎元は「海外の諸番はあまたあるが、朝鮮は神京に近く、礼法を守る。東方の国で日本は最も強大である」「海島の諸番のうち、ただ紅毛西洋日本の三者のみ慮すべき存在である。……日本は明の時に乱をなし、福建・広東・江浙が蹂躙され、今に至るまで数省の人民は倭寇を思い出しただけで心を痛めている」とし、西洋諸国に対するのと同様に、日本という存在の不可解さに対する強い警戒感を示している。

(66) 朴趾源、前掲書、一三九頁。

(67) 陸隴其「風俗策」『皇朝経世文編』礼政、一六八三頁。

(68) 陸燿「論回民啓」『皇朝経世文編』礼政、一七二九頁。

(69) 火葬の問題は満洲族の清皇帝自身が思想的に処理しなければならない問題であった。劉潞氏によると、順治帝は彼自身の仏教信仰と満州既存の葬礼にしたがって火葬されていたほか、仏教信仰の度合いや、満州独自の葬礼にどの程度固執していたかによって火葬と土葬が混在していたという。しかし、康熙帝以後になると、葬礼における儒学思想の導入に伴い次第に行われなくなり、乾隆帝になるとむしろ「火葬はあくまで移動が多かった当時のやむを得ない事情であり、今後は特別の理由がない限り土葬とする」という認識に変わっている。参考：劉潞「清初皇室成員火葬的見證」『清初皇權與中外文化——滿漢融合與中西交流的時代』香港・商務印書館、一九九八年。

(70) 陳宏謀「風俗条約」『皇朝経世文編』礼政、一六八四頁。

(71) キューン、前掲書、五五-六二頁。

(72) 湯斌「毀淫祠疏」『皇朝経世文編』礼政、一六九九頁。

(73) 湯斌「禁邪説示」『皇朝経世文編』礼政、一七一三頁。

(74) 以下の論文を参照。岸本美緒『明清交替と江南社会——一七世紀中国の秩序問題』東京大学出版会、一九九七年、第一章「明末清初の地方社会と『世論』」。及び大谷敏夫「中国における経世学と実利思想についての一考察」『中国・社会と文化』第二号、東大中国学会、一九八七年、六九-七二頁。

(75) 例えば、次のような条文がある。

［チベットからの使者に濫りに接待をしてはならないことについて］

西蔵のダーラマ（ダライラマの誤りか？）・パンチェンエルデニの一年交代の使者が来京するに際し、通過する地方の督撫は担当者を派遣して確実に警護しなければならない。かつ沿道の各州県に対し、例に照らして接待し、過剰な接待を行わないよう監督しなければならない。（『欽定理藩部則例』〔西蔵学漢文文献彙刻・第三輯〕中国蔵学出版社、一九九二年、巻五六・喇嘛事例「西蔵来使不得濫行応付」四八〇頁）

［ラマとオイラート人等の私的往来］

帰化城（現在のフフホト市）のラマが何らかの理由でハルハ・オイラートに向かう場合は、綏遠将軍に詳細に報告し、妄為をしてはならない。（『欽定理藩部則例』巻五六・喇嘛事例「喇嘛与額魯特人等私相互往来」四九六頁）

［放蕩ラマの留め置き］

グルン・パンディ（格隆班弟＝正式な僧籍を持つラマ）は、不良の放蕩ラマ（遊方喇嘛）を勝手に留め置いてはならない。蒙古地方では、度牒と冊籍を持つ格隆班第以外、遊食無籍のラマがもしいれば直ちに駆逐すべきで、留め置いてはならない。（『欽定理藩部則例』巻五六・喇嘛事例「擅留遊方喇嘛」四九六頁、「不准容留無籍喇嘛」四九七頁）

［ラマ寺廟内の婦人留め置き］

ラマ廟内では婦人を留め置いてはならない。もし婦人を留め置いた場合は、喇嘛の等級に応じて処罰する。（『欽定理藩部則例』巻五六・喇嘛事例「喇嘛廟内容留婦人」四九八頁）

(76)『乾隆帝聖訓』聖治、雍正十三年十一月辛丑。

(77)『乾隆帝聖訓』聖治、乾隆五十年四月戊戌。

(78)「福隆安寄信諭留保住伝旨班禅嗣後領旨賞物無需跪接」乾隆四十四年（一七七九年）八月二十六日、中国第一歴史檔案館・中国蔵学研究中心合編『六世班禅朝覲檔案選編』中国蔵学出版社、一九九六年、九二頁。

(79)「諭班禅聞順利通過諾門渾烏巴什嶺及木魯烏蘇河再賞豹皮袍等物」乾隆四十四年（一七七九年）十一月十七日、『六世班禅朝覲檔案選編』一一五頁。「福隆安寄信諭伍弥泰親交南巡途中給班禅賞物」乾隆四十五年（一七八〇年）二月二十一日、『六世班禅朝覲檔案選編』一五〇頁。

(80)「于敏中字寄諭陝甘総督等各省臣工迎接班禅不可叩拝跪迎」乾隆四十四年（一七七九年）十一月初三日、『六世班禅朝覲檔案選編』一〇九-一一〇頁。

(81) 苗・清の対立構造が形成される過程については、菊池秀明「明清期、広西チワン族土官の『漢化』と科挙」『中国・社会と文化』第九号、中国社会文化学会、一九九四年、及び狩野直禎「狆家苗の平定をめぐって」東洋史研究会編『雍正時代の研究』同朋舎、一九八六年を参照。また、三藩の乱について、魏源『聖武記』（近代中国史料叢刊）台北・文海出版社、一九六六年、初出道光二十二年（一八四二年）では、清軍勝利の理由として「ダライラマの、暫定的に戦乱を停めよとする請を容れず、天討にこだわったこと」を一因として挙げている。そして実際、三藩の乱を契機に康熙帝とダライラマ五世の関係は冷却化した。総じて、康熙帝の時代はジュンガル問題が困難を極め、しかもダライラマ五世の死を隠した摂政サンゲギャムツォがジュンガルと通じていたことから、康熙帝とチベット仏教との関係は、施主と教団の関係ならびに皇帝＝転輪聖王という大原則は維持されたものの、その具体的な緊密度は雍正帝・乾隆帝時代ほどではなかったと言える。

(82) 藍鼎元「論辺省苗蛮事宜書」『皇朝経世文編』蛮防、二一三五頁。

(83) 藍鼎元、前掲書、二一三六頁。

(84) オルタイの見解は次の通りである。

苗が凶を逞しくするのはみな土司による。土司は肆虐をほしいままにして官法なく、ただ土官土目の名を恃んで殺人・略奪を行っている。漢民は蹂躙され、夷人もその荼毒を受けている、辺疆の大害は必ず除かなければならない。もし尽く改土帰流しなければ、富強横暴な者が次第に惰弱な者を食い物にしてしまう。そこで、（流官を）改置して田賦兵刑を心を尽くして料理しなければならない。（鄂爾泰「改土帰流疏」（雍正四年）『皇朝経世文編』蛮防、二一三六頁）

(85) 藍鼎元「平台紀略総論」『皇朝経世文編』蛮防、二〇六六－二〇六七頁。

(86) 福建省の知県として藍鼎元が地方政治に辣腕を振るった記録『鹿州公案』をめぐっては、藍鼎元著、宮崎市定訳『鹿洲公案——清朝地方裁判官の記録』平凡社東洋文庫、一九六七年、及び宮崎市定「雍正時代地方政治の実情」『宮崎市定全集・第一四巻・雍正帝』岩波書店、一九九一年を参照。

(87) 傅鼐「治苗」『皇朝経世文編』蛮防、二一七三頁。

(88) 楊名時「陳綏定苗疆方略剳子」（乾隆元年）『皇朝経世文編』蛮防、二一七七－二一七八頁。

(89) 楊名時、前掲書、二一七八頁。

第三章

(1) 松筠『綏服紀略』（西蔵学漢文献彙刻）中国蔵学出版社、一九九一年、二九頁。

(2) 魏源『聖武記』（近代中国史料叢刊・第十一輯）台北・文海出版社、一九六六年、初出道光二十二年（一八四二年）、巻三・国朝綏服蒙古記二、二一三頁。

(3) 魏源、前掲書、巻四・国朝撫綏西蔵記下、四一六頁。

(4) 昭槤『嘯亭雑録』中華書局、一九八〇年（初出一八一四－二六年）。

(5) 嘉木央・久麦旺波著、許得存・卓永強訳『六世班禅洛桑巴丹益希伝』西蔵人民出版社、一九九〇年、四九四－四九九頁。

(6) チベットで展開された漸悟・頓悟論争、及びそれを通じて形成された「チベット仏教は漢地仏教に優越する」観念、さらにはインド～チベット～漢・モンゴルという仏教の拡大認識については、拙稿「チベット仏教共同体と『中華』——清朝期多民族統合の一側面」『国家学会雑誌』第百十巻第三・四号、一九九七年、第二章第一節「チベット仏教における正統派意識と秩序認識」

を参照。

(7) 濱田正美「『塩の義務』と『聖戦』の間で」『東洋史研究』第五二巻第二号、一九九三年、一三四‐一四四頁。

(8) 清帝国期の回民の一般状況については、松本ますみ「中国イスラーム新文化運動とナショナル・アイデンティティ」西村成雄編『現代中国の構造変動・三・ナショナリズム――歴史からの接近』東京大学出版会、二〇〇〇年、一〇一‐一〇三頁を参照。

(9) Pamela Kyle Crossley, *A Translucent Mirror: History and Identity in Qing Imperial Ideology*, University of California Press, 1999, p. 246.

(10) 乾隆帝「普寧寺碑文」『清代喇嘛教碑刻録』三八四‐三八五頁。

(11) 乾隆帝「溥仁寺西詩碑」『清代喇嘛教碑刻録』三七七頁。

(12) 乾隆帝「十全記」『清代喇嘛教碑刻録』四八〇頁。

(13) ロールズ氏は、複数の原理が固定的・限定的・直感的であり、往々にして個人や特定集団において妥当する原理をそのまま社会全体に拡大してしまい、しかも互いに比較秤量する明示的な方法を持っていない結果、様々な誤解や紛争が繰り返されてきたという問題を指摘する。そして、この弊害を回避するためには、「理性によって諸々の善の価値の客観的な序列を決定づけたうえで、その中の最高位の価値を伸張する」立場を正義と定義することを止め、あらゆる人々の受容可能性によって正義の概念は決定づけられるべきで、それを侵害しない範囲で各人は自己の善を最大化しうるような社会制度を構築しなければならないと説く。したがって、ロールズ氏によると「公正としての正義」とは「人々が一緒になって行う全ての選択のうちで最も一般的なものの一つ」であり、こうして導かれた原理は一般的、かつ適用に際して普遍的でなければならないと定義されている。ジョン・ロールズ著、矢島鈞次監訳『正義論』紀伊国屋書店、一九七九年、特に第一章「公正としての正義」、第二章「正義の諸原理」、第三章「原初状態」を参照。

(14)『雍正帝聖訓』武功・附武備、雍正二年（一七二四年）七月甲子。

(15)『雍正帝聖訓』武功・附武備、雍正四年（一七二六年）九月甲辰。

(16)『乾隆帝聖訓』正制度、乾隆二十五年（一七六〇年）七月甲辰、及び乾隆三十二年（一七六七年）七月甲子。

(17) 村田雄二郎氏はこの問題をもとに、満漢併用から漢語単用への転換点として乾隆期を位置づけている。またキューン氏も、こうした乾隆帝の懸念を指して「この漢化の時代、フンリ（弘暦＝乾隆帝）は満洲語と満洲的特質の闘士と化していた」「排他と同化は、互いに切り離して考えられないものであった。ここが、満洲人、普遍的中華帝国双方の頂点に立つフンリのジレンマであった。二つの役割を合わせ持つこと、これがフンリにとっての大前提だったのであり、そこから乾隆時代政治史が展開されたのである」と論じている。参照：村田雄二郎「ラスト・エンペラーズは何語で話していたか？――清末の『国語』問題と単一言語制」『ことばと社会』第三号、三元社、二〇〇〇年。フィリップ・A・キューン著、谷井俊仁・谷井陽子訳『中国近世の霊魂泥棒』平凡社、一九九六年、八五‐八六頁。
(18) 阿中・于敏桂編『欽定満洲祭神祭天典礼』（近代中国史料叢刊・第三十八輯）台湾・文海出版社、一九六六年、三頁、乾隆十二年（一七四七年）七月初九日上諭。
(19) 前掲『欽定満州祭神祭天典礼』二七頁「彙記満洲祭祀故事」。
(20) 乾隆帝の治世における儒学式の「冬至圜丘祭天」の内容を分析した劉潞氏は、乾隆帝が康熙帝や雍正帝に比べて祭天儀礼を復古的な内容に拡大整備したと述べ、その理由として、(1)反清勢力や後継者争いに伴う反対勢力がいなくなり、安定した政治状況の中で政治的な措置を経済・文化に振り向けることができたこと、(2)経済発展に伴って文化・宗教活動が物質的な保証を得られるようになったこと、(3)乾隆自身が中華の文化的伝統・修養に富んだ皇帝であり、復古と現状維持の関係について深い認識を持っていたこと、以上の三点を列挙している。確かに、乾隆帝の時代は、特に治世の中期以降、盛世の成果を最大限に用いて熱河の大規模仏教寺院群が建造されていたので、満州式・儒学式それぞれの祭天儀礼においてもこのような「経済的余裕と皇帝の文化的才覚」という説明が一見可能かも知れない。しかし、満州祭神祭天典礼に見られる乾隆帝の危機意識、そして転輪聖王として仏教的規範に従って振る舞おうとする乾隆帝の姿を儒学的な乾隆帝に重ね合わせるとき、かたや「中外一体」の成果を豪語しつつも、同時にその堅持と発揚に懸命でもあった乾隆帝の苦悩が滲み出てくるように思われる。「中外一体」の内実が、その根幹たる満洲族のアイデンティティ危機によって揺らぐほど、乾隆帝はいわば「質朴な満洲族らしさ」と「善」と「天に認められた道徳性」へと拠り所を求めたのであろう。参照：劉潞「清初祭天礼的政治内容」『清代皇権與中外文化——満漢融合與中西交流的時代』香港・商務印書館、一九九八年、六四頁。
(21) 『乾隆帝聖訓』聖学、乾隆四十年（一七七五年）五月甲子。
(22) 『乾隆帝聖訓』聖学、乾隆四十七年（一七八二年）十一月庚子。
(23) 「諭軍機大臣等寄信特成額妥辦其対蔵兵称夷兵実為悪習並伝知之」乾隆四四年（一七七九年）十一月二十六日、『西蔵地方与中央政府関係檔案』五六六‐五六七頁。
(24) 岡本さえ『清代禁書の研究』東京大学出版会、一九九六年、第一章「禁書のジャンル」を参照。
(25) 管同「擬言風俗書」『皇朝経世文編』治体、二百頁。
(26) 陶貞一「為君難為臣不易論」『皇朝経世文編』治体、三一三頁。
(27) 『清実録蔵族史料』乾隆五十六（一七九一年）年十一月辛卯、及び乾隆五七年（一七九二年）正月丙子。
(28) 「保泰等奏廓爾喀侵擾後蔵及堵御救援情形折」乾隆五十六年（一七九一年）九月十五日、第一歴史檔案館蔵軍機処録副奏折、

『西蔵地方与中央政府関係檔案』六七二頁。

(29)「諭内閣懲処大員重申保護西蔵」乾隆五十六年（一七九一年）十月十一日、『西蔵地方与中央政府関係檔案』六七五頁。

(30)『清高宗実録』巻一三八八、乾隆五六年（一七九一年）十月壬子。

(31)「欽定蔵内善後章程二十九条」乾隆五十八年（一七九三年）『西蔵地方与中央政府関係檔案』八二九頁。この章程と『御製喇嘛説』に対する中国ナショナリズムの立場からの評価には、例えば次のようなものがある。「金瓶くじ引き制度の実施について、西方の学者は頗る意見があるようで、清廷はそれを用いて活仏の転世を操縦しようという策略であったとする。しかし、もしこのような改革が不誠実な動機に基づいているとすれば、皇帝は威と利を用いて壟断する目的のために占いによる旧制度を大いに留保することができる。清代の関連資料からは、乾隆帝が公平正義を努力して維持しようとする苦心を見て取ることは難しくなく、金瓶くじ引き制度の設立は正大光明をつとめて求める表現である」蕭金松『清代駐蔵大臣』蒙蔵委員会審訂、台北・唐山出版社、中華民国八五年、一六二頁。そして蕭氏は、このようにして定まった駐蔵大臣の権力について「内地各省の督撫に劣らず、逆に言えばチベットはすでに内地と同様であった」（一九〇頁）と述べる。また、李鉄錚著、夏敏娟訳『西蔵歴史上的法律地位』湖南人民出版社、一九八六年（原題：*Tibet: Today and Yesterday*, Columbia University Press, 1956）は、「改めて言う。皇帝の真の動機を見て取るのは非常に簡単である。新制度は皇帝の西蔵における道義的な権力を増し、かつダライラマとパンチェンラマの自治権を剝奪した。この変更は、寺院が国家に服従したことを意味するのであり、最高の政治権力の源を示すものである」と述べている。

(32)『嘉慶帝聖訓』法祖、嘉慶八年（一八〇三年）六月丙寅。

(33)『嘉慶帝聖訓』文教、嘉慶七年（一八〇二年）四月戊午。

(34)『嘉慶帝聖訓』嘉慶二十四年（一八一九年）七月甲子。

(35)趙雲田『清代蒙古政教制度』中華書局、一九八九年、二一〇頁。魏源『聖武記』（近代中国史料叢刊・第十一輯）台北・文海出版社、初出道光二十二年（一八四二年）、巻三「国朝綏服蒙古記之一」二〇二頁では、道光帝の治世となって圍場での狩猟が行われなくなって二十余年という記述がある。

(36)清帝国のモンゴル政策がモンゴル人社会に与えた影響については、趙雲田、前掲書、矢野仁一『近代蒙古史研究』一九二四年、及び Bat-Erdene Batbayar, *Twentieth Century Mongolia*, D. Suhjargalmaa, S. Burenbayar, H. Hulan and N. Tuya trans., The White Horce Press, Cambridge, 1999, pp. 97-100 "The Social Decline of Mongols" を参照。

(37)但し、特に元帝国時代の影響の残存から、黄帽派よりも古いチベット仏教の影響（主に、元皇帝の帝師となったサキャ派）も、一部のモンゴルの活仏・僧侶・王公のあいだで持続した。宮脇淳子「ジェブツンダンバ一世伝説の成立——十七世紀ハルハ・モンゴルの清朝帰属に関連して」『東洋学報』第七三巻三・四号、一九九三年を参照。

(38) 田山茂氏は、支配者の間にチベット仏教が急速に広がっていったことの背景としてその平和的側面を挙げ、「古代のアジアにおいて、仏教の慈悲平和の思想をもって国家の統一が計られた聖徳太子や阿育王等の事例を想起しても明らかである」と述べている（田山茂『蒙古法典の研究』日本学術振興会、一九六七年、三二頁）。

(39) チベット仏教と社会的生産力の関係は、その後成立する二〇世紀国民国家が、上からの指導による貧困からの脱却と経済発展を掲げ、しかも（社会主義体制を放棄したモンゴル国はさておき）中華人民共和国は表面的には市場経済に移行しながらも、少数民族に対する支配の正当化理由として引き続き「ラマと貴族を中心とした反動的な暗黒支配から人民大衆を救い出した」ことを掲げているため、評価は政治性を帯びて難しい（この問題は、中華人民共和国が経済的には世界と一体化する傾向を強めながらも、国内・国際政治的には今後も不安定な存在であり続けることの最大の要因となり得る。見方を変えれば、そのような対少数民族観が、少数民族を従属の地位に閉じこめ、少数民族地域における市場経済化を阻害する要因となるであろう。あるいは、少数民族不在の少数民族地区経済発展が、新たな紛争の原因となろう）。本書でのチベット仏教と社会的活力に関する見方は、あくまで **Batbayar**、前掲書、及び **W・D・**シャカッパ著、貞兼綾子監修、三浦順子訳『チベット政治史』亜細亜大学アジア研究所、一九九二年、二一四頁の見方を紹介するにとどめた。一方、二〇世紀内モンゴルの大活仏であるカンギュルワ活仏も、モンゴル社会の衰退の原因を一面的にチベット仏教に帰する見方には反対するものの、個別の僧が置かれた環境によって問題が生じ、それが王公・清帝国の旗人官僚など有力者の腐敗と結びついて一般民に対する搾取につながったことも否定できないと述べる。参照：『二位活仏的伝記――末代甘珠爾瓦・呼図克図的自述』札奇斯欽・海爾保羅撰述、台北・聯経出版公司、一九八三年、一六四－一六六頁。

(40) モンゴル社会の商品経済化による変容について、間野英二・中見立夫・堀直・小松久男『内陸アジア（地域からの世界史・六）』朝日新聞社、一九九二年、一三六－一三八頁、及び蒙古族簡史編写組『蒙古族簡史』内蒙古人民出版社、二五六－二六〇頁を参照。

(41) 太平天国期を境とする、清帝国の原動力としての満洲人・漢人の地位逆転は、地方軍事力を中心として軍資金調達のための大量の売官が行われ、地方の漢人官界における人材流動化が進行した結果である。坂野正高氏は、湘軍等の軍事力によって辛うじて清が太平天国に対峙し得た結果として出現した権力構造の変動の帰結として、満漢の力関係が漢人の方向に向かって有利に変動したこと、ならびに旧来の科挙官僚ではなく読書人的な出自と軍功を兼ね備えた新型漢人官僚が出現したことを指摘する。また大谷敏夫氏も、太平天国鎮圧を主導したのは、地方に基盤を持ち、理念の喪失・郷村崩壊を目撃した漢人官僚であり、彼らが中央集権から地方分権への移行を促進し、特に総督巡撫が有能な人材を抜擢して仕官させ、省財政を掌握するようになったこと、ならびに経世派の郷紳が積極的に総督巡撫の幕友となる傾向が出現したことを指摘する。以下を参照。小島晋治・丸山松幸『中国近現代史』岩波新書、一九八六年、三〇-三一頁。並木頼寿・井上裕正『世界の歴史・一九・中華帝国の危機』第三章（並木頼寿氏執筆）、中央公論社、一九九七年。坂野正高『近代中国政治外交史』東京大学出版会、一九七三年、第七章第二節「太平天国」。大谷敏夫「清代の政治と政治思想史」森正夫・野口鐵郎・濱島敦俊・岸本美緒・佐竹靖彦編『明清時代史の基本問題』汲古書院、一九九七年、三三一頁。

(42) 通常、グシ汗による一六四二年のチベット征服は、そのまま占領地をダライラマに寄進し、その結果ダライラマ五世が宗教のみならず政治権力をも手にしたことから、ダライラマ政権の発足として理解されている。しかし手塚利彰氏は、この「グシハンが黄帽派のために大いなる布施を行った」時点を以てダライラマ政権の発足を明確に指す当時の史料は見当たらず、軍事的側面から見て全チベットの支配者はグシ汗であると認識されていたことから、むしろダライラマ政権の権威は一六四二年以後ダライラマ五世の政治力もあって漸進的に形成されたと推測する。参考：手塚利彰「青海ホショト部のチベット支配体制」『日本西蔵学会々報』第四四号、一九九九年三月。

(43) 一七二〇年代の青海モンゴル事情とその後のモンゴル・チベット人に対する措置をめぐっては、青海省志編纂委員会編『青海歴史紀要』青海人民出版社、一八〇-一九〇頁「清朝平定羅卜蔵丹津叛乱」「清朝画編青海蒙古族為二十九旗、在蔵族中設置千百戸」、及び陳慶英主編『蔵族部落制度研究』中国蔵学出版社、一九九五年、第三章「蔵族部落的政治制度」を参照。

(44) 青海モンゴルとアムド・チベット人の抗争の概略については、前掲『青海歴史紀要』二〇九-二二四頁「黄河南岸蔵族各部要求還牧河北的闘争」「黄河南岸蔵族継続堅持闘争迫使清廷承認北渡放牧」、ならびに松筠「籌辦青海各事宜折」嘉慶四年（一七九九年）十一月初一日、哲倉・才譲編『清代青海蒙古族檔案史料輯編』青海人民出版社、一九九四年（以下『清代青海蒙古族檔案』と省略）十八頁を参照。

(45) 長麟「為蒙古地方安設卡倫請再詳議以昭慎重折」嘉慶六年（一八〇一年）五月初四日、『清代青海蒙古族檔案』二五頁。

(46) 台布「蒙古各旗呈詞及逐条駁饔各由折」嘉慶七年（一八〇二年）六月二十五日、『清代青海蒙古族檔案』三〇頁。

(47) 台布「据情諭飭蒙古王公等自行振作、護衛遊牧各縁由折」嘉慶八年（一八〇三年）三月二十一日、『清代青海蒙古族檔案』四四頁。

(48) 「遵旨暁諭蒙古王公振作自衛並分別輯辦賍賊各縁由折・附上諭」嘉慶七年（一八〇二年）九月二十一日、『清代青海蒙古族檔案』四一頁。

(49) 長麟「為蒙古地方安設卡倫請再詳議以昭慎重折」嘉慶六年（一八〇一年）五月初四日、『清代青海蒙古族檔案』二五頁。

(50) 「福康安等奏班師回抵前蔵達頼喇嘛晤見時告称将定立章程自当率噶倫等実力奉行折」乾隆五十七年（一七九二年）十月十六日、

『西藏地方与中央政府関係檔案』七七二-七七三頁。

(51) 鈴木中正『チベットをめぐる中印関係史』一橋書房、一九六三年、五一頁。ところでスミス氏は、フカンガの「自ら選べ」発言をめぐって、鈴木氏の議論をさらに進めて「チベットに対する真の統治権の主張とはほど遠く」「清は他の典型的な中国人(Chinese native)王朝と異なり、その領土的な影響力の限界についてリアルな認識を持っていた」と述べ、実際に問題が一段落するとほとんど善後章程に定めたような駐蔵大臣の厳格な管理も行われなくなることから、所謂「清の対チベット主権」論を排する。とはいえ、少なくともチベットや青海モンゴルが版図としての一体性認識の外側に明確に置かれていたことを示す記録も見当たらない。武力と仏教を通じて形成された多民族統合としての「皇清の大一統」認識は安定していたことと、それが現実に皇帝や官僚によって担われることによって近代的な「主権」の有無を推定できるかという問題は、別の次元において考える方が良いように思われる。むしろ、「主権」概念が導入される以前の清帝国では、財政力や人材の能力の如何に応じて影響力行使の度合いに変動が生じた結果、強い統合認識と「支配の不足」状況が並存し、そうした状況をどう解釈するかによってチベット・モンゴルなど藩部とのかかわりも変動するのである。詳細は次章以降で論じる。参照：Warren W. Smith, Jr., *Tibetan Nation: A History of Tibetan Nationalism and Sino-Tibetan Relations*, Westview Press, 1996, pp. 136-137.

(52) 注(50)に同じ、七七四頁。

(53) 玉寧「査勘黄河以南蒙古番子情形折」嘉慶十年（一八〇五年）月日不詳、『清代青海蒙古族檔案』四七頁。

(54) W・D・シャカッパ著、貞兼綾子監修、三浦順子訳『チベット政治史』亜細亜大学アジア研究所、一九九二年、二三五-二三六頁。

(55) 『清実録』道光二十四年（一八四四年）七月丙寅。

(56) 十八世紀末〜十九世紀のグルカ・インド・清の三者間で展開された政治史の概観として、Alastair Lamb, *Britain and Chinese Central Asia: The Road to Lhasa 1767 to 1905*, Routledge and Kegan Paul, London, 1960, pp. 34-53；鈴木中正『チベットをめぐる中印関係史』一橋書房、一九六二年、一六一-一七〇頁、馮明珠『近代中英西藏交渉与川藏辺情——従廓爾喀之役到華盛頓会議』台湾・故宮博物院叢刊、一九九五年、第二章「英国勢力介入西藏事務之始」を参照。

(57) 「駁飭廓爾喀王稟称披楞要侵擾蔵地請給金銀以資戦争折」嘉慶十九年（一八一四年）八月初二日「附・九月初八日上諭」『清代蔵事奏牘』十三頁。

(58) 「駁飭廓爾喀与披楞戦争兵敗乞与金銀折」嘉慶二十年（一八一五年）正月初二日「附・二月初五日上諭」『清代蔵事奏牘』二〇頁。

(59) 「廓爾喀王致達頼喇嘛稟」嘉慶十九年（一八一四年）十一月二十五日、『清代蔵事奏牘』二二-二三頁。

(60)「諭軍機大臣厳拒廓爾喀請兵幇助並著喜明防範辺界賽衝阿前往西蔵察看情形会同辦理」嘉慶二十一年（一八一六年）正月二十三日、『西蔵地方与中央政府関係檔案』八四三頁。

(61)「遵旨駁回廓爾喀王折」嘉慶二十年（一八一五年）六月初二日「附・嘉慶二十年七月十一日上諭」『清代蔵事奏牘』二六-二七頁。

(62)「檄諭廓爾喀王文」嘉慶二十年（一八一五年）『清代蔵事奏牘』四五-四六頁。

(63)「檄輸披楞王文」嘉慶二十年（一八一五年）『清代蔵事奏牘』四六頁。

(64)「会商辦理廓爾喀与披楞交兵瀆稟加以檄詰並赴辺隘操防折」嘉慶二十一年（一八一六年）四月二十日「附・嘉慶二十一年五月十九日上諭」『清代蔵事奏牘』四三-四五頁。

(65)鈴木中正氏は、清が「一視同仁」を理由にグルカに対して冷淡であったことを指して、本来であれば事前にグルカを支援した方が清朝にとっても政策の幅が増えて有利であったにもかかわらず、衰亡期に入った清朝の力量不足を粉飾する姿勢を逆に際だたせてしまったと述べる（鈴木中正、前掲書、一七二-一七三頁）。

(66)「賽衝阿等奏廓爾喀表貢披楞稟復辺境敉寧撤兵回川等情形」嘉慶二十一年（一八一六年）八月十九日、『西蔵地方与中央政府関係檔案』八六四頁。この中に「八月十五日、披楞の部長・格臥爾奈爾遮爾奈哩（ガバナー・ジェネラル）が奴才らに稟二封を寄せた。大略は……詰するところの道を塞いで貢を阻む云々は実にグルカの捏造であり、大皇帝の洞察を仰いで感激歓喜している。披楞はグルカに騙されたことにより兵を興して報復したものである」という英国側の見解が記されている。

(67)「賽衝阿等復奏遵旨商辦廓爾喀与英交兵瀆稟一案情形折」嘉慶二十一年（一八一六年）五月初五日、『西蔵地方与中央政府関係檔案』八五四頁。

(68)「遵旨査復廓爾喀披楞交兵和商辦情形折」嘉慶二十一年（一八一六年）五月初五日「附・嘉慶二十一年六月初五日上諭」『清代蔵事奏牘』四七頁。

(69)「軍機大臣字寄賽衝阿擅自詰責両国不顧大局著厳行申飭」嘉慶二十一年（一八一六年）五月十九日、『西蔵地方与中央政府関係檔案』八五五頁。

(70)鈴木中正、前掲書、一七〇頁、及び Lamb, *op. cit.*, p. 49.

(71)「奏為密陳廓爾喀国王呈遞夷稟情形恭摺」道光二十年（一八四〇年）十月初三日、『孟保西蔵奏疏』六九頁。

(72)「奏為訳出廓爾喀国王呈進表文情形恭摺」道光二十二年七月二十八日、『孟保西蔵奏疏』七七頁。

(73)前掲注(71)に同じ（七〇頁）。

(74)鈴木中正、前掲書、三二四-三三一頁、及び馮明珠、前掲書、九四-九五頁。

（75）「諄齢奏報廓爾喀王呈遞表章及十一世達頼喇嘛諮報辺情等事折」咸豊五年（一八五五年）二月十八日、『西蔵地方与中央政府関係檔案』九七〇頁。

（76）「諭軍機大臣廓爾喀動兵著赫特賀一面密査一面将所稟各案妥為査辦不得妄動兵力致生節」咸豊五年（一八五五年）三月二十三日、『西蔵地方与中央政府関係檔案』九七三頁。なお、鈴木中正氏は、グルカが事実上清帝国のチベットに対する介入能力を軽視して侵入したにもかかわらず、なおも清帝国に対する尊敬を表文では維持している点について、英国との関係が困難に陥った場合に備えてのものであろうと述べている（鈴木中正、前掲書、三三一頁）。

第四章

（1）岡洋樹「ハルハ・モンゴルにおける盟旗制支配の成立過程——牧地の問題を中心として」『史学雑誌』第九七巻第二号、一九八八年。

（2）萩原守「清代モンゴルにおける刑事的裁判の実例——清朝蒙古例、実効性の証明を中心にして」『史学雑誌』第九七巻十二号、一九八八年。

（3）清帝国の新疆統治の概要については、以下を参照。片岡一忠『清朝新疆統治研究』雄山閣出版、一九九一年、第一章第三節「清朝の新疆統治政策」。佐口透『新疆民族史研究』吉川弘文館、一九八五年、第二部第二章「清朝のトルファン支配」、第二部第三章「トルファン郡王領の形成」。佐口透『新疆ムスリム研究』吉川弘文館、一九九五年、「序説」。

（4）佐口透、前掲『新疆ムスリム研究』「カシュガリアのムスリム」三八-三九頁。

（5）ジハンギールの乱は、カシュガルの旧領主で、清帝国の新疆支配に伴いコーカンド汗国に逃れていたホージャ家の一族ジハンギールが、失地回復を目指して挙兵し、それに反清・反ベグのトルコ系ムスリム一般民が合流した武装蜂起である。片岡一忠、前掲書、八六頁を参照。

（6）「福康安等奏擬衛蔵善後章程六款折」乾隆五十七年（一七九二年）十一月二十一日、『西蔵地方与中央政府関係檔案』七八八頁。

（7）『清実録』道光二十四年（一八四五年）十二月己未。

（8）Warren W. Smith, Jr., *Tibetan Nation: A History of Tibetan Nationalism and Sino-Tibetan Relations*, Westview Press, 1996, p. 146.

（9）*Ibid*., p. 147.

（10）チベット仏教の各宗派に関する概略は、長尾雅人「チベット仏教概観」及び山口瑞鳳「チベット仏教思想史」『岩波講座東洋思想・第一巻・チベット仏教』岩波書店、一九八九年を参照。なお、カルマ＝カギュー派の最高位活仏はカルマパであり、二〇〇〇年一月には、現在の活仏カルマパ十七世が中華人民共和国から秘密裏に出国してインドに向かった。

(11) 乾隆帝『御製喇嘛説』「清代喇嘛教碑刻録」三三九‐三四三頁。

(12) 活仏制度の根拠と問題点について、山口瑞鳳、前掲書、七四頁を参照。山口氏は次のように述べる。「こうした世間に向けた演出（信徒一般に対する数々の奇跡の明示）とは別に、その演出に同調しながらも、醒めた黒幕がいたことは否定できない。改革派の仏教が興り、ダライ・ラマ政権が成立するまでに彼らが見せた暗躍ぶりは尋常のものではなかった。また、先代の蓄えた資産を、縁もゆかりもない他人の子供に右から左へと譲渡できるような聖者の集まりでこの国ができていたわけではなかった。転生活仏は親族間で事実上たらい回しに選ばれるようになり、その方針に違う形で選ばれた転生活仏との間に正統争いが絶えないようになっていった」。

(13) 「福康安等遵旨復奏吹忠降神指認呼畢勒罕騤難革除折」乾隆五十七年（一七九二年）十二月二十九日、『西蔵地方与中央政府関係檔案』八〇八頁。

(14) 周藹聯『西蔵紀遊』嘉慶九年（西蔵学文献彙刻・第一輯）北京・全国図書館文献縮微複製中心、一九九一年、四一頁。

(15) 周藹聯、前掲書、四四頁。

(16) 龔自珍「蒙古像教志序」『皇朝経世文編』辺防、一九七八頁。

(17) 姚瑩『康輶紀行』（西蔵学漢文文献彙刻）中国蔵学出版社、一九九一年、四四頁「蕃俗信呼図克図余溺」。

(18) 長尾雅人、前掲書、一五頁。

(19) 「七世班禅等請将春科土司丹怎吹忠之子作為九世達頼喇嘛霊童免於簽奏書」蔵暦土龍年（一八〇八年）正月二十三日、『西蔵地方与中央政府関係檔案』一七三六頁。

(20) 『清実録』嘉慶十三年（一八〇八年）二月初九日。

(21) 「特清額奏抵蔵宣旨察看達頼喇嘛等情形折」嘉慶十三年（一八〇八年）四月二十八日、『西蔵地方与中央政府関係檔案』一七四二頁。

(22) 「玉麟等遵旨伝諭班禅等再尋霊童両名一同入瓶簽掣十世達頼喇嘛折」嘉慶二十四年（一八一九年）五月十八日、『西蔵地方与中央政府関係檔案』一七六二頁。

(23) ダライラマ十三世の選出過程をめぐっては、趙学毅・常為民・欧声明編『清代以来中央政府対西蔵的治安理与活仏転世制度史料匯集』華文出版社、一九九六年、二四五‐二五八頁を参照。

(24) ダライラマ十四世の選出過程をめぐっては、中国蔵学研究中心・中国第二歴史檔案館合編『十三世達頼円寂致祭和十四世達頼

転世坐床檔案選編』中国蔵学出版社、一九九一年を参照。
(25)「査復蔵臣与達頼向係並坐豊紳在蔵並無収賄折」嘉慶十九年（一八一四年）閏二月初六日、『清代籌蔵奏牘』一〇頁。
(26)「諭伝福康安等頒発蔵幣銭式」乾隆五十七年（一七九二年）十二月初六日、『西蔵地方与中央政府関係檔案』七九五頁。
(27) 特に、五年間の駐蔵大臣在任ののちイリ将軍として新疆に赴任した際には、カザフやロシアの使者が至ると「坐前に招いてその国の治乱を尋ね、親しく食を賜い、教えるに忠孝の道を以て」饗応し、かつ「我が大清国が万年の基を立てた所以のものは、ただこの二字（忠孝）に頼るのみ」と述べたという。また、その公正さは「上はその忠正を深く知り、参政御前大臣に抜擢した。公は召見に際し、凡そ民間の隠れた事情や街頭の噂などを率直に語り、少しも隠すことはなかった。再び伊犁将軍に任ぜられると、新疆はそれを聞いて慶ぶこと生き返ったかの如く、老人や子供までこぞって出迎えた」ほどであったという。参照・昭槤（礼親王）『嘯亭雑録』中華書局、一九八〇年（初出一八一四-二六年）、一〇九-一一〇頁「松相公好理学」。
(28) 周藹聯、前掲書、六六頁。
(29) 松筠『綏服紀略』（西蔵学漢文文献彙刻）中国蔵学出版社、一九九一年、「西招紀行詩」三三頁。
(30) 松筠、前掲書、五七-五八頁「西招図略・撫藩」。
(31) 松筠、前掲書、六〇-六一頁「西招図略・抑強」。
(32) 松筠、前掲書、六二頁「西招図略・厲俗」及び六五頁「成才」。
(33) 松筠、前掲書、「西招図略・成才」。
(34) 松筠「西蔵巡辺記」『皇朝経世文編』辺防、二〇〇五頁。
(35) 松筠、前掲書、二九頁。
(36) 筆者の見るところ、仏教「利用」という立場から「神道を以て教を設ける」という文言の強調に終始する中国ナショナリズムの立場のチベット研究は、この文言が清帝国の支配の正統性言説において持った意味について、清帝国と儒学思想の間の深刻な緊張も視野に入れて見極める手続きを欠いている。チベット仏教「利用」という説明がもし真ならば、皇帝が儒学者を「文弱」視する清帝国においては、儒学の存在意義は漢民族支配のための儒学「利用」に過ぎなかったという視点も提示されてしかるべきである。しかし、彼らの説明では、儒学は優越の高みに置かれて揺るがないようである。
(37) したがって、蕭金松『清代駐蔵大臣』蒙蔵委員会審訂、台北・唐山出版社、一九九六年が、「駐蔵大臣の権力は内地各省の督撫に劣らず、逆に言えば西蔵はすでに内地と同様であったし、それゆえに『清史稿・藩部列伝』は、我が国がチベットにおいて『完全の主権』を持つとする」と述べて、駐蔵大臣の権力を近代国家主権に完全に対応するものであると定義し、「もし善後章程の内容を徹底的に執行するといえば、駐蔵大臣は西蔵の一切の事務についてカルン以下の僧俗番官に直接命令でき、ダライは徒に政教の領袖という虚名を持つにすぎなくなる」「金瓶制度も、改革したのは技術的な問題に過ぎないが、すでに形式・意義において過去のチベットの独立自主の習慣を反古にし、宗教の政治への依存を象徴することになり、清初以来のダライラマと満清皇帝の檀越関係を改めることになった」（一九〇頁）と述べているのは、当時の清帝国の統治エリートにおけるチベット観を捨象した一面的な評価であると言わざるを得ない。

(38) 清代中期の封建論について、以下を参照。魏源「黙觚下」『皇朝経世文続編』治体、七五八-七六四頁。張海珊「聚民論」『皇朝経世文編』治体、一四六三頁。B・I・シュウォルツ著、平野健一郎訳『中国の近代化と知識人——厳復と西洋』東京大学出版会、一九七八年、一五-一六頁。大谷敏夫『清代政治思想研究』第三部「清末政治思想と経世学・序論」汲古書院、一九九二年。

(39) 龔自珍「上鎮守吐魯番領隊大臣宝公書」『皇朝経世文編』辺防、一九九六頁。

(40) 魏源「答人問西北辺域書」『皇朝経世文編』辺防、一九六二頁。

(41) 龔自珍「論青海事宜書」『皇朝経世文編』辺防、一九八二頁。

(42)「査看黄河南北蒙古旗分及河南番族各安遊牧情形折」道光三年（一八二三年）五月十八日、『清代青海蒙古族檔案史料輯編』九四-九五頁。

(43)「核議陝甘総督那彦成等籌拟河北各旗添設盟長等官並設立巡防蒙古官兵各章程折」道光三年（一八二三年）十月十七日、『清代青海蒙古族檔案史料輯編』一〇〇頁。

(44)「哈勒吉那奏青海蒙古生計維艱請免駐防由」咸豊元年（一八五一年）三月十五日、『清代青海蒙古族檔案史料輯編』一一七頁。

(45)「蘇勒芳阿請将蒙古人戸移駐河北由」道光十四年（一八三四年）十一月二十一日、『清代青海蒙古族檔案史料輯編』一一一頁。

(46) ラダックをめぐる戦闘の経過については、孟保『西蔵奏疏』（西蔵学文献彙刻第一輯）北京・全国図書館文献縮微複製中心、一九九一年のうち、「巻一・剿辦森巴野番」を参照。

(47)「琦善奏披楞界連各部安静如常披楞現与読然打仗克什米爾与古浪森争戦折」（籌辦夷務始末）道光二七年（一八四七年）八月初五日、『西蔵地方与中央政府檔案選編』九六二頁。

(48)「理藩院典属司為奉抄瞻対賞達頼喇嘛管理上諭諮四川総督呈」（第一歴史檔案館理藩部檔）同治四年（一八六五年）十二月、『西蔵地方与中央政府檔案選編』一二六四頁。

(49) 例えば、『皇朝経世文編』より、陳黄中「養兵論」兵政、一七五九頁、及び趙翼「明辺省攻剿兵数」兵政、一七八一頁を参照。

(50) 儲方慶「兵餉策」『皇朝経世文編』兵政、一七四九頁。

(51) しかし現実には、カザフ・モンゴル遊牧民の牧草地や、トルコ系ムスリムのオアシス定住民・遊牧民（＝二〇世紀になるとウイグル・カザフ人と呼ばれるようになる人々）が水源として頼る融雪水を屯田者が大量に占用することになるので、本来は決して無尽蔵ではあり得ない。その点で新疆屯田論には、伝統的に開墾されていない土地資源を「荒れ地」と表現してきた漢人文化の影響が濃厚である。なお、新疆における資源分配の問題は中華人民共和国の成立後、屯田兵の現代版である新疆生産建設兵団をはじめとする膨大な漢人人口の流入に伴って改めて重大な論点となっており、それが資源の公正な分配を求めるウイグル人の自己主張、ないし所謂「分離主義」の動機となっている。

(52) 佐口透『新疆ムスリム研究』吉川弘文館、一九九六年、二一一頁。

(53) 文綬「請実辺屯疏」乾隆三十七年（一七七二年）『皇朝経世文編』兵政、一八〇四頁。

(54) 文綬「陳嘉峪関外情形疏」乾隆三十七年（一七七二年）『皇朝経世文編』兵政、一九九〇頁。

(55) 片岡一忠、前掲書、八六-八九頁。

(56) 魏源『聖武記』道光二十二年（一八四二年）（近代中国史料叢刊第十一輯）台北・文海出版社、一九六六年、二頁。

(57) 魏源、前掲書、三頁。

(58) 魏源、前掲書、巻四「乾隆蕩平準部記」三〇三頁。

(59) 龔自珍「西域置行省議」『皇朝経世文編』兵政、一九九三-一九九六頁。

(60) 龔自珍、前掲書、及び魏源『聖武記』「巻四・乾隆蕩平準部記」三〇三頁、魏源「答人問西北辺域書」『皇朝経世文編』兵政、一九六二頁。

(61) 魏源、前掲『聖武記』「巻四・道光重定回疆記」三六九頁。

(62) 魏源、前掲『聖武記』三〇三頁。

(63) 佐口透『新疆民族史研究』第三部「イリのタランチ社会」（吉川弘文館、一九八六年、二八三-二九〇頁）では、もともとジュンガルによってタリム盆地の各地から人質・隷属民として集められ農耕に従事させられた人々の末裔「タランチ」について、次のように引用している。「タランチは完全な自由を持ったことはない。かれらの額には陰鬱な、悲しい絶望感が印されている」「イリのイスラム教徒、とくにタランチほど、圧迫され、そして同情に値する民衆をわれわれは知らない。土着イスラム教徒官吏（＝ベク官人）は清朝官吏の下僕として奉仕し、シナ人よりも自分の同信仰者を憎悪している。われわれはしばしば、クルジャのタランチと話す機会を持ったが、かれらはシナ人を嫌悪しており、反乱を起こす機会を待っている」。

(64) 陝甘回乱と新疆への波及については、小松久男編『中央ユーラシア史（新版世界各国史・四）』山川出版社、二〇〇〇年、第六章「中央ユーラシアの周縁化」第二節「東トルキスタン」（濱田正美氏執筆）、及び片岡一忠、前掲書、一一一-一一三頁を参照。

(65) 濱田正美「『塩の義務』と『聖戦』の間で」『東洋史研究』第五二巻第二号、一九九三年を参照。

(66) 同治中興の伝統的・保守的性格については、以下の論考を参照。B・I・シュウォルツ著、平野健一郎訳『中国の近代化と知識人――厳復と西洋』東京大学出版会、一九七八年、一六-一七頁。坂野正高『近代中国政治外交史』東京大学出版会、一九七三年、二七〇-二七一頁。P・A・コーエン著、佐藤慎一訳『知の帝国主義――オリエンタリズムと中国像』平凡社、一九八八年、五二-六二頁。このうち、坂野氏は同治中興の性格を「西洋の衝撃に対決した体制の再編成」であるとする。これに対しコーエン氏は、それが西洋の衝撃によるものであったという見方、ならびに「近代化に必要なものは西洋近代の精神であるが、それに反する儒教イデオロギーに依存せざるを得なかったために失敗した」という見方を批判する。筆者としては、同治中興を藩部統治の視点からみた場合、特に西洋風近代化・国民統合のために伝統思想に依拠していたという具体的な内容を見出すことはできないし、むしろ過去の繁栄の時代における価値観を再現すれば問題ないという発想が際だつことから、基本的に「西洋の衝撃」の影響よりも従来の統治観の維持と再発掘を中心とした再建策であったと考え、コーエン氏の見方に賛同したい。

(67)『同治帝聖訓』飭牧政、同治元年(一八六二年)八月乙亥・同治元年八月丙午、一八三七頁。

(68)『同治帝聖訓』簡兵、同治三年(一八六三年)七月庚子、五二九頁。

(69)『同治帝聖訓』武備、同治七年(一八六八年)九月癸卯、二六四年。

(70)レティン事件の概要については、『同治帝聖訓』安辺、同治元年六月~同治三年八月、一九九三-一九九七頁、及び『西蔵地方与中央政府関係檔案』一〇〇八-一〇三八頁、牙含章『達頼喇嘛伝』北京・民族出版社、一九八四年、八五頁を参照。

(71)『同治帝聖訓』安辺、同治元年(一八六二年)十月丁未、一九七六頁、及び「文祥等奏会同都察院会審熱振呼図克図及査核満慶奏報各節情形折」同治二年(一八六三年)三月二十八日、『西蔵地方与中央政府関係檔案』一〇三〇-一〇三二頁。

(72)『清実録』同治二年十一月(一八六四年一月)辛未。

(73)『同治帝聖訓』聖徳、同治二年(一八六三年)三月丙子、二七頁。

(74)『同治帝聖訓』聖徳、同治三年(一八六四年)八月癸巳、三一頁。

(75)『同治帝聖訓』法祖、同治十年(一八七一年)五月乙未、一八六-一八七頁。

(76)乾隆帝「十全記」「清代喇嘛教碑刻録」四七五-四八〇頁。

(77)魏源、前掲「答人問西北辺域書」。

(78)魏源、前掲『聖武記』「巻三・雍正両征厄魯特記」二八三頁。

(79)魏源、前掲『聖武記』「巻四・乾隆蕩平準部記」三〇三頁。

(80)道光年間当時、経世知識人が不足していた地理認識を補う作業を進め、その結果魏源『海国図志』が出現して急速に流布した経緯について、姚瑩『康輶紀行』(西蔵学漢文文献彙刻)中国蔵学出版社、一九九一年、五四頁「外夷形勢当考地図」は次のように述べる。

本朝の武功は西北よりも盛んなるものはない。内外蒙古から青海・回疆・西蔵に至るまでみな図籍に入り、学人はみなこれを披考することが出来るようになった。ただ、東南の島夷に関する情報は少ない。……幸いにして、西人が描いた坤輿図によってその形勢を知ることができるようになった。マテオ・リッチの万国全図もそれに寄与した。ただ、音称による名称と中国の諸書に伝わる記述はそれぞれ異なり、どれがどこに対応するかを知るには殊に手間を要した。道光二十二年に、命を奉じて諸夷の囚に対し、英夷とオロスがどれだけ近いのかを問い……さらに近海諸国の地名形勢を描いた。……その絵図と海国聞見録・フェルビーストの地図とを照らし合わせると、形勢は実に相符合し……次第に詳細を辨ずることができるようになった。……友人魏黙（魏源）は、林商書（林則徐）が訳した西洋四洲志と各家の図説、さらに歴代の史伝や夷地の諸書を用いて考証し、海国図志六十巻を編纂した。このことはまず我が心を得た。余はかつて、方志に関する英夷の図書数部を得たが、誰も翻訳する者がいないことに苦しみ、覧じて茫然としていたのである。

(81) 徐継畬『瀛環志略』王錫祺輯『小方壺斎輿地叢鈔』第一帙七頁、初出光緒三年（一八七七年）以後続刊、広文書局、一九六四年。なお、清帝国の版図とはいえ、チベットも正朔を用いていない。二五八頁を参照。

(82) 汪士鐸「大清一統輿図」盛康輯『皇朝経世文続編』兵制・地利上・三頁表裏、初出光緒二十三年（一八九七年）、文海出版社、一九七六年。

(83) 汪士鐸、前掲書、三頁裏～四頁表。

(84) 汪士鐸、前掲書、四頁表裏。

(85) 汪士鐸、前掲書、八頁。

(86) その具体的な例が、黄楙材「西域図説」（盛康輯『皇朝経世文続編』兵制・塞防下、一頁）である。

泰西の諸家の地図は欧州及び浜海の諸国に詳しく、西域回部一体は商船が通じず遊歴の跡がまれであるため、その山川の道理・部落種族については多くが欠落している。昨年、ベンガルの博物院で中央アジアの地図を見た際、それが最も精密を極めていて、内心それらを華文に訳したいという欲望が湧いた。……葱嶺（パミール）以東は中国の所有で、新疆三蔵パミールより南は英の所有で、パミールよりも西北にある地域はみなロシアの属部となった。これが三大国の限界である。天下万国にとってもこの境界は鍵なのである。

黄楙材という人物は、一八七〇年代末に天文・地理・算術に長けた測量技師として総理各国事務衙門が選抜し、英領インドのヒマラヤ経営問題との関連でチベットからビルマに至る地図の作製を目指すべくインドに派遣されていた。黄楙材のインド派遣・地図作製翻訳をめぐる事情については、「派員出洋遊歴片」光緒四年（一八七八年）四月十一日、『清代蔵事奏牘』四九三頁、及び「黄懋材遊歴回川片」光緒六年（一八八〇年）九月二十三日、『清代蔵事奏牘』五〇二-五〇三頁を参照。

(87) 海防・塞防論の概要については、茂木敏夫「清末における『中国』の創出と日本」『中国・社会と文化』第十号、中国社会文化学会、一九九五年、二五八頁、及び坂野正高『近代中国政治外交史』東京大学出版会、一九七三年、三二四-三二七頁、片岡一忠、前掲書、一四二-一四三頁を参照。

(88) 例えば、王彦威・王亮編『清季外交史料』初出一九三四年（近代中国史料叢刊・第三編第二輯）台北・文海出版社のうち、以下の史料を参考：「蘇撫呉元炳奏請防俄片」光緒元年（一八七五年）正月初六日、巻一・二頁裏「諭左宗棠等俄拠伊犁宜以全力注重西北」光緒元年（一八七五年）二月初三日。

(89) 李雲麟「論辺防」盛康輯『皇朝経世文続編』兵制・塞防下、二二頁裏～二三頁裏（三二一〇-三二一二頁）。このうち、光緒元年の新疆における林則徐との懇談から引用。

(90) 曾紀沢の交渉の結果、リヴァーディア条約は取り消され、清帝国がロシアに九百万ルーブルの賠償を支払う代わりにイリの返還を取り決めたイリ条約が一八八一年に締結された。そして、リヴァーディア条約を締結した欽差大臣崇厚は、屈辱的な条約を結んだ咎で死刑を宣告された。ただ、西洋諸国から「交渉に失敗した全権大使の処刑は相手国への非礼であり、開戦原因ともなりうる」との非難をうけた結果、崇厚は釈放された。なお、清帝国支配の横暴から免れることを喜んだイリ地方のトルコ系ムスリム農奴「タランチ」は、清の支配の回復を嫌ってロシア側に大量逃亡した。参考：「使俄曾紀沢奏中俄改訂条約蓋印画押摺」光緒七年（一八八一年）二月十五日、『清季外交史料』巻二十五・十一頁裏。前掲『世界各国史・四・中央ユーラシア史』第六章「中央ユーラシアの周縁化」三二六頁。

(91) 「西洋の衝撃モデル」及び「帝国主義モデル」の説明は、P・A・コーエン、前掲書、序章における説明を参考にした。

(92) 姚瑩、前掲『康輶紀行』三三-三四頁。

(93) 姚瑩、前掲書、六八-六九頁。

(94) 今日のチベット自治区の北東部は、古くはモンゴル人の牧地であり、一六四二年にチベットを制圧した青海モンゴルのグシ汗の支配下で奴隷としての待遇を受けていた。清帝国が一七二〇年に全チベットを版図としたのちも、これらモンゴル人の土地は依然としてダライラマ政権の管轄とは別の「三十九族」として扱われ、チベットやヒマラヤ地域における有事の際の騎馬兵力という位置づけが維持された。また、「三十九族」の西南に住む「ダム・モンゴル族」も同様の扱いで、駐蔵大臣の指揮命令に服していた。この枠組みは清末まで続いたものの、実際にはモンゴル人のチベット人への同化が進み、ダライラマ政権も対英軍事力増強の見地からこれらモンゴル人のダライラマ政権への移管を要求した（特に、駐蔵大臣の指示による対印出兵をダライラマ政権側が請願しても駐蔵大臣、さらには軍機処が無視したことが、清末における清・チベット間の軋轢の一因となった）。今日では、チベット自治区北部のソク・ゾン（索県）という地名がその名残を留める（ソクとはチベット語で「モンゴル」の意）。参

照：手塚利彰「グシハン一族と属領の統属関係」『立命館東洋史学』第二二号、一九九九年。「昆岡等奏八世哲布尊丹巴会同喀爾喀四部盟長王公等会報英国侵犯西蔵情形折」光緒二十五年（一八九九年）三月十六日、第一歴史檔案館蔵軍機処録副奏折、『西蔵地方与中央政府関係檔案』一三七一－一三七五頁。「総署奏遵旨査明印蔵通商情形摺」光緒二十五年（一八九九年）四月二七日、『清季外交史料』巻一三八、三一－三六頁。

（95）姚瑩、前掲書、六〇頁。

第五章

（1）中国人権研究会「西蔵人権保障的歴史的進展――紀念西蔵民主改革四〇周年」『人民日報』一九九九年七月十七日。

（2）「駐蔵大臣升泰奏請飭総署嘱英使早撤隆吐英兵摺」光緒十四年（一八八八年）五月二十五日、『清季外交史料』巻七十六、一〇頁裏－一一頁表。

（3）初期英領インドのチベットとの接触については、英国公文書館所蔵外務省文書（以下FOと省略）、FO228/2562, Memorandum on Tibet, June 1903; Alastair Lamb, *Britain and Chinese Central Asia: The Road to Lhasa 1767 to 1905*, Routledge and Kegan Paul, London, 1960, pp. 9-17を参照。

（4）シッキム事情については、Lamb, *ibid*., p. 49, 91.

（5）ブータンは十三世紀のカルマ＝カギュー派の僧が仏教を伝えたことでチベット仏教圏入りし、特にカルマ＝カギュー派の一宗派であるドゥク派（ドゥルック派）がその後今日までブータンの国教としての地位を確立している。そして、十七世紀にチベットから来たドゥク派の僧ンガワン・ナムギャルがブータンを統一し、以後彼は活仏シャブドゥン・リンポチェとして位置づけられ、その転生者が二〇世紀初頭までブータンの元首となった。また、ブータンもシッキムと同様に定期的にダライラマに対して施入し、チベットからの保護を受けていた。しかし、シャブドゥン・リンポチェの転生者選びの都度、僧俗入り乱れた対立が止まず、一九〇七年にシャブドゥン・リンポチェが見つからない状況の下で戦乱の末に世俗勢力を代表するようになったウォンチュク家が世俗王朝を創始したのちも、シャブドゥン・リンポチェを擁立する勢力との間で抗争が続いた。一九五〇年に最後のシャブドゥン・リンポチェが死去してからは公式には転生者は擁立されず、ウォンチュク家の支配が確立した。参照：後藤多聞『遥かなるブータン――ヒマラヤのラマ教王国をゆく』ちくま文庫、一九九五年、六八－九三頁。また、シッキム・ブータンと清帝国との関係については、文碩「据唐古特懇請将熱納宗収留輿図之内片」光緒十三年（一八八四年）十二月、『清代蔵事奏牘』六二七頁。

（6）Lamb, *op. cit*., pp. 88-90.

（7）以下を参照。FO228／2562, Government of India to Lord G. Hamilton, 8 Jan. 1903; FO228／443, India to Peking, 27 Aug. 1867.

（8）Lamb, *op. cit.*, pp. 123-124の諸論説を参照。特に、日本滞在経験を持つ当時の北京公使オールコックの記述（FO17／531, Fraser to Alcock, 17 March 1869）を参照。オールコックのこうした認識は、日本滞在記である『大君の都』（山口光朔訳、岩波文庫、一九六二年）において「この世で最良の善意をもってしても、イギリスないし全西洋諸国連合（全西洋諸国が連合するようなことはありえないだろうが）は、現在中華帝国の中にひろく存在している無政府状態や腐敗や悪政にたいする救済策を与えることはできないだろう。しかし、どこかにはじまりがなければならない。現状では、外からはじめるほうが容易であり、有望であるように思われる」（第一章、七八頁）と述べていることとも通じる。

（9）Lamb, *op. cit.*, p. 144. 出典は中央アジア問題専門家ブルガーによる論文 "China via Tibet," *The Journal of the Royal Asiatic Society*, Vol. 10, p. 113.

（10）FO228／2562, Memorandum on Tibet, June 1903.

（11）英国は一八二四-二六年と一八五二-五三年のビルマ戦争を通じてイラワジ河のデルタ地帯を獲得し、一八六二年には英国人のビルマ国内での通商を可能とした通商条約をアラウンパヤー朝との間に結んでいた。一方、英国はヤークーブ・ベグ王国と一八七三年に通商条約を締結した。参考：坂野正高『近代中国政治外交史』東京大学出版会、一九七三年、三三二-三三三頁。

（12）芝罘協定の全般については、Lamb, *op. cit.*, p. 145; 坂野正高、前掲書、三三四-三三五頁を参照。

（13）「兵部左侍郎郭燾嵩奏参岑毓英不諳事理釀成聳殺英官重案摺」光緒元年（一八七五年）十一月初八日、『清季外交史料』巻四、一一頁表。

（14）「直督李鴻章奏與英使在煙台議結滇案摺」光緒二年（一八七六年）七月三十日、『清季外交史料』巻七、六頁裏-七頁表。

（15）満慶「布魯克巴与披楞交戦蔵地已於辺境妥為防御折」同治四年（一八六五年）四月辛丑、『清代蔵事奏牘』三三〇-三三一頁。

（16）景紋「布魯克巴与披楞構衅披楞大股圧境辺界震動景紋仍巡閲春操親到隘口相機籌辦折」同治五年（一八六六年）三月初七日、『清代蔵事奏牘』三五三-三五五頁。

（17）景紋「査辦披布両造大概情形並報起程日期及捐廉賞給布番物件片」同治五年（一八六六年）四月二十六日、『清代蔵事奏牘』三五九-三六一頁。

（18）松溎「披楞修路欲来蔵通商派員禁阻折」光緒二年（一八七六年）二月二十一日、『清代蔵事奏牘』四一一-四一二頁。

（19）「川督丁宝楨奏英人吉為哩等由川赴蔵番夷阻回片」光緒三年（一八七七年）十月二七日、『清季外交史料』巻十二、一五-一六頁。

(20) 松注「商上不令洋人入蔵請将通善済嚨巌辦並自請処分折」光緒五年（一八七九年）七月十二日、『清代蔵事奏牘』四六一‐四六三頁。

(21) 前掲・附「商上通善済嚨請阻洋人入蔵遊歴稟」光緒五年（一八七九年）七月。

(22) 前掲・附「光緒五年八月二十二日上諭」。

(23) 「色楞額奏西蔵反対外人入蔵開導非朝夕所能収効請飭総理衙門知会各国暫緩入蔵折」光緒六年（一八八〇年）二月二十七日、『西蔵地方与中央政府関係檔案』一〇六二‐一〇六三頁。

(24) 「色楞額等奏西蔵通商事已遵旨派員開導蔵人能否遵従実難逆料請飭総署告知馬科蕾以息其窺伺之萌折」光緒十一年（一八八五年）十一月二十五日、『西蔵地方与中央政府関係檔案』一〇七六‐一〇七七頁。

(25) FO228 / 2562, Memorandum on Tibet, June 1903.

(26) 「色楞額等奏開導西蔵僧俗官員辦理通商事宜毫無転機折」光緒十三年（一八八七年）三月二十九日、『西蔵地方与中央政府関係檔案』一〇九二‐一〇九三。

(27) 文碩「上醇王条陳蔵事説帖」光緒十一年（一八八六年）、『清代蔵事奏牘』五四六‐五四七頁。

(28) 文碩「復総署蔵番建立砲台事件已飛諮前任駐蔵大臣確査径復函」附「三大寺等公稟大吉嶺新修炮台顕係誣頼」光緒十三年（一八八七年）二月十九日、『清代蔵事奏牘』五七八‐五八一頁。

(29) リントゥ山事件におけるひとつの焦点は、果たして本当にチベット軍がシッキム側へと侵入したのかという問題であるが、真相はチベットがかつてシッキム王に牧地として貸与した土地を英国がシッキム領と認識したことによるものであった。リントゥ山事件の概要については、前掲 FO228 / 2562, Memorandum on Tibet；馮明珠『近代中英西蔵交渉与川蔵辺情――従廓爾喀之役到華盛頓会議』台湾・故宮博物院叢刊、一九九五年、一二七‐一三三頁、高鴻志『英国与中国辺疆危機　一六三七‐一九一二』黒龍江教育出版社、一九九八年、八五‐九三頁を参照。

(30) シッキムが毎年派遣していた、ダライラマ及び駐蔵大臣への拝謁・表敬の使者については、当初清帝国側がその継続に固執したのに対し、英国側は「他の英国保護国にそのような慣例を認めていない以上不可である」という方針を固めたため、妥協策として「基本的には英国が勝利した理の当然として条文には盛り込まず、英国が別に慣例としてその都度承認する」案が同意された（高鴻志、前掲書、九三頁参照）。ちなみに、中華人民共和国と台湾の中華民国政府は、長らくシッキムがインドの一州となっていることを承認してこなかった。その論拠は、シッキムが本来清帝国とチベットの影響が及ぶ独立国であったところ、次第に英国の帝国主義政策によって保護国化されて英国・インドの影響下に強制的に組み入れられたために不当であるという点と（台湾にある中華民国の「外モンゴル独立不承認」——特に、一九四五年の中ソ条約で規定したモンゴル独立承認を蔣介石が後に撤回したこと——に関する公式見解が、ロシア・ソ連の策動によってモンゴル人を強制的に中国から分離させたという論理に基づいていることと類似している）、少なくとも一八九〇年のこの条約で決まった枠組みを独立インドが英国から継承せず、一方的に無視してシッキムを直接統治したため、という理由に基づいている。

（31）例えば英国の清帝国周辺各地における商業ルートの開拓を中心とした帝国主義的拡張の過程を論じた高鴻志氏は、総理各国事務衙門を中心とする清当局が単に英国との戦争を恐れて英国の侵略者に投降し、付和雷同したことが問題の核心であると論じる。また、清帝国とチベットの関係を「チベット（西蔵）文明が次第に東へと向かい、中原文明（漢民族地域の文化体系を中心とした文明）へと融合する過程」と論じた石碩氏も、チベット文明の本質的な政治的従属性・依存性ゆえ、清・チベット・英国の関係は基本的に、列強に屈服した清の政策的な誤りにチベットが左右されることで推移したと論じる。ちなみに石碩氏は「チベット文明の本質的な政治的従属性」について、チベットは仏教教団を中心とした文化と社会であるため、必然的に保護者たる世俗有力者を求め、それが清帝国、さらに中国中央政権へと接近する原因となったと説く。そのような事実関係はあくまで、本書第二章で論じたように、仏教に基づく檀越関係＝施主と教団の関係の政治的側面として解釈すれば理解可能であるが、石碩氏は「中原文明・政権との関係における宗教的な依存から政治的な依存への必然的な転換」とする。恐らくこのような論理を組み立てる必要があるのは、中華人民共和国が過去の元・清帝国のチベットとの関係について、檀越関係ではなく近代的国家主権＝「中国」の排他的な主権行使の範疇で理解しなければならないとしていることと関連していよう。チベットをめぐる清英間の外交交渉を詳細に跡づけた馮明珠氏は、単に英国の帝国主義的拡張がチベット問題の第一の要因であるのみならず、一八八〇年代の四川総督・丁宝楨や駐蔵大臣の文碩が清帝国とチベットの置かれた国際的環境を的確に把握せず、チベット人の勝ち目なき軒昂を抑制しないどころか、英国の脅威に抵抗するチベットに同情すらしたことが、事態の悪化ならびに長期的な清帝国のチベットに対する統制力の低下に拍車をかけてしまったと論じる。参照：高鴻志、前掲書、八七・八九頁。石碩『西蔵文明東向発展史』四川人民出版社、一九九四年、第九章「対元以来西蔵被納入中原政権若干原因的探討」。馮明珠、前掲書、一一九-一二四頁。

（32）Lamb, *op. cit.*, p. 323.

（33）FO535／1, Government of India to Lord G. Hamilton, 8 Jan. 1903.

（34）ダライラマ政権がロシアへの好意を抱いたのは、一八八六年に青海方面からラサ入りしようとしたロシア人がチベット官憲の説得により引き返し、英国とは全く異なる印象を得たことに端を発し（文碩「照抄稟稿四件・咯刺烏蘇番官報告」光緒十一年〔一八八五年〕十一月初八日、『清代蔵事奏牘』五五三頁）、その後ロシア領ブリヤート・モンゴル出身の僧ドルジエフが学識を武器にダライラマ十三世に接近し、「ロシアこそ仏教を保護する」として大いに仲介役を務めたことで、とりわけ二〇世紀に入るとチベット・ロシア関係は急速に深まった。

(35) FO535/1, Mr. Brodick to Government of India, Nov. 1903.

(36)「外務部嘱勿画押致有泰電」光緒三十年（一九〇四年）八月初四日、『西蔵地方与中央政府関係檔案』一四二八頁、「外務部為条約須由中英両国議定以重主権事致有泰電」光緒三十年（一九〇四年）八月初四日、『西蔵地方与中央政府関係檔案』一四二八頁。

(37) Lamb, *op. cit.*, p. 321.

(38) 佐々木揚『清末中国における日本観と中国観』東京大学出版会、二〇〇〇年、七七-七八頁。

(39) 何秋濤のロシア認識全般については、何秋濤「尼布楚考」『小方壺斎輿地叢鈔』第一帙、四二四頁、同「俄羅斯形勢考」『小方壺斎輿地叢鈔』第三帙、一二八頁、同「俄羅斯互市始末」『小方壺斎輿地叢鈔』一八七-一九六頁を参照。

(40) 何秋濤「俄羅斯叢記」『小方壺斎輿地叢鈔』一九九頁。

(41) 佐々木揚、前掲書、七九頁。

(42) デヴィド・ウルフ著、高尾千津子訳「シベリア・北満をめぐる中国とロシア」『アジアから考える・三・周縁からの歴史』東京大学出版会、一九九四年、一九頁。

(43) 例えば「使英郭嵩燾奏辦理洋務宜以理勢情三者持平処理摺」光緒二年（一八七六年）十月二七日、『清季外交史料』巻八、一五頁表、「総署奏朝鮮宜聯絡外交変通旧制摺」光緒七年（一八八一年）正月二十五日、『清季外交史料』巻二十五、一頁表。

(44) 佐々木揚、前掲書、三四頁。

(45)「魯撫丁宝楨奏日俄窺伺情形片」光緒元年（一八七五年）正月初五日、『清季外交史料』巻一、一頁表。

(46) 茂木敏夫「李鴻章の属国支配観――一八八〇年前後の琉球・朝鮮をめぐって」『中国・社会と文化』第二号、東大中国学会、一九八七年、九一-九二頁。

(47)「日使覆総署朝鮮雖中国属邦其地不隷中国照会」光緒元年（一八七五年）十二月十九日、『清季外交史料』巻四、二九頁裏。

(48)「総署奏與日本交渉朝鮮事情片」『清季外交史料』巻四、三三頁裏。また、シャーマン号事件と朝鮮の衛正斥邪政策については、武田幸男編『世界各国史・二・朝鮮史』山川出版社、二〇〇〇年、二二三-二二五頁を参照。

(49) 茂木敏夫、前掲書、九九-一〇一頁。

(50) 茂木敏夫、前掲書、百五頁、武田幸男編、前掲書、二三〇頁。

(51)「総署奏朝鮮宜聯絡外交変通旧制摺」光緒七年（一八八一年）正月二十五日、『清季外交史料』巻二十五、一頁表。

(52) 武田幸男編、前掲書、二二八-二二九頁。

(53)「北洋大臣李鴻章奏妥議朝鮮通商章程摺」光緒八（一八八二）年八月二十日、『清季外交史料』巻二十九、一五頁裏。

(54) 呉鍾史「高麗形勢」『小方壺斎輿地叢鈔』第十帙、九頁裏。
(55) 呉鍾史「東遊紀略」『小方壺斎輿地叢鈔』第十帙、四八頁裏。
(56) 朝鮮と清帝国の関係変容をめぐる茂木敏夫氏の研究は、「清末における『中国』の創出と日本」『中国・社会と文化』第十号、中国社会文化学会、一九九五年、及び前掲「李鴻章の属国支配観」を参照。
(57) 森山茂徳『近代日韓関係史研究——朝鮮植民地化と国際関係』東京大学出版会、一九八七年、一一頁。
(58) 「直督李鴻章致総署袁世凱勧韓王仍隷中朝電」光緒十二（一八八六）年九月十四日、『清季外交史料』巻六十九、一三頁裏。
(59) 「直督李鴻章致総署韓違約遣使欧州酌拟辦法函」光緒十四年（一八八八年）五月初六日、『清季外交史料』巻七十六、六頁表。
(60) この時期、ベトナムをめぐって清仏戦争も同時並行で勃発していたが、清帝国側の対仏脅威感はロシアと日本に対する脅威感よりは弱かった。佐藤慎一氏によると、当時の清帝国の知識人による対仏観は、第一に宣教師の強引な布教活動が「教案」を度々引き起こし、迷信をたれ流す迷惑千万な存在としての「伝教の国」であり、次いで普仏戦争に敗れた「落ち目の国」、さらに民主制ゆえに度々革命が起こり安定性がない国という評価であり、結局フランスは当時の清帝国にとって影の薄い国であった（佐藤慎一「フランス革命と中国」『近代中国の知識人と文明』東京大学出版会、一九九六年、二三一-二四〇頁）。
(61) もちろん当時は近代国際法体系の導入に積極的ではない人々もおり、適応の道程は平坦ではなかった。英国公使として赴いた郭嵩燾が著した『使西紀程』は、西洋の政治と社会を「三代」に匹敵するがゆえに文明と見なし、それゆえに西洋国際体系の受容を積極的に肯定した。しかし彼は保守派から総反撃を受けて官界引退を余儀なくされていたし、恭親王は長らく国際法が「相手の矛盾を突くための便法」であり、究極的には「中国は万国公法の外にある」という認識であった。また、国際法体系に参入したゆえに凋落したオスマン帝国が引き合いに出された結果、国際法体系に対して無条件に楽観視する向きはなかった。参照：佐藤慎一、前掲書、第一章「文明と万国公法」七七-九四頁「外交官と万国公法」。
(62) 「駐蔵大臣松溎奏委員阻回披楞蔵辺一律安堵摺」光緒二年（一八七六年）七月初四日、『清季外交史料』巻七、一-二頁。
(63) 前掲注(18)と同「駐蔵大臣松溎奏披楞人欲来蔵通商設法禁阻摺」光緒二年（一八七六年）四月十二日。
(64) 「商上不令洋人入蔵請将通善済嚨厳辦並自請処分折」光緒五年（一八七九年）七月十二日、『清代蔵事奏牘』四六一-四六三頁。
(65) 丁宝楨「英人吉為哩等由川赴蔵番夷阻回片」光緒三年（一八七七年）十月十一日、『清代蔵事奏牘』四八九頁。
(66) 「総署議覆丁宝楨奏英人西蔵探路用意狡譎情形摺」光緒三年（一八七八年）十二月二十一日、『清季外交史料』巻十二、三二-三四頁。
(67) 丁宝楨・色楞額「会籌蔵中応辦事宜折」光緒五年（一八七九年）閏三月初七日、『清代蔵事奏牘』四九四-四九七頁。
(68) 丁宝楨「英人窺伺蔵預為籌備片」光緒十一年（一八八五年）四月初三日、『清代蔵事奏牘』五二三-五二四頁。

(69) 丁宝楨「西蔵通商事多後慮折」光緒十一年（一八八五年）十月二十六日、『清季蔵事奏牘』五二七頁。

(70) 「川督丁宝楨奏西蔵與英人通商請慎之於始摺」光緒十一年（一八八五年）十一月初八日、『清季外交史料』巻六十二、一七頁表。

(71) 「駐蔵大臣色楞額等奏英人遊歴西蔵派員開導蔵番摺」光緒十二年（一八八六年）六月初六日、『清季外交史料』巻六十七、一六－一九頁。

(72) 「軍機処録呈曾紀沢為英遣馬科蕾入京議通商事函及英国之西蔵通商節略」光緒十一年（一八八五年）九月初五日、『西蔵地方与中央政府関係檔案』一〇六七－一〇七〇頁。

(73) 曾紀沢が清帝国に著しく不利なリバーディア条約を反古にすることに成功したのは、露土戦争後のロシアの財政事情の悪さを的確に把握して交換条件としたためであった。D・ウルフ、前掲「シベリア・北満をめぐる中国とロシア」二〇頁。

(74) 「附総署議復印蔵通商事宜折」光緒十二年（一八八六年）十一月二十一日、『清代蔵事奏牘』五六九頁。

(75) 例えば「駐蔵大臣色楞額等奏英人遊歴西蔵派員開導蔵番摺」光緒十二年（一八八六年）六月初六日、『清季外交史料』巻六十七、一六－一九頁。

(76) 李鴻章「訳行第穆呼図克図恭録川督転来厳旨令迅即定議申復」光緒十三年（一八八七年）十一月初九日、『清代蔵事奏牘』六一九頁。

(77) 総理各国事務衙門「諭僧俗番官及各領袖喇嘛界外通商一事不宜拒絶」光緒十三年（一八八七年）十一月二十五日、『清代蔵事奏牘』六三四－六三八頁。

(78) 「劉秉章等会奏遵諭旨議復開導蔵人通商貿易等四事」光緒十二年（一八八六年）十月初五日、『西蔵地方与中央政府檔案史料』一〇八六－一〇八九頁。

(79) 丁宝楨・色楞額「会籌蔵中応辧事宜折」光緒五年（一八七九年）閏三月初七日、『清代籌蔵奏牘』四九四－四九七頁。

(80) 「丁宝楨等奏請勘明内地与瞻対界址以杜侵凌之漸片」光緒七年（一八八一年）正月初七日、『清末川滇辺務史料』三五七－三五八頁。

(81) 丁宝楨・色楞額・崇鋼「会奏整頓西蔵不可遽議更張折」光緒十一年（一八八五年）七月二十六日、『清代蔵事奏牘』五二四－五二五頁。

(82) 文碩「会奏会議辺防拟大綱折」光緒十二年（一八八六年）七月初九日、『清代蔵事奏牘』五六一－五六五頁。

(83) 文碩「致総署函開導蔵番不宜過急密陳実在情形」光緒十三年（一八八七年）十月初七日、『清代蔵事奏牘』五八七頁。

(84) 文碩「致総署函通商一事蔵番始終固執請与英人推誠商議或有転機」光緒十三年（一八八七年）十月十九日、『清代蔵事奏牘』五九〇-五九一頁。

(85) 文碩「致総署函隆吐山卡実未越界請据図与英使理論」光緒十三年（一八八七年）十一月二十八日、『清代蔵事奏牘』六〇六-六〇八頁。ちなみに、チベットでは伝統的に清帝国の正朔は全く用いられず、一貫して陰暦のチベット暦を用いてきた。

(86) 丁宝楨「西蔵通商事多後慮折」光緒十一年（一八八五）十月二十六日、『清代蔵事奏牘』五二七-五三〇頁。この丁宝楨の「チベット人に自ずと命意あり」という発言をめぐって、馮明珠氏は「イギリスをして清朝のチベットへの統制力欠如を感じさせた大失態」であると批判している（馮明珠、前掲書、一二四頁）。しかしそれは、中国ナショナリズムの視点からみた「主権放棄という犯罪的行為」への批判ではあっても、異なる統治観から事態を判断していた丁宝楨に対する批判として適当とは思えない。確かに丁宝楨自身、もしチベットが外交上の自主権を行使すれば、英国との衝突という最悪の事態、さらに英国によって「影響力を行使しない」清帝国への批判と追加的措置がなされる可能性があるという認識であり、チベット人の自主を楽観視していたわけではない。実際、一九〇三年から〇四年にかけて、ラサに向けて派遣されたヤングハズバンド武装使節団とチベット軍との間に戦闘が勃発したのは、英国がまさに清帝国のチベットに対する無作為――英国は清帝国の対チベット影響力を尊重し、条約で遊歴・通商を規定したにもかかわらず、チベット人の抵抗で全く実現しない事態――を以て「清帝国の主権は実は壮大なフィクションであり、同時にチベット人が英国と直接交渉するのを嫌って英国を蔑むための隠れ蓑であった」と断定し、それを打破して直接チベットと外交関係を形成しようと試みたからであった（FO228／2562, Government of India to Lord G. Hamilton, 8. Jan. 1903；FO535／1, Government of India to Mr. Brodick, Oct. 1903）。この点において、丁宝楨の予言は的中しているのであり、したがって清帝国のチベットへの「主権」は確実に行使されなければならなかったとするのは確かに一つの説明であろう。しかし、丁宝楨の認識における緊張回避と統合再強化の要訣は「本を正し源を清くする術」である。丁宝楨はあくまで、皇帝の仏教擁護・恩恵と公正さを駐蔵大臣が保証する下でのチベット自治という構想を堅持したのであり、現地外交の自主と、英国への抵抗または妥協は必ずしも矛盾するものではないという立場であったと考えられる。

逆に、もし馮氏が述べるように丁宝楨の発想が「失態」で、清帝国が曾紀沢の説明通りに「大権を総攬」しても、反撥するチベット人が一層英国との対立を激化させて清帝国を苦境に追いやって行くことは、その後のリントゥ山事件による英国・チベット間の戦闘以後の政治過程でも明らかであった。その中で文碩は、チベット人に対して「勝ち目のない抵抗も決して黄教保全のためには十分ではない。今後の挽回の余地を残した方が良い」（文碩「訳嚢第穆呼図克図撤卡既経拒絶通商似宜姑息允不可疾悪過厳激成決裂」光緒十三年（一八八七年）十二月、『清季籌蔵奏牘』六一七-六一九頁）として慎重な対応を求める一方、「蔵番は愚昧だが、その主張は常に朝廷が辺疆を安堵するための行動を起こすよう求めるものなので、それを一面的に否定して、属地だから必ず朝廷の命令に従えとは合宜を尽くしていない。要塞を撤去するよう要求する上諭をダライラマ側に示す際、再三躊躇して止むに止まれず『それ以上頑強なら朝廷は知らない』という文言を省いた」（「文碩奏陳商上申復反対辺界通商撤卡等情並請旨妥速会籌折」光緒十三年〔一八八七年〕十二月二十日、『西蔵地方与中央政府関係檔案』一二一七-一一三一頁）という批判を北京へ向けて発していた。その結果、文碩は「単に愚蒙（なチベット人）を開導することができないのみならず、転じて愚蒙に眩まされ共に迷い誤るとはどういうことであろうか」（「旨寄劉秉章升泰着暁諭蔵番撤兵並査哲蔵辺界電」光緒十四年〔一八八八年〕正月二十六日、『清季外交史料』巻七十五、九-一〇頁）という叱責を受けて駐蔵大臣を免職されてしまった。文碩の後任者である升泰は、英国人を信用せずに清帝国の外患を煽り立てたチベット人を蔑視し、英国と清帝国本位で通商を規定した善後処理策である中英会議蔵印条約を一方的にダライラマ政権に強要した結果、升泰は完全に信用を失ってしまい、ダライラマ政権はロシアへの接近を深めて行ったのである。

馮氏はこのような文碩についても「彼は外情・国情に暗く、当時の満清政府が度重なる外患ゆえに英印と開戦できないことを理解していなかった。中央の命令に対する彼の不服従は清廷のチベットでの威信に大損害を与え、チベット人の排外情緒を掻き立てた」と批判する。しかし、文碩の場合も、丁宝楨と同様あくまで清帝国とチベットの関係において何が最も優先されるべきかと考えたとき、英国寄りの清廷の発想よりもあくまで既存の秩序に忠実であろうとしたということではなかったか。清帝国はもとより、チベットが英国と開戦すれば敗北が待っていたことは当時の軍事力の現実から明白であったが、本書で既に論じてきた通り、英国のヒマラヤ経略の過程と、清帝国との条約を通じた関係の蓄積を通じて形成された清帝国の親英的雰囲気が既にチベットを従属と苦境へと追いやる構図が出来上がっていたため、もしチベット人は自らの主体的な願望を貫徹させようとすれば、それがたとえ「愚行」であっても抵抗するしかなかった。そのようなチベットに対してもし清帝国が何らかの連帯感を表明するとすれば、やはり「皇清の大一統」による統合に則して何らかの支持をチベットに対して表明し、両者がともに英国からの指弾の対象となるしかなかったはずである。丁や文はこのように考えたのではなかったか（この方がより直接に、多民族一体のナショナリズムの形成に結びつき得ると思われる）。勿論、最良の選択肢はチベットが清帝国の政治指導の下で英国との通商を受容し、三者がともに便益を得ることであったであろうし、次善の策は馮氏の丁・文への批判をもとに考えれば「親英的で国際的事情に通じた中央の命令にしたがってチベット人の排外情緒が抑制され、通商を実現する」ことであっただろう。しかし、その担い手となりうるチベット人はどこにもいなかったし、それは「皇清の大一統」の下でチベットが高度な自治を享受し、仏教を第一の価値とする独自の社会を形成していたことの結果であった。

あとがき

本書は、東京大学博士（法学）学位取得論文「『皇清の大一統』とチベット問題」として執筆したものであり、出版に際して若干の補足的な修正を加え、出来るだけ多くの読者が入りやすいよう改題を行った。

それにしても、長い時間と苦心を重ねた博士論文がこうして一冊の書物となることに感慨もひとしおであり、同時に自分が歩んできた道程には如何に多くの偶然や縁がかかわってきたかを痛感している。何故なら、高校時代までの筆者は、大学に残って研究・教育をするとは夢にも考えたことがなかったし、自由な知的雰囲気とはほど遠い世界にいたからである。例えば、校内暴力と授業崩壊が荒れ狂う中学校に通っていた頃、ヒマラヤ登頂を果たした高名な登山家の講演が私語のひどさへの激怒ゆえに途中で打ち切りとなり、その後数日間は全ての授業が中止されて全校集会で教師の説教が続くという事件があった。普通に落ち着いて勉強が出来る学校生活を欲した筆者は、自分が置かれた環境の惨めさに暗然としたものである。そんな三年間から解放されて志望高校に入学しても、大学受験競争が最も激しかった一九八〇年代はまだまだ学歴と終身雇用の効用が一般的に広く信じられていただけに、当初は受験競争への適応で精一杯の毎日が続いた。

しかし、人間という存在は、納得の行かない状況があればこそ自ら考えるものなのかも知れない。特に、もともと内向的な性格の筆者は、中学時代の記憶が尾を引いたためであろうか、人間は何故かくもまとまりがないのかという漠然とした疑問を抱くようになった（このような秩序イメージが社会契約論の背後にあり、必ずしも不自然な発想ではないことを知るのはもっと後のことである。当時は、「協調」「友情」といった学校教育上の徳目とかけ離れた発想を抱いてしまった自らを内心責めたものである）。加えて、自宅の近所にある米軍基地の艦載機離発着訓練による激しい騒音被害は、自由と人権の理想を掲げる国家権力が何故自ら人権侵害状況を引き起こすのかという葛藤を呼び起こした。また、一九八〇年代という時代は、冷戦から一転して東西宥和が進む中で、体制間競争に疲弊したソ連・東欧が急速に変化・瓦解し、中国でも改革開放が始まった一方、アジア新興工業国台頭の陰で民族問題や貧困問題が急速に深刻化するなど、諸途上国の中でも明暗がはっきりと現れた時代であった。こうして、自分の身近にある問題とメディアで触れる政治社会の様々な動きが組み合わさって、人間社会の言いようのない複雑さをどう考えたらよいのかという問題意識を強めたものである。一方、筆者は幼時から旅好きでもあり、非日常を自分の眼で確かめたいという願望は、様々な文化や景観が織りなす百花繚乱ぶりへの驚きと、その背後にあるものの考え方に対する関心へと向かった。こうして筆者はいつの間にか、高校の社会系科目に対して、受験目的にとどまらない関心を注ぐようになっていた。以上が筆者にとっての思想的原風景であり、たとえそれが当時の表向き浮かれた世相とは縁遠いものであるとしても、やはりある意味で時代や社会の影響を濃厚に受けてきた人間形成であると言えるかも知れない。

そのような中、厳しくも美しい気候風土の中で独自の社会と文化を花開かせた人々が、何故よりにもよって被抑圧者の救済や幸福という理想を掲げる共産主義者の支配の下で巨大な悲劇に見舞われたのだろうかという衝撃とともに、高校生の筆者はチベット問題の存在を知ってしまった。そして一九八九年、大学入学の直前にラサでのデモ行進が武力鎮圧され、大学入学直後に六四事件（第二次天安門事件）が発生し、どちらも経済発展という飴と思想統制という鞭によって収拾されたのである。筆者はこうした状況を眺めながら、チベット問題を考えることは、実は中国という国家のあり方や、政治とは何のためにあるのかという問題そのものを考えることにつながるのではないかという発想を抱くようになった。

とはいえ、東京大学に入学した当初の筆者は、一応文科一類・法学部生らしく（?）、就職を意識した勉強をする毎日であった。その一方で、高校時代までの知的欠乏を補うべく、消化不良ながらも興味の赴くままに様々な授業やゼミに出席し、読書に努めるようにした。ただ、豊かな経験や読書に裏打ちされた諸先生や学生仲間と交流を重ねるにつれ、自分がここにいるのは偶然に過ぎないのではないかという焦燥を感じたこともあった。そのため、大学院で研究者を目指すのか、それとも就職するのかという選択で迷う日々が続いたし、運良く大学院に入ってから博士論文提出まで要した八年間も、改めて幾度も挫折や孤独にさいなまれた。

それにもかかわらずここまで来ることが出来たのは、多様な意見や研究の存在を特に重んじる東京大学大学院という場があればこそであった。筆者の専攻である「アジア政治外交史」は、専任の坂野正高先生が退官されて以来長らく専任者がいない「大空位時代」が続いており、チベット問題や内陸アジア事情はもとより、中国政治を研究する学生自体、筆者が所属した法学政治学研究科ではごく少数であった。しかし少数派であればこそ、専門分野の蛸壷状況に閉じこもらずに、様々な時代と地域を研究するゼミ（他研究科を含む）との他流試合を重ねる中で、自分の研究が政治史研究・思想史研究・地域研究の様々な状況の中でどのような位置にあるのかを確認することにもつながったと思う。そして大変幸運なことに、中国・東アジアの近代政治思想史に通じた近藤邦康先生と渡辺浩先生に指導教官となって頂いたことをはじめ、多くの素晴らしい先生や先輩・後輩に恵まれた。中国の民族問題・国家統合問題に直接関わりのある先生方からの影響という点では、一九九六-九九年度文部省特定領域研究「現代中国の構造変動」（特に、毛里和子先生が代表をされていた「少数民族・香港台湾班」）の存在が大きい。その他、研究会やゼミなどでお世話になった誰もが、筆者の大風呂敷な発想に対して関心を示して下さった。それがどれほど励みになったか分からない。この場を借りて改めてお礼申し上げたい。

そして言うまでもなく、筆者の思考の背後にあるのは、歴史と文化の蓄積として存在し続けている対象地域での見聞そのものであり、そこで触れた雰囲気や発想が反映されるよう心がけたつもりである。
以上のような道程を経て出来上がったのが本書である。そして、地味な筆者ですら曲がりなりにも一つの時代を貫く見方を提示し得た（と思う）以上、より豊富な知識・経験・志を持つ方々が積極的に研究の列に加わり、この研究を軽々と乗り越えることで、民族問題や国家統合問題といった複雑極まりない問題に対して一層明確な知見が提示されることを希望している。一方筆者は、史料に深く分け入るほど、より良き価値を志向した諸々の思想が自らの優越を示そうとしたときに露呈した負の側面、及びそれらの巨大な累積として成立してしまったアジアの「近代」という時代の暗部が目の前に立ちはだかっているのを痛感しており、それをどう歴史的に再構成して認識を広く共有して行くのかという視点から今後の研究と教育を進めたいと考えている。

最後に、修士論文「チベット仏教共同体と『中華』」を『国家学会雑誌』に発表して以来筆者の研究に対して多大な関心を寄せて下さり、遅筆な筆者の本書執筆を辛抱強くお待ち頂き、ついには刊行にこぎつけて下さった、名古屋大学出版会の橘宗吾氏に心からお礼申し上げたい。
なお、本書の刊行にあたっては、日本学術振興会平成一六年度科学研究費補助金（研究成果公開促進費）を受けた。関係各位に感謝申し上げる。

二〇〇四年春

平野　聡

《著者略歴》

平野《ひらの》　聡《さとし》

1970年　神奈川県横浜市生まれ

1999年　東京大学大学院法学政治学研究科博士課程単位取得退学，
日本学術振興会特別研究員となる（2002年まで）

2002年　博士（法学）の学位を東京大学より取得

現　在　東京大学大学院法学政治学研究科准教授

著　書　『大清帝国と中華の混迷（興亡の世界史17）』講談社，2007年

清帝国とチベット問題

2004年 7 月10日　初版第 1 刷発行
2008年 5 月10日　初版第 3 刷発行

定価はカバーに
表示しています

著　者　平　野　　聡

発行者　金　井　雄　一

発行所　財団法人　名古屋大学出版会

〒464-0814　名古屋市千種区不老町 1 名古屋大学構内
電話（052）781-5027／FAX（052）781-0697

印刷・製本 ㈱クイックス　　ISBN978-4-8158-0487-9

乱丁・落丁はお取替えいたします。

索　引

あ　行

か　行

さ　行

た　行

な　行

は　行

ま　行

や　行

ら　行

わ　行

引用文献一覧

【未刊行史料】
英国国立公文書館（Public Record Office）所蔵　英国外務省（Foreign Office）文書
FO228　China/Embassy and Correspondence Series I
FO535　Tibet & Mongolia/Confidential Print
中国第一歴史檔案館所蔵・理藩部檔案

【漢文史料】（書名ピンイン abc 順）

『大清十朝聖訓・世宗憲皇帝』（雍正帝聖訓）台北・文海出版社，1976 年。

『大清十朝聖訓・高宗純皇帝』（乾隆帝聖訓）台北・文海出版社，1976 年。

『大清十朝聖訓・仁宗睿皇帝』（嘉慶帝聖訓）台北・文海出版社，1976 年。

『大清十朝聖訓・穆宗毅皇帝』（同治帝聖訓）台北・文海出版社，1976 年。

『大義覚迷録』雍正帝撰，台北・文海出版社，1966 年。

『皇朝経世文編』賀長齢・魏源等編，初出道光七年（1827 年），北京・中華書局，1992 年。

『皇朝経世文続編』盛康編，初出光緒 23 年（1897 年），台北・文海出版社，1976 年。

『康輶紀行』姚瑩著，中国蔵学出版社，1991 年。

『六世班禅洛桑巴丹益希伝』嘉木央・久麦旺波（ジャムヤン・ジグメワンボ）著，許得存・卓永強訳，西蔵人民出版社，1990 年。

『欽定満洲祭神祭天典礼』阿中・于敏桂編，台湾・文海出版社，1966 年。

「清代喇嘛教碑刻録」（張羽新『清政府與喇嘛教』附編）西蔵人民出版社，1988 年。

『清末川滇辺務檔案史料』四川省民族研究所・清末川滇辺務檔案史料編輯組編，北京・中華書局，1989 年。

『清代青海蒙古族檔案史料輯編』哲倉・才譲編，青海人民出版社，1994 年。

『清代以来中央政府対西蔵的治安理与活仏転世制度史料匯集』趙学毅・常為民・欧声明編，華文出版社，1996 年。

『清代蔵事奏牘』呉豊培編，北京中国蔵学出版社，1994 年。

『清季外交史料』王彦威・王亮編，初出中華民国 23 年（1933 年），台北・文海出版社，1985 年。

『清実録蔵族史料』西蔵人民出版社，1982 年。

『十三世達頼円寂致祭和十四世達頼転世坐床檔案選編』中国蔵学研究中心・中国第二歴史檔案館合編，中国蔵学出版社，1991 年。

『熱河日記』朴趾源著，上海書店出版社，1997 年
『聖武記』魏源著，初出道光 22 年（1842 年），文海出版社，1966 年。

『綏服紀略』松筠著，中国蔵学出版社，1991 年。

『小方壺斎輿地叢鈔』王錫祺輯，初出光緒 3 年（1877 年），台北・広文書局，1964 年。

『易経』高田真治・後藤基巳訳，岩波文庫，1969 年。

『元以来西藏地方与中央政府関係檔案史料匯編』中国蔵学研究中心・中国第一歴史檔案館・中国第二歴史檔案館・西蔵自治区檔案館・四川省檔案館編，北京・中国蔵学出版社，1994 年。

『章嘉国師若必多吉伝』土観・洛桑却吉尼瑪（トゥカン・ロブサンチューキニマ）著，陳慶英・馬連龍訳，民族出版社，1988 年。

『嘯亭雑録』昭槤著，初出 1814–26 年，中華書局，1980 年。

『西蔵奏疏』孟保著，北京・全国図書館文献縮微複製中心，1991 年。

『西蔵紀遊』周藹聯著，北京・全国図書館文献縮微複製中心，1991 年。

『欽定理藩部則例』松森等修，全国図書館文献縮微複製中心，1992 年。

『六世班禅朝覲檔案選編』中国第一歴史檔案館・中国蔵学研究中心合編，中国蔵学出版社，1996 年。


【日本語文・漢語文資料】

（・姓名 50 音順　・中台人名は日本語漢字音読み
・韓国人名は韓国語読み　・その他外国人名は「姓，名」の順で表記）

足羽與志子「『王』の不在と仏教国家」松原正毅編『王権の位相』弘文堂，1991 年。

安部健夫『清代史の研究』創文社，1971 年。

アンダーソン，ベネディクト著，白石隆・白石さや訳『想像の共同体——ナショナリズムの起源と流行』リブロポート，1997 年。

石井米雄『上座部仏教の政治社会学——国教の構造』創文社，1975 年。

石橋崇雄『大清帝国』講談社選書メチエ，2000 年。

石濱裕美子『チベット仏教世界の歴史的研究』東方書店，2001 年
臼井武夫『北京追想——城壁ありしころ』東方書店，1981 年。

ウルフ，デヴィド著，高尾千津子訳「シベリア・北満をめぐる中国とロシア」『アジアから考える・3・周縁からの歴史』東京大学出版会，1994 年。

王建新「西北地方の回族」佐々木信彰編『現代中国の民族と経済』世界思想社，2001 年。

大谷敏夫『清代政治思想研究』汲古書院，1992 年。

大谷敏夫「清代の政治と政治思想史」森正夫・野口鐵郎・濱島敦俊・岸本美緒・佐竹靖彦編『明清時代史の基本問題』汲古書院，1997 年。

大谷敏夫「中国における経世学と実利思想についての一考察」『中国・社会と文化』第 2 号，東大中国学会，1987 年，69–72 頁。

オールコック，ラザフォード著，山口光朔訳『大君の都』岩波文庫，1962 年。

岡田英弘『歴史とはなにか』文春新書，2001 年。

岡洋樹「ハルハ・モンゴルにおける盟旗制支配の成立過程――牧地の問題を中心として」『史学雑誌』第 97 巻第 2 号，1988 年。

岡本さえ『清代禁書の研究』東京大学出版会，1996 年。

片岡一忠『清朝新疆統治研究』雄山閣出版，1991 年。

川勝守「明清農業論」森正夫・野口鐵郎・濱島敦俊・岸本美緒・佐竹靖彦編『明清時代史の基本問題』汲古書院，1997 年。

狩野直禎「狆家苗の平定をめぐって」東洋史研究会編『雍正時代の研究』同朋舎，1986 年。

川島真「天朝から中国へ――清末外交文書における『天朝』『中国』の使用例」『中国・社会と文化』第 12 号，中国社会文化学会，1997 年
甘珠爾瓦・呼図克図（カンギュルワ活仏）『一位活仏的伝記――末代甘珠爾瓦・呼図克図的自述』（札奇斯欽・海爾保羅撰述）台北・聯経出版公司，1983 年。

岸本美緒『清代中国の物価と経済変動』研文出版，1997 年。

岸本美緒・宮嶋博史著『明清と李朝の時代（世界の歴史・ 12)』中央公論社，1998 年
菊池秀明「明清期，広西チワン族土官の『漢化』と科挙」『中国・社会と文化』第 9 号，中国社会文化学会，1994 年。

木下鉄矢『「清朝考証学」とその時代』創文社，1996 年。

キューン，フィリップ著，谷井俊二・谷井陽子訳『中国近世の霊魂泥棒』平凡社，1996 年。

黒田長政「黒田長政遺言・掟書之事」石井紫郎編『近世武家思想（日本思想体系「芸の思想・道の思想」3)』岩波書店，1974 年，20–21 頁。

黒田長政「黒田長政遺言・又別ニ右衛門佐様エ之御書付」石井紫郎編『近世武家思想（日本思想体系「芸の思想・道の思想」3)』岩波書店，1974 年。

桑野栄治「朝鮮小中華意識の形成と展開――大報壇祭祀の整備過程を中心に」朴忠錫・渡辺浩編『国家理念と対外認識　一七–一九世紀（日韓共同研究叢書・ 3)』慶應義塾大学出版会，2001 年。

コーエン，ポール著，佐藤慎一訳『知の帝国主義――オリエンタリズムと中国像』平凡社，1988 年。

高鴻志『英国与中国辺疆危機　一六三七――九一二』黒龍江教育出版社，1998 年。

小島晋治・丸山松幸『中国近現代史』岩波新書，1986 年。

後藤多聞『遙かなるブータン――ヒマラヤのラマ教王国をゆく』ちくま文庫，1995 年。

小杉泰『イスラーム世界（21 世紀の国際政治・ 5)』筑摩書房，1998 年。

小松久男編『中央ユーラシア史（新版世界各国史・ 4)』山川出版社，2000 年。

廓索維慈（ロシア駐中国公使コロストヴェツ）・王光祈訳『庫倫条約之始末』（原書名：*Von Cinggis Khan zur Sowjetrepublik*：チンギスハーンからソヴィエト共和国へ），

初出 1926 年，訳出 1930 年，台湾学生書局，1973 年。

佐々木揚『清末中国における日本観と中国観』東京大学出版会，2000 年。

佐口透『新疆民族史研究』吉川弘文館，1985 年。

佐口透『新疆ムスリム研究』吉川弘文館，1995 年。

佐藤慎一『近代中国の知識人と文明』東京大学出版会，1996 年。

佐藤慎一「儒教とナショナリズム」『中国・社会と文化』第 4 号，東大中国学会，1989 年。

塩川伸明『ソ連とは何だったか』勁草書房，1994 年。

シャカッパ，W 著，貞兼綾子監修，三浦順子訳『チベット政治史』亜細亜大学アジア研究所，1992 年。

シュウォルツ，ベンジャミン著，平野健一郎訳『中国の近代化と知識人——厳復と西洋』東京大学出版会，1978 年。

蕭金松『清代駐蔵大臣（蒙蔵学術叢書・2)』中華民国蒙蔵委員会審訂，台北・唐山出版社，1996 年。

蒋中正『中国之命運』台北・正中書局，1981 年。

新免康「『辺境』の民と中国——東トルキスタンから考える」『アジアから考える・3・周縁からの歴史』東京大学出版会，1994 年。

末廣昭「発展途上国の開発主義」東京大学社会科学研究所編『20 世紀システム・4・開発主義』東京大学出版会，1998 年。

鈴木董『オスマン帝国——イスラム世界の「柔らかい専制」』講談社現代新書，1992 年。

鈴木董『オスマン帝国とイスラム世界』東京大学出版会，1997 年。

鈴木董『オスマン帝国の解体——文化世界と国民国家』ちくま新書，2000 年。

鈴木中正『チベットをめぐる中印関係史』一橋書房，1962 年。

青海省志編纂委員会編『青海歴史紀要』青海人民出版社，1987 年。

石碩『西蔵文明東向発展史』四川人民出版社，1994 年。

孫文「三民主義」『孫中山全集』中華書局，1981 年。

武田幸男編『世界各国史・2・朝鮮史』山川出版社，2000 年。

田山茂『蒙古法典の研究』日本学術振興会，1967 年。

チベット亡命政府情報・国際関係省，南野善三郎訳『チベットの現実』風彩社，1995 年。

中国人権研究会「西蔵人権保障的歴史的進展——紀念西蔵民主改革四〇周年」『人民日報』1999 年 7 月 17 日。

張羽新『清政府与喇嘛教』西蔵人民出版社，1988 年。

趙雲田『清代蒙古政教制度』中華書局，1989 年。

陳慶英主編『蔵族部落制度研究』中国蔵学出版社，1995 年。

塚本俊孝「雍正帝の儒仏道三教一体観」東洋史研究会編『雍正時代の研究』同朋舎，1986 年。

鄭雅英「変貌する東北の朝鮮族社会」佐々木信彰編『現代中国の民族と経済』世界思想社，2001年。

手塚利彰「グシハン一族と属領の統属関係」『立命館東洋史学』第22号，1999年。

手塚利彰「青海ホショト部のチベット支配体制」日本西蔵学会々報第44号，1999年3月。

徳川斉昭「明訓一斑抄」石井紫郎編『近世武家思想（日本思想体系「芸の思想・道の思想」3)』岩波書店，1974年。

中見立夫「日本の東洋史学黎明期における史料への探求」神田信夫先生古稀記念論集編纂委員会編『神田信夫先生古稀記念論集・清朝と東アジア』山川出版社，1992年。

中見立夫「モンゴルの独立と国際関係」『アジアから考える・3・周縁からの歴史』東京大学出版会，1994年。

長尾雅人「チベット仏教概観」『岩波講座東洋思想・11・チベット仏教』岩波書店，1989年。

並木頼寿・井上裕正『世界の歴史・19・中華帝国の危機』中央公論社，1997年。

西嶋定生「東アジア世界総説」『岩波講座世界歴史4・古代4・東アジア世界の形成』1970年5月。

新田雅章「東アジア仏教の修道論——禅定思想の形成と展開」高崎直道・木村清孝編『シリーズ東アジア仏教・第1巻・東アジア仏教とは何か』春秋社，1995年。

萩原守「清代モンゴルにおける刑事的裁判の実例——清朝蒙古例，実効性の証明を中心にして」『史学雑誌』第97巻12号，1988年。

朴鴻圭（パク・ホンギュ）『山崎闇斎の政治理念』東京大学出版会，2002年。

濱下武志『近代中国の国際的契機——朝貢貿易システムと近代アジア』東京大学出版会，1990年。

濱下武志『朝貢システムと近代アジア』岩波書店，1997年。

濱下武志「東アジア国際体系」有賀貞・宇野重昭・木戸蓊・山本吉宣・渡辺昭夫編『講座国際政治・1・国際政治の理論』東京大学出版会，1989年。

濱田正美「『塩の義務』と『聖戦』の間で」『東洋史研究』第52巻2号，1993年。

坂野正高『近代中国政治外交史』東京大学出版会，1973年。

費孝通『中華民族多元一体格局』中央民族学院出版社，1989年。

菱田雅晴「国家と社会の“共棲”」毛里和子編『現代中国の構造変動・1・大国中国への視座』東京大学出版会，2000年。

平石直昭『一語の辞典・天』三省堂，1996年。

平野聡「近現代チベット史における“親中”の位相」毛里和子編『現代中国の構造変動・7・中華世界——アイデンティティの再編』東京大学出版会，2001年。

平野聡「“解放”とは何か——チベット“解放”からみた一考察」『中国・社会と文化』第16号，中国社会文化学会，2001年。

平野聡「西部大開発時代のチベット問題——中国の“持続的開発”と伝統文化」『現代思

想』2000年3月号，青土社。

平野聡「チベット社会——歴史と“現代化”」佐々木信彰編『現代中国の民族と経済』世界思想社，2001年。

平野聡「現代中国知識分子は“チベット”をどうみるか」『中国研究月報』2001年4月号，中国研究所。

馮明珠『近代中英西蔵交渉与川蔵辺情——従廓爾喀之役到華盛頓会議』台湾・故宮博物院，1995年。

フェアバンク，ジョン著，市古宙三訳『中国』東京大学出版会，1972年。

増田えりか「ラーマ一世の対清外交」『東南アジア——歴史と文化』24号，1995年。

松本ますみ「中国イスラーム新文化運動とナショナル・アイデンティティ」西村成雄編『現代中国の構造変動・3・ナショナリズム——歴史からの接近』東京大学出版会，2000年
間野英二・中見立夫・堀直・小松久男『内陸アジア（地域からの世界史・6）』朝日新聞社，1992年。

溝口雄三『中国の公と私』研文出版，1995年。

三谷博『明治国家とナショナリズム——幕末の外交と政治変動』山川出版社，1997年。

三谷博「『我ら』と『他者』——ステイティズム・ナショナリズム形成素・ナショナリズム」朴忠錫・渡辺浩編『国家理念と対外認識　一七–一九世紀（日韓共同研究叢書・3）』慶應義塾大学出版会，2001年。

宮崎市定『宮崎市定全集・14・雍正帝』岩波書店，1991年。

宮脇淳子「ジェブツンダンバ一世伝説の成立——十七世紀ハルハ・モンゴルの清朝帰属に関連して」『東洋学報』第73巻3・4号，1993年。

村田雄二郎「中華民族」『岩波現代中国事典』岩波書店，1999年。

村田雄二郎「ラスト・エンペラーズは何語で話していたか？——清末の『国語』問題と単一言語制」『ことばと社会』第3号，三元社，2000年。

蒙古族簡史編写組『蒙古族簡史』内蒙古人民出版社，1985年。

毛里和子『周縁からの中国——民族問題と国家』東京大学出版会，1998年。

茂木敏夫「清末における『中国』の創出と日本」『中国・社会と文化』第10号，中国社会文化学会，1995年。

茂木敏夫「中華世界の『近代』的変容——清末の辺境支配」『アジアから考える・2・地域システム』東京大学出版会，1993年。

茂木敏夫「東アジアにおける地域秩序形成の論理——朝貢・冊封体制の成立と変容」濱下武志・辛島昇編『地域の世界史・3・地域の成り立ち』山川出版社，2000年。

茂木敏夫「李鴻章の属国支配観——一八八〇年前後の琉球・朝鮮をめぐって」『中国・社会と文化』第2号，東大中国学会，1987年。

森山茂徳『近代日韓関係史研究——朝鮮植民地化と国際関係』東京大学出版会，1987年。

柳澤明「キャフタ条約への道程——清の通商停止政策とイズマイロフ使節団」『東洋学報』第69巻1・2号，1988年。

山内弘一「小中華を生きる——朝鮮王朝の知識人・両班士族」伊原弘・小島毅編『知識人の位相——中国宋代を基点として』勉誠出版，2001年。

山内昌之「帝国の遺産」山内昌之・増田和夫・村田雄二郎編『帝国とは何か』岩波書店，1997年，13頁。

山内昌之『ラディカル・ヒストリー——ロシア史とイスラム史のフロンティア』中公新書，1991年。

山口瑞鳳「ダライラマ五世の統治権——活仏シムカンゴンマと管領ノルブの抹殺」東洋学報第73巻第3号，1992年，123-160頁。

山口瑞鳳「チベット仏教思想史」『岩波講座東洋思想・11・チベット仏教』岩波書店，1989年。

柳根鎬（ユ・グンホ）「韓・日国学思想の中国観と自国観の比較——申采浩と本居宣長の反中華論を中心として」朴忠錫・渡辺浩編『国家理念と対外認識　一七-一九世紀（日韓共同研究叢書・3）』慶應義塾大学出版会，2001年。

余英時著，森紀子訳『中国近世の宗教倫理と商人精神』平凡社，1991年。

矢野仁一『近代蒙古史研究』弘文堂，1924年。

藍鼎元著，宮崎市定訳『鹿州公案——清朝地方裁判官の記録』平凡社東洋文庫，1967年。

李鉄錚著，夏敏娟訳『西藏歴史上的法律地位』湖南人民出版社，1986年（原題：*Tibet: Today and Yesterday*, Columbia University Press, 1956）。

劉潞「清初皇室成員火葬的見證」『清初皇権與中外文化——満漢融合與中西交流的時代』香港・商務印書館，1998年。

梁啓超「中国史叙論」『飲冰室文集』台湾中華書局，1960年。

ロールズ，ジョン著，矢島鈞次監訳『正義論』紀伊国屋書店，1979年。

渡辺浩『近世日本社会と宋学』東京大学出版会，1985年。

渡辺浩『東アジアの王権と思想』東京大学出版会，1997年。

【英文資料】（姓名abc順）

Bat-Erdene Batbayar, *Twentieth Century Mongolia*, D. Suhjargalmaa, S. Burenbayar, H. Hulan and N. Tuya trans., The White Horce Press, 1999.
Pamela Kyle Crossley, *A Translucent Mirror: History and Identity in Qing Imperial Ideology*, University of California Press, 1999.
David M. Farquhar, "Emperor as Bodhisattva in the Governance of the Ch'ing Empire," *Harvard Journal of Asiatic Studies*, 1978.
Ping-Ti Ho, "In Defence of Sinicization: A Rebuttal of Evelyn Rawski's "Reenvisioning the Qing,"" *The Journal of Asian Studies*, 57-1 (1998), The Association for Asian

Studies.

Ping-Ti Ho, "The Significance of the C'hing Period in Chinese History," *The Journal of Asian Studies*, 26-2 (1967), The Assosiation for Asian Studies.

Alastair Lamb, *Britain and Chinese Central Asia : The Road to Lhasa 1767 to 1905*, Routledge and Kegan Paul, 1960.

Mark Mancall, "The Ch'ing Tributary System : An Interpretative Essay," J. K. Fairbank ed., *The Chinese World Order : Traditional China's Foreign Relations*, Harvard University Press, 1968.

Michael C. van Walt van Praag, *The Status of Tibet*, Westview Press, 1987.

Evelyn S. Rawski, "Presidential Address : Reenvisioning the Qing : The significance of the Qing Period in Chinese History," *The Journal of Asian Studies*, 55-4 (1996), The Assosiation for Asian Studies.

Warren W. Smith, Jr., *Tibetan Nation : A History of TibetanNationalism and Sino-Tibetan* Relations, Westview Press, 1996.

James L. Watson, "The Structure of Chinese Funerary Rites : Elementary Forms, Ritual Sequence, and the Primacy of Performance," in James L. Watson and Evelyn S. Rawski eds., *Death Ritual in Late Imperial China*, University of California Press, 1988.